Pâtisserie française
そのimagination final

III. フランス菓子　その孤高の味わいの世界

弓田 亨

私を支えてくれた多くの方々に向けて

23年前に著した狂気にも勝る熱情は、今、最終の章を綴ろうとしています。かつては私をうちのめし、押し倒し、足蹴にした、私が思う“フランス的”な価値観に与えられた味わいの世界は、ようやく私の存在の中に根づき、私の息遣いとともに歩みを始めました。

少なくとも、この日本では、今まで誰もが知らなかった、そしてこれからも誰も到達しえない味わいの空間に、私はいます。お菓子の中に何回も躓きながら真実のみを求めてきた道程でした。

偽りのみのこの日本の食の領域に、この本からの、ささやかな光が、ささやかな真実の息吹を育むことがあれば、望外の幸いです。

私のパティスィエとしての人生の中に、私に未知の価値観への息吹を与え続けてくれたドゥニ・リュッフェルに、人生のさまざまな困難の局面に兄のごとく私を支えてくれた鍬本佳津弘氏に、雑多な煩わしさを払いのけ、私のフランス的な味わいの領域への彷徨を可能にしてくれた教室主任・椎名眞知子に、心からの感謝とともにこの本を捧げます。

弓田 亨

SOMMAIRE 目次

Essai

Imagination編

イマジナスィオン

「日本でフランス菓子を作るためには精神性が必要である」と説き、
パティスィエとして突き進んできたこの20数年間。
その中で確立された私にとってのフランス的価値観に支えられた
素材やお菓子への“イマジナスィオン”とは何か。
その理論、考え方を、私が歩んできたパティスィエ人生とともに、
可能な限り詳細に述べていきます。

1er chapitre

フランス菓子とは何か

1「食べる」ことの本質を知る

我々は何故食べるのか

その答えは明快であり、一つしかありません。「身体、心の健康と喜び、幸せ」のために食べるのです。私たちの身体と心を形作っている最も小さい単位であるさまざまな細胞の維持、再生にとって必要な微量栄養素（ビタミン類やミネラル）を整え、細胞を動かすためのエネルギー源である脂質や糖質を充当するために食べるのです。そして健全な細胞が健全な組織、器官を作り、健全な脳や精神が形成されてきます。

料理を食べて感じる美味しさとは

食塩を含む海塩や岩塩が加えられる料理は一義的にまず身体の健康、細胞のために作られ、食べられます。海塩や岩塩の中に混在する微量栄養素群は、さまざまの素材に含まれる無限とも思える微量栄養素間の化学変化を円滑に進めるための触媒の役割を果たします。ただ単にNacl(食塩)のしょっぱさが欲しいのではありません。私たちはほとんどあるいは全く実感することがないのですが、私たちのDNAには生命の誕生以来の食べ物に関する膨大な情報（例えば細胞のために良い食べ物の情報や、悪い食べ物の情報）が蓄積されています。料理の美味しさとは、これを食べることによって得た香りや食感や味、そして全体の味わいが良い食べ物の情報にどれだけ多く合致しているかなのです。より多く合致していればとても大きな美味しさを感じ、あまり合致しなかったならそれほど美味しさを感じません。また、悪い情報に合致するものには「まずさ」を、その食べ物を食べてはいけないという拒否の感覚として感じるのです。

このように本来の「美味しさ」という感覚は細胞、身体のために良いものに対する安心の感覚なのです。また同時に人間が感じる美味しさには「本来の美味しさ」だけでなく「偽りの美味しさ」も存在します。

お菓子を食べて感じる美味しさ

砂糖の甘い美味しさは、微量栄養素と比べればより多くの量を必要とするエネルギー源への美味しさです。

砂糖の甘さ、確かに美味しい。疲れている時やお腹の空いている時に摂ると美味しさが身体に沁み入ります。砂糖の甘さも身体が必要としている美味しさなのです。

私たち人間がDesserts デセールの一つであると考える果物などを食べることも、人間以外の動物にとっては、基本的に必要な微量栄養素とエネルギー源を補給するためなのです。何を食べるにしても目的は一つ。身体のためなのです。

もちろん人間の場合も、その果物に含まれている微量栄養素を摂り込むために、リンゴや苺をそのままでも食べます。さらに微量栄養素を豊かに含んだリンゴに、新たに豊かなエネルギー源をもつ砂糖を加え、加熱して煮て食べたりもします。これは動物には不可能なことで、人間だけが出来ることです。このように、素材に砂糖が加えられ、攪拌、焼成といった「手」が加えられると美味しさの性質は違ってきます。経験の積み重ねによって形作られてくる精神の領域が素材を徐々に規制し、変化させるようになってきます。

人間は他の動物と比べれば行動の範囲と経験の広さはより大きく、蓄積された情報はとても膨大です。そして人間には高度に進んだ知能があります。さまざまな行動、経験を繋ぎ合わせ、新しい形態やより複雑なものを組み合わせる能力があります。リンゴに砂糖を加えて煮れば、より長く保存もでき、微量栄養素と同時に十分なエネルギー源も摂れます。そして新しい経験によってさらに知能は進化し、私たち人間の情報の世界は広がりを見せるようになったのです。目の前にはない、頭の中にあるものさえも食べたいというそれまでにない欲求が広がっていきます。そして何かを食べる時、その時同時に起こったことなどが重なり、単に生理的な満足感だけでなく、より膨らみのある精神的なイメージが美味しさを作りあげます。このように食べることの意味も、より精神的な要素が次第に増してきたように思えます。

外で遊ぶ子供が、お腹が空いた時に食べる3時のおやつには、甘いものであったり、甘くないもの (例えば惣菜パンのようなものなど) であったりします。これは消費されて減少したエネルギー源を補うため、生理的欲求からくるものと考えてよいでしょう。

しかし有名なお店で高いお金を出してアフタヌーンティーと共にお菓子を頂くとなれば違ってきます。この場合は多分そんなに特別お腹は空いていなくても、お菓子を食べるという行動以外の精神的な動機が強くなります。たまには日常を忘れて心をゆっくりさせたい。あるいはお菓子の味わいにその店の優雅な雰囲気を重ね合わせ、現実の生活では味わえない、いつもと違ったものに浸りたいなどです。

Dessertsとしてのお菓子

レストランなどの食事では、先付けから始まって、パンとともにサラダ、スープ、そしてメインの肉を食べれば、もう1日、2日分の、十分な微量栄養素とエネルギー源が補充されます。でもよほどお腹がいっぱいでなければ何か甘いもの、デセールが欲しくなります。ここでの砂糖は、エネルギー源を充当するためというよりは、「今晩のこの楽しい気持ちを少しでももっと長くしたい。この楽しさをもっと印象的なものにしたい」という精神的な動機からきているのです。

そして料理とデセールでは当然使われる素材は異なることも多く、さらにデセールを食べることによって、DNA の中にさらに幅の広い情報を感覚できることになります。少しでも広い DNA の情報を感覚できることは、精神活動をする人間にとって、人間としての自己の確認であり、安心と満足を与えてくれます。

もちろん、お菓子と料理には同じ種類の素材が使われることは少なくありません。でも、塩味と砂糖味では同じ素材でも大きく表情を変えます。この場合のように一つの素材に塩味と甘い味を与え、その素材の、より多くの情報を得、より広く認識したいと思うのはまさに人間の多様性なのです。

Dessertsは心の喜び

さぁ、塩味が終わり、次は砂糖の味わいの世界です。食べることの意味が大きく変わります。身体のための美味しさから、心の美味しさの領域にテーブルは変わります。今晩のディナーの嬉しさをしっかりしたものにするために、より印象的なものにするために、テーブルにいる人たちの間にデセールは浮きあがります。共通の思い出として、デセールの味わいを共有しようとします。

お菓子や料理は人と人との結びつきの中にある

鉢の中の金魚は、生理的な欲求に基づいて与えられた餌をほぼ機械的に自己の組織器官の維持のために食べます。けっして自分以外の個性のために何かを考慮することはありません。また生まれた雛のために餌を運んでくる親鳥も、今までそうしてきたように身近にあるものを捕り、運んで雛に与えます。その食べ物は少し噛んで口に入れやすいようにするとか、消化をよくするためといったことがなされます。

でも人間の場合、作る人によって、子供のために作る食べ物は素材選びでの点でも大きく異なります。また同じ素材を選んだとしても、出来あがるものにはかなりの違いが出来ます。これは人間の多様性に他なりません。人間の経験と生きる領域はとても大きく、その結果、一人一人が違う育ち方や考え方をもつようになります。そして人は、一人一人の特性に従って料理やお菓子を作り、それによってその人独自の味わいが作られます。

そしてある個人の料理を食べ続けた人は、作り手と共通する味覚をもち、共通の美味しさを感じるようになります。そしてその料理やそこから伝えられる感覚を通じて、作り手の考え方や生き方をも知るのです。

これが日常的に行われれば、その料理の味わいは、それを一緒に食べる人たちの同心性、アイデンティティを作りあげるのです。お母さんが作る料理を食べる子や家族は、お母さんが生きてきた人生や、生き様、考え方、そして深い愛情を知ります。自分以外の人間のために、自己の特性をまとった食べ物を作るのは人間だけなのです。

食べ物は音声を発する言語以前の、基本的な言語なのです。食べ物は人と人の心と価値観を形作り、結びつけるのです。

2 体系としてのフランス菓子

砂糖の供給の歴史

紀元前、未だサトウキビなどが発見されていない頃は、蜂蜜やイチジク、干しナツメヤシ、干しぶどうなどの果物で甘味をつけることで菓子が生まれたようです。サトウキビの栽培と精糖は紀元前のインドに始まり、ペルシャ、アラブへ伝わったとあります。

十字軍の遠征によって砂糖の精製法がアラブ世界からヨーロッパへ伝わったのは11世紀頃でした。当時砂糖はきわめて貴重なものであり、初めは薬として用いられていました。アラブ世界からフランスに輸入されるようになったのは、14世紀頃と言われ、甘いフランやタルトゥが作られるようになります。17世紀に入るとヨーロッパで紅茶、コーヒー、チョコレートが飲まれるようになり、砂糖の需要が増え、アンティーユ諸島などの植民地でサトウキビのプランテーション栽培が盛んになり、大量の原料糖がヨーロッパ各地に供給されるようになりました。また1633年頃、フランス最初の精糖工場がボルドーに出来たことによって17世紀後半から18世紀にLes sucres d'art レ・シュクル・ダール（シュクレ・ティレやパスティヤージュなどの装飾アメ細工）を使ったピエスモンテ、パータ・シュー、フイユタージュ、クレーム・パティスィエール、クレーム・フランジパーヌが作られるようになりました。

さらに甜菜糖の精製法が完成し、ナポレオン1世の後援をうけて本格的な甜菜糖の栽培が始まるのは1810年になってからです。

菓子職人の階層の形成

5～12世紀頃まで、パンを焼くオーブンは貴族、教会、修道院が独占していました。庶民は使用料を払ってこれらのオーブンを使用していました。やがて「聖体拝領」の儀式に使われる聖体パン「Oblees オブレ」が一定数必要となり、これを作って教会に納める職人obloyers オブロワイエが現出します。やがて彼らはウブリ（ゴーフル）などの菓子を作るようになります。

オブロワイエからパティスィエへ

オブロワイエの中にはpâté パテ（練り粉に肉、魚、チーズ、果物などを詰めたさまざまなパイ）と聖体パンの両方を作る者たちもいました。この「パテを作る人」から「Pâtissier パティスィエ＝菓子職人」という言葉が生まれました。

1440年に菓子職人とパン職人の身分規定が定められ、一つの社会階層を作るようになります。王権により法的に存在を認められた手工業者の職能集団として、菓子職人はギルドを形成していきます。そしてこれまでパン職人も作っていたケーキ、ベニェ、ガレットなどを作る権利を全てパティスィエが独占することとなったのです。

お菓子は特権階級の独占であった

教会は単にキリスト教を広め、礼拝を行う場所であるだけでなく、地域の末端の教育の場であり、公の出来事の裁きの場でもありました。ほとんど全ての分野で社会生活全般に影響を及ぼし、また精神的な領域と実生活の面で絶大な権力をもった存在でした。そしてフランス菓子や料理の発展・歴史においても修道院は常にとても大きな役割を果たしてきました。各地の修道士・修道女たちは、地元の産物や異国からもたらされた多様な植物、果物、野菜についての知識も豊かであり、高い教育を受けたエリートでした。特にチーズ、酒、そしてお菓子の作り方の知識について各地の修道会に勝るものはないと言われます。彼らは修道士としての実生活の中で、ほぼ外界から独立した環境の中で、その知識と勤勉さによって、数多くの独自の料理・お菓子を作り出しました。

フランス東部ロレーヌ地方に伝わるカルメル派の修道女たちによって作られた「Macaron de Nancy マカロン・ドゥ・ナンスィ」やサント・マリー修道会によって作られたフィナンスィエに似たヘーゼルナッツ入りの焼き菓子「Visitandine ヴィズィタンディーヌ」、フランシュ・コンテ地方ボーム・レ・ダームの修道女によって作られた「Pet-de-nonne ペ・ドゥ・ノンヌ（「修道女のおなら」という意味）」などがそうです。

宗教行事とフランス菓子

キリスト教だけでなく、ユダヤ教、イスラム教などの宗教においても、食物は信仰心を高揚させるものであり、折々の宗教の儀式や流布にパンやお菓子が使われてきました。1792年の修道会の活動を制限する大統領令が制定され、修道会・教会が社会へ及ぼす影響は大きく低下しましたが、これらの宗教上のお菓子は各地で土地の産物とあいまってさまざまな形に発展し、菓子職人だけでなく、庶民の家庭でも作られるようになっていきます。

今でもフランス人にとって宗教的な行事はとても大事であり、人生のいろいろな場面で、必ず宗教的な行事とお菓子が深く結びついています。それは家族や友人が集まる機会であり、皆でテーブルを囲んで食べる食事の最後を締めくくるお菓子は、パティスィエが作ったものであれ、お母さんやおばあさんの手作りであれ、宗教行事とともに思い出として心に刻まれることになります。

❶聖ニコラ祭（フェットゥ・ドゥ・サン＝ニコラ／ Fête de Saint-Nicolas）…12月6日

フランス北部、東部、ドイツやベルギーなどでは、聖ニコラの日、12月6日の夜を心待ちにします。この日、子供たちの木靴には、プレゼントとお菓子が入れられるからです。お店では聖ニコラの人形の形をしたパン・デピスも売られます。

❷クリスマス（ノエル／Noël）…12月25日

キリストの誕生日。クリスマスは家族で祝うもので、煙突からペール・ノエル（サンタクロース）がやってくると言われていました。昔、あまり裕福ではない家庭ではプレゼントを買う余裕がなかったので、オレンジなどの果物を贈っていたと言います。

クリスマスの時に食べるお菓子といえば「Bûche de Noël ビュッシュ・ドゥ・ノエル」です。その昔、クリスマスのディナーの後は、家族みんなが自分の薪をもって暖炉を囲み、眠らずに真夜中のミサを待つ習慣がありました。その名残で薪の形をしたお菓子「ビュッシュ・ドゥ・ノエル」が作られました。19 世紀のパティスィエ、ピエール・ラカンの著書に数多くのビュッシュの図案が残されています。

その他に、各地方ならではのクリスマスのお菓子もあります。アルザス地方の「Birwecka ビルヴェッカ」は、キリストが生まれた時のおくるみに包まれた形を模した、洋梨をはじめとしたドライフルーツがたっぷり入ったパン菓子です。

南仏では、「13 desserts トレーズ・デセール（13 種のデザート）」がクリスマスの食卓の最後を飾ります。これはポンプ・ア・ルイユ（バターの代わりにオリーブオイルを使った南仏風ブリオッシュ。「Fougasse フガス」とも呼ばれる）、アーモンドやくるみなどのナッツ類、ヌガー、イチジクやレモンピールのドライフルーツ、果物のコンポートなどから 13 種類を組み合わせて供するものです。この「13」という数字はキリストの最後の晩餐の人数である 13 人になぞらえています。

❸公現祭（エピファニー／Épiphanie）…1月6日(※1)

Fête des rois フェットゥ・デ・ロワとも言われます。この日に食べるお菓子の総称が「Gâteau des rois ガトー・デ・ロワ（三博士たちのお菓子）」です。菓子には fève フェーヴ（「そら豆」の意味。今は陶製またはプラスティック製の人形）が入れられ、フェーヴを引き当てた人が紙製の冠をかぶってその日の王（女王）になり、パートナーを選んでパーティーの主役になります。子供なら初恋の告白の機会に、また年頃の娘がいる家庭でなら、娘の結婚相手を探す口実にも使われたようです。

かつてフェーヴのモチーフはキリストにまつわるものでしたが、現在は、さまざまに彩色されたフェーヴがあり、ディズニーなどのキャラクターのものまで作られています。

中世の頃はパータ・ブリオッシュで作っていましたが、現在ではフランスの北半分ではパートゥ・フイユテを使った円盤型ギャレットゥ、南半分ではパータ・ブリオッシュで作るガトー・デ・ロワが多くみられます。以下、フランス各地で食べられているガトー・デ・ロワを紹介します。

フランス北部

シンプルなパートゥ・フイユテにマーマレードなどをつけて食べる「Galette feuilletée ギャレットゥ・フイユテ」や、クレーム・ダマンドゥを挟んだ「Galete des rois ギャレットゥ・デ・ロワ」が一般的です。ジャンヌ・ダルクの生地として知られるソントル地方オルレアンでは、ギャレットゥ・デ・ロワ同様パートゥ・フイユテにクレーム・ダマンドゥを挟んだ「Pithiviers ピティヴィエ」が食べられています。またノルマンディー地方やブルターニュ地方では、特産であるリンゴの薄切りを入れた「Galette de pommes ギャレットゥ・ドゥ・ポンム」があります。

フランス中部

ブリオッシュタイプで砂糖漬けのフルーツが入った「Fouace フワス」を食べます。

フランス南部

レモンの皮で香りをつけ、果物の砂糖漬けを飾った王冠型のブリオッシュ「Royaume ロワイヨーム（「王国」の意味）」やバターの代わりにオリーブオイルを使ったブリオッシュ「フガス」などを食べます。

❹聖母マリア御潔めの日（シャンドルール／Chandeleur）…2月2日[※2]

肉食火曜日（マルディ・グラ／Mardi gras）…謝肉祭最終日[※3]

四旬節中日（ミ・カレーム／Mi-carême）…四旬節が始まってから20日目[※4]

これらの祭の時は、卵や油脂をたっぷり使ったお菓子として、「Crèpe クレープ」や「Beignet ベニェ」を食べます。特に北部ではクレープが、南部ではベニェが多く見られ、各地方によってさまざまな呼び名、作り方があります。

クレープでは、ピカルディー地方の「Landimolle ランディモル」やシャンパーニュ地方の「Tantimolle タンティモル」など。ベニェではリヨン名物の「Bugnes ビューニュ」、ラングドック地方の「Oreillettes オレイエット（「耳たぶ」の意味）」、ペリゴール地方の「Merveilles メルヴェイユ（「素晴らしい」の意味）」などがあります。

❺復活祭（パック／Pâques）…春分後最初の満月の次の日曜日[※5]

復活祭では卵が「生命と再生」の象徴であり、どこのパティスリーでも卵を象ったチョコレートのお菓子が並びます（地域によってはウサギや雌鳥も登場します）。

また復活祭は子供たちにとっても大切な行事の一つ。復活祭翌日の月曜日の朝、親が「Les cloches sont passés（鐘が通ったよ）」と言ったら、庭などに隠されているチョコレートを探す習慣があります。この習慣は復活祭の日の夜中に教会の鐘が飛び回り、卵を落としていくという言い伝えから来ているそうです。

❻聖霊降臨の主日（パントゥコトゥ／Pentecôte）…復活祭から50日後[※6]

今はあまり祝われなくなりましたが、この日に食べるのが、「Colombier コロンビエ（「白鳩の鳩小屋」の意味）」です。パン・ドゥ・ジェーヌの真ん中に砂糖菓子か陶器で作った鳩が入っており、鳩が当たった人は年内に結婚する、という言い伝えがあります。

【キリスト教に関するカトリックの行事について】

※1）公現祭…東方の三博士が幼子キリストを訪問し、臣従の誓いをたてた日。クリスマスの飾りはこの日に取り外す。

※2）聖母マリア御潔めの日…聖母マリアがキリストを産んだ40日後に教会を訪れ、キリストの洗礼と自らの御潔めのために多くの蝋燭に火をともし行列したことに由来。別名「蝋燭の日」。

※3）肉食火曜日…断食や禁欲の四旬節（カレーム Carême）が始まる前日。娯楽や仮装、ご馳走を楽しむ「謝肉祭（カルナヴァル Carnaval）」最終日で、最も賑やかに祝われる。

※4）四旬節中日…「肉食火曜日」同様肉食が許され、小さなお祭りが行われた。

※5）復活祭…十字架にかけられて死んだキリストが3日目に甦ったことを記念する祝祭日であるとともに、春の到来を告げる祭でもある。大体3月中旬～4月中旬の間にあたり、移動祝祭日と呼ばれる。四旬節の間禁じられていた肉、乳製品、卵が解禁になる。

※6）聖霊降臨の主日…キリストの復活・昇天後、祈っていた使徒たちの上に神からの聖霊が降ったという出来事の記念日。

新しい素材の到来

15世紀中頃〜17世紀中頃には、植民地を求めての大航海時代により、新大陸から新しい食べ物がもたらされました。

1493年にはコロンブスがスペインにバニラを持ち帰り、1502年の航海ではグアナラ諸島の原住民が飲むカカオ豆の飲料を発見しました。ヨーロッパで広く飲まれるようになったのは、1528年スペインのコルテス将軍がメキシコへ遠征してその作り方をスペインに持ち帰ってから後のことです。

フランスの料理とお菓子を発展させたもの

ヨーロッパ各国にはさまざまなオリジナルのお菓子が宮廷、貴族、修道院などで作られていましたが、特にフランスの料理とお菓子に発展と繊細さをもたらした大きな力となったのは各国王室間での婚姻でした。

1533年、メディチ家のカトリーヌ・ドゥ・メディシスがアンリ2世と結婚。この婚姻によって当時文化面ではフランスより進んでいたイタリアから菓子職人が伴われ、氷菓、マカロン、ビスキュイがフランスで作られるようになりました。

1615年、スペイン王フェリペ3世の王女アンヌ・ドートリッシュがルイ13世と結婚。スペインが独占していたチョコレートがピレネーを越えてはじめてフランスに入り、フランス宮廷に伝わりました。さらに1660年、スペイン王フェリペ4世の王女マリア・テレーサがルイ14世と結婚。この妃は大変なチョコレート好きでさらにチョコレートがヨーロッパ中に広まるきっかけとなりました。

1725年、元ポーランド王で後にロレーヌ公となったスタニスラフ・レクチンスキーの娘マリー・レグザンスカがルイ15世と結婚。大の美食家であった父スタニスラフがマリーにさまざまなお菓子のレシピを教えたことから、ロレーヌ地方の焼き菓子「Madeleine マドレーヌ」がパリで大流行したという説があります。

そしてルイ16世の妃である悲劇の王妃マリー・アントワネットは、オーストリアから「Croissant クロワッサン」や「Kouglof クグロフ」を持ち込んだと言われています。

宮廷料理人の役割

宮廷料理人たちも料理・お菓子を発展させた原動力でした。

1379年、シャルル5世と6世に仕えた料理人タイユヴァンが、フランス最古の料理書『食物譜』を著しています。既に一冊の本を成すほどに彼らは料理、菓子を一つの体系と成していました。1653年にはデュクセル侯爵の料理人ラ・ヴァレンヌがタイユヴァン以後フランス料理の集大成である『フランスの料理人』『フランスの菓子職人』を刊行。砂糖を使った菓子が半分近くもあるほどにお菓子は進化していました。

1810年にはアントナン・カレームの『パリの王室菓子職人』、1875年にはブリヤ＝サヴァランがフランスの政治家・著作家・美食家として名を残すこととなった『味覚の生理学』

（日本では『美味礼賛』のタイトルで邦訳しているものもある）を刊行し、学問としての美食（ガストロノミー）が唱えられるまでに至りました。

また1828年にはオランダのヴァンホーテンによってココアが作られるようになり、1875年にはスイスでミルクチョコレートの製法が考案されました。

同時に自営の店を営むパティスィエによってお菓子は発展し、その領域は広がっていきました。

宮廷料理人たちにとって料理や菓子は自己の栄誉のための手段でもあり、自分が仕える日々飽食の状態にある王侯貴族に気に入られ、満足させるために、シンプルなタルトゥなどとは異なる、より繊細な味わいが築きあげられてきました。また飽食の状態で食べても体の負担にならない légèreté レジェルテ（軽い味わい）が目指されたことは容易に想像がつきます。これがフランス菓子の精神的な多様性の一因であることは間違いありません。

市井でのお菓子の発展——特権階級から庶民への解放

12世紀初頭　南フランスのアルビの菓子職人が「エショデ（粉生地を1度ゆでてから、オーブンで乾かした堅い菓子）」を考案。

1506年　ロワレ県ピティヴィエの職人がクレーム・ダマンドゥを考案。

1638年　パリで菓子店を営んでいたラグノーがタルトゥレット・アマンディーヌを考案。

このようにして、ほぼフランス菓子の体系は一つのはっきりした形を成してきましたが、それでもまだお菓子は特権階級のものであり、庶民とは縁遠いものでした。

1798年のバスティーユ襲撃に始まるフランス革命によって王政が崩壊することにより、上流階級のお菓子が庶民の間にも広まっていきます。また1810年にはナポレオン1世の後援をうけ、本格的な甜菜糖の製造が始まり、菓子作りのもっとも基本的な素材である砂糖の十分な供給が可能になりました。これらの状況の下、さまざまなお菓子が庶民の家庭で作られるようになり、市井にはパティスリーが数多く出現していきます。

新しい器具や設備の出現と、これによる飛躍的な発展

1840年代　トゥールの職人、デュシュマンが別立て法のスポンジを考案。
パリの菓子店「シブーストゥ」でサン・トノレが誕生。
オーギュスト・ジュリアンがババをアレンジし、サヴァランを考案。（命名はブリヤ＝サヴァランに由来）

1850年　菓子店「シブーストゥ」でアーモンド入りジェノワーズ（レジャン）が誕生。

1865年　キエがクレーム・オ・ブールの元となるクレームを考案。

1890年　ピエール・ラカンが『フランス菓子覚書』を刊行。
伝統菓子や外国の菓子を紹介するとともに、新しいお菓子も多数考案。

お菓子の需要が飛躍的に高まることによって、より美味しいお菓子を、より多く、効率的に作るための設備・器具が考案されてきます。

19世紀に入ると、石炭オーブン、金属製の泡立て器、絞り袋と口金が使われるようになりました。これらの器具の発達にともない、さらにお菓子もそのバラエティーを広げていきます。シュー・ア・ラ・クレーム、エクレール、クレーム・オ・ブール、フォンダンなどが作られました。またそれまで飲み物であったチョコレートが食べるチョコレートに生まれ変わりました。このように特権階級の手を離れたお菓子は市井においても著しい発展を遂げることとなります。

庶民の暮らしに欠かせない行事と菓子

宗教的な行事とともに、洗礼、結婚式、誕生日など、人生を彩る大切な行事の中にも常にお菓子は深く関係していました。

❶洗礼、聖体拝領、結婚のお菓子

まず子供が誕生してから1ヶ月以内に家族が集まり教会でお祝いするのが「洗礼」です。続いて子供が14～15歳になった時、もう一度自分で物事を選択出来る年齢になった時に改めて洗礼の誓いをすることを「聖体拝領」と呼びます。その次は「結婚」です。フランスではまず市役所でセレモニーを行い、その後教会で結婚式をします。これら人生における大事なイベントに共通するお菓子が二つあります。

一つは「Croquembouche クロカンブッシュ」というシューを積み上げたお菓子です。一番上にはお祝いを表すもの（男の子ならブルー、女の子ならピンクのシンボル）が飾られます。そして結婚式の時は、男女両方のシンボルが飾られます。

もう一つのお菓子「Dragée ドラジェ」は、お祝いに来てくれた友人や親戚に贈る、アーモンドを砂糖で包んだお菓子です。これも洗礼式の時は男の子ならブルー、女の子ならピンクの糖衣がけをしたドラジェを、聖体拝領や結婚式では白い糖衣がけをしたドラジェを、小さな箱やリボンをつけた袋に入れて渡します。この時、ドラジェの箱や袋には、洗礼式ならその子の名前を、結婚式なら2人の名前を書いた紙をつけるのが慣わしです。

❷誕生日のお菓子

誕生日を祝うようになったのは比較的新しい習慣です。以前はカトリックの国では聖人の日に因んで祝うのが習慣でした。フランスのカレンダーを見ると分かりますが、毎日が誰かの聖人の日になっています。そこで自分の名前と同じ聖人の日に、仲間同士などで「Bonne fête 誰々」と言ってお祝いをするのです。

❸バレンタインのお菓子

フランスでは女性から告白する日ではなく、愛し合っている男女が贈り物をし合う日で、ハートの形のお菓子を贈ります。日本のようにチョコレートを贈る習慣はありません。

❹サン・カトリーヌのお菓子

今はあまり祝われなくなりましたが、11月25日のサン・カトリーヌ（生涯独身を通した聖人カトリーヌ）の日は、25歳を過ぎた未婚の女性のために、結婚をプッシュするためのお祭が行われていました。その時には帽子の形のお菓子がよく作られました。

❺母の日、父の日のお菓子

フランスでの母の日 fête des mères は、日本と異なり5月の最終日曜日です。ここでもバレンタインの時と同様、ハート形のお菓子が作られます。

一方父の日 fête des pères は日本と同じで6月の第3日曜日。この日はお父さんのイメージで、パイプの形のお菓子など男性的なモチーフのお菓子が作られます。

戦後の飛躍的変化と社会的状況の変化

戦後は冷凍・冷蔵技術が普及。電気オーブンや電動機械、プラスティック、アルミ、セロファンなどの新しい素材を使った器具が登場し、さらに新たなバラエティーと新たな味わいの領域が可能になりました。社会全体の労働時間の短縮とあいまって軽い味を好む傾向（ヌーヴェル・キュイジンヌ、ヌーヴェル・パティスリー）が現れ、ムースやババロアが飛躍的に発展します。

料理・お菓子の一般大衆へのさらなる浸透

1900年代は、やがて来るモータリゼーション時代での大衆のためのフランス全土のホテル・レストラン・産物などの案内書として『ギドゥ・ミシュラン・ルージュ』（1900）が創刊されます。さらにオーギュスト・エスコフィエの『料理の手引き』（1903）、プロスペール・モンタニェによる『ラルース料理大辞典』（1938）が刊行され、それまで特権階級のものであった料理・菓子が市井の市民のものとして体系化され、広く浸透していくことになります。またこの中でそれまでの各地の伝統的な料理・お菓子が本として体系化されることにより、それぞれの地域に留まらず、フランス全土に知られるようになり、美食としての料理・お菓子への興味が高まりました（→P22～23「ドゥニ・リュッフェルとともに紹介してきた地方菓子の系譜」参照）。

またこれらの発展した料理・お菓子の技術を流布し、さらに向上させるために1971年にはガストン・ルノートルによって「エコール・ルノートル」が設立されました。

そして1984年には元パティスリー・ミエのオーナーで当時のフランス菓子協会会長であったジャン・ミエ氏の奔走により、オーベルニュ地方イッサンジョーに国立製菓学校 ENSP も作られることになりました。

3 フランス菓子を作る時の最も大事な基本

四季を見つめ、その時の旬の産物を使うこと

フランス菓子を作る時の最も大事な基本とは、常に四季を見つめ、その旬のものを使うことです。果物や野菜、海産物には、それぞれに旬があります。旬の苺が季節の息吹を感じさせる豊かな美味しさをもっているように、旬の産物は、それぞれの味わいと栄養素の特性を十分にもっています。その豊かな美味しさは豊かな微量栄養素によって作られており、旬のものはその時が一番美味しく、そして身体のためにもよいのです。

また季節と息吹を感じさせる旬の素材はそれを食べる人に人間と自然との繋がりを教えてくれます。決して人間はこの世に唯一つの高邁な存在ではなく、自然の中の小さな一つにすぎないことを教えてくれ、それを食べる人の心を優しくしてくれます。何故なら、私たちはずっとずっと以前から、その季節にしか存在しなかった旬のものだけを食べて生きてきたからです。旬のものを食べなければならないように、私たちの身体は出来ているのです。季節ごとにきまった豊かな微量栄養素を摂ることによって、身体の細胞が形作られるべく決まっているのです。

そして旬の微量栄養素に支えられた本当の美味しさをもつ素材は、それを作る人の思いを、愛を、百倍にも膨らませて伝えてくれ、人と人を深く結びつけてくれます。また旬の産物は量的にもより多くの生産が容易であり、より安価に手に入れることができます。

旬の素材を最も必要とするお菓子はタルトゥである

私がフランスで出会い、今では互いを生涯の友と認め合う仲の、パティスリー・ミエのオーナー・シェフ、ドゥニ・リュッフェルは、フランス菓子の中で一番基本となるお菓子はタルトゥであると言い切ります。タルトゥは、季節の恵みと息吹を最も直接的に食べる人に与えてくれます。素材の組み合わせも作り方もシンプルであり、旬の素材の表情をまっすぐに私たちに伝えてくれます。このタルトゥをおろそかにして、いたずらに一つのお菓子を複雑な構成にしたり、複雑な技術を駆使しすぎては、食べる人に何の幸せももたらさないと彼は言います。つまり誰でも作れるそのシンプルさゆえにタルトゥや旬の素材を軽んじ、時代やマスコミにすりよった、奇をてらったお菓子を作ってもそれはパティスィエの本分を全うしたとは言えないのです。

本当に美味しいお菓子や料理は、豊かな美味しさをもった旬の野菜や果物なくしては作ることは出来ません。季節の表情をたたえたタルトゥを大事に作り続けてこそ、パティスィエも、季節ごとの素晴らしい旬の表情を常に心に焼きつけることが出来、時代やマスコミにへつらおうとする心を自制することが出来ると彼は言いたいのだと私は考えます。

ドゥニ・リュッフェルの心の中にある
鮮烈な素材のイメージ

2005年のことです。輸入材料の買い付けで私の会社の営業部の者たちとフランス、スペインを回り終えた私は、パリでドゥニさんを訪ねました。

「今日、私のアパルトマンで一緒に食事をしよう」

彼は私にそう言いました。彼は一人暮らしで、普段ほとんど自宅で料理をしないので、今日は本当に久しぶりに我が家でのディナーになると言いました。ディナーには私と、私と同行していた社員、当時ミエで修業をしていたパティスリー イル・プルー・シュル・ラ・セーヌの現シェフ・川瀬君の4人が招かれました。

本当に彼の料理は素晴らしい、理知的な味わい、素朴な味わい、リズミカルな味わい、料理の流れの中で、彼はさまざまな異なる語りかけを素材にします。料理の全体の組み合わせもそれぞれの料理が他の料理を引き立てるように考えられています。そして一つ一つの料理を全て新鮮な感覚の中で食べさせるのです。とにかくうまい。

ディナーメニューは3品。ホワイトアスパラにトリュフを使った前菜、次にオマール海老と野菜のピュレ、メインディッシュは鴨にフォアグラのパテを塗り、その上にサクランボのソースをかけたもの。黙ってフォークを口に運ぶか、「うーん」と唸りながら食べ続けるだけで時間はすぐに過ぎてしまいました。身体と心にしみわたる美味しさは、まさに私の生命のDNAの反応が軽い呻き声となって発せられるほど大きく揺り動かし続けたのです。

そしてデセールです。ガラスの器に盛られた旬の果物の取り合わせが出てきました。とにかく彩りが美しい。一つ一つの果物が光り輝いている。心が、何か乙女の気持ちに変わってしまったよう。暫く本当に見とれてしまいました。小さな枝についたグロゼイユ・ルージュ（赤すぐり）、ミルティーユ（ブルーベリー）、深紅色のフランボワーズ（木苺）、フレーズ・デ・ボワ（野苺）、フレーズ（苺）……。一つ一つ口に入れます。

「んー、んまい」思わず声が出ます。そしてまた一つ口に入れます。いつの間にか自分の心が優しくなって、今、自分が浸っている幸せを嬉しく見ている自分に気づきます。本当に不思議です。畑や野で出来た旬の果物には、食べ手の心を緊張させるものは何もないのです。とにかく素直に優しく、グロゼイユを、フレーズ・デ・ボワを、季節の表情を受け入れ、そして心安らかに幸せを感じるのです。そこに作り手の技術や精神性の加わっていない、素顔の自然の息吹を感じました。

少ししてからドゥニさんもテーブルにつき、デセールの果物を食べ始めました。

「こんなに美味しい数種類の果物を1軒の八百屋で揃えることが出来たのか」と訊くと、彼は何のてらいもなく、「3軒の店で選んできた」と言いました。私は思わず、やっぱりこの人は凄いと思いました。もちろん彼は一人で、ここぞという店を回ってきたのです。日々の仕事がどんなに忙しく、疲れていても、自分が料理を出す人には、分け隔てなくベストをつくします。でも彼にはベストをつくすなんて大げさな気持ちは少しもありません。彼にとってそれは全く当たり前のことだからです。こんなパティスィエやキュイズィニエは、フランスにももう存在しません。彼は最後のフランスの伝統の底力が作りあげた、最後の巨人なのです。

そして果物をすべて食べ終わった後、夢見るような感覚と共に、もしかしたら旬の素材の表情など、私は結局今も何も深く理解していない、私にフランス菓子を云々する資格などないのではないか、という考えがよぎりました。ドゥニさんのデセールには、果物の見た目にも、味わいにも、季節の輝き、陽の光、蒼い風、きらめく雨のしずくが溢れている。さまざまの果物の一つ一つが、彼の記憶にはしっかりと刻まれ、その果物が与える溢れる季節の感覚に浸りながら、彼はタルトゥやその他のお菓子を作っているのだ、ということを改めて思い知ったのです。

でも私の作るお菓子にはそんな季節ごとの旬の表情など何もないし、ただ何となく、素材の顔を眠気まじりに眺めていたのではないかという恥ずかしさを感じました。シンプルなタルトゥだからこそ、より一層集中した素材への心を深いまなざしがなくてはいけないということを強く感じたのでした。

そしてドゥニさんが言った、「旬の素材を使ったシンプルな作り方」が、フランス菓子の一番大事な基本なのだということを、ようやくその時本当の意味で少しは理解したように思えました。

ドゥニ・リュッフェルとともに紹介してきた地方菓子の系譜

イル・プルーでは、20年以上に渡るドゥニ・リュッフェルの講習会とともに、フランス各地の伝統的な地方菓子を数多く日本に紹介してきました。その中には、今ではフランスでも作られる機会が少なくなってしまったお菓子も多々あります。

⑱

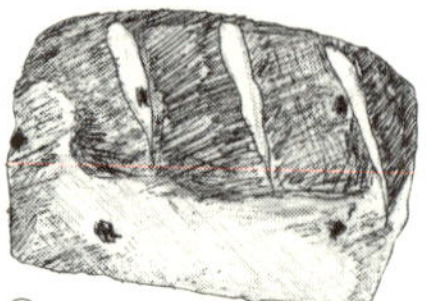

⑲

❶NORMANDIE ノルマンディー

クレープ・ノルマンドゥ（リンゴのソテーを包んだクレープ）
ミルリトン・オ・プリュノー①
サブレ・デュ・マンディアン（4種類の果実をあしらったサブレ）②

①

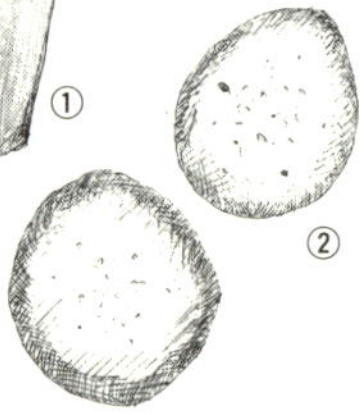

②

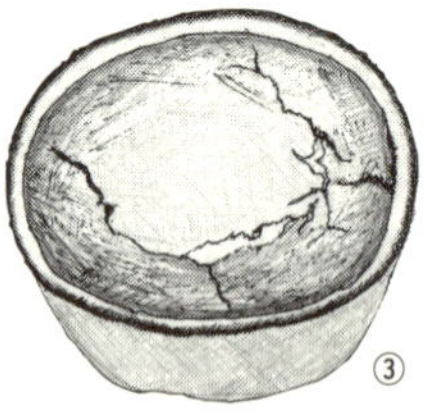

③

④

❷BRETAGNE ブルターニュ

スィアン（フレッシュチーズのタルトゥ）③
クイニャマン（ブルターニュ語で「バター入りのパン」の意味）④
ガレット・ブルトンヌ⑤
ファール・ブルトン（卵とアーモンドパウダーを混ぜた生地にプルーンを入れて焼き固めたお菓子）

⑤

⑦

❸IL-DE-FRANCE イル・ド・フランス

マカロン・リス（→P206）⑥
パリ=ブレスト⑦
ル・サントノレ・ア・ラ・クレーム・シブーストゥ
パン・ドゥ・ジェーヌ（「ジェノバのパン」の意味）

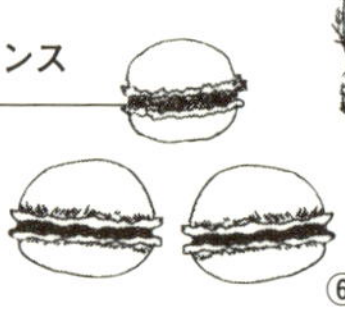

⑥

❹CENTRE ソントル

タルトゥ・タタン⑧
ピティヴィエ（パートゥ・フイユテにクレーム・ダマンドゥを挟んだお菓子）⑨
ヌガー・ドゥ・トゥール
（トゥールのアーモンドパウダーを加えたムラングに、パートゥ・シュクレを敷いて焼き上げたもの）

⑧

❺LIMOUSIN リムーザン

クラフティ・オ・リムーザン⑩

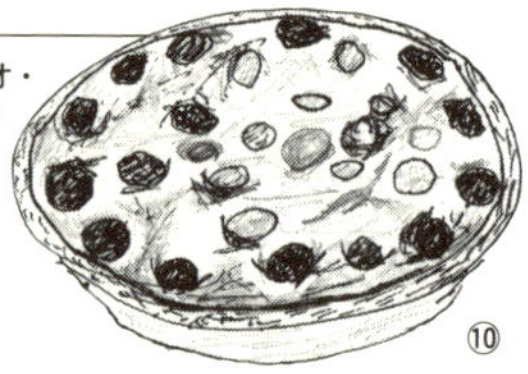

⑩

⑨

⑪

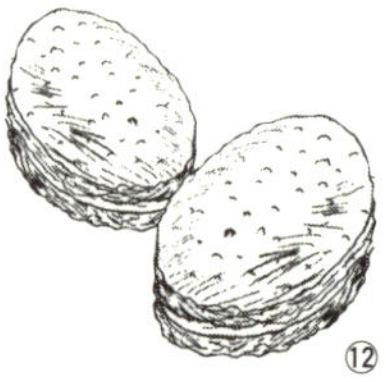

⑫

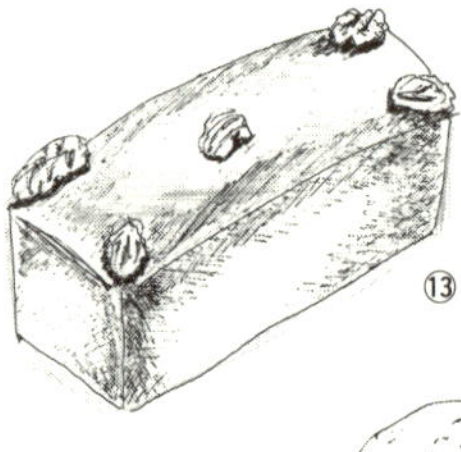

⑬

❻AQUITAINE アキテーヌ

キャヌレ・ドゥ・ボルドー（→P190）⑪
ダックワーズ（ダックス地方のお菓子）⑫
ケック・オ・ノワ・ドゥ・サルラ
（胡桃の産地ペリゴール地方サルラに由来する胡桃のパウンド）⑬
ガトー・バスク（→P184）⑭
ベレ・バスク
（ベレー帽の形に作られたお菓子）⑮

⑭

⑮

⑯

❼MIDI-PYRÉNÉES ミディ=ピレネー

リソル・オ・プリュノー⑯
（プルーンを詰めた丸い揚げ菓子）

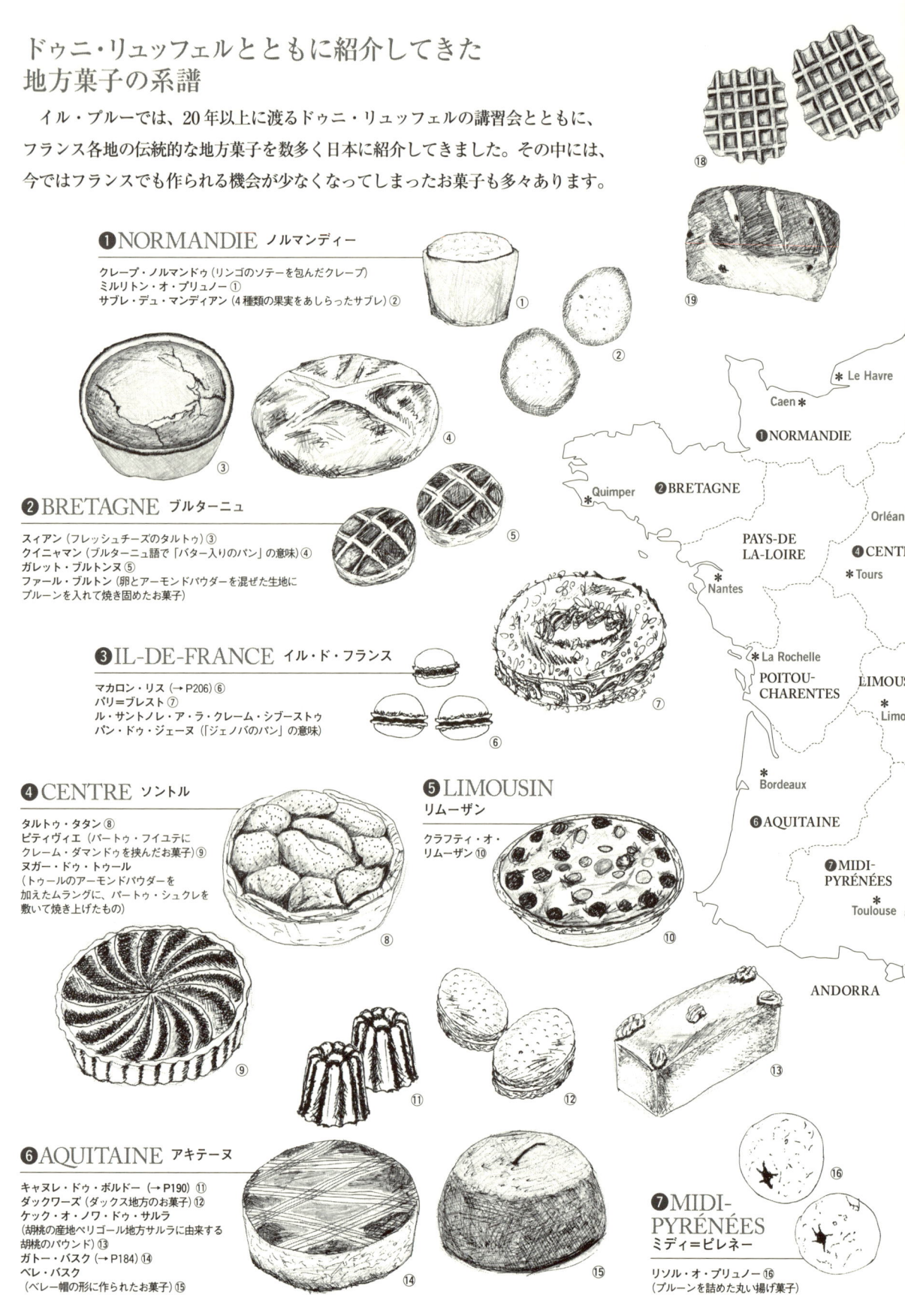

❽NORD-PAS-DE-CALAIS

ノール＝パ・ド・カレ地方

タルト・オ・シュクル（砂糖と生クリームを煮詰めたアパレイユをブリゼ生地に入れて焼いたもの）⑰
ゴーフル・リエージュ⑱
クラミック（干しぶどう入りブリオッシュ）⑲
パン・ペルデュ
（残ったブリオッシュで作るフレンチトースト）

⑰

❾PICARDIE

ピカルディー

ガトー・バテュ・ドゥ・ピカルディ
（軽い歯触りとリッチなバターの薫り高い菓子パン）

❿BOURGOGNE

ブルゴーニュ

グジェール
（チーズの入ったシュー皮）⑳
パン・デピス・ドゥ・ディジョン㉑
クロケ・オ・ザマンドゥ・エ・ノワゼットゥ
（太くコロッケの形に作られた硬めのドゥミセック）

⑳

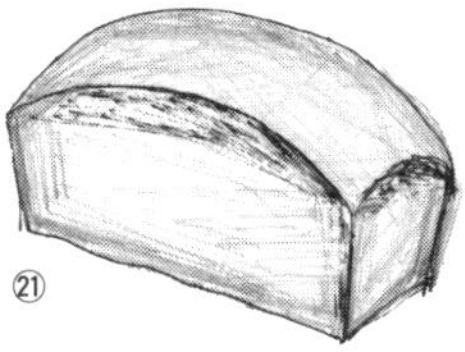

㉑

⓫AUVERGNE

オーベルニュ

ブリオッシュ・プラリネ㉒

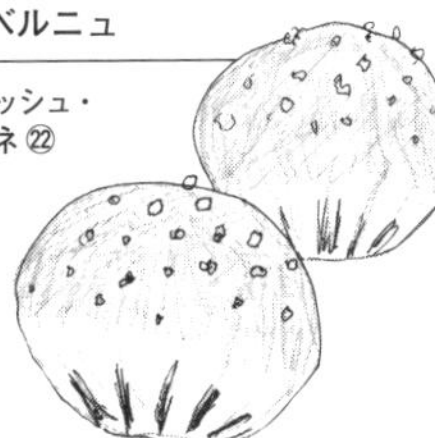

㉒

⓬LANGUEDOC-ROUSSILLON

ラングドック＝ルシヨン

ブラン・マンジェ（→P232）㉓
ル・コロンビエ
（「鳩小屋」の意味。コロンブは平和のシンボルである「白鳩」）㉔
ブラ・ドゥ・ブニュス
（「ビーナスの腕」の意味）

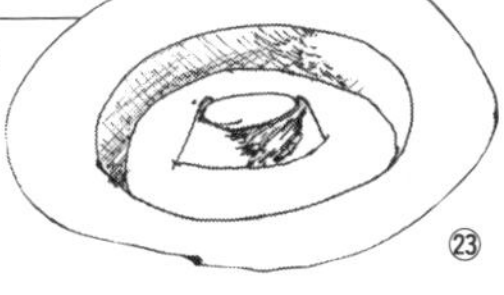

㉓

㉔

⓭LORRAINE ロレーヌ

ヴィジタンディーヌ・ア・ラ・ノワゼットゥ
（長方形のフィナンスィエ型で焼く卵白を使ったヘーゼルナッツ入りの焼き菓子）㉕
ババ・オ・ロム㉖
マドレーヌ
マカロン・ドゥ・ナンスィ（→P212）

㉕

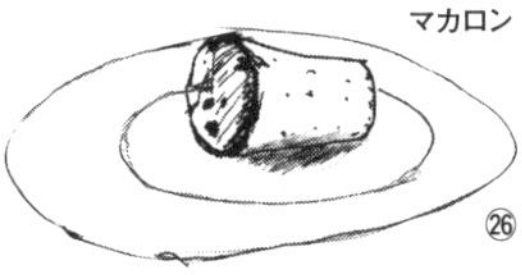

㉖

⓮ALSACE アルザス

クグロフ・アルザスィエン㉗
クーロンヌ・オ・プラリネ
（王冠型に焼いたプラリネ入りブリオッシュ）㉘
ビルヴェッカ
（ドライフルーツがたっぷり入ったイースト生地の菓子）
カレ・アルザスィエン
（パイ生地をフランボワーズのジャムでサンドしたお菓子）
タルトゥ・ミルティーユ
フォレ・ノワール
（グリヨットゥ＜さくらんぼ＞を詰めた生クリームとショコラのビスキュイのお菓子）

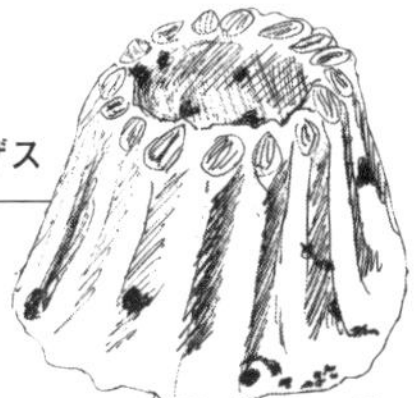

㉗

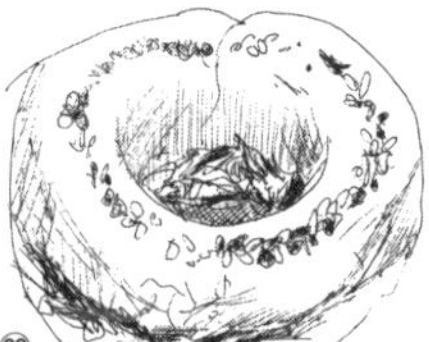

㉘

⓯FRANCHE-CONTÉ

フランシュ＝コンテ

ペ・ドゥ・ノンヌ（シュー生地の揚げ菓子）㉙

㉙

⓰RHÔNE-ALPES

ローヌ＝アルプ

マリニャン（サヴァランにオレンジのリキュールを打ったもの）㉚
ヌガー・ドゥ・モンテリマール（白いヌガー）㉛
ビューニュ（リヨン名物の、生地にドライフルーツを加えた揚げ菓子）

㉚

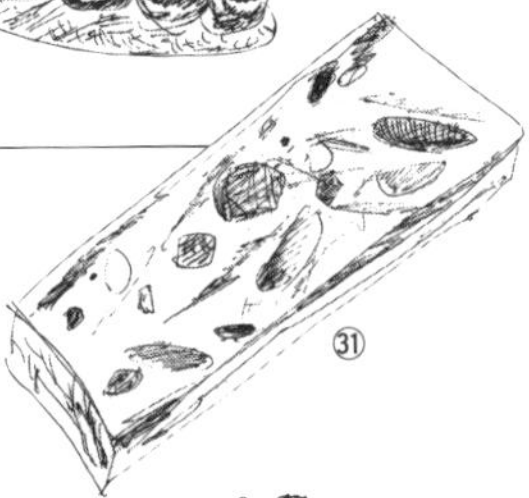

㉛

⓱PROVENCE-ALPES-CÔTE D'AZUR

プロヴァンス＝アルプ＝コート・ダジュール

ムーナ（南仏でエピファニーの時に食べるブリオッシュ生地のガトー・デ・ロワ）㉜
パートゥ・ドゥ・フリュイ㉝
カリソン㉞
タルトレット・オ・ピニョン（松の実のタルトゥ）

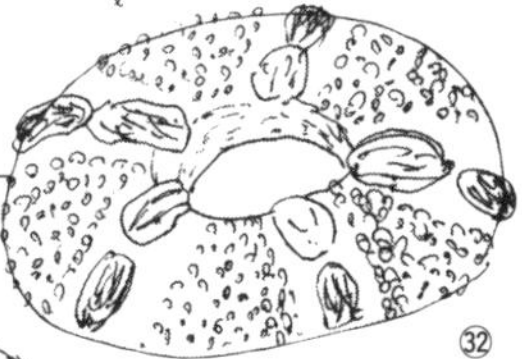

㉜

㉝

㉞

⓲CORSE コルス（コルシカ）

ヌガー・グラッセ・オ・クリ・ドゥ・フランボワーズ
（ヌガーを加えた氷菓）㉟

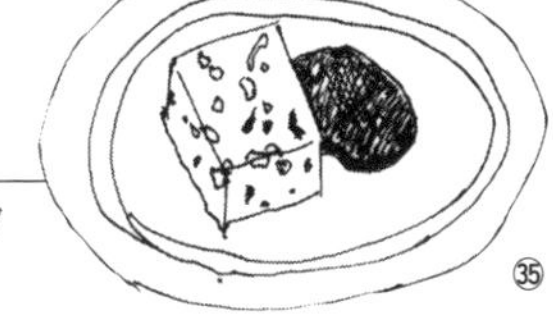

㉟

2e chapitre

フランスと日本の違い

1 フランスと日本の素材の違い

日本には本当に美味しい旬の素材がない

悲しいことですが、この日本にはタルトゥのための果物も料理のための野菜も、本当の旬の美味しさをたたえた素材は全くといっていいほどありません。「良い素材を選ぶ」などという言葉はこの日本では国産の素材においては全く非現実的な意味のない言葉になってしまったのです。

「いやそんなことはない。日本には素晴らしい本当に美味しい旬の素材がある」

少なくない人たちがそう言われるでしょう。でもそのように未だ楽天的に考えてしまうのは、かつて私が小学生だった頃(1960年頃)までの、日本の美味しい果物や野菜の味わいをほとんどの日本人が忘れてしまったということ、そして諸外国の豊かな美味しさをたたえた農産物をよく知らないからだと思います。つまり現在の異常な食材と見比べるものが身近にないから気づかないでいるだけなのです。とうてい人間の食べるべきものでないところまで異常になってしまった素材を、多くの人が美味しい美味しいといいながら食べている光景には本当にぞっとします。リンゴ、葡萄、苺、杏、プルーン、梨、柿……。どれもが人間の心と健康に大きな力を与えるものではありません。

ドゥニさんの言う旬の素材を使ったシンプルなタルトゥがフランス菓子の基本であることは私も今はよく理解していますし、シンプルに旬の表情をたたえたタルトゥやお菓子を作りたいと心から思います。しかしそれは劣悪な素材しかないこの日本では不可能なのです。素材の悪さを技術で補おうとするために技術は複雑になり、食べる人にシンプルな喜びを与えず、作り手と食べ手の間に本当は不必要な心の緊張を伴うお菓子を作りだしてしまいます。

生かすべき素材の表情がとてもくすんでいて不健全なので、新しいオリジナルのお菓子を作ろうという時には、より細かい技術と力の入りすぎた思い入れによってお菓子を美味しく変化させようとしてしまいます。

何故日本から旬の美味しい素材がなくなったのか

記憶の中のノスタルジーではありません。確かに私が子供の頃は、日本の果物や野菜もフランスのそれと違わないほどに美味しかったのです。季節ごとに旬の表情に満ちた野菜や果物があったのです。果物や野菜の種類は今よりずっと少なかったけれど、食べる人間の心と身体に喜びと幸せをもたらすものだったのです。

そして私たちは今の子供よりもずっと元気に、そして健康に屈託なく育ちました。それがいつの間にかこの日本は取り返しのつかない荒廃の道を転がり始めていたのです。

①農薬で痛めつけられた農地

戦後、農業生産性向上の名のもとに、大量の農薬が農地に撒布されました。そして今も多くの作物に、少なくない農薬が使われています。お茶、リンゴなどには今も信じられぬほど多量で多種の薬がまかれ、高い土地から海へ向かって広大な国土に流れていきます。

例えば一つの資料による例では、日本の米の生産高は世界の5%でも、水田にまかれる農薬は世界の農薬使用金額の50%を占めています。跡継ぎのいない老人だけの農家では、常に薬に頼らざるを得ない、などという言い訳もありますが、これはまさに官僚と結びついた農協と製薬会社の営利のためだけに行われています。

私は、有機農法によって作られた果物や野菜で、美味しいものに当たったことはほとんどありません。田畑に有機肥料を与えても、植物はそれを根から取り入れることは出来ないのです。何故なら植物は無機物（ミネラル）しか吸収出来ないからです。植物には有機物を分解する力はありませんし、その役目は土中の微生物が果たしていたのです。大スプーン一杯の健康な土の中には、10万種類、10億個の微生物がいて、これが絶え間ない食物連鎖によって有機物を無機物に変えていき、初めて植物は吸収出来ます。しかしこの日本では、この土中の健全な微生物は農薬によってほぼ駆逐されてしまいました。

②超集約農業のもたらした荒廃

戦後、日本は農地解放のもとに、それまで地主や豪農がもっていた耕地を多数の一個人の農家に分割し、与えました。しかし与えられた面積は小さく、それ以降、常に狭い耕地面積に由来する低生産性にさらされることになりました。特に高度成長期には都市労働者との経済格差は広がりを見せ、これに帳尻を合わせるために超集約農業が加速しました。これはリンゴなど、摘花によって生産量を減らし、大きく水ぶくれさせて本来は必要のない手を加えることによって無意味な付加価値をつけ、高値安定を図ろうとしたのです。結果として、手を加えることによって逆に本来の微量栄養素を豊かに含んだ美味しい産物はこの日本から姿を消していったのです。そして旬を外して生産し、希少価値を作り出そうと、植物の生理を無視した生産を拡大してきました。

これが戦後日本の農業、酪農、畜産が歩んできた道筋なのです。ほぼ、すべての国産の産物から、致命的に微量栄養素は欠落してしまったのです。そして本当の美味しさをもった素材はほぼなくなってしまったのです。

フランスと日本の産物では、物理的・化学的性質が異なる

日本の産物からは豊かな微量栄養素を伴う豊かな美味しさをもったものはほぼ消えてしまいました。しかしそれでもこの日本でフランス菓子を作ろうとするのであれば、日本の素

材にあった作り方を考え出さなければなりません。そのために理解しなければならないのは、フランスと日本の素材が異なるのは、単に味わいだけでなく、素材の物理的化学的性質さえもが大きく異なるということです。ここではお菓子作りの代表的な素材について述べてみましょう。

牛乳

牛乳の美味しさは大きく異なります。日本のものは味わいが平坦であり、フランスやスペインの牛乳のように、飲み始めた途端、心と身体が沸き立つ、暖かくて濃くてさまざまな美味しさを舌全体に感じる美味しさはありません。どうしてこんなに違うのか。悲しいまでの違いがあります。日本の牛乳でも低温殺菌のものであれば何とか飲めないことはないのですが、世界中で日本だけの狂った殺菌法（90℃からゆっくり130℃まで加熱する）「超高温殺菌」では多くのビタミンが破壊され、牛乳とは呼べない代物となります。むしろ身体にはよくない毒素が生成されている可能性も否めないほどの異常な殺菌法なのです。

ヨーグルト、乳酸発酵クリーム類

素となる牛乳がどうしようもなくまずいのですから、それを使った乳製品が美味しく身体によいわけがありません。日本のヨーグルト、ただ薄っぺらい酸味しかない。私はけっして食べません。フランスでは1日に2つでも3つでも食べてしまいます。fromage blanc フロマージュ・ブラン（牛乳を固めただけのチーズ）や crème double クレーム・ドゥーブル（乳脂肪を高めた濃厚なクリーム）にしても、日本のものは薄っぺらで舌の先でしか味わいを感じませんが、フランスのものは舌全体に暖かい懐かしい豊かな味わいを感じます。身体が芯から安心感を感じる美味しさなのです。

生クリーム

これは日本の中でもメーカーによって大きな差がありますが、フランスの生クリームの美味しさから比べれば全く雲泥の差です。フランスの生クリームは身体も心も安心する本当にふっくらとした暖かさに満ちた美味しさが口の中に広がります。舌触り、口溶けもとても軽い。あるところで口にした生クリームは、寒い冬の日、手の上に落ちた雪に舌をつけた時のように、スーッとした本当に軽く爽やかな舌触りを感じました。

一方日本の生クリームは、いくらかマシなものでも味わいが鈍重で少しも膨らみがありません。舌触りも粘りがあり、とにかく重い。少しも暖かい美味しさが口の中に膨らまない、気が滅入ってしまう味わいです。

生クリームは水の中に脂肪球がバラバラに浮かんでいます。これにホイッパーなどで力を加えると脂肪球同士が鎖のように繋がって硬くなり、泡立ってきます。日本の生クリームはこの脂肪球と水の結びつきがとても弱いのです。その弱さには三つの理由があります。

❶酸に対する弱さ

日本の生クリームは、酸味のある果汁などを加えると、脂肪球と水の結びつきが崩れ、生クリームから離水してきます。果物や酸の種類によって、離水の程度は異なります。特に離水を大きくするものは、赤ワインの酸、グレープフルーツ、パイナップル、杏などです。

❷熱に対する弱さ

フランスのものは水と脂肪の結びつきがしっかりしていて、かなりボソボソになるまで泡立てても日本の生クリームのように離水しません。生クリームはボソボソに泡立て、それまで水に含まれていた脂肪球がほぼ水の表面に出てくると味わいはとても豊かになります。

しかし私の経験では日本の生クリームは5℃以下、3℃ほどに保存しなければいけません。これ以上の温度のところに置いておくと次第に脂肪球と水のエマルジョン（混ざり具合）が変化し、泡立ててもなかなか泡立たず、重たい、糊のような舌触りになります。また保形性が悪くなり、クレーム・シャンティイ・ショコラ（チョコレート風味の生クリーム）やババロアを作る時などに、離水してしまい、そのあといくら冷やしても二度と良好な舌触りや口溶けは戻りません。使う以前に生クリームの状態が劣化しているので、ババロアや他のお菓子もよい状態には出来ないのです。

フランスでは苺のタルトゥに生クリームを絞る時は、かなりボソボソに泡立ててから絞りますが保形性はとてもよいです。一方日本の生クリームでは硬く泡立てると、他のものに混ぜる時に、より離水が著しいので、ほぼ生クリームの艶が消えかかる８分立てぐらいの浅めに泡立てています。

❸冷凍に対する弱さ

皆さんも知っている「Gâteau Saint-Marc ガトー・サンマルク（聖マルコの名をつけたアントルメ）」。フランスでは、キャラメリゼして冷やしたビスキュイの上にクレーム・シャンティイ・ショコラを絞り、平らにならし、その上にゼラチンなどの凝固剤を加えずに泡立てて砂糖を加えただけの生クリームを絞り、平らにならします。この上にもう一枚、キャラメリゼしたビスキュイをのせ冷凍し、必要な時にそれを出して必要な分切り分けます。驚いたことに解凍しても生クリームからはほとんど離水せず、保形性もしっかりしています。

ところが日本の生クリームで同様に凝固剤を加えずに砂糖だけで泡立てて冷凍し、解凍すると、生クリームは完全に分離し、ドロドロになって全く異なるまずすぎる味わいになります。これはババロアに混ぜ込んだ場合も同様で、生クリームから離水が起こり、お菓子の味わいを壊す要因となります。

冷凍の温度は－30℃以下。低ければ低いほどよい。業務用冷凍庫のメーカーKOMAでは－27℃でも十分と言っていますが、日本の生クリームでは－30℃以下、お菓子はカチカチに保たないと味わいは著しく急速に劣化します。しかし冷凍を過信してはいけません。長くなるほど味わいは急速に劣化していきます。私は一週間が限度と考えています。

お菓子を日本の生クリームで作るには、生クリームの輸送・保管の時からお客様の口に入るまで、徹底した温度管理が必要となるのです。

バター

バターももちろん大きく異なります。フランスのバターは本当に途切れのない幅のある乳臭い甘い味わいです。やはり舌全体に暖かい味わいが厚く感じられます。味わいや香りが暖かく太く、途切れず、力があります。朝、フランスのキャフェで食べる縦半分に切ったバゲットゥにバターを塗っただけのタルティーヌ。何となく気分がはっきりしない朝でも、身体中が喜びをもって元気になる、本当にその日一日の安心感が湧いてくる美味しさです。

バターは融点の異なる脂肪球が均一に分散し、混ざり合っているものです。0℃でも凍らないもの、10℃で凍るものなど、さまざまな脂肪球が混ざり合っています。融点が36.5℃と言われているのは、最高の融点の脂肪球が36.5℃ということです。バターには約10%の水分が含まれているので、脂肪球が水を含む油中水滴型のエマルジョンです。

もちろんバターも日本とフランスそれぞれの物性は異なります。

❶熱に対しての弱さ

これは日本とフランスで大きく異なります。パティスリー・ミエでは、朝仕事を始める時に大きな20kgの塊のバターを冷蔵庫から出し、常温に戻して使いやすいように柔らかくしておきます。そして仕事が終わって帰る時にまた冷蔵庫に戻すのです。このようにフランスのバターは一度ならず何度柔らかくしても、同じ状態（さまざまの融点の脂肪球が均一に混ざった状態）を保ちます。一方日本のバターは一度柔らかくなると同じ融点のもの同士が寄り集まって均一な混ざり具合が失われます。フランスのバターが熱に対して強いのは最高の融点あたりの脂肪球が鎖のようにしっかり繋がり、融点の低いものをしっかりと縛っていることと、脂肪球同士を結びつける何かの成分があるからだと思います。

一度本当にビックリしたことがあります。パティスリー・ミエのオーブンの前は、30℃を超えています。バターを柔らかくするために、大きなバットにのせてバターをオーブンの前に置き、それを忘れていたのです。積み重ねられたバターは高さが7～8cmくらいありました。よく見るとバットには油がかなり流れ出ています。形を保っているバターに指を入れてみました。スポッと何の抵抗もなく入ります。このことから考えても確かに脂肪球をまとめ、つなぎとめる鎖のようなものがあるのでしょう。フランスのバターは加熱して柔らかくする場合でもこの鎖のために日本のバターよりずっとほぐれにくいのです。日本のバターはあれだけの厚みによる重さがあったら溶けるにしたがって崩れ落ち、形を保っていることは出来ません。

❷伸展性の違い

これはバターの層が切れずに薄く伸びていく性質のことです。これも大きな違いがあります。フランスのバターは切れにくく、よく伸びます。ブリオッシュでバターを加える時でも、よほどパートゥを摩擦熱で溶かさない限り、スムーズにパートゥの中に入っていきます。パートゥ・フイユテもうまくいかないなんてことはほとんどありません。

一方日本のバターは一度柔らかくなって脂肪球のエマルジョン（混ざり具合）が壊れると

すぐにこの伸展性が失われ、切れやすくなってしまいます。

例えばバターの層を薄く、出来るだけ切れずにつながった状態でのばしていくパートゥ・フイユテの場合、日本のバターで作る時は一度も柔らかくなっていないバターを使わないと、バターは薄く伸びず、バターの層は簡単に切れてしまい、焼いた時のパートゥの浮きもとても悪くなります。

❸吸水力の違い

バターの伸展性がよく、薄く伸びるということは、他の素材をより細かく包み込めるということです。つまり他の素材をより多く包んでくれて簡単には分離しない力です。これは水分を加えた場合著しい差が出来ます。

フランスのバターは日本のバターの1.2～1.3倍ほどに吸水力が高いように思えます。フランスのバターでは、楽にクリームに混ぜ込むことが出来たのに、日本のバターでは分離してしまうこともあります。また日本のバターでもメーカーによって伸展性、吸水力が大きく異なります。

また伸展性がよいということは、他の素材とより深く混ざり合うということです。パートゥ・シュクレなどを作る時、同じ混ぜ方であっても、フランスのものは伸展性がよいので他の素材とより深く混ざり合います。しかし日本のバターはより薄く伸びる力が弱く、熱にも弱いので、注意深くバターが温まり過ぎないように低速で時間をかけて混ぜないと他の素材との混ざりが不十分になり、焼成時にバターがもれだします。せっかくのバターの多いサブレ（砂のように軽い歯触りの生地）と呼ばれるパートゥも軽いホロッとした歯触りにならず、ただのガリガリとした少しの美味しさも感じない歯触りの焼きあがりになってしまいます。

またフランスでは技術的なことはほとんど考えなくても出来たバターのムースが、日本に帰ってから100%失敗しなくなるまで10年以上かかりました。1度目のフランス研修から帰国した当初は、この日本とフランスのバターの物性の違いや、卵白の違いをほとんど理解できずにいたからなのです。

卵

最近の日本の卵もとてもおかしいと思います。味わいは平坦で、もちろん暖かくてポックリと口中に広がる、身体にしみ込む美味しさなんて少しもないのが普通の卵です。でも日本でも、私が子供の頃、未だ農地が農薬で汚染されていず、そこで栽培された葉っぱや飼料で育てられた鶏の卵は本当に美味しかったんです。

私はオムレツを作る時、卵にすりおろしたパルメザンチーズ、スペインのオリーブオイル、イリコから取ったダシ、塩、胡椒を加えます。美味しいオムレツが出来ます。でも昔は日本の卵も、何も加えなくてもこの美味しさがあったんです。卵の美味しさは鶏に与える飼料にどれだけ豊かな微量栄養素が含まれているかで決まります。

現在はさらに最悪なことに、生産費を安くするために鰯を蒸して乾燥させて粉々にした魚粉を加えています。多いところでは50%が飼料に加えられていると聞きます。鰯は栄養があるので鶏も長生きし、より多くの卵を産むのだそうです。ところがこの匂いが特に卵黄に残り、アイスクリームのためのクレーム・アングレーズを練る時に、鰯の匂いが出て歯の浮くような味わいになることもあります。

また化学的に不安定な銅ボウルで酸味のある果汁とクレーム・アングレーズを練ると、鰯の不快な匂いが出ることがあります。そのため私はクレーム・アングレーズを炊く時には化学的に安定しているガラスボウルで加熱することにしています。

またパータ・シューに卵を加えていく時のムワッとする生臭さも本当に気持ち悪い。オーブンに入ってからの匂いも胸が悪くなります。

フランスの卵には、そんな生臭さはありません。クラフティなどに加えられた卵はキルシュなどとともにふんわりした甘い香りを作り出してくれます。栄養も美味しさもなく、不快きわまりない匂いをもつ卵に、アレルギー反応が出たとしても少しも不思議ではありません。物価の優等生と言われ続けてきましたが、実態はそれほどただれた鶏卵なのです。

❶物性の違い（卵黄の場合）

お菓子を作る場合、卵黄は乳化という大事な働きをします。水と脂肪が触れるとそれぞれ表面積を最小にしようとお互いをはじき合い、泡はつぶれます。しかし卵黄にはこの表面張力を消す力（乳化力）があります。ジェノワーズやビスキュイにバターを加えても泡がつぶれないのは卵黄があるからです。この乳化力に関してのフランスと日本の鶏卵の違いを意識したことはありません。同じ程度の作用と考えてよいと思います。

❷物性の違い（卵白の場合）

卵白は90%が水で、10%が卵白の繊維です。これが水を抱きかかえる構造になっています。フランスの卵は割り分けてからすぐでも、それなりに泡立ち、何とかビスキュイやジェノワーズなどのパートゥは出来あがります。つまり新しいものでも割り分ければ卵白は盛りあがらず、ほぼ平らに広がり、繊維が細かくほぐれやすいのです。また流動性があり、他の素材と混ざりやすく、泡も強いものが出来ます。

しかし日本の割り分けたばかりのドロンとした卵白は、繊維が細かく切れず、気泡量の少ない、ポロポロしたつぶれやすい泡になります。また繊維が弱いため、気泡もつぶれやすくなります。このドロンとした盛りあがるほどの濃厚な卵白が、新鮮さのバロメーターであると言われますが、それは何の根拠もない迷信にすぎません。

フランスでは卵白は割り分けてから冷蔵庫に3～4日置くと、さらに繊維はほぐれます。しかし日本のものは冷蔵庫に入れてしまうと20日ほど経ってもドロンとしたままです。意識的に手を加えねばなりません。そこで卵白を水様化（→ P285 参照）させて使います。

❸繊維の強さの違い

繊維の強さにはかなりの違いがあります。「Œuf à la neige ウフ・ア・ラ・ネージュ（雪のような卵）」というデセールがあります。泡立てたムラングを湯に浮かべて茹であげて冷やし、ソース・アングレーズとともに食べます。日本の卵白はほとんど歯にも舌にも圧力を感じません。何の印象もありません。まさに淡雪です。しかしフランスの卵白はしっかりした弾力があり、暖かいふっくらとした香りがあり、味わいがとても美味しい。

またフランスの卵白は、熱いシロを加えるムラング・イタリエンヌを、20コートくらいの大きいミキサーで作っても、繊維が強いのでボカ立ちになったり、気泡量の多すぎる弱い泡立ちになることはありません。でも日本の卵白では、20コートのミキサーでは弱い卵白の繊維に対して力が強すぎて簡単につぶれる、本当に弱い泡立ちになってしまいます。

また水様化させた日本の卵白はさらに繊維が弱いので、20℃以上の常温ではとても弱い泡立ちになります。そこで私は卵白を10℃ほどに冷やして泡立てます。冷えると表面張力が強く働き、少し気泡量は減りますが強くて混ざりの良い泡になります。

❹流動性の違い

フランスでは、ムラングに他のものを混ぜた時に、簡単に深く混ざっていきます。泡の粒が自由に動くというか、別に考えなくともよく混ざり合うのです。しかし日本の卵白の泡は固定されているようで、他のものが深く浸透していきにくいようです。

「Chiboust paysanne シブーストゥ・ペイザンヌ」のクレーム・シブーストゥで、ゼラチンを加えたクレーム・パティスィエールをムラング・イタリエンヌに混ぜる場合、ムラングの中にゼラチンの入ったクレーム・パティスィエールを深く浸透させることを意識して混ぜないと、ムラングの泡を固定するゼラチンが深く浸透せずに、時間とともにムラングがつぶれてクレームが流れ出たりします。

粉

パティスリー・ミエで使っている粉はかなり粒子が粗く、指先につまんでこするとはっきりと粒を感じます。また色も黒めで豊かな味わい、香りがあります。日本の粉は、とても細かく色も白く粒を感じません。細かく挽くほど乱反射が激しくなり、粉の色は白くなります。小麦粉の原料である小麦はほとんどが輸入されたものですが、日本で細かく製粉されます。この細かい小麦粉はフランス菓子では大きな困難を生じさせます。

❶何故日本ではより細かく粉を挽くか

日本ではまだまだカステラの幻想が根強く生きています。未だ多くのパティスィエがジェノワーズはスダチが細かく揃っていなければならないと考えています。細かく揃うほどパートゥには柔らかさが出てきます。またこの歯触りの柔らかさがお菓子の第一の美味しさと多くのパティスィエが考えています。つまり柔らかさを得るために粉は細かく挽かれているのです。また、粉を細かく挽くほどに小麦粉の表面積が大きくなるために、パートゥの歯触りが柔らかくなると同時に、同じ重さの小麦粉と材料を使っても、より厚く焼きあがります。つまり原価が安くなるのです。この二つの理由によって、今でも日本では粉が細かく挽かれ続けているのです。

❷より細かく挽くことによってどう変化するのか

より細かく小麦粉を挽けば、摩擦熱によって小麦粉の旨味は変化・変性し、平坦で無味乾燥な、いわゆる粉っぽい舌触りと味わいになります。またグルテンの素となる小麦粉中のたんぱく質がより多く露出し、同じ重量の小麦粉でもより多くのグルテンが網の目状に、より緻密に形成されます。そして、外の素材の旨味をより緻密に包んでしまいます。

加熱によって凝固したたんぱく質は、唾液には溶けません。他の素材の旨味はグルテンに包まれて味わいとして感じられません。またグルテンは引きがあり、粘りのある歯触りとともに歯切れを悪くします。例えばクレーム・パティスィエールでは、より多くのグルテンが出やすくなります。舌触りは不快な、重いべたつくものになります。より細かく挽けば、旨味の劣化した澱粉の表面積がより大きくなって、他の素材を包み隠してしまいます。フランスと同じ配合でやっても、同じ美味しさが出ないのは、この劣化した澱粉の表面積の大きさと過度に生成されるグルテンが一番の理由です。

また、クレーム・パティスィエールを練る場合、澱粉の表面積が大きくなるため、水を吸って膨張した澱粉粒子がホイッパーにより多くこすられ、澱粉粒子の膜が破れ、水が出てきて糊のような舌触りになります。よりゆっくり混ぜ、澱粉粒子を傷つけないように注意して練らなくてはなりません。

パートゥ・フイユテやパータ・シューは粉に水を加えて練り、澱粉とグルテンで空気を通さない緻密な膜（層）を作り、発生した水蒸気を逃さないようにして、浮いたり膨れたりします。日本の粉でパートゥを作ると、この膜はより緻密になり、水蒸気をより逃さず1.3倍ほどより大きく浮き、膨れます。しかし浮けばよいのではありません。ほどよく浮くことが大事なのです。

またグルテンもより多く生成されるために焼き縮みもより大きなものとなります。パートゥ・フイユテでは歯触りもチクチクと唇を刺すような歯触りとともに、歯にガリッと強く当たる硬い歯触りが出てきます。グルテンが多く生成されると歯触り、味わいに大きな違いが出てくるパートゥの場合は、よりゆっくりした速さで混ぜるとか、粉や他の素材を冷やすことによってグルテンの生成を抑えることが必要になります。グルテンは強い力でまた長く混ぜると、温度が高いとより多く生成されます。

2 味わいとは何か

味わいの要素について

味わいというものを私なりの考え方で述べていきたいと思います。味わいを構成するものには見た目、香り、食感、味、喉ごし・残り香の五つの段階があります。

①見た目（視覚）

私たちが物を食べようとする時、まず「視覚」で大まかな判断をします。これは口に入れて大丈夫なのだろうか、美味しいのだろうか、まずいのだろうか、という予知の行為です。

視覚は食べ物を判断するためのとりあえずの判断であり、そこで決定的な判断は得られません。次の「香り」からが、大事な判断のための一連の過程となります。一度口に入れてしまえば見た目は忘れられてしまい、美味しさを作る要因としてはとても弱いものです。よく「見た目も美味しさの大事な要素」と言われますが、そんなことはありません。まずければ視覚の記憶は一度に消し飛んでしまいます。お菓子作りにおいて見た目の美しさは取るに足らないものと言っても過言ではありません。

②香り（嗅覚）

食べ物が目の前にあれば、視覚と同時に「香り」で食べ物の判断をします。視覚はあくまでその食べ物の表面だけの情報しか与えてくれませんが、香りは表面だけでなく食べ物の内部や構成している素材、要素をも予想することが出来ます。もし生命が停止してしまうような毒性をもったものを口に入れてしまったら、もう取り返しはつきません。香り（匂い）は食べ物から昇華する成分が鼻腔の中で行う化学反応であり、DNA に蓄積されている可能な限り多くの情報を駆使してその食べ物を判断しようとします。毒物を口に入れてしまっては生命はそこで終わりですから、これを取り込まないために一連の「食べる過程」の中で最大の神経が集中され、判断が下されます。一番重要な判断のための反応なのです。

豊かな快い香りとは、DNA の中に集積された、安全で、しかも身体によい微量栄養素を豊かにもっている食べ物への安心と満足の感覚なのです。そしてものを食べる時の美味しさにはこの香りが最も大きな役割を果たします。本当に美味しい料理やお菓子などの食べ物には必ず豊かで印象的な香りがあります。私がオリジナルのお菓子を作ろうとする時、最も苦心するのは印象的な香りです。

③食感

「食感」は口の中の器官、歯や舌や口内壁に食べ物が触れて得られる感覚です。香りや味が化学的な反応であるのに対して、これは物理的な感覚です。歯触り、舌触り、口内壁に触れるなどの、歯に当たる力、力の強弱、崩れた食べ物が唾液を吸った時の感覚などです。しかし物理的圧力の種類と強弱だけでなく、バターやチョコレートのカカオバターが舌の熱によって溶ける時の融解熱などの、全体の味わいの中で起こる化学反応によって得られる以外のすべての感覚をも含みます。

実はこの「食感」という言葉は、私が『Pâtisserie française その imagination I』(1985年小社刊) の中で作った言葉です。物理的圧力だけでなく、融解熱の感覚をも含むので、「触感」だけでは不十分だと考えたのです。これももちろん味わいの大きな要素です。この過程でもこの食べ物は生命にとって良いのか否かの判断が引き続いて行われています。良い情報に合致するものは、心地よい食感を感じます。

④味

「味」は、歯によって砕かれ、唾液に溶けた食べ物に対して行われる化学反応への判断です。ここでも食べ物は飲み込んでも大丈夫なのかどうなのか、最後の判断をしています。

⑤喉ごし・残り香

そして飲み込みます。喉や食道を通過する際の「喉触り」の感覚などが続き、同時に残り香を感じます。

味わいとは要素間の相対的な関係の集合体である

「味わい」とは食べ物を目で見て、そして飲み下すまでの連続する感覚の集合体なのです。連続して行われる食べ物への判断のための反応の集合体なのです。決してこの中の一部分だけの感覚ではありません。新作のお菓子の試作で、毎日どうしてもお菓子を食べすぎて最後まで食べるのが辛くなり、飲み込む手前で吐き出して味を判断しようと考えたことがあります。お菓子を吐き出しながら味わいの判断を続けることは、結局とんでもない時間とエネルギーの無駄になりました。どんなに美味しいお菓子でも、飲み込む手前で吐き出してしまえば、食べてはいけないもの、不快なものという感覚しか得られません。最後まで飲み下して初めて味わいが出来あがるのです。

見た目を除いた四つの要素は口に入れた時から、短い時間の間にあらゆる局面で複雑に絡み合いながら影響し合います。それぞれの局面での重なり合った感覚の連続なのです。人間の鼻と口中の感覚はさまざまな微細な反応を得ます。そして脳はこれらの感覚を集合させて全体の味わいとして感じ得るようです。それぞれの局面で香り、食感、味は複雑に重なり合ったものを集合体として捉えます。別々なものとして感じ取ることはありません。

味わいには絶対な美味しさはない

ある一つの要素にこれまでとは違った要素が相対すると、その要素は味わいの表情を変えます。味わいとは、要素と要素の間に出来る相対的な感覚なのです。詩文において、二つの異なる言葉が並ぶと、その二つの言葉の間に一つの精神と感覚の空間が生まれるのと同じことなのです。あるものを食べたら、とても美味しかった。しかしそこに何か小さな歯触りを与えたら、それがとんでもなくまずいものになってしまった。こんなことはよくある経験です。絶対的な美味しさなどないのです。美味しさは常に一定ではなく、そこに加えられる要素によって感覚を変えるのです。

例えば卵黄の入る基本のクレーム・オ・ブール。バター、卵黄、砂糖は同じものなのに、今までとは違った香り豊かなバニラエッセンスを加えたら、全ての素材が変わったかのように美味しくなります。これはバニラエッセンスの豊かな香りが他の素材に重なり、働きかけ、それぞれの素材の表情を変えさせた結果です。これはまさしく多様性と多重性の感覚です。しかし日本人にこのような考え方、味覚の習慣はなかなか理解できません。

私が関わっているパティスィエ仲間の「平成正義の会」で主催する「味わいを主としたオリジナルのお菓子のコンテスト」でも、ビスキュイ、クレーム、シロ、上がけのジュレ、それぞれ一つずつを味見をするととても美味しいのに、それをまとめあげて一つのお菓子に組み立てると何の印象も美味しさも感じられないお菓子に変わってしまう場合がほとんどです。これはビスキュイの味わいをクレーム、シロ、ジュレとの相対的な関係で捉えられない、つまり要素と要素の間に生きる感覚の想像、理解が出来ていない結果なのです。そして多くの場合、味わいはそれぞれの美味しさが他の美味しさを打ち消した味わいになってしまいます。あるいはお互いにくすんでしまった抑揚のない、平坦な味わいになります。

味わいの基本はコントゥラストである

美味しさを作り出すためには素材と素材がお互いの美味しさや特性を消さないように、味わいの要素の強弱、表情を考慮して要素と要素を競わせ、それぞれの要素を印象的なものに浮かびあがらせる、つまり要素同士のコントゥラストをはっきりさせることが大事です。しかし私たち日本人は国民性としての考え方の習慣で、突出するものを嫌い、ビスキュイ、クレーム、シロ、ジュレ全てを同じ柔らかさ、味わいの方向に揃えようとします。これではそれぞれの素材の個性、美味しさは浮きあがってきません。特にこのような味の組み立ては、今の日本料理の形式的な味わいの中に顕著に見られます。このような味わいに多重性、多様性は得られません。それぞれの要素のトーンの強弱を変え、香り、食感、味わいの方向性の異なるものを合わせ、それぞれの要素の美味しさが浮き立つようにするのがフランス的な味わいであり、ひいては人間のための本来の食べ物の味わいなのです。

例えばムラング・オルディネールをたくさん加えた、軽さの極みをたたえた皿盛りのデセールとしてのムースがあります。とても歯触りが優しく、ふんわりとした軽さの中に、舌に一粒一粒の泡の呟きが感じられてとても美味しい。しかしこのムースに、目に見えない部分でゼラチンを出来るだけ隅々まで浸透させていないと、時間とともにムラング・オルディネールの泡はつぶれ、元の卵白に戻り、ムースからもれ出てぬめっとした間の抜けた不快な舌触りになります。これにふんわりとした柔らかさが続いても誰も大きな美味しさを感じません。でもゼラチンが細かく隅々まで浸透すれば、ムラングの泡はつぶれずにしっかりと固まります。ほんの一瞬、歯の先にしっかりした歯触りを感じ、その後に軽さが続けば、その柔らかさと軽さは心地よいものとして、とても印象的な美味しさに変わります。

このコントゥラストという感覚も、DNA の情報の照らし合わせによるものだと思いますが、その理由までは未だ私には考えが及びません。

3 現在のフランス人と日本人の味覚の捉え方の違い

日本人の味覚の捉え方

味わいの捉え方は国民性によってかなりの違いがあります。前述した味わいの要素を使ってフランスと日本の美味しさを考えてみます。まずは日本人の味覚の捉え方について説明しましょう。

今の日本では全体の味わいのトーンをかなり低くして、食感、味、香りの順に強さを秩序づけるといともたやすく美味しさとして感じてしまいます。国民性として多様性、多重性としての感覚は経験がなく、この三つの要素それぞれが、他の要素と関わりをもたないように、それぞれが影響しあわないように、ただ並列させようという傾向が強くなります。三つの要素の中で最も大事な影響力をもつ香りを一番下において弱くし、また２番目には味をおきます。そして食べ物の性質を判断する際にはこの三つの要素の中では最も重要でない食感を一番上にもってこようとします。こうすることによって、それぞれが目立たず、同じ調子の、バランスを取ることになります。

この味わいの形態は日常のさまざまなところで見られます。今の形式的な味わいを美味しさとするほぼ全ての日本料理はまさにこの手法をとります。味わいは極めて単一、単調であり、これを控えめな上品な薄味の味わいとして最上のものとしています。

単調な柔らかさだけの、香りや味のない絹ごしの豆腐が繊細の極みとしてもてはやされます。何度も漬けた水をかえ、何度も茹でこぼしてお湯を変え、そして裏漉しをして仕上げる。和菓子の餡、小豆の香りや味わいは全くなく、哀れな滑らかさのみの舌触りを最良とする形式的な味わいです。

和食などの味わいの組み立てでは匂いをかいでから口に入れ、飲み下されるまでの局面の中で、何か突出した要素があればこれを取り除き、常に味わいの三つの要素が並列で、抑揚のない、単一で薄っぺらい味わいにしようとします。

日本料理と同じように、今の日本ではほぼ全てのフランス菓子や料理でもそのほとんどは単一性と単調性の上に組み立てられています。家庭料理でもまた、下茹で、アク抜きによって、頼りない柔らかさだけの料理が常識となりました。これは本来の美味しさではありません。やがて私達の身体と健康を破壊する偽りの形式のみの美味しさなのです。

フランス人の味覚の捉え方

フランスでは、普通の果物や野菜であっても、その中には日本の今の素材と比べるなら比較にならないほどの豊かな微量栄養素を含んでいます。「香り、食感、味」の味わいの三つの要素が一連の局面で最大限に感覚を揺らし、影響し合い、多様性と多重性のある味わいが日々の経験であり習慣なのです。

本来のフランス料理やお菓子では、食べるという一連の過程の中で、例えば歯触りなど突出して強すぎるものがあったら、日本のようにそれを取り除いたりはせず、歯触り以外の二つの要素、香りと味を強調し、歯触りに負けないようにして、それぞれの特性が浮き出して影響し合い、多重性、多様性を作り出します。

つまり日本では平坦な味わいのバランスが取れるまで要素を抜き取り続け、フランスでは味わいのバランスが取れるまで新たな要素を加え続けるのです。もちろん私のお菓子作りも要素を加え続けて作りあげるものです。

要素を捨て去るものと加えるもの、どちらが本来の美味しさ、作り方なのでしょうか。料理やお菓子を食べるということは身体の細胞に必要としている豊かな微量栄養素を補給することであり、それによって身体と心の健康と喜びを作ることであると言いました。可能な限りの豊かな幅広い微量栄養素を揃えるのであれば、要素を加える作り方がよいことは自明の理です。つまり豊かな要素を加えることが本来の料理の作り方なのです。要素を捨て去る作り方は、生命と心の喜びと健康のための料理本来の目的に反する作り方なのです。

フランス人と日本人の味覚は本質的に異なるか

フランス人と日本人に、前述のようなそれぞれの味覚の傾向があるというのは人間として本質的なものからくるのではありません。ある意味では偶然がもたらした、表面の薄皮だけの違いなのです。

しかし人類がほぼ偶然の流れでヨーロッパ大陸と日本列島に分散していき、さまざまな面での特化が進んでいったとしても、特化して出来た違いはほんの薄皮であり、その薄皮の下には、もっともっと長い、悠久の人間としての共通の味わいがあるのです。表面の薄皮が取れれば、フランス人も日本人も食べ物への感覚は同じなのです。フランス人も日本人も動物も命を元気に維持するために食べるのであり、微量栄養素豊かな味わいの三つの要素が豊かに感じられるものを欲するのです。ですから日本人でも多様性豊かな「シブーストゥ・ペイザンヌ」を美味しいと感じるのです。

何故日本とフランスの味わいに現在のような違いが出来たのか

基本的ないくつかのミネラルが結合し、本来の美味しさである有機体（生命）が発生します。これが無限とも思えるさまざまの経験を積み重ね、適応を繰り返し、進化していくにしたがって、脳（精神的空間）が大きく発達します。そしてこの精神が逆に本来の正しい人間の営みを抑制し、縛り、本来の目的を捻じ曲げてきます。何故なら、精神性は人と人の関係において生じるものであり、この中では生命からの話しかけは軽んじられやすく、時には生命にとって最も大事なものまでが無視され傷つけられることすらあります。生命との係わり合いでの美味しさではなく、人と人との関係において、本来の美味しさが変質してくるのです。ここに本来の美味しさではなく、偽りの美味しさが生まれてきます。これらの動機としては、組織性、経済的効率性、国民性、マスコミの無秩序な増殖などが挙げられます。

経済的効率性で最も端的なものはアメリカの農産物です。アメリカの経済システムの肝要は、出来るだけ費用を少なくして、出来るだけ多くの個数、重量をどれだけ短期間で上げるのか、ということだけなのです。形だけの個数、重量を上げればよいのであって、その素材の中にどれだけの微量栄養素が入っているかなどは全く関心のないところなのです。本来は生命の維持のためにあるべき農産物は資本の増殖のために、本来のものを捨て去り、変質してしまいます。

「要素を捨て去る料理法」は、日本という特殊な精神構造の中で生まれたことは確かです。しかしこの精神性の総体である国民性は、もちろん少しずつ変化していくものです。この料理法が遠い昔から行われてきたことはありません。例えば江戸時代、ほとんどの農民や庶民は、その日食べるのが精一杯の量の食材しかなかったのが普通でしたし、素材から要素をひく、素材の栄養素を捨て去るなんてことはなかったはずです。

もちろん、武士階級などでは本膳料理など幕府の権威を保つための形式的な作法と味わいが作られてきたことは間違いないと思います。また茶懐石料理などは、茶の湯の儀式に重い威厳を作りあげるために、料理が利用されたということもあると思います。料理に重々しい形式を与え、お茶の儀式により重い威厳を与えるのです。しかしそれらが特殊な空間の中に鎮座しているのであれば構わないのです。問題はそれがいつの間にか一般家庭に浸透してきたということです。日本の現在の形式的な味わいが作りあげられたのは、この二つの流れが契機となったことは十分に考えられます。

マスコミの無秩序な増殖

例えばミシュランのガイドブックによる格づけです。この本は、もともとミシュランというタイヤ会社が、やがてくるモータリゼーション時代の到来を早め、そしてその中に多くの国民を巻き込むために、全国のレストランやホテルの案内をしたものです。最初は「旅行者のため」という前提のもとにホテルやレストランの評価がされていました。しかしこのガイドブックが多くの人に受け入れられ、この本を頼りにするようになり、大きな信頼が生まれます。そして大きな影響力を持つようになります。そうなるとレストランのシェフは、お客様のためではなく、ガイドブックが興味を持ち、自分によい評価が与えられるように、それまでの一般的で伝統的なものとは違った話題性のある料理を作ろうとします。

さらには本来の美味しさとは無縁な、食べる人のことを完全に忘れた奇をてらったガイドブックが喜びそうな料理を作ろうとします。これがミシュランのガイドブックの今であり、星の数が増すほど本来の美味しさとかけ離れたまずい料理になるというのが私の持論です。彼らの評価は本来の美味しさを足蹴にしたものであり、料理は評価の中心となるものではありません。レストランの内装、奇をてらった皿の形や数、ギャルソンの振る舞いで、評価が決まるのです。ミシュランの評価の中では、料理は今はもうレストランのレセプションに立ってから出てくるまでの長い劇場のような時間の中の、大して重要ではない小さな小道具に成り下がってしまったのです。

パティスィエにとって毎日がコンクールであり、自分のお菓子を食べてくれる人が最も大切であることを忘れてはならない

昨今はびこっている「コンテスト」についても同様です。さまざまなコンテストがありますが、私には、パティスィエとしての日常の仕事とほぼ100%近く関係のない、とても狭い領域の技術が競われているように思えてなりません。訳の分からない、どでかいオブジェをつくることに秀でた方が作るお菓子ほどおいしくないという実情は厳然とあります。そして多くのパティスィエは自分が作るお菓子を食べてくれる方々のためにもっと美味しいお菓子を築きあげようという意欲が欠落しているように思います。

もちろん嬉しいバースデーに、より嬉しい華を添えるデコレーションの技術、これはとても大事です。私も以前は仕事が終わってから毎日何時間と練習しました。平均以上の線描きもマジパン細工も飴細工も出来るつもりです。でもこれらの技術はパティスィエであれば当然備えていなければならないことであり、大学の教科でいえば一般教養のようなものです。これが全てではありません。ところが協会、マスコミこぞって、この部分がお菓子作りのすべてであって、コンクールに優勝すればすべての部分で秀でたお菓子を作ることが出来る人という錯覚を与えています。そして偽りのパティスィエ像の下に、名前とお金が得られます。何もわからない若いパティスィエたちは、本来は全く意味の無いオブジェ作りに血眼になっている雰囲気があります。

問題なのは、この状況をおかしいと考えているパティスィエがどれだけいるのだろうか、ということです。私が思うに、100人のパティスィエのうち一人、あるいは1000人のパティスィエのうち一人……こんなところだろうと思います。

私の生涯の友、パティスリー・ミエの現オーナー・シェフのドゥニ・リュッフェルに、師匠であるジャン・ミエ氏は次のように言い続けたと言います。

「パティスィエにとっては毎日がコンクールであり、自分のお菓子や料理を食べる人が自分の仕事への最も大事な採点者である」

お菓子や料理は決して時代の流行やマスコミに献ずべきものではありません。それを食べてくれる人のためだけにあるべきなのです。そのことを忘れてはいけません。

3e chapitre

私がフランス的なものを追い求めてきた流れ

1 菓子屋になったのは偶然のなりゆき

偶然のなりゆきで決まった菓子屋への就職

1966年。私が大学1年生の頃は、学生運動が大きなうねりとなり先鋭化しようとしていました。田舎出のちっぽけなお人よしの1年生は、若さゆえ、それなりに熱い心で自分以外の人の幸せを考えて、恐る恐る学生運動に足を踏み入れました。そして新左翼の中での各派による抗争がやがて激しさを増していきました。そんなある日、私と同じ派の二人ほどが他の派の者10人近くに構内の部屋で取り囲まれ、椅子に座らされ、「自己批判しろ」と言われながら顔面を殴られ続けました。

何でリンチを受けなきゃいけないのだ。

意識の片隅でそう思いつつも、恐怖心の中で、「早く終われ、早く終われ」と、出来るだけ痛みから逃げようと、感覚を押し殺そうとするのが全てでした。とにかく長く感じた恐怖が終わりました。力を合わせるべき新左翼同士が暴力でもって争うなどという出来事は、田舎から出てきたばかりの生っちょろい若者が、どうしようもない絶望感と恐怖心の中で自分の殻に閉じこもるには十分すぎるほどでした。

次第にキャンパスから足は遠のき、間借りしている部屋に閉じこもって、昼は寝ているかバイトをしているかのどちらかで、あとは蛍光灯のスタンドの下、出口も行き先もない惨めな閉塞感の中で、本を読む時だけが完全に社会から隔絶した、何か少しだけ安堵を感じる時でした。

4年生の初めの頃、私は自分の意識と存在が、自分の意識の沸き立つところに向かって沈下していったことがあります。あれほど意味を持っていた全てのものが次第に表情と意識を失い、底知れぬ青黒い色に染まり、風に身をよじる柳の葉のように揺れたのです。光も色も意味もない世界でした。さらにその下へ沈まなければならないと自分に言い聞かせても、もう私は恐ろしさの余り、溺れ死ぬ寸前に空気を求めて必死で上に這い上がろうとするように、ぜいぜいと息を切らしながら意識の上に浮かんできました。私には物書きとして必要な、精神の放浪者としての克己心が無いことをここで知りました。モネも、ゴッホも、さらなる沈下の中に自らを見続けたのです。

やがて4年生の終わりが近づいてきました。その頃には特に人生に対して熱情や希望らしいものは無くなっていました。多分私の精神はあの時が一番老いていたように思えます。

物を書いて何とか食べていければいいと考えましたが、それは無意味な思いというものでした。私はそれまで人生で、物を書き続け、自らの意識の中で本当に独りになった時に打ち勝つための心を持つ経験など全くない流れの中にいたのですから。

学生運動の闘士にもなれず、物書きとしての資質を見つけることも出来ず、さらに私の心は、自分というものを信じることが出来ないものとして捉え始めていました。

卒業が迫ってきた頃になっても無力感と面倒くささで、もう新たに就職口を見つけようという気にはなれません。4年生の冬、ある洋菓子屋でアルバイトをすることになりました。いつの間にかお菓子屋もいいかなと考え始めました。それに何となく当時はヨーロッパへ行くことなど一生の夢であった時代に、洋菓子の職人ならばフランスへの繋がりがあるようで、いつか私の心に深い刻印をつけたリルケの『マルテの手記』に出てくるパリのオテル・ディユ病院を見ることが出来るかもしれないという思いもありました。

学生の時はいつもバイトばかり。お金がなくて旅行などしたことはありません。どうせなら遠いところがいいなと思い、バイト先のチーフの友人が九州・熊本の洋菓子屋でチーフをやっていると聞き、九州行きを決めました。私にとっては、とにかく自分の老いを強く感じさせた、本当に少しも心から楽しい出来事など1かけらもない4年間でした。とにかく東京から、自分の歩んだ匂いのするところから離れたかったのです。

九州での4年。2冊の本との出会い

九州では4年間、2軒のお菓子屋で働きました。当時は未だお菓子作りを科学的に考えるなどと言う人はたぶんほとんどいなかったと思います。仕事中に疑問があって職長さんに聞いても「菓子作りは奥が深くて理屈で割り切れない」という答えしかかえってきませんでした。私はまず頭で理解しないと身体がいうことをきかない人間です。とても大きな不安を感じました。何とか自分なりに理屈立てて考えられるようになりたいという思いで、洋菓子協会が推薦する本の中から『洋菓子製造の基礎と実際』という本とジャン・ドラベーヌさんの『フランス菓子入門』を取り寄せました。仕事が終わってから毎夜この2冊の本を読み続けました。

初めは『洋菓子製造の基礎と実際』をほとんど理解することが出来ませんでしたが、きっといつかはこの本の知識が自分の経験に法則性を与えてくれると信じることが出来ました。私の今の少しでも科学的な考え方によるお菓子作りは、この本で得た知識が一番の基礎なのです。そしてドラベーヌさんの『フランス菓子入門』を読んで、私はようやく「洋菓子」ではなく「フランス菓子」という確固としたものがあることを知りました。日頃自分が作っているお菓子とは形も構成もかなり違っていて、とにかく色んなお菓子があるんだなと驚き、初めはただ憧れの思いで見ていました。しかし何度も読み返しているうちに、一つ一つお菓子へのイメージが膨らんできて、この1冊の本はとても愛しいものになってきました。

そして3年目の頃から、いつかフランスへ行ってみたい、この本のお菓子を見て食べて、そして作ってみたいという気持ちが次第に消しがたいものになってきました。

自分の進むべき道を示してくれた鍬本佳津弘さんの言葉

私も最初の店にいる頃は、自分にとってのお菓子作りがどうあるべきかなど少しも理解していませんでした。お菓子は人に夢を与えるものだから、デコレーションが一番大事なはずだと思い、仕事が終わってから休みの日の午後以外はほぼ毎日、2時間ほどデコレーションの練習を続けました。

でも次の店に移った時に、当時そこのチーフであった鍬本さん（現・フランス菓子店「ブローニュの森」オーナー・パティスィエ）に言われました。

「弓田君、菓子屋はうまい菓子を作って初めて菓子屋なんだよ」

確かに彼の作るお菓子は、熊本では一番美味しいと誰もが認めていました。私にとっても、初めての本当に美味しいお菓子ばかりでした。

「ああ、そうなのか」と、素直にしっかりした気持ちで、その言葉を聞きました。

鍬本さんは常にケーキの切れ端でもなんでもかんでも、口に入れて確かめ、それから私たちに生地の出来具合を言ってくれました。

口で確かめる。これは私に決定的な影響を与えました。その店ではジェノワーズの生地を16回余計に混ぜたらどうなる、20回余計に混ぜたらどうなる、焼き時間が2分のびたら、バターの温度を変えたら……と、試しては、その結果を必ず毎日何度も実際に切れ端を食べて確かめました。

このことで私は実際の菓子作りの工程の中で、**どのようにすれば結果として口でどう感じるか、つまり技術と味わいの関係**の基礎を築くことが出来たのです。

フランスへ向かって

九州での4年間が終わり、次はフランスへの道程でした。そしてフランス行きがより確実になるような本当のフランス菓子を作っている店に行きたいと思うようになり、4年ぶりに東京に戻ってきました。

東京へ戻ってきたことへの特別な感慨を感じる間もなく、新たに勤める店のお菓子に例えようのない驚きと嬉しさを感じました。あのドラベーヌさんの本に載っているお菓子がいくつもあり、自分のこの手で作れるのですから。暫くは本当に仕事だけでした。そこで飴細工を教えてもらい、ドラベーヌさんの本の中のお菓子を必ず店で売れるように作ることを条件に、試作を許してもらいました。いつも終電まで仕事をしました。時には事務所に寝ることもありました。でも4年目に柄でもないチーフになってからは、心が疲れてしまい、何となくダラダラした1年を過ごしてしまいました。その店に入るときの約束の4年が過ぎました。そして社長さんの紹介で、ずっと憧れていたパリのパティスリー・ミエでの研修が決まりました。

2 初めてのパリ滞在と研修

1週間のマクドナルド生活。そして初めてのレストラン

1978年9月、フランスへと向かいました。そこは全く異なる価値観の世界でした。今から30年ほど前は、ヨーロッパの情報はとても限られていました。テレビでもたまに大きなニュースなどが伝えられるほどで、もちろんインターネットなんてありません。これからフランスへ行くといっても、パリにはエッフェル塔があってルーブル美術館がある、そのくらいの知識でした。

知人もいませんでしたから、人づてで聞いたパティスリー・ミエの近くの安ホテルに泊まるつもりでした。大韓航空で成田からパリまで、トランジットの待ち時間を含めて当時は27時間が必要でした。朝6：30、オルリー空港に着き、バスでアンヴァリッドへ。そこからパティスリー・ミエまでは、実際は歩いて15分ほどですが、行けども行けども辿り着かず、30分ほど歩いてようやくサン・ドミニク通りを反対方向に歩いていることに気づきました。「いやぁ、えらいところへ来ちまったなぁ」というのが実感で、重いトランクを引きずりながら惨めさがこみ上げてきたことは今でも忘れられません。やっと目標のホテルが見つかってもほとんど言葉が分かりません。とにかく必死で何とか話がまとまるまで30分以上かかりました。空港に着いてからホテルの部屋に入るまで、なんと6時間半が経っていました。疲れました。寝ました。一度も目が覚めず、気づいたら次の日の夕方でした。

好奇心だけは旺盛な私は、翌日から仕事が始まる1週間後まで、市内観光に出かけることにしました。ホテルで朝食をとり、買ってきた本を片手に手当たり次第にあちこち行きました。まず凱旋門へ。そしてシャンゼリゼを歩いているとマクドナルドを見つけました。嬉しかった。まずその日の昼食、マクドナルドでビッグマックとフライポテトを食べました。そして夕方、「そうだ。俺は今日の夕飯をどこで食べよう」と気がつきました。日本ではフランス料理なんて食べたことは一度もありませんでしたし、料理の名前など全然知識がありません。とても恐くて入る気になれず、結局またシャンゼリゼのマクドナルドでビッグマックとフライポテトを買ってホテルに持ち帰っての夕食となりました。これが4日間続きました。さすがにこのままでは俺は死んでしまうと思い、意を決してマドレーヌ寺院の前のレストランに入りました。オドオド、オドオド。メニューが来ました。メニューを開いてもフランス語がチンプンカンプンで何も分かりません。「何か分かるもんねぇかなぁ」と必死になってメニューを見ました。ありました。

jambon parisien（ジャンボン・パリジャン）

「ジャンボンて確かハムだったよな。ああ、あった。よかった、これにしよう」

それを一つ頼めば他に何か出てくるのかと思いました。ハムが来ました。フォーク、ナイフの使い方もままらなず、やっと昼食にビッグマック以外のものにありつけました。でもそれを食べ終わっても他に何も来ません。どうも訳が分からない。お金を払って慌てて出てきました。そしてさらに3日間、ビッグマックとの親しすぎるほどの付き合いがありました。

そしてパティスリー・ミエでの初日。朝未だ暗い6：30に店に行き、そこで初めて（後に生涯の友となる）ドゥニ・リュッフェルに会いました。あの頃は体重が100kgはあったん

じゃないでしょうか。力士のような体格でした。仕事自体は日本での仕事と大きな違いはないので、何とか教えてもらいながら無我夢中で初日を過ごしました。

朝はバゲットを切って焼いたものにバターをつけたタルティーヌとカフェ・オ・レ。昼はしっかりした昼食が出ます。なんといっても嬉しかったのは、昼食時にワインが飲み放題なことでした。

「いやぁ、昼間からアルコールなんて、ホント、夢みてぇだなぁ」

がぶがぶと毎日1瓶の2/3は飲みました。

パティスリー・ミエには、当時フランス人、スペイン人、アラブ人、アフリカ人、アメリカ人、そして私日本人と、6ヶ国の人間が働いていました。私は日本人以外と仕事をしたことが一度もなかったので、最初は何かそら恐ろしいものを感じました。まさかこんなに多くの国籍の人たちと仕事をするなど予想だにしていませんでしたが、私の心に世界の多様さを感じさせた衝撃的な経験でした。でも半月もして少しずつお互いが分かってくると、「あ、そんなに人間なんて違わないんだな」と思い始めました。そして何よりもその時同時にパティスリー・ミエに入ったapprentiアプランティ(見習い)や、前からいる若いパティスィエは本当に私に親切にしてくれました。彼らの優しい心根は今でも忘れることはありません。

仕事が始まってから初めての日曜日のことです。日曜は半ドンで12時まで。月曜は休みと聞いていました。でも日曜は朝3時が仕事始まり。深夜、薄明かりの通りを歩くのは何となく恐くて心細いものでした。12時に仕事が終わると3人のフランス人パティスィエとアプランティが「これから中国料理を食べに行くから一緒に来ないか」と誘ってくれました。とても嬉しく思い、言葉が全く通じないながらも、楽しいひとときを過ごしました。ただその後、「今日はこれからいいところに連れて行ってやる」と、ラジオフランスのスタジオに案内された時は、日本人としてムッとしました。要するに彼らは、アジアの国々はまだまだ遅れていて、ラジオなんて十分行き渡っておらず、車も本当に少なくて、街には洪水のように自転車が走っていると思っていたのです。当時の日本人にヨーロッパの国々が全部同じように見えたように、ヨーロッパの人間にとっては中国も日本も同じに見えたのでしょう。

翌月曜日、初めての休日。なんとかレストランを克服しなければと思いました。でもすぐにメニューは覚えられません。そこで人の食べている料理を見て「同じものを下さい」と言おうと考え、すぐに辞書を引きました。

même cuisine, s'il vous plaît (メーム・キュイズィーム・スィル・ヴ・プレ)

パティスリー・ミエの近くのレストランに恐る恐る入り、席に着いて隣の人の料理を見ました。何を食べているのか分かりませんでしたけれど、とにかく「同じものを下さい」です。

Oui, Monsieur, d'accord (はい、分かりました) とギャルソン。

ああ通じた。心の底からホッとしました。そして何回か同じ戦法で臨みました。

想像出来ないことがありすぎたパリ暮らし

とにかくパリ暮らしには、私が想像出来ないことがありすぎました。本当に惨めな気持ちになったのは犬の糞です。今はシラク元大統領がパリ市長時代に行ったパリの市街美化キャンペーンでパリも綺麗になりましたが、当時は舗道のいたるところ犬の糞だらけでした。気をつけて歩いていても、たまに踏んづける……。あの時の悔しさと惨めさと言ったら！　舗道だけではありません。私が泊まっていた安ホテルは、中庭の周りにそれぞれの部屋の入り口があります。10日目頃でしょうか。朝仕事に行く前に共同のトイレに行って帰ってきました。準備のために動いていると何か臭い。とても臭い。部屋が犬の糞だらけです。ちょうど私の部屋のまん前に犬の糞があり、それを帰りに踏んづけたまま、床中にその糞をつけて回っていたのです。忌々しいの一言です。夜帰ってきたら掃除がしてあって、匂いはかなり弱くなっていましたが、再びまざまざと朝の光景が思い出され、腹わたが煮えくりかえり、惨めったらしくなるほどに腹立たしくなりました。

パティスリー・ミエでの仕事は、平日は朝7時から始まります。6時に起きて洗面、パティスリー・ミエでも朝食が出ますが、とてもそれだけではもたないので、ホテルの部屋で夕食の残りのパン1/3にバターをつけて食べます。

そしてトイレです。このトイレには電灯のスイッチがない。どこを探してもない。もちろん扉を閉めると中は真っ暗。何も見えない。しょうがないから手で鍵のところをしっかり握って用を足し、トイレットペーパーを探す時はちょっとドアを開けて光を入れるなんてことを3日ばかりしていました。あとで鍵をかけると電灯が点く仕組みなのだと知った時は、「あーあ」とため息がこぼれるばかりでした。

エスカレーターでも痛い目にあいました。日曜日の仕事の後、街に出かけてワインを飲むと帰りは夜遅くです。メトロの通路には長いエスカレーターがありますが動いていません。朝3時からの仕事で疲れている私が、「あーあ」とため息をつき、足を引きずりながら、恨めしそうにエスカレーターを横目に見ながら階段を昇っていたその時です。もう少しで昇りきるという頃、人が来てエスカレーターに乗ったら動き出したのを見た時は本当に悔しかったです。

トイレの鍵も、エスカレーターも、西洋の合理主義（無駄をしないという考え方）そのもの。無駄の経済に浸りきっている日本人の私には、当時とても我慢のならないものでした。

エレベーターでも痛い目に合いました。パリに来て1ヶ月ほどしてから、私はパティスリー・ミエ近くのアパルトマンの屋根裏部屋に住み始めました。階はフランス式の7階（日本で言う8階。フランスでは日本で言う1階を rez-de-chaussée レ・ドゥ・ショセと呼び、日本で言う2階から階を数え始めるのです）で、造りが古く、天井は高い住まいでした。

12月のある日、仕事が遅くなり、12時過ぎて帰ってきてエレベーターの前に立ってスイッチを押しました。いくら待っても降りてきません。

「コンノヤロー、誰かちゃんと戸を閉めてねえんだな」

そう。このアパルトマンのエレベーターはよく昔の映画に出てくる、格子状の扉の開閉を自分で行う旧式のもの。しっかり閉めないとエレベーターは動かないのです。本当に一歩一歩、忌々しさだけを感じながら、高い、長い階段を昇ったものです。

全く異なる価値観の世界だったフランス社会

１ヶ月ほどして、大阪の大きなホテルから日本人の研修生がやってきました。何日かして、昼食時、いつものように夢中で食べていました。隣の日本人研修生が私を肘でつついています。「あれ、何かな」と思って彼の顔を見ました。彼は目で「周りを見てください」と言っていました。私は周りを見ました。皆私のことをただただ目を丸くして見ていました。私には何のことか分かりません。すると彼が小さな声で言いました。

「フランスでは食べる時に音を立ててはいけないんですよ」

そういえばそんなこと聞いたことがありました。でも実際に音を出さないように食べるなんて、気をつけたことがありません。皆の呆れ、驚いた顔を見ると、恥ずかしさがこみ上げてきました。

ズルズル、グチャグチャ、ズー、クッチャクッチャ……。食べている間、皆の耳をそんな音がこすりつけていたのでしょう。本当にその日は元気がなくなってしまいました。「本当に俺って何も知らねぇんだなぁ」と心の底から惨めでした。翌日から、緊張しながら静かに、音を立てないように食べようと気をつけたのですが、しばらく昼食が重荷に感じられもしました。何処に行っても、何でも自然に出来なければいけないんだなぁと思いました。

今になってみれば分かることですが、**自分の生まれ育った領域の価値観が全てであり、他にそれ以上にすぐれたものがない**としか思えないのは、とても不幸なことです。これは２度目のフランス滞在の時に分かったことですが、西洋のマナーは日本のように権威や形式のために出来たのではなく、実益に沿って出来たのかなと思うようになりました。西洋人でも、熱いものを出されると飲むときにズズーッと音を出します。早食いすれば必ず音は出ます。フランス人は熱いものや冷たいものは決して飲んだり食べたりしません。食事の時に音を立てないというのは、熱いものは食べない、急いで早食いしないということのように思えます。熱い味噌汁、ラーメンは火傷の状態を作り、食道や胃壁を傷つけ、やがて大きな病気の原因となるからです。日本人女性で最も多いのは胃癌です。男性はタバコによる肺癌、次に胃癌です。

一方で彼らは音を出してでも食事の最中にとんでもない音を出して鼻をかむ。これには呆れて私も初めは「なんてこいつらは下品なんだ」と思いました。でも身体に悪いものは早く身体から出してしまいなさい。そういう実利的な動機から出来た習慣だと思います。

また日本での、年齢による組織の上下関係しか知らなかった私は、見習いになったばかりの15歳の小僧っこが、シェフのことを「ドゥニ」とまるで友達のようにファーストネームで呼んだり、シェフに全身を逆立てながら、ありったけの声を出して逆らう姿にはとても大きな驚きを覚えました。たかだか15歳の子供がシェフにくってかかる。そして次の日には何も無かったような顔をして出てくる。全く理解できません。

「なんていう礼儀のない国なんだ、この国とコイツらは」と、思ったものです。その頃は少しも個人主義（これは私にとってちょっと異論のある言葉なんですが）ということを理解することはありませんでした。**日本人は組織の指示に逆らいがたい枠組みの中で生きる。彼らは一人一人の存在を主張し、その混沌とした調和が１つの大きな社会を形作る**と感じるようになったのは、ずっと後のことでした。

全員が一緒に終わらないフランスの仕事

パティスリー・ミエでの Poste ポストゥ（仕事の持ち場）は Entremétier アントゥルメティィエ（仕上げとビスキュイなどの仕込み）、Tourier トゥリエ（パートゥ・シュクレ、フイユテ、パン生地などの仕込みと整形）、Fournier フルニエ（窯番）、Cuisinier キュイズィニエ（料理）に分かれています。日本ではとにかく仕事は全員一緒に終わります。自分の仕事が早く終わったら、他のポストゥを手伝います。でもフランスではそれぞれの責任のポストゥの仕事が終わったら、他のポストゥの仕事がたくさん残っていても手伝わずに帰ります。これが私にはどうしても理解できず、最後まで馴染めませんでした。仕事が早く終わっても、先に帰るのは悪い気がして、疲れている時も手伝いました。もちろん給料の出ない、自費による限られた1年弱の期間で、少しでも多くを覚えたいという気持ちもありました。

初めの頃はフランス人パティスィエには私のそうした考えが分からず迷惑そうでした。何度か「もう帰っていい」と追い立てられるように言われました。それでも「Je veux travailler encore（まだ仕事がしたいんだ）」と言い続けました。次第に何も言わなくなり、逆に忙しい時などアテにされるようになりました。

これも2度目のフランス滞在の後に分かったことですが、彼らは自分のために仕事をしていたのです。自分の人生のために仕事をしていたのです。逆に私たち日本人は常に組織のために仕事をするのです。常に組織のために仕事をしてきた人間だからこそ、自分だけ早く帰ってよいと言われても、組織からのしっぺ返しが恐いので、帰ろうと思っても帰れなかったのです。フランス人の精神は身体と同様に組織には従属しません。いつも独立し、対等にあるのです。日本人は以前から勤勉であると言われ続けてきました。しかしこれは個の主体的な気持ちからではありません。組織にむりやり働かされ、いつもやりたくない仕事をやらされているという受身の気持ちで仕事をします。

よく日本人は仕事と人生に区別がないと言われていましたが、これは全く間違いです。日本人は重荷の仕事からは少しの時間でも逃れたいと思い、家庭などの二つの領域に境界を作ります。

一方フランス人にとって**仕事は自分の人生のためにあり、人生の大事な一部であり、個人の生活もそれと溶け込んでいるのです。ことさら区別する必要などありはしない**のです。できれば仕事から遠ざかっていたいという意識は少しもありませんから、年齢と共に仕事に飽きたり嫌気がさしてくることは少なく、高齢になっても自分の仕事に意欲をもって挑み、いつも仕事を自分の人生にとって大事なものとして主体的に捉えているのです。だからこそ数々のまさに偉大なパティスィエやキュイズィニエたちが輩出しているのです。

しかしこれはあくまで10年にわたるミッテラン大統領の社会主義政権の、努力せぬ者にまで及んだ富のばらまき政策によってフランスが毒される以前のことと一応断りをしておきます。

3 フランスで理解出来たものと出来なかったもの

シャルロットゥ・オ・ポワール、ミル・フイユ、シブーストゥ

パティスリー・ミエで仕事を始めて2～3日してから、昼食にデセールで「Charlotte aux poires シャルロットゥ・オ・ポワール」が出されました。

「うわ、んめー」

一口、口に入れた途端に、言葉が口から出そうになりました。とにかく経験したことのないとんでもないまさに驚愕の美味しさでした。冷たさにのって、それまで知らない豊かで暖かな膨らみのある洋梨の味わいが、何のひっかかりもなく心と身体にスーッと入り込んだのです。

「うわっ、これがフランス菓子か。いやぁ、フランスに来て良かったなぁ」と、本当に幸せな心持ちになりました。「Mille-feuilles ミル・フイユ」や「シブーストゥ・ペイザンヌ」はパティスィエの間でも垂涎のお菓子でした。切れ端は1日に2人ほどずつ順番に味わうのです。私も一度味わうとすぐに次の順番待ちに加わらずにはいられませんでした。それまで日本で食べた、しらっちゃけてしけった、いささかの香りと歯触りもないパートゥ・フイユテとベチャベチャの味の乏しい糊のようなクレーム・パティスィエールの「ミル・フイユ」とは全く別世界の美味しさでした。とにかく暖かく、甘く、切なくなるほどの懐かしさに満ちた味わいでした。口に入れた途端にパイの焦げた香り、ザクリザクリと太すぎるほどの歯触り、そして力のあるクレーム・パティスィエールの香り、味わいが私の全ての感覚を押しつぶします。まさに悦楽の味わいです。自分の顔が緩むのが分かるのです。1度でもあの出来たてのサックリしたパイを食べたら、もうしなっとなったパイなどは食べる気にもなれません。だから今でも私の店では「ミル・フイユ」は持ち帰り用は置かず、喫茶での注文があってからパイにクレーム・パティスィエールを挟み、すぐにお客様にお出しします。

そして「シブーストゥ・ペイザンヌ」。ミル・フイユにはないあまりにも強い土の匂い、リンゴ、卵と生クリームのクリ、焦げるほどに焼かれたパイ、そして軽さと膨らみをもったクレームの心地よさに満ちた歯触り、それぞれの異なる表情をもったあまりにたくさんのものが、一度に押しよせるのです。あれほどの喧騒に満ちた味わいが同時にリンゴとクレーム・ドゥーブルの酸味と焦げたキャラメルの味わいで軽く束ねられ、さらなる意志と力をもって五感に迫るのです。

カシスのババロアを食べている時はいつも黙ってしまいます。深い、人の心を覗き込むような、異質な味わいに、私の感覚は一点に集中するのです。懐かしく、懐かしく、嬉しくて美味しい。

タルトゥとグラス

パティスリー・ミエにはさまざまな季節のタルトゥがありました。「Tarte oux pommes タルトゥ・オ・ポンム（リンゴのタルトゥ）」、「Tarte aux abricots タルトゥ・オ・ザブリコ（杏のタルトゥ）」は、1年を通してありました。生の杏がない時は缶詰の杏で作りまし

た。パートゥ・シュクレにクレーム・ダマンドゥを絞り、その上にフルーツを並べて焼きあげるケッチ（プルーン）、レーヌ・クロード（緑のプルーン）などのタルトゥ、焼きあげたパートゥ・シュクレとクレーム・ダマンドゥの上に生のフルーツを並べる生クリームと苺のタルトレットゥ、フレーズ・デ・ボワ、グロゼイユ・ルージュ（赤スグリ）のタルトゥなど、季節によってさまざまの彩のタルトゥが作られました。「タルトゥ・オ・ポンム」などは、素直な暖かさに満ちた美味しさを感じました。その他のタルトゥはフルーツの美味しさはある程度感じても、パートゥ・シュクレやクレーム・ダマンドゥとの複合の味わいは、ほとんど理解できていませんでした。これらのお菓子から私への語りかけはほとんど無かったように思えるのです。作り手の心と感覚を開いて、まず自分からお菓子に語り掛けなければ、お菓子は自分の心の機微を見せようとはしません。

またパティスリー・ミエの「Glace グラス（アイスクリーム）」、「Sorbet ソルベ（シャーベット）」は、それまで想像すら出来なかった、夢見るような美味しさのものばかりでした。「何でこんなんめぇもんがあるんだ」というのは、偽りの無い気持ちでした。あの冷たさの中で、信じられぬほどに素材が新鮮な表情を満面にたたえて私の鼻孔と身体の中に飲み込まれていくのです。自分の感覚が涼やかに生き返るのが分かる、とても印象的な味わいでした。Sorbetière ソルベティエール（アイスクリーム・メーカー）が置かれていたのは、店の奥の部屋でした。当時はマダム・ミエが店に立たれ、お菓子を皿にのせたり箱に詰めたり忙しく立ち働いておられました。でもあのグラスとソルベの誘惑には勝てません。マダムがすぐ後ろにいようがいまいが、何度も何度もゴムべらで口に入れました。いくら食べても飽きない。心も身体も幸せになる美味しさでした。

ソルベは一つの果物のピュレなどからなり、さまざまの素材が混ぜ合わさることの無いシンプルな味わいです。技術的には何も難しくもありません。果物などの素材の美味しさが全てなのです。一方グラスは人間の身体が欲している基本的な栄養素をもった牛乳、卵黄が加えられます。これらに対する美味しさの感覚はフランス人も日本人も同じです。それがベースにあるグラスは私でも容易に理解できたのです。そしてこれら二つには、強い冷たさがあります。誰にでもこの冷たさの感覚には美味しさを感じます。そしてこの冷たさが素材の角ばった個性を和らげてもくれます。これは美味しさを感じやすい冷たいババロアなどにも言えます。

「シブーストゥ・ペイザンヌ」も、いくつもの力を持った要素の重なり合いを日本人にも理解できるクレーム・シブーストゥの柔らかさが包み、それらの個性の角をとっているからいくらかは理解できたのかなと考えます。

半分は美味しさを理解できない
不可解な味わいのお菓子でした

クレーム・オ・ブールを使ったものは、ほぼ全てそれほど美味しさを感じませんでした。「Opéra オペラ」。確かにコーヒーのお菓子です。それだけの感慨しか感じませんでした。何となく威厳のある味わいでしたが、少しも分からない。私の口の中では、いつもカサッと無表情な味わいでした。

コーヒー味のビスキュイ・オ・ザマンドゥにコーヒーのクレーム・オ・ブールを中に挟み、そして表面に塗った「Brésilien ブレズィリアン」。

「何だ、日本のまずいバタークリームのお菓子と変わりゃしねぇじゃねぇか」

そう思うくらい、これも私の口の中では腹の立つほど無表情なお菓子でした。このお菓子の仕込みをする時は楽しさを感じたことなどは少しもありませんでした。

「Macaron マカロン」も何のためにこんなものをあえて食べなければいけないのかと思うお菓子の一つでした。アーモンドパウダーの味すら少しも分かっていなかったのです。マカロンのパートゥは、何かみみっちく、私の口の中で少しの主張もない味わいに思えました。それにクレーム・オ・ブールを挟んでも、またガナッシュを挟んでも、しっかりした美味しさを感じることはありませんでした。

クレーム・オ・ブール以上にガナッシュやチョコレートは、私の口の中では少しの華やかさも味わいも、香りの流れも感じさせない無表情に押し黙った味わいでした。その頃は国産の味わいのないチョコレートと、フランス産の深い香り、味わいをもったチョコレートとの区別はつかず、どちらも私にとっては無表情な味わいでした。

これらのことは次のように理解しています。**目の前に私の経験と習慣を超えた、豊かに膨らむ味わいのお菓子があり、実際に食べたとしても、それまで蓄積された味わいの感覚以上の感覚は、自分の心と身体に「味わい」として感知することが出来ないのです。**そしてフランス的な多様性を感知できるようになるための学習が、初めてのフランス滞在の時にようやく始まったばかりだったのです。まさに味覚は実際の感覚の中に、DNA に蓄積された情報を味わいの経験によって引き出して築きあげていくものなのです。

1度目のフランス滞在以来、15年以上も私を見下し続けてきたのは、チョコレートのお菓子「Bûcheron ビュッシュロン」でした。このお菓子を口にすると、いつも苛立たしさが感じられるのです。ザラザラ、ガサッ、いくつもの重なり合ったチョコレートの味わいが、粗野極まりない食感と重なり合い、有無を言わせずに、私の五感を混沌に陥れてしまうのです。いくつかの強すぎるほどの印象の要素が、私の経験をはるかに超えて重なり合い、私を押しつぶし、その味わいは悪魔の意志のように黒い力をもって頭に迫ります。

私は我を失い、一つ一つの要素の絡み合いやその機微を理解することは到底出来なかったのです。日本で私は常に無視を装いながら、横目でチラチラと「ビュッシュロン」を一瞥しながらお菓子を作り続けてきました。

どうしても理解できなかった食べ物

お菓子だけでなく、日常の食べ物の中にもどうしても好きになれないもの、理解できないものが少なからずありました。

アラブ料理のクスクス。ゼラチンを水でふやかしたようなあのツブツブの食感がたまらなく嫌でした。自分の歯とクスクスがかみ合わない、そんな違和感をずっともち続けました。それでもメトロのレ・アール駅の近くのアラブレストランでは、当時 15F（当時の日本円換算で750～800円程度）で腹いっぱい食べられたので、日本人の友達が集まると何度か食べに行きました。でもとにかく全く初めての食べ物という食感で、自分だけだったら自ら選ぶなどと言うことは決してありえない料理でした。

トゥリップ（腸。ハチノスと呼ばれる部位）はとにかく臭い。そして一種類のモツの単調な歯触りもたまらなく嫌でした。パティスリー・ミエでは仕事が忙しい時はよく出来合いのパック入りのものが出されました。その日の食事がトゥリップだと分かると、「あーあ、今日もモツか」と、とても惨めな力の抜けた気持ちになりました。

ブーダン（豚の血でつないだ中身の黒いソーセージ）も強すぎるほどの臓物と血の匂い、不気味なネットリした舌触り、いつもほんとに恐る恐る食べていました。味なんか分かりません。ただ食べなければ体がもたない。それだけで口に入れていました。

マリニエール風のムール貝も気が滅入りました。洗面器のような器に山盛りで出てきて好きなだけ食べ放題でしたが、貝殻でムール貝の身を挟んで取って、他に食べるものとて無く単調に貝だけを口に入れる、その黙々と食べ続けるさまがたまらなく嫌でした。

アボカドも初めての歯触り、口当たりです。とにかくネットリしていて、妙に厚みをもった舌触り、少しチーズに似た味わいはたまらなく、「本当に世界にはとんでもねぇ食いモンがあるもんだな」という感覚しかもち得ませんでした。

さらに、とんでもなく腹が立って、思い出しただけで吐き気がしてしまったのは、アニスや甘草を漬け込んだリキュール「リカール」でした。仕事が終わり、キャフェでビールを飲んでいる時に、隣でリカールの匂いがすると、一気にビールがまずくなるような気がしました。胃袋と鼻の中に押しつけられるような匂いはたまりませんでした。仲のよかったフランス人が徴兵によってドイツに行くことになった最後の昼食に、彼が感謝の気持ちとして２本のリカールを買ってきました。断っても何度も勧めるので仕方なく一杯恐る恐る口に含みましたが、もう駄目です。頭の全てが痛くなり、やっとのことで吐き気をこらえました。

「コイツらは、何でこんな迷惑なものを飲みやがるんだ」

全身で忌々しさを感じました。

かなり後になって分かり始めたことですが、全く異なる価値観をもつ文明に身も心も萎え、それまで少しも経験の無かったものは、全て異なるもの、不快なものとしか捉えることが出来なかった精神状態だったのです。まさに病的に「坊主憎けりゃ袈裟まで憎い」という状態だったのです。

しかし、これら身の毛もよだつほどの不快さに満ちた食べ物ほど、後に心に深くしみ込む懐かしさに満ちた美味しさを与えてくれるとは、この時は少しも考えられませんでした。そして私にとって不快感が強いものほど実は多様性と多重性に満ちたものだったのです。仕方がありません。日本でこれほどの力をもつ多様性と多重性に出合うことはそれまでけっして無かったのですから。

4 フランスから帰国してからの、日本での5年間

もう二度と来るものかと思ってフランスから帰国した

日本を発つ日、やっと2歳になったばかりの、やっと片言の言葉を話し始めた長男が母の腕の中で精一杯バタバタと暴れ、喘ぎ、「お父さん、行くな」と目で訴えた姿はいつも私の心を押しつぶしました。そんな気持ちの上に、想像すら出来なかった全く異なる価値観の世界が現れ、さらに私を押しつぶしました。確かに私の日本人としての心は息も絶え絶えの状態にありました。クスクスの歯触り、リカールの匂い、どれをとっても忌々しいものばかりでした。

「こんな訳の分からねぇ国、二度と来るもんか」

そんな思いでの帰国でした。でもフランスに勝手に行ったのは私であり、私の意志で行ったのであり、そこで日本人としての常識をわがままに振りかざしていた自分の愚かさを少しも気づくことは出来ませんでした。

そして帰国する頃には400万円あまりあった貯金はほとんど残っていませんでした。当時は1Fが57円。今の2.5分の1ほどの円の値打ちでした。そして私は無給の研修生で、私と家族、日本とフランスとの二重の生活でした。

6月の初旬、日本に帰国しました。柔らかい日差し、そして国全体も柔らかい、とげとげしく心と身体をさすものがない。日本って本当にいいなと思いました。そして畳の上で手足を存分に広げられることの幸せを身体中で感じました。でも2ヶ月ほどしてようやくチーフとしての仕事が見つかり、仕事を始めるや否や、そんな柔らかさに満ちた日常はどこかに吹き飛んでいきました。

素材とお菓子のための環境の違いに愕然とする

仕事先は、東京・青山にあるお菓子屋さんでした。実際に仕事を始めると、パティスリー・ミエの厨房設備とは全く異なることに気づきました。当時日本では普通20～30コートの大きいミキサーがあるだけで、ケンミックスやキッチンエイドなどの卓上ミキサーは普及していませんでした。ビスキュイなどのためのムラング・オルディネールは20コートの大きなミキサーでも泡立ては可能でしたが、熱いシロップを加えるムラング・イタリエンヌは卵白の繊維が弱いのでつぶれやすいボカ立ちにしかなりません。そしてこれは手で泡立てるしかないということになりました。朝、シブーストゥなどのために、卵白10個分(300gほど)を、ホイッパーで泡立てることはやはり大変でした。

急速冷凍などもほとんど普及していませんでした。不十分な冷え方の7～8℃くらいの冷蔵庫ですぐに温度が上昇するほどのプレハブ冷蔵庫だけでした。ババロアなども3日に1度ずつ作らなければならず大変でした。3日目にはかなり美味しさが失われます。初めて冷凍庫がないことの大変さを知りました。

日本とフランスでは湿度が全く異なります。例えばパティスリー・ミエのスペシャリテの「ガトー・サンマルク」。お菓子の表面のキャラメルは、当時庫内温度7℃くらいが標準の

冷蔵ショーケースでは、並べている間に溶けてしまいます。冷凍庫があれば、キャラメリゼした表面にラップを貼り付け冷凍すれば、キャラメルは溶けません。しかしそれもないので、10個ほどを毎日朝から全て作るのです。フランスで覚えたお菓子を何か作ろうとするたびに、何か困ったことが必ずといっていいほど出てきます。

また木べらでの混ぜ方の大事さも、日本ではどこでも少しも理解されていませんでしたから、とんでもなく小さいものや大きいものが申し訳程度にあるだけで、小さな器具集めから始めなければなりませんでした。つまりフランス菓子店といってもフランス菓子を作るために最低限必要な条件はどこでもほとんど整備されていなかったのです。

素材の違い

そしてフランスと日本の素材の違いです。これは味わいだけでなく物理的化学的な性質までが異なります。

「Rouleau Capri ルーロー・カプリ」という薄くて本当に軽いアーモンドのパートゥを筒状に巻いて、中にプラリネを加えたバターのムースを絞るお菓子がありました。パティスリー・ミエでは仕事を始めてからそうたたないうちにドゥニさんに教えられながら作り、次からはほとんど失敗無く出来ました。その時は日本の卵白やバターの性質を少しも理解していませんでしたから、フランスと同じ作り方をしても、本当によい状態で出来るのは3回に1回ほどで、その理由は分かりませんでした。

日本の生クリームはミキサーで泡立てるとすぐにボソボソとなる分離しやすいものでしたし、クレーム・アングレーズの温度などもフランスでやっていたのと同様に厳密には計っていませんでした。それがまずくて口溶けの悪い重いババロアを作り出していたのです。

パートゥ・シュクレも、バターの熱に対する弱さを少しも理解していなかったこともあり、パティスリー・ミエでの配合で同じように作ったつもりでも全く異なる無味乾燥な歯触り、味わいになりました。あの美味しさが再現されない！　焼く時にすぐに生地からバターが漏れ出し、ガリガリの歯触りになってしまう……。日本の果物も味わいが希薄でタルトゥにのせても、どうにも空々しい味わいにしかならない。フランスでもよく分からなかった「オペラ」は、日本の素材で作ると益々理解できない味になり、ただ水っぽいコーヒーのベチャベチャと溢れた得体の知れないものに仕上がりました。

確かにパティスリー・ミエでもネスカフェでコーヒーのシロを作っています。その通りの配合で作っても味わいの膨らみが出ない。まさかネスカフェのインスタントコーヒーの品質までが日本とフランスでは全く異なっているとは思ってもみませんでした。日本は粗悪な素材や手抜き商品のはけ口だということを知ったのは、ずっと後のことです。

いつの間にか日本人としての潜在意識に従って
お菓子を作っていることに気づく

フランスでは卵白は割り分けてからすぐでも何とか泡立ち、それほどおかしくないパートゥが作れます。しかし日本の卵白は割り分けたばかりではドロンと濃厚で、繊維が細かく分かれ、泡立てると量の少ない、ボロボロしたつぶれやすいムラングになります。

その頃は今では当たり前にやっている卵白の水様化などは思いつきもしませんでしたから、ムラングをつぶれにくくするために初めから卵白に多くの砂糖を加えていました。そしてこの砂糖の粘りでムラングの泡をつぶれにくくします。しかし砂糖を多く加えるとその粘りで気泡量は減り、卵白は柔らかい混ざりやすい流動性のあるものになってしまいます。このようなムラングをアーモンドと卵を泡立てたものに加えるとムラングが他のものを完全に包んでしまい、スダチの細かい、ソフトさが生きたパートゥになります。しかし卵白のたんぱく質の繊維が他のものを包んで焼きあがるので、パートゥの色は白く、アーモンドや卵黄の味わいのほとんど隠れた柔らかいだけの味わいの希薄なパートゥになってきます。

これは「オペラ」のためのビスキュイ・ジョコンドゥや「シャルロットゥ・オ・ポワール」のためのビスキュイ・ア・ラ・キュイエール、「ババロアズ・オ・フランボワーズ」のためのビスキュイ・オ・ザマンドゥなど全てに言えることです。フランスとかなり異なるものが出来ても、日本人の存在意識には素材の特徴の消えた平坦な味わいは実に当たり前であり、いつの間にかそれがフランスで習ったものだと錯覚してしまいます。「オペラ」のコーヒーのクレーム・オ・ブールにしても、知らず知らずのうちにバターを泡立て、コーヒーとバターの味わいがボケたものを良しとして受け入れてしまいます。それは日本人の意識には「膨らみのない、少しコーヒーらしき味と香りのするもの＝コーヒー」といった程度のコーヒーへのイメージしかないために、ただベチャベチャの水っぽいコーヒーだけがその時の私には最も理解できるものだったからです。それが私の日本人として潜在意識にとって自然だったのです。このようにいつの間にかフランスで見たもの、感じたものは、私のお菓子から次第に消えてしまいました。

要素を取り除く味わいを作る
——100%の日本人はここで終わる

当時の私のお菓子の傾向を如実に示してくれるものは、「Mousse fromage vin blanc ムース・フロマージュ・ヴァン・ブラン（白ワインとチーズのムース）」です。初めはこれを空焼きしたタルトレットゥに詰めていましたが、のちにラムカン（小さな陶器の器。ココットゥではありません）に詰めるようになりました。これは、全体の味わいを低めに抑えて味の３要素のうちの多様な「食感」を除いた組み立てです。

要素を二つから三つにすれば、多様性と多重性に触れる経験の少ない日本人には味わいの組み立てが格段に難しくなります。「香り×味」ですむものが、「香り×味×食感」となれば、値は大きなものになり、これがさらに匂いをかぐ時から飲み下す時まで全ての局面で相互に影響し合うからです。とにかく日本人は全体の味わいのトーンを小さくした中での二つの要素ならバランスを取ることは出来るのです。執着心のある作り手はそれなりにもがき、自分の味わいを作りあげようとします。フランスから帰り、しばらくするとパティスィエであれキュイズィニエであれ、全ての作り手がいわゆる研ぎ澄まされた味を作りあげようとします。しかしこの研ぎ澄まされた味わいは、日本的な手法によって行われます。味わいのバランスが取れない場合は、それぞれの要素の個性を一つずつ取り除いていくことによって無に近い味わいを研ぎ澄まされた味わいと単純に思いこみ、これを追い求めます。ものの見事に全ての作り手が、です。そして極めて日本的なバランスに心を染め、ほとんどの人がそこで力尽き、倒れてしまいます。この「ムース・フロマージュ・ヴァン・ブラン」も私の日本人としてのこのような傾向を如実に示すものです。

しかしフランス的な多様性の中の研ぎ澄まされた味わいとは、バランスが取れない場合、さらに新たな要素をバランスが取れるまで投げ入れることによって得た鋭さに満ちたバランスのあり方を言うのです。そしてこの多様性に満ちた味わいを作りあげることが出来た作り手は、この日本では未だ出会ったことはありません。料理人としての歩みの中で、限られた短い期間、あたかも線香花火のようにまばゆいバランスの輝きを見せてくれた作り手は数人はいました。でも今その人たちを思い出すことはとても悲しいことです。

帰国から3年、4年が経って

帰国後、素材の違い、日本人としての潜在意識、そして技術力の無さで作るお菓子は、私にとっては惨憺たるものでした。素材の表情や言葉に耳を傾ける余裕も無く、一つのお菓子の形をとにかく作りあげるために、無理やりに辻褄を合わせようとしていました。

しかし「思い込んだら命がけ」「一度走り出せば鉄砲玉」そのものの性格でしたから、お菓子作りしかありませんでした。休みの日も仕事をしました。終電も終わり、よく店のソファーで寝ました。寒い冬はようやく冷めたオーブンに身体を入れ、頭だけを出して寝ました。朝出勤してきた他の人がオーブンから突き出た私の顔を見てとんでもなく驚いた、なんていうこともありました。いざ日本の素材で、日本でフランス菓子を作るとなると、パートゥに打つシロの打ち方さえも少しも理解していなかったのです。シロの打ち方から体力と時間をかけ、一つずつ築きあげなければなりませんでした。毎日毎日、深夜に及べば、体力的な疲労よりも、この苦しさは一生続くのではないかという絶望感にさいなまれてきます。一方フランスの伝統の中で育ち、絶対的な体力をもつフランス人の真のパティスィエたちには、そんな絶望感はなく、むしろ大きな充足感を感じながら仕事にひたるのだろうと思います。ドゥニ・リュッフェルはまさにそうなのです。でも私には日本人としてはかなりの体力がありました。そして母が私に与えてくれた未来を掴もうとするエネルギーが、**どんなに長い夜でも必ず朝が来る**ことを信じさせてくれました。

フランス菓子は、元はギルド制に支えられた絶対的な力をもつパトロン（親方）が、自由に無尽蔵に労働力を使うことが出来たからこそ成り立ったものだということを自分に言いきかせました。出来ないものを出来るようにするためには体力と時間を人以上に注ぎ込まなければ不可能なのだと言いきかせました。九州で菓子屋として働き始めて以来ずっと、通常の仕事が終わってからも遅くまで仕事をしてきました。でも帰国後の5年間の多くはそれまで以上に仕事に全てを使い切った日々でした。そしてこの期間に自分のパティスィエとしての基礎が本当にやっと築かれたのだと思います。

３年ほど経った頃には、どうにか自分のお菓子作りを冷静に見る力はついてきました。作れるお菓子も帰国した頃ほど、まとまりのないものではなくなりました。美味しいお菓子だと言ってくれる人もそれなりに増えてはきました。そしてあれほど嫌だったフランスが少しずつ懐かしく思えてきたのです。この感情は何なんだと、自分でも驚きました。そして少しずつ、今自分の作り続けているものは、少しもフランス的な要素などもっていない偽りのフランス的なものではないかと考えるようになり、その思いは日増しに強くなっていきました。４年目を過ぎると、まさに喉に渇きを覚えるほどの思いとなってきました。

「俺はもう一度フランスへ行かなければならない、そしてフランスでもう一度フランス的なものとは何かを考えなければならない」

強く思い始めました。やはり鉄砲玉でした。あとはこの思いが全ての障害を勝手に無造作に跳ね除けてしまいました。

5 再びフランスへ

2度目のフランス

2度目のフランス滞在は思った以上に冷静な気持ちでの始まりでした。もちろん無給の研修生でしたから、6ヶ月が限度でした。最初の3ヶ月は月産20ｔくらいを作る能力のあるパティスリー・ミエの2階にあるジャン・ミエのショコラトゥリー「ジャミ」で仕事をし、残る3ヶ月はドゥニ・リュッフェルと一緒にパティスリーで仕事をしました。ショコラトゥリーでの仕事は大量生産のための生産様式の勉強にはなりましたが、他にそれといって得るものはありません。でも約束ですので仕方ありません。下のパティスリーでの仕事をより効率的に出来るための準備は可能な限りしました。

パティスリー・ミエで5年ぶりのお菓子を食べる

1度目のフランス滞在で美味しいと思ったものは、私の味の記憶の確認のため一度だけ食べ、それ以上は食べませんでした。それなりに美味しいという印象をもてたものは、自分でも驚くほど詳細に記憶されていました。記述していたノートを見ながら食べると、以前の味の記憶が浮かび上がり、今食べているものとほぼ正確に重なり合ったのです。自分の感覚はこの5年間に少しは進んでいたのかなと小さな安堵の気持ちを感じました。

またいくつかは、確かに味わいが変わっていました。「シャルロットゥ・オ・ポワール」などは一口食べただけでムラングの量が増え、より軽い食感になっていることが分かりました。この5年間にドゥニ・リュッフェルがいくつかのお菓子に少し軽めの味わいを目指したことがよく分かりました。

一通り美味しいものを食べ終われば、次は理解できなかったものへの挑戦です。

まず手始めは忌々しさの極みのリカールです。初めての日、かなり心は緊張していました。例え吐き出しそうになっても必ず全部飲み干すことを心に誓いました。そして仕事が終わってパティスリー・ミエの向かいにある、いつも行くキャフェでカウンターの前に立ちました。どうせ飲むんならでかい方だと思いました。少し投げやりな気持ちが加わっていたのかもしれません。普通の2倍量ある「バロン」を頼みました。氷で割って、水が入っています。本当に恐る恐る喉がヒクッとしたような気がします。少し口にふくみました。そして味わいを確かめずに急いで飲み干しました。

「あれ、あの恐ろしい匂いじゃねぇぞ」

ちょっと拍子抜けしました。ちょっと落ち着いてもう一口。最初よりも、よりはっきりした味わいが感じられました。でも美味しいとは感じられません。あの頭と喉がしめつけられるような、強烈な、忌々しい匂いではありません。何かよく分からないけれどホッとして、頭と身体から力が抜け、残りは舌に転がす余裕も出てきて、味を探りました。飲み終わる頃には、すきっ腹に一度に酔いが回って、何となく嬉しくなってちょっと気持ちを高揚させながら帰ったのを覚えています。

そして2度、3度と仕事のある日は必ずキャフェに寄ってバロンを注文しました。1週間もしないうちに、あっけらかんとリカールの美味しさが分かり始めてきました。アニスと甘草の硬くぶしつけな匂いにも、さまざまの表情があることを理解し始めました。もう1ヶ月もすれば、帰りしなの一杯のリカールが楽しみになり、いつの頃からか自分はさも何十年も前からリカールを飲み続けている通の中の通のような顔をして飲んでいたなぁ、などと考えると、今もおかしさがこみ上げてきます。

シャルキュトゥリー（肉屋）ではブーダンを買い、スーパーではクスクスの缶詰やクスクスの粉を買ってホテルで食べました。そしてアボカドを買い、サラダを作って食べました。

「あれ、何でかな。何でこんなにつっかからなく食べられるんだろう？」

ほとんど違和感なく、ほぼ全てのものが食べられました。そして半月もすると本当に深い美味しさを感じるようになったのです。そしてその美味しさは自分の身体が欲しているものだということが分かってきました。日本で物を食べた時にはほぼ感じない心と身体のゆったりした暖かさがあることを感じ始めてきました。食べ物が、料理が、懐かしいのです。お腹がとても空いてきます。でもその空腹感は日本で感じる胃袋が気持ち悪くなるような、少し惨めなひもじさではないのです。食事がとても待ち遠しいという、食べる幸せが間近に迫ったということを知らせる空腹感なんです。本当に強烈過ぎて「こりゃ獣の食い物だ」と訳の分からなかったブーダンも、暖かくて優しい味わいが力強く詰まっている。食べた後は身体中に力がみなぎり、自信を持っているような安心感を感じます。

ゼラチンをふやかしたようなツブツブのクスクス。2度目のフランス滞在では何杯食べたか分かりません。日本で食べるおじやみたいな親近感のあるホッとする料理です。食べ終わった後は心と身体が静かに充足され、けだるい安心感に満たされます。今でもフランスへ行けば、必ず一度か二度はクスクスを食べます。

「クスクスのことをゼラチンふやかしたような酷い食い物だって、弓田さんはよく怒っていたよなぁ」

同じ時期にフランスで修業をした間柄の北島素幸シェフ（現在、四谷にあるフランス料理屋「北島亭」のオーナー・シェフ）には今でも馬鹿にされています。

あれほど嫌いだったアボカドなども「何でこんな旨いもん、俺は嫌だって言ってたんだべ」とこんな調子です。お菓子以外の食べ物も、しばらくぶりの対面、私には少しの緊張と引け目はありましたが、驚くほど柔和な表情で私を迎え入れてくれたのです。

理解出来なかったお菓子を食べる

ショコラトゥリーで仕事を始めた時から、毎日パティスリーからお菓子を買って帰りました。まず1度目のフランス滞在ではそんなに違和感は感じませんでしたが、それほど美味しくも感じなかったものです。

「Macaron vanille マカロン・ヴァニーユ」。以前は何か自分の舌の上で味わいの広がりを見せてくれませんでした。そして2度、3度食べるたびにアーモンドの味わいがより暖かく、より厚みをもって変わっていくのです。驚きでした。わずか半月ほどの間に全く表情の異なるマカロンの味わいを感じるのですから、それと同時に他のショコラ、キャフェ、フランボワーズの味わいもやはり大きな膨らみをもち始め、アーモンドの味わいと存在感が豊かに混ざり合い、膨らんでくるのです。「マカロンってこんなに旨かったんだなぁ」と、しみじみ感じました。

「Éclair エクレール」。フォンダンの甘さに押しあげられた多重性の極みのショコラやキャフェのクレーム・パティスィエール、そして朴訥さそのもののパータ・シューの歯触り、これらが作り出す私のひ弱な心など突き放してしまいそうな強い意志をたたえた味わいが私の五感に迫ります。それ以前はやはりこのようなものを理解するだけの経験も意志の力も私にはありませんでした。お菓子全体の味わいの印象は、一言で言えば、甘さが全ての要素を縛りつけているように思えました。でも食べ始めるにつれて、この甘みが緩み始め、さまざまの味わいの要素が少しずつ解き放たれて膨らみ始めてきたのです。3回も食べればもう甘さの押しつけがましさは完全に消え、表情は優しくなり、さまざまの美味しさの要素が私の心に嬉しくしみ込むようになりました。

日本で私が作っていたような水っぽさそのものの「オペラ」と違う、フランスの「オペラ」を久しぶりに食べた時、私は全てを理解しました。ビスキュイ・ジョコンドゥの、アーモンドのパートゥから湧き出る力に後押しされた、厚くて重さに満ちたコーヒーのシロの香り、そして頭の中にゆっくりと迫る黒ずんだ重々しい香り、味わいのガナッシュ、不思議なことに、この二つの重々しい味わいがゆっくりとぶつかり、頭の上の方にはじけ、何故か華やかなざわめきのする空間を作りあげていました。「オペラ」は、オペラ鑑賞の幕間に出されたチョコレートとコーヒーを使ったお菓子が由来と聞きます。重々しい歴史の積み重ねに支えられたオペラ座、貴族たちの語らい、そんなイメージを重ねるようになりました。

「Bûche au chocolat ビュッシュ・オ・ショコラ」。これはかなり美味しさを理解していたつもりなのですが、やはり甘味の力がとても強い印象のショコラづくしの味わいに圧倒され、心にしっくりくる美味しさは感じませんでした。そしてココアの多い、ザラザラしたビスキュイ・ショコラの歯触り、舌触りは、できることならなければもっとよいという違和感をもっていました。でもこれも食べ始めると、それまでは表情をもたぬ一つのショコラのどす黒い塊のように感じられていたものが、その中にさまざまの甘味や味や香りの顔をもったショコラが感じられ始めてきました。そしてやがてそれらの美味しさの機微がはっきりと感じられるようになりました。ビスキュイのザラつきは、ビスキュイに加えられたショコラに力を与え、全体の味わいにゆったりしたリズム感を与えます。まるでお母さんの乳のような優しい甘さに満ちた味わいのババロアと、少しいかめしい、でもノーブルな力をもったバターのムース。そして全体を優雅に仕上げる歴史のベールのような上がけのガナッシュ。本当に筆舌につくしがたい、人の心を違う世界に解き放ってくれる美味しさでした。

ほとんど美味しさを感じなかったもの

クレーム・オ・ブールとそれを使ったお菓子は1度目のフランス滞在では全く分からない味でした。日本のバターとは全く異なる、幅の広い力のある豊かな味わいです。でもその味わいの豊かさは経験がないゆえに細かく理解することが出来ず、一つの硬い塊にしか感じられなかったのです。そしてエスプレッソコーヒーの膨らみのある味わいもよくは理解していませんでした。これも私の心を押しかえす、無表情な硬い塊のような感覚を感じるだけでした。そしてさまざまの「食感」の中で一番違和感を感じたものは、乾燥したようなパサッとしたパートゥのざらつきでした。これはどうにも我慢ならないものでした。それまでは日本人としての味覚の領域ではあってはならない、私たちの感覚からすれば不快ともいえるまずさの極みの味わいだったのです。ざらつきのないソフトさが最高のもの、という習慣の中にあったからです。

今でも日本人の表現には決まりきった言葉が使われます。

「瑞々しい」「とろけるような」「とても柔らかい」「滑らかな」

これらには共通する意味合いが含まれています。それは口の中で出来るだけ何も感じないものが美味しいという感覚です。これは日本の食の領域でよく見られる味の作り方です。京菓子や京料理は最たるものです。

舌や歯、口中にいっぱいさまざまなものを感じさせるビスキュイのざらつきは、絶対あってはならないという潜在意識に強く染まっていたのです。特に「ブレズィリアン」は、キャフェのビスキュイにビュッシュ・オ・ショコラのようにシロを多く打たないので、より強く唐突にざらつきは感じられます。完全に私の感覚の扉は閉じられてしまっていたのです。

「ブレズィリアン」はやはりなかなか理解が進みませんでした。7～8回目頃からようやくざらつきの中に小さな表情を見つけられるようになりました。人間の舌は敏感なようで鈍感です。ビスキュイのざらつきに大きな不快感をもつということは、大きな注意がそちらにいってしまっているということです。ざらつきに表情が見え始め、不快感が少なくなってくると、ビスキュイのアーモンドの豊かな味わいにささえられた暖かいコーヒー、そしてクレーム・オ・ブールの美味しさも分かってきます。そしてさらに全体的な膨らみを感じるようになります。そして一番複雑な、手に余ったものは、「ビュッシュロン」でした。ココアが多量に加えられ、穴だらけのゴワゴワとしか感じられなかった歯触り、私に恨みでももっているのかと思われるほどに、私を静かに睨みつけるショコラの香り、味わい、そして酸味のある、これでもかとばかりにチョコレートを押しつけるガナッシュの入ったクレーム・オ・ブール。そしてぶしつけ極まりないザラザラのコポー、パイエットゥ・ショコラ。あまりにも多くのものが一度に重なり合いながら、押し合いへし合いしながら一遍に私の五感に覆いかぶさる、そして呆然と意識は萎える。何も突出するものがないものばかりを食べ続けてきた私には、とんでもない全く異なる価値観をもつ味わいでした。

何度も食べて、そしてさまざまの部分の美味しさを理解し、そしてそれぞれを自分の意識の中に収め、さまざまの美味しさの要素の流れを整理出来た時に、本当の美味しさを感じるのです。美味しさが分かり始めると、美味しさが自分の心と身体に静かにしみ込んでいくのが分かります。フランスで作られたものがやっと理解できても、これを実際に日本で自分の手で作ろうということにはまた違った重さをもって立ちはだかるのです。2度目のフランス以降も、この「ビュッシュロン」は、いつまでも私の前に立ちはだかるお菓子でした。

たまらなく美味しさを感じた
ドゥニ・リュッフェルの「アラビカ」

3ヶ月のショコラトゥリーでの研修の後パティスリーに移りました。そしてドゥニさんの出来たばかりのコーヒーのお菓子「Arabica アラビカ」を食べました。コーヒーのジェノワーズにアーモンドパウダーを多めに加え、少し小さめのざらつき、つぶつぶが詰まったような、信じられないほど存在感をもった歯触りでした。そしてコーヒー味のクレーム・パティスィエールに生クリームとコーヒー味のムラングを混ぜ込んだクレーム・ムースリーヌ、エスプレッソのシロが内側に多めに打たれます。

思わず「んめぇ！」と言葉が出ました。しかしそれだけではありませんでした。さまざまなものが口を通して心と身体の感覚を覆いつくします。心と身体が感動で軽く痺れを感じるのです。目で捉え、そして鼻で感じる厚みと力のあるコーヒーの香り、口に入れ、噛んで、つぶれて唾液をすって、噛んで、飲み込む。そして感動の香りが残る。全ての局面で、香りが、食感が、味が、力いっぱい感じられる。他の要素と競い合い、心がしびれるほどの混沌とした響きを感じました。一つのお菓子の中に大西洋とピレネー山脈があったのです。

そして私はこの時、ドゥニ・リュッフェルというパティスィエは、彼の個性とフランスの伝統の間に生まれた、紛れもない天才であることを知りました。あの時の感動と、それ以来さらに強まったドゥニ・リュッフェルへの尊敬の念は、一生忘れ得ぬものです。私はこんなパティスィエと2度もフランスで仕事が出来たことへの人生の幸せを、この時感じました。

多様性と多重性

そして本当のフランス菓子の本来の美味しさとは、香り、食感、味の、食の主要な三つの要素を可能な限り鮮やかに感じさせ、競い合わせることだと理解したのです。それが「多様性と多重性」であると知りました。バランスが取れない時は、けっしてそこから要素を抜いてバランスを取ろうとしてはいけません。新たにバランスを投げ入れるのです。それでもまだならさらに投げ入れるのです。でもそこで日本人の潜在意識は躊躇してしまいます。その時から私はこの日本人としての意識と常に対峙していかなければならないのだということを理解しました。

1度目のフランス滞在では少しも美味しさを感じず、ものによっては不快感をもったものほど、一度その味わいへの理解が進むと、以前美味しさを感じたもの以上の大きな美味しさを感じ始めました。理解できなかったものは、日本人の食の法則に反したものだったのです。このことはフランスと日本の間には異なる食の法則があることを私に教えてくれました。

そして私は日本人の食の法則に反したものの方に、より大きな美味しさを感じ始めるようになりました。そしてどちらのものが真の美味しさなのだろう、と疑問を抱くようにもなりました。でも確かにフランスの法則によるものがより大きな喜びを与えています。それでは日本のものは本来のものとは異なる間違った、あるいは実体のない形式的な味なのだろうかと言う疑問をも呼び起こしました。

素材の違いのはっきりとした把握

そして２度目のフランス滞在での、パティスリー・ミエでの仕事の中で、フランスの素材に対する味わいと物性の特性はほぼ完全に理解されました。１度目のフランスから５年間の日本での仕事の中で、２つの素材の違いについては常に推量をはかり、ほぼその大まかな輪郭は捉えるところまできていました。フランスにいたわずか６ヶ月の短い間でも詳細に確認することが出来ました。

それにしても再びフランスの素材でお菓子を作り、味を確かめると、日本とフランスの味わいと物性の違いがあまりにも大きいことに改めて驚きました。でもその時の私はその違いをやっと理解しただけであり、それに基づいて実際の配合と技術を築きあげていくのはこれからの話でした。でもはっきりとその違いが分かったので、自分の心の中にフランスでの素材の実際以上のイメージがあれば、全く同じ味わいのものは出来なくても、それに匹敵するもの、あるいは逆にフランス以上の美味しさが作れるものもあるかもしれないという確信はありました。

１度目の帰国の時のように絶望的になることなどは少しもありませんでした。さらにさまざまの困難を取り除いて２度目のフランス滞在を自分の力で成し遂げたことで、私自身の唯一の力「しつっこさ」は並みのものではないことを自ら確信することが出来ました。そして「少しはやれるかな」という安堵感とともに、「少しずつ少しずつ詰めていってやる」という気構えもありました。

6 2度目のフランスからの帰国

『Pâtisserie française その imagination』を自費出版

帰国してからは仕事に就く考えはありませんでした。もうその時は実際の場でどうすれば自分なりのフランス菓子に近づいていけるかということは確立されていました。しかし一旦勤めれば人間関係その他多くのことをまた一から全て作りあげなければならなくなり、自分の考えや技術を考えるための余裕はなくなるだろうと考え、講師として技術を教えて生活費を得るという道を選びました。帰国してからの私は信じられぬほどの精神的エネルギーに溢れていました。心と身体の中にやっと辿りついた本当の入り口に、これから入っていくんだという緊張感が満ちていました。そして今心にあるフランス菓子への感動と考え方と思いを一人でも多くの人に伝えたい、という気持ちは強くなるばかりでした。

そして帰国後すぐに熊本にあるパティスリー『ブローニュの森』の鍬本さんの店の2階の空いている部屋に居候を始め、原稿を書き始めました。講習の仕事がない時は1ヶ月書き続けました。よく覚えていませんが、400字詰めで600〜700枚ほど書きました。この時ばかりはひとりでにペンが動いていくようでした。本当に心からほとばしり出るように、みるみる言葉が湧いてきました。そしてやっと思うところの多くを書いた原稿が出来あがりました。そしてそれを「北島亭」の北島シェフの知り合いである、主婦の友社で料理の本の編集をしている方の元へ持参し、「この原稿を本にしてください」と頼みに行きました。彼女は「とにかく読ませてもらいます」と原稿を受け取り、後日「この内容はとても興味深い点が多々ありますが、主婦の友社は大きな出版社であり、営業部を通さなければならないので、それが通るかどうかは分からないし、とにかく長い時間が必要なので、自費出版が良いのではないでしょうか」という返事を頂きました。それしかないということなのかなと理解しましたが、必要なお金は300万円ほど。当時の私には余分なお金は全くありませんでしたから、いつものように鍬本さんにすがるしかありませんでした。彼は本当に快く了解してくれました。信じられないほどにありがたいことでした。

本作りなど、もちろん初めての経験です。お金を払えば本が出来るわけではありません。原稿の推敲、作成、索引作りから、多くの部分を自分でしました。とにかく無我夢中でした。今振り返れば、私の人生の中で最も狂気に近いエネルギーに満ちた時代だったのかもしれません。

本が出来あがると、あちこちのレストランやお菓子屋さんに一人でセールスに行きました。5000円という高い値づけでしたから、「こんなべらぼうに高い本よく売りに来るよな」と追い返されたこともありました。でも少しずつ本屋さんからの注文もあったりして、売れていきました。

その当時のほとんどのパティスィエにとってはとにかく奇妙な本だったのです。本が手元に届いて何ページか読んでいくにつれて「何だコイツ。訳の分からないことばかり書きやがって。こんなことは菓子作りと関係ないじゃないか」と腹が立って本を投げやったものの、何か気になって半年後にもう一度読み返したら一気に読み終えてしまったという方、またお菓子屋を辞めようと思った頃にこの本を読んで勇気を与えられて今までお菓子作りを続けているという方、この本に伝わる熱気に自分の仕事の頼りなさを情けなく感じエネルギーを貰って頑張れたという方。また多くの方からこの本をお菓子屋のバイブルとして何度も何度もボロボロになるまで読んだという手紙も頂きました。私も何年か前、再販にあたって久しぶりに読み返し、本の中に流れる、あまりにも一途な思いから漏れ出る静かな狂気に涙をこらえることは出来ませんでした。そして紛れもなく狂気こそが、私にとって唯一の誇りなのだということを知りました。

いずれにしてもお菓子と言うものは配合があって、それに従って材料を量り、そして単純に「材料を混ぜればお菓子が出来る」「配合が全てであり、それがあれば他はいらない」とほとんどの人が考えていた頃に、**「お菓子作りは精神性から入らねばならない」「自分なりの鮮烈なイメージを築きあげ、それに向かってお菓子作りをしなければならない」**と叫び始めたのですから、誰もが平静を装うとしても衝撃的な出来事だったのかもしれません。

38歳の夏、肺炎で1ヶ月入院。
翌月に心臓弁膜症の手術を受ける

38歳の夏、自分が心臓弁膜症であることが分かりました。手術が必要と言われ、かなり落ち込みました。でも手術をすれば心臓の状態もほぼ通常通りに戻ると、医師から言われ、勇気をもって立ち向かおうと思っていました。10月に手術となりました。しかし8月に夏風邪をこじらせて肺炎にかかり、1ヶ月入院することになって、それまでのさまざまな自信がことごとく崩れ去ってしまいました。そして手術でした。私は自分のついてない人生を恨みました。体力は人並み以上ありましたが、その時は心が完全に自信を失い、病んでいたのです。

「もう俺には菓子屋を続けるだけの身体はどこにもなくなった」

私も菓子屋の一人として、いつか自分の店をもつのが大きな目標でしたが、そんな気持ちも吹き飛んでしまいました。そして菓子作りを教えて回り、あまり身体を使わないようにするしかないのかなと思い始めていました。

入院中、病状が落ち着いてくると、後は毎日抗生物質の点滴を打って寝ているだけの日々でした。私は病床でドゥニ・リュッフェルのことを毎日考えていました。彼は完全に私の心の中に大きな位置を占めていました。

1度目のフランス滞在のとき、彼はまだ27歳でシェフになったばかりでした。部分的に突出したものは少しはありましたが、まだ総体的にはかなり未完成でした。私が2度目にフランスに行った時、彼はあまりに大きく、光り輝くパティスィエに成長していました。彼はフランス菓子協会の前会長、ジャン・ミエのもとに15歳で見習いとして入りました。パティスィエとしての形が出来た頃から彼はほぼ独学で子供の頃からの願いであった料理の勉強を始めたのです。日々のパティスリーの仕事を完全に終えてから、他のさまざまなレストランに行って学びました。

彼の師のジャン・ミエ氏の周りには、一世を風靡した才能に満ちたキュイズィニエやパティスィエが数多く集まりました。パリ郊外のブジーバルのレストラン「カメリヤ」の天才

パティスィエ・キュイズィニエ、ジャン・ドラベーヌ、三ツ星レストラン「アルケストラート」のアラン・サンドランスなどです。そして彼は仕事に対してあまりにもひたむきで謙虚な性格ゆえに、多くの人たちから我が子のように可愛がられ、多くの秀逸なインスピレーションを受け、それを自らの仕事の糧としていったのです。

ドゥニ・リュッフェルは、お菓子だけしか知らない私や多くの日本人パティスィエと違い、料理とお菓子の二つを同時に突き詰めてきました。それぞれの到達度はゆっくりだったのですが、ある水準を超えた時、二つは融合し、巨大な“ドゥニ・リュッフェル”を作りあげたのです。すさまじい勢いを感じました。1秒たりとも、1分たりとも無駄にすることは出来ない。全てを自分の仕事のために費やさなければならない。目の前の仕事に、目を強く見開き、挑んでいくのです。全てが仕事のためにありました。1日4時間以上はけっして寝ません。当時は「寝なくて済むならもっと仕事が出来るものを」と、寝なければならないことに忌々しさを感じたと言います。彼の作るお菓子や料理は時代に負けません。何年経っても光を失いません。それは彼が時代の流れやマスコミにはけっして惑わされることなく、食べる人のために本来のお菓子と料理を作り続けているからです。

彼のことを考えるたびに私の思いは募り、「ドゥニ・リュッフェルを日本のパティスィエに知って欲しい。今日本に流布している形だけのものではなく、彼が作る本当のフランス菓子の素晴らしさを知って欲しい」と考えるようになりました。そして手紙を書きました。

「ぜひ来日してドゥニさんのお菓子に対する考え方、技術、味わいを、日本のパティスィエに伝えて欲しい」と。

用意できるギャラは20万円が限度でしたが、彼の返事にはこうありました。

「お金はさして重要なことではない。私はトオルとの友情のために日本に行き、お菓子を作りたい」

私はこの時、自分の人生においてドゥニ・リュッフェルの存在が常に私を支え、鼓舞し、力を与えてくれるだろうと予感しました。

初めての講習会。
そして彼の言葉に自分の甘さを知り、再び開店を目指す

1986年、ドゥニ・リュッフェルは初めて日本に来ました。私もいくら友人とはいえ外国人を日本に招待し、日々を共にすることは全く初めての経験です。とても不安であり、どうすればよいか全く分からない部分が多すぎました。彼もそうだったと思います。初めてのアジア。言葉は全く通じません。どういう状況が待ち受けているのか分からない。こんなちっぽけな男のために、よく来てくれたなぁ、と心底思いました。

初めての日本でのドゥニ・リュッフェルの講習会は、7日間連続で、1日5種類計35種類の異なるお菓子が作られました。そして110人分ほどの試食も全て彼がデモンストレーションで作りました。初めての日本で、味わいも物性も異なる素材でのデモンストレーションでした。私もまた、2つの国の素材の違いを的確に彼にアドバイスする力はありませんでした。その意味では、フランスの味わいをかなりの程度まで再現出来たとは言えなかった

と思います。しかしその時点で私に出来る調整はしました。素材の違いを克服する完成度は低くても、ドゥニ・リュッフェルの真摯なお菓子作りに対する考え、大胆でかつ繊細な技術、そして日本人がこの日本で初めて経験する多様性に満ちた味わいに誰もが深い感動を覚えました。

最後のデモンストレーションを終え、彼と手を握り合った時には、彼と私の目には涙がにじんでいました。私にしてももう二度と出来ない仕事ぶりでした。直接の助手、解説、同時にすぐ後ろで用意している試食を見たりと、3人分の役割をしました。最後の挨拶が終わるとほっと気が緩み、今にも気を失いそうな状態に陥りました。何かにつかまってやっと立っていられるほどでした。心の中で「あぁ、ドゥニさんと俺はやった！」と叫びました。

全てが終わり、控え室で着替えをする時に、私の胸にある大きな心臓の手術跡が彼の目に留まりました。

「それが心臓の手術跡か。どうかいたわってほしい。私もトオルが2度目にフランスに来る2年前に、心臓病と高血圧で仕事中に倒れたんだ。ご覧の通り、医師に強く言われて24kgの減量をした。医師は仕事量を減らせというが、それは出来ない。パティスィエ、キュイズィニエという職業は、私にとって他に変えることの出来ない天職だと思っている。仕事中に倒れて死んだとしても、悔いなどないし、むしろ私はそれを誇りに思う」

そう言って彼は少し遠いところを見つめながら、少しの気負いもなく、静かに言いました。私は自分の意気地のなさに身体中が恥ずかしさで熱くなるのを感じました。なんて俺は小さくて臆病なんだ。彼の言う通り、菓子屋は菓子を作りながら生きて、菓子を作りながら死んでいくんだ。そして自分の心をしかりつけました。

「自分の店を持とう。店を持たなきゃ駄目なんだ」

7 パティスリー　イル·プルー·シュル·ラ·セーヌを開店

パティスリー開店に突っ走る

本当に私は鉄砲玉のような性格です。店を出すと一度心に決めたら、どんな時でもそのことしか頭になくなります。私には何処を向いても、近しい人々の中にお金のある人はいませんでした。でもどんどん進むしかありません。店の場所を探し始めましたが、あまりにも少ない予算では、なかなか適当な場所は見つかりませんでした。

探し始めてから2ヶ月ほどして、ある不動産屋さんから連絡がありました。早速行ってみました。小田急線の代々木上原と代々木八幡の間の商店街から一本入った裏通りでした。人はほとんど通りません。でも何故かその通りの落ち着いた雰囲気に心がしっくりときました。ここだと思いました。まるで私が店を開くのを待っていたかのように思えました。3ヶ月後の10月に空くとのことでした。保証金は1000万円。手持ちのお金は300万円だけでした。このお金で店を出そうというのが、どだい無理な話です。でも私はこの場所が心から気に入りました。

「とにかく俺はここを借りる。そして家賃を払いながら1年かかってでも金を作って店を出す」

もう心に決めていました。とんでもない恐ろしい話です。でもこれが私のずっと辿ってきた生き方なんです。そして母や、鍬本さんがあちこちから、少しずつお金を借りてくれ、10月に契約を正式に申し込みました。人生なんて本当に分かりません。とりあえず突っ走るということが大事なんです。突然、本当に突然、天からふってわいたように、ある大きなお菓子屋さんから「自分の店のお菓子を指導してもらえるなら保証人になってあげましょう」というお話をいただきました。信じられない成り行きでした。

もし、あの時のとんでもない決意がなかったら、代々木上原での開店はなかっただろうし、私の人生も変わっていたかもしれません。

Il PLEUT SUR LA SEINE という店の名前

店の名前は、La pâtisserie IL PLEUT SUR LA SEINE（ラ・パティスリー　イル・プルー・シュル・ラ・セーヌ）。フランス語でセーヌ河に雨が降るという意味です。

通常固有名詞あるいは普通名詞が一つ二つついた句による店名が普通でしたが、私はこの日本でフランス的なお菓子を作るには、何にも増して精神性がなければならないと考え、人の心の流れが感じられるような名前を考えていました。そして辿りついた考えは、主語と動詞を置くことでした。

私の泊まっていた屋根裏部屋はパティスリー・ミエからもセーヌ河からも近く、休日にはよくセーヌの河岸を歩きました。特に小雨が降るセーヌ河が好きでした。歩きながら、日本に残してきた2歳になったばかりの子供のことを思うのが常でした。私の人生の中では、僅か10ヶ月の期間でしたが、人生の中で初めての経験が数多くありました。

あの頃のさまざまな思いを少しでも鮮烈に心に残しておきたいという願いも込めた名前

でした。店の名前を言うと、ほとんどの人から「長くて覚えきれない」と言われます。日本では、「長い名前の菓子屋」として覚えられることが常でしたが、フランスへ行くと、店の名前を言うとほぼ全ての人が驚かれ、「très poésie トレ・ポエズィ（とても詩的ですね）」と言って一度で覚えてくれました。

そして1986年12月、店をオープンさせました。店の内装から冷蔵ショーケース、陳列台まで、全て自分でデザインしました。狭く小さい店でした。ショーケースが明るく軽やかに反射する、本当に愛らしいピンクとライトブルーの色調にステンレスの鏡面で素敵な乙女心を優しく表現したような店でした。クッキーやタルトゥの陳列台は鏡を張り、そこから短い支柱が出て、その先のお菓子をのせる丸い板は少し斜めであちこちを向いていました。そしてその下のお菓子を並べるところもまるで積み木を重ねたように斜めの滑り台があり、表彰台があったりと、茶目っ気たっぷりの楽しさを感じさせました。本当にそれまでずっと自分が培ってきた、自分の心を表した店でした。また今の代官山の店を改装する機会があるのなら、ぜひもう一度再現してみたいと、今でも強く思う店内でした。

その頃、フランス語を習っていたフランス人の先生に très mignonne トレ・ミニヨンヌ（とても愛らしい）な造りの店や家を「Maison de poupée メゾン・ドゥ・プペ（人形の家）」と言うのだと教えてもらいました。とても嬉しく感じました。

店に並べるお菓子

開店に当たって、店に並べる生菓子はまず15種類だけと決めていました。何故ならまだ開店当時はフランスと日本の素材を技術的に克服できていた訳ではなく、道半ばでした。よく理解できていない、自分で迷うことなく美味しいと感じられないお菓子はけっして店に出すまいと心に決めていたのです。ショーケースに並ぶものは少なくともこの日本では、どこの店よりも美味しいと自分が感じるものだけを出そうと思いました。その時、自分で納得のいくお菓子を作るには15種類が限度でした。私の他に作り手は2人。まだ気心も知れず、私の技術や考え方も彼らは理解していませんでした。

初めはババロアや生クリームを使ったムースなどの生菓子が主でした。それらは何度もこの日本で作る機会があり、ほぼ方法論は確立されていましたし、どこにもない美味しさが既にあると思っていたからです。続いてタルトゥ類、クッキー類、焼き菓子類とアイスクリーム、シャーベットと、けっして慌てずに、自分の味わいとして自信がもてるようになったものを少しずつ増やしていきました。店に出す基準は常に“どこにもない美味しさ”でした。

開店してから1年ほどで予想よりも早く、僅かでしたが黒字になりました。お菓子が売れようが売れまいが、常に試作は続きました。

店内にある8席ばかりの小さな喫茶コーナーでは、デセール用のお菓子も季節に合わせて作りました。「ブラン・マンジェ」はもとより、ショコラ、オレンジ、柚子、紅茶、パッションフルーツなどのオリジナルの皿盛のムース、「スフレ・ショ」「スフレ・グラッセ」「クレープ包みのグラス」、グラスに暖かいサバイヨンソースをかけたもの、温かいショコラのプディン、温かいバナナのミル・フイユ、いちじくの白ワイン煮、洋梨の赤ワイン煮……。また月曜日にはたっぷりの生クリームを盛ったゴーフルも出しました。オープンから５年目頃、ようやくプティ・ショコラも35種類までこぎつけ、pâtisserie française パティスリー・フランセーズの一応の大きな顔を作ることが出来ました。

店が遠慮のない勉強の場だった

店を出して最も嬉しかったことの一つは､気兼ねなく大胆に試作が出来ることでした。勤めの身であれば、あるいはお菓子を教えに行っているところでは、失敗して材料が無駄になるかもしれない試作は大胆に出来るものではありません。でも自分の店では失敗するかもしれない試作であっても、自分が痛むだけですから誰への遠慮もいりません。それまで「こうしたほうがいいんじゃないか」「こんな風にしたらどんな味わいになるんだろう」という思いを抱いていたものに大胆に挑むことが出来るようになりました。開店してようやくフランスと日本の素材の違いを認識した技術の最終的な検証が可能になったのです。

開店した頃はケンミックスやキッチンエイドでは、安定してクリーミーで腰のあるムラングを作ることさえ簡単にはいきませんでした。2回に１回はボカ立ちのボロボロしたつぶれやすいものになってしまいました。卵白の水様化の方法、程度、そして撹拌のスピードなどを確立するのには、２年ほどかかりました。

バターのムースはずっと難関でした。開店してからも３～４回に１回は危うい、もう少しで売り物にならないようなものが出来ました。卵白の水様化やバターの伸展性など少しずつ理解するにつれ、開店から数年でようやく完全なものとなりました。

タルトゥ・オ・ポンムやクッキーでは、焼く温度を少しずつ上げていき、もう食べられない焦げ具合と最も高い味わいを得られるギリギリの高温での焼き具合などを探りました。

特に Pâte levée パートゥ・ルベ（発酵生地）では日本とフランスの粉の違いは大きく、日本の粉に合った技術を作り上げるには、ただ執着心しかありませんでした。私はパティスリー・ミエのクロワッサンなどのパートゥ・ルベが大好きでした。でも日本の粉はフランスのものから比べれば極端にグルテンの質が弱く、粉と水の練りを浅くしてグルテンの生成を抑え、澱粉の発酵の旨さを表面に出すという作り方は大変でした。グルテンの生成が少なすぎると粉の層が切れてしまい、またよく練れば形はきれいに出来るが無味乾燥な味わいのグルテンが他の旨みを包んでしまい、モコモコした歯触りの、平坦な、日本のどこにでもあるクロワッサンになってしまいます。

偶然による成功は何の意味もありません。法則に基づいた成功でなければ、美味しさと品質は向上しませんし安定しません。クロワッサンの工程で確かな法則性を確立するまでに２年ほどを要しました。パートゥ・ルベの中でも最後まで立ちはだかったのはサヴァランのパートゥでした。何度やってもやはり日本のどこの店にでもあるようなスダチの粗すぎる､下にシロが落ちてあふれるようなパートゥしか出来ませんでした。やっとその理由が解明出来た時は開店から９年が経っていました。

日本の粉は細かく挽かれているので、グルテンの素となるたんぱく質がより多く露出し、粉の重量が同じであってもフランスの粉よりもより多くのグルテンがより緻密に張り､それが少しの隙間もないくらいギュウギュウに絡みあって、バターや水がパートゥの中に入っていないことによるものだと理解できました。

申し訳ないことですが、開店以前は未だ完全に素材の特性を理解しませんでしたが、講師としてお菓子作りを教えていました。そのような状況の中ではどうしても失敗しない無難な道を選んでいました。より美味しく、よりフランス的な味わいのために次の一歩を踏み出すことが出来なかったのです。自分の店でようやく思うように自分の考えを広げていくことが可能になったのでした。

開店から1年後、『イル・プルー・シュル・ラ・セーヌの1年』始まる

私はドゥニ・リュッフェルを日本に呼んで技術講習会をしたり、本を出版することによって、私なりのフランス菓子をこの日本に根付かせたいと考えていました。そして自分自身で自分の心を鼓舞し続けるためにも、特にプロの方々のための技術講習会を持ちたいと考えていました。そして月1回で10回シリーズの技術講習会を開きました。ここではほとんど私がパリのパティスリー・ミエで覚えたお菓子を自分なりの考え方で作り、説明しました。

翌年の2回目からはほぼ20種類の、その年の新作のお菓子を見ていただくものにしました。今でもそうですが、これは1年の中で、私にとって一番重く、そして苦しい期間です。私は自分がとても怠け者だということをよく知っています。怠けないようにするにはとにかくとんでもない大風呂敷を広げ、後戻り出来ない足かせをつけてしまうのです。そして大風呂敷を広げた以上、土壇場になって逃げるわけにもいかないので、ようやく重い腰を上げます。しかし一度試作が始まると、しつこさだけは他の人以上にあります。ほぼ自分の感覚が、「んめぇ」と自然に感じるまで試作が続きます。平均で1種類で10回弱、時には20回も続き、そして結局物にならず迷宮入りということもしばしばです。

あの頃は未だ私の技術、考え方もまだ十分なものではありませんでしたし、こじつけたようなお菓子や恥ずかしいものも少なからずありました。参加された大勢の方々には、本当に我慢していただき、支えていただいてありがたく思っています。

ここ数年は技術的にはほぼ完成し、自分でも頷けるお菓子の比率はとても高くなってきましたが、最初の頃は今考えれば稚拙さも多分にあった講習会でした。お金を頂いて新作のお菓子作りを見に来ていただく、これは私にはとても重過ぎる任務です。

お金を頂いた以上は、それから逃げることは出来ません。頂いたお金以上に満足感を参加者の方に感じて頂かなければなりません。しかし私にとってまず一番大事なことは自分の味わいの感覚が満足するものだけを見ていただくことです。例え他の人が美味しいと言っても自分の感覚が認めなければよしとすることはありません。これがとりもなおさず参加者の方に一番大きな満足感を与えることだと思っています。

1ヶ月半〜2ヶ月の間に、1つのお菓子で平均すると6〜7回、当時は20種類で130〜150回の試作が延々と続きます。ある一線を越えるとお菓子を食べることが本当に苦痛になります。気をつけていてもどうしても体重が増してきます。寝ていても新作を考えることか

ら逃れることが出来ません。試作中は「もう来年は辞めるぞ、絶対辞めるぞ」と自分に言い聞かせるのですが、また翌年もやることになるのです。

私は2007年に60歳になりました。もちろん以前ほどの体力的・精神的ながむしゃらさは無くなりましたが、仕事と創作への意欲は少しも衰えていません。これは自分から困難な目標を作りあげ、そしてそれに立ち向かい、自らを苦しめ続けてきたからだと思います。ドゥニさんの講習会、イル・プルーの1年、その他のものも、歳だからきついと思うのも事実です。でもそのうちの一つでも辞めたら恐らく私は急速に老いていくだろうと思います。

いつも、もう楽になりたいという誘惑に駆られますが、私はまだ老いたくはありません。まだやることがあまりにもありすぎます。

家庭のためのお菓子教室を始める

イル・プルーの1年から少しして、東京・六本木の料理教室を借りて家庭のためのフランス菓子教室を始めることとなりました。家庭の主婦などが作るアントゥルメ1台や2台の少量のお菓子作りのためのテレビ番組や本を見ても、私の目から見ればお菓子作りが失敗するように、そしてまずくなるように、わざわざ努力しているようなものばかりです。プロの領域ではなく、アマチュアのお菓子作りは手軽に作れれば美味しくなんか作れなくてもいいのだという、出版社や菓子研究の先生たちの勝手な逃げばかりの考えに異議を唱えなければいけないと思ったのです。考え方や技術が正しければ、少量のお菓子作りでもプロ以上の美味しさがとても簡単に出来てしまうことを伝えたかったし、家庭などでも自分の手で美味しいフランス菓子を作り、食べることの幸せを知って欲しいという思いで始まりました。

自分が美味しいお菓子を出来ればよいのではなく、一人でも多くの人に同じように作れるようになってほしいと私はずっと常に思ってきました。店のほとんどのお菓子の配合は、原則オープンにしています。でも多くの方々が異口同音に「配合を教えても、他のパティスィエにはけっしてイル・プルーの味わいは出来ないと思っているからオープンにしているのでしょう？」と言われます。それはとんでもない言いがかりです。ちょっと意欲をもって教室に5回も通えば、他のお菓子屋さんはもとより、イル・プルーの店に並ぶお菓子より美味しく作ることは当たり前になってきます。私は一人でも多くの人に私どもの味わいを美味しく再現して欲しいし、それがこの日本に根づいて欲しいと思っているのです。

初期の頃は試行錯誤の日々でした。今もどこの教室や学校がそうであるように私たちプロが大量に作る配合をただ機械的に1～2台分の少量に割り、そして大量のお菓子作りのための技術をそのまま生徒さんたちに丸投げしていたからです。これでは生徒さんたちも上手に出来る訳がありません。お菓子作りの基本の考え方は全く一緒なのですが、少量と大量では方法論を変えなければならないのです。

例えばムラング・イタリエンヌの117℃に煮詰めるシロップです。大量の場合は水の量は砂糖の重さの1/4です。しかしこれがグラニュ糖50gの場合に水の量を1/4 = 13gにすると、量が少ないので砂糖が十分に溶ける前に沸騰して煮詰まり、砂糖の粒が溶けずに、それが煮詰めていくうちに再結晶してシロップが固まり、失敗してしまいます。ですから少量の場合は水の量を砂糖の重量の1/3と増やさなければなりません。

少量のガナッシュを作る時では、生クリームを沸騰させると水分が蒸発しすぎ、水分が足りなくなりガナッシュが分離して乳化しません。沸騰させずに80℃までしか温めず、また生クリームの重さの1/10量の水を新たに加えることによって分離しにくくなります。

ムラングの泡立てでは、ハンドミキサーで泡立てるとケンミックスやキッチンエイドの気泡量より15～20%ほど少なく泡立ちます。ムラングを加えることによって得られる柔らかさや軽さを一定にするために卵白を10%増やし、ムラングの気泡量を増やさなければ同じ味わいは得られません。

このように、一つ一つのことを少量に合った器具や方法に変えていかなければなりませんでした。初期の頃、プロにとっても難度の高いスポンジ式のキャトルキャール(四同割り)のパウンドケーキでは、泡がつぶれずにソフトによい状態に焼きあがるのは10人のうち1～2人しかいませんでした。しかしお金を頂いて教えることの責任は知ってましたから、何とか1人でも多くの生徒さんが確実に出来るように教室で実際に教える活動の中で、少しずつ配合や作り方を改良してきました。

今確立している作り方は、お菓子作りの経験の長い方や手の器用な方のための作り方ではありません。今までお菓子を作ったことのない人や、あまり上手に出来ない人を基準とした技術なのです。あとは生徒さんが意欲をもって教室に通えば、卒業までに必ず誰にでも私の店に並ぶお菓子と全く同じか、あるいはそれ以上の美味しさが自分の手で作れるようになることは確実に約束されています。シェフや技量の上の人だけしか出来ないような難解な作り方は技術ではありません。それはただ下で働く若者たちに自分の真実の力を隠すための屁理屈であり、目くらましのようなものです。

1、2台の少量の作り方の意味

学校や教室で、1、2台の少量のお菓子を作ることは、プロにとっては全く意味がないと考えている人は多いでしょう。でもそれは全くの間違いです。お菓子作りでは1台の作り方が基本なのです。扱う素材は少量ですから、体力などは必要とせず、作りやすく、理屈に合った作り方と間違った作り方によって出来るお菓子との差異がはっきりと分かります。量が多ければ、体力が不足していたから混ぜ方が結果として悪くなったのか、混ぜ方そのものが悪かったのか分かりません。でも少量では技術の違いにより異なる結果がはっきりと出ます。少量では技術を純粋に積みあげていくことが出来ます。

ですから逆に経験のないアマチュアの方でも意欲があって正しい作り方があれば、プロ以上の美味しさが出来るのです。私は現在、主に教室で講師として少量の作り方を教えていますが、たまに若いパティスィエの前で大量のお菓子作りをすることがあります。たまに大きな量で作ると本当に難しい。1～2回やれば勘を取り戻しますが、1回でうまく作らなければならない。皆がじっと見ている。失敗は出来ません。かなり恐い。そんな時、私はいつも作っている1台の時のパートゥの状態を思い出しながら作ります。そして「ほぼ必要な回数は混ぜたが、まだ1台の時の混ざり具合ではない。あと10回多く混ぜよう」などと調整します。そうすればそんなにおかしいものは出来ません。

ミキサーにしてもその大小やメーカーによって泡立ちは全く異なってきます。ほとんどのパティスィエは基本となる1台の状態を知りません。経験がない。だから彼らのイメージには目標とするお菓子の状態が刻まれていない。結果として機械に翻弄された、あまり美味しくないお菓子しか作れないのです。これはオーブンについても言えます。同じメーカーのものでも機種によって同じ温度設定にしても全く焼きあがりが違います。しかしどれが良い状態なのか彼らには分からない。

このように教室での少量のお菓子作りによって得られた純粋な形での技術を確立していく中で、少量の作り方が大量の作り方の技術の改良にとても有効であることが分かってきました。教室での少量の作り方の技術からかなり多くのものが大量のお菓子を作る店の厨房に還元されました。例えば「クロカンブッシュ」。教室では、全く経験のない人がその日のうちにヌガーとシューを組み立てなければならないのですから、何度も試作をして、これ以上は不可能であると思わせるほどに作り方をシンプルに単純化しました。そして必ず全員に完成させ、持ち帰ってもらいました。

こうして何年かして次第に教室の少量のための技術を改良、確立されていくにしたがって、いかに巷で流布しているお菓子作りが間違いだらけなのかを知りました。プロの領域でさえそうなのですから、アマチュアの方のための少量のお菓子作りがいかに嘘と迷信に満ちているかを再認識しました。

私が中学生の頃、日本は高度成長経済前夜という状態でした。日本国中が24時間操業でした。朝8時の出社、夕方6時、深夜2〜3時という三交代制という時代がありました。少しずつ所得も伸び、何かもう少し贅沢なものを、という雰囲気の中で洋菓子が勃興してきました。でも正しい作り方は誰も分かりません。特に和菓子屋さんあるいはほぼ素人の人が、見様見真似で洋菓子を作り始め、それでも売れてしまいました。今でもこの「洋菓子」の領域には、あの頃作られてしまった多くの嘘や迷信が脈々と受け継がれていることを知りました。もうその状態から私たちは抜け出さなければならないという思いから「嘘と迷信のないフランス菓子教室」という名前をつけました。

生徒さんとの実践の中で、
何の影響も受けない純粋培養の技術を知る

このようにしてイル・プルーの少量のお菓子作りのための考え方と技術は開校以来、19年の間、常に生徒さんとの実践の中で築きあげられてきました。

そして生徒さんの作るお菓子の方が、パティスリーに並ぶお菓子よりも美味しいことがたびたびあるほどに、その技術、考え方は進化してきました。でも誤解しないで下さい。イル・プルーのパティスィエが怠けているのではありません。商売として作る大量のお菓子作りは限られた時間の中で出来るだけ早く、効率よく続けて作ることが必要になってきます。これはとても大変なことであり、一朝一夕に出来るものではありません。10年ほどの

長い年月が必要となります。**イル・プルーの正しい作り方であれば、少量のお菓子作りは特別の訓練も体力もなくても、意欲があれば割合困難なくとても美味しいお菓子が出来てしまいます。それはフランスにも日本にもない、世界でイル・プルー・シュル・ラ・セーヌだけにしかない独自のお菓子作りなのです。**

一人でも多くの生徒さんが良い状態に作れるように技術や考え方を変えていくということは、今ある法則性を、不安定な要素のないさらに確実なものに研いていくことなのです。純粋培養された技術は、より大きな体力を必要とする時間に追われながらの大量のお菓子作りでは認識しにくいのです。ビスキュイやジェノワーズでも、少量でハンドミキサーを使って作れば、20回混ぜた時と30回混ぜた時の混ざり方の違いや卵液の温度の違いによる泡立ちの違い、それによる最終的なパートゥの出来あがりの違いもよりはっきりと識別できるのです。

教室の日々のお菓子作りの試行錯誤の中で、私にとってそれまでいまひとつ判然としなかったさまざまのことがはっきりと見えるようになり、さまざまの疑問が氷解し、味わいも大きく前進してきました。

直径18cmのアントゥルメ１台の作り方は、より厳密に、統制された条件のものでの実験的な性格をもっています。少しでもこうした方がよりよいのでは、と思われれば、毎回のようにルセットゥの内容は変わってきます。このようにして教室の授業も変わっていき、私の技術も変化し、今は完成の域に達しようとしています。私たちイル・プルーの技術にはあやふやさがありません。**全ての工程、動作が科学的な考え方によって裏づけされているのです。それが可能になったのもパティスリーでの作り方と同時に教室での少量の作り方を突き詰めてきたからなのです。**

ようやくビュッシュロンに立ち向かう

フランスと日本の素材の違いが少しずつ克服されてきても、「ビュッシュロン」は常に私の意識の片隅に、私を見下ろす存在としてあり続けました。どのようにしても手をつけるだけの十分な気力が湧いてきませんでした。もうずっと忘れて気づかぬふりをして避けていたのです。

それは、果たして自分は今この日本で、自分の手で、多様性と多重性に満ちた「ビュッシュロン」を作りあげることが出来るだろうか、その粗々しさに、私は踏みつぶされてしまうのではないか、という恐れがあったからでした。

開店から数年が過ぎた頃から、もう立ち向かわなくてはと思い始めました。でもしっかりと意識の中核に置くことは出来ませんでした。そんな中でも、さらに素材の違いの克服は進められてきました。そして気がつけば素材の違いによる大きな困難は「サヴァラン」のパートゥしかなくなっていました。ようやくその頃には、ずっと逃げ続ける訳にもいかず、何とか気力も充実し、「よし、やろう」と思い立ちました。たった一つのお菓子なのに、信じられぬほど私に覆いかぶさり続けたお菓子でした。もうあるべきビスキュイのイメージと、そのための素材の配合は既に私の頭の中にありました。それでも作れなかったのです。

さぁ、心を強くして、ビスキュイは私の心臓をこすりつけるほどの多様性に満ちたざらつきを主とした歯触りにします。パティスリー・ミエでのビスキュイよりさらにココアを増します。これにちょっとホロッとした歯触りと歯崩れを与えたい。バターを少し増やします。たったこれだけです。

コーンスターチとココアを一緒にふるったものを混ぜていくと、多量のココアが卵やムラングの水分を吸ってドロッと粘度が増し、泡のバランスは崩れてムラングはつぶれていきます。オーブンに入れてからもパートゥが固まり始めるまで泡はつぶれ続け、焼きあがったパートゥにはかなり大きな穴がそれこそボコボコとあいています。これはおよそ日本人の頭の中にある出来のよいビスキュイではありません。とんでもなく腕の悪い菓子屋が作るどうしようもないビスキュイです。

クレーム・オ・ブールに加えるガナッシュには、味わいに力のあるものを使います。そして生クリームの代わりに味わいに厚さと力のある豊かさがあり、酸味のあるサワークリームを使います。出来るガナッシュは、生クリームで作ったものよりも、さらに力に満ちた多重性が生まれます。そして表面にのせるコポーは歯触りの多様性と力を与えるために、チョコレートの板を爪が入るほどに少し柔らかくして厚めにおがくずのように削ります。パティスリー・ミエのビュッシュロンのように、側面には歯触りを重ねるためにパイエットゥ・ショコラをつけます。作るのは簡単でした。そして食べました。驚くほど平穏に、私の口と五感は「ビュッシュロン」の全ての要素を一つ一つのものとしてはっきりと捉え、同時に全体の混沌とした味わいを感じることが出来ました。以前は理解の出来ないさまざまのものがただグチャグチャに混ざりあった、訳の分からぬ頭を混乱させるだけの「ビュッシュロン」でした。

でも大きな嬉しさというものはありませんでした。いつも私を寂しげに心の陰から見つめていたものにようやく立ち向かい、そしてそれを自分の意識の表に出すことが出来たという安堵感を感じました。初めての出会いから15年、私も46歳になっていました。

食べる人に緊張感を与えるお菓子作りをしているのではないか、と思うようになる

本当に多くの方にイル・プルーのお菓子を食べて大きな感動を感じたと言って頂きました。そしてそれは私のお菓子作りへの意志をさらに強いものにしてくれました。また食べ物を作る者にとってはとても大きな喜びでした。

しかしフランスと日本の素材の違いがほぼ調整され、その人を感動させる味わいが日常になってくるにつれ、これは本当の美味しさなのだろうかという疑問が少しずつ大きくなってきました。その美味しさとは、本当はお菓子の味わいにとっていらない緊張の感覚なのではないか、人為的な技術によって私のイメージを食べる人に押しつけているのではないかと考え始めるようになりました。本来の美味しさとは素材の豊かな個性、味わいによって単純に作りあげられるべきものではないかとも考えるようになりました。

でもこれは初めから分かりきっていたことなのです。フランスとは全く異質の素材でこの

日本でむりやりフランス的な味わいを作ろうとするのですから。技術は細かくなり、味わいは細部にわたり吟味しなければなりません。それは当然の結果なのです。しかし私自身も微細にすぎるお菓子を作り続け、作り手と食べ手との間にある緊張感に疲れを感じ始めていました。私が多くの人に伝えたいと思う味わいの感動の多くの要素は、必要のない緊張感によって形作られているのではないか。私も、もっとシンプルに、簡明に、もっと楽しく美味しいお菓子を作りたい。そして味わいの中に精神的な緊張感を強いることのない、明るく楽しい美味しさを作りあげたいと思うようになりました。

年々品質が悪くなるフランスからの輸入菓子材料

実はまだ1990年代の初め頃は、国産の果物や乳製品などの産物がどうしようもない状態まで来ていることはほとんど理解していませんでした。しかしフランスでの記憶のもとで比較できる、フランスから輸入されている食材の劣悪さはよく理解していました。主にフランスから輸入される菓子材料は、初めはフランスで流通させるものと同じ高品質のものを供給し、こちらの様子を見ながら少しずつ品質を落としてきます。そして最終的に「こいつらは何も分かりゃしない」と判断するとフランス人とイタリア人は徹底してやりたい放題のことをやってきます。そしてほとんどの食材がどんどん、どうしようもない品質へと落ちていきます。オ・ドゥ・ヴィ、リキュール、コニャック、カルバドス、チョコレート、パートゥ・ドゥ・マロン……。ほとんどが日本向けに作られた手抜きの低品質のものなのです。

私は常々材料問屋さんや輸入業者の方々に熱く伝えてきました。フランスからの製菓材料の品質の劣化が著しく、さらにそれは進行していることを、そして何とかこの状態を変えて欲しいと頼んできました。しかし状況は少しも改善されません。日本に来るグラン・マルニエ、コワントゥローは薄っぺらなオレンジの香りの砂糖水のような劣悪極まりない品質です。日本人のセールスにこのことを言っても「私はフランス人の言っていることを信じます」の一点張りでした。日本人の最前線の技術者の言うことをまったく相手にしません。青い目への劣等感。これではどうしようもありません。彼らは青い目を前にすると何も言えないのです。

「あなたたちがやってくれないのなら、俺は自分でやる」

それが捨て台詞でした。もうその言葉が吐かれれば、いつもの鉄砲玉です。何も目に入りません。いつもそのことばかりを考えはじめます。

「こんな無謀なことを始めても絶対うまくいくわけがありませんから、輸入業務なんて辞めましょう」

何度も周囲から言われましたが、鉄砲の引き金はひかれてしまったのです。

そして偶然イル・プルーの輸入業務に携わることになった社員と２人、フランスのサプライヤーの元に旅立ちました。最初に訪れたのはアルザス地方で蒸留酒オ・ドゥ・ヴィを造っているルゴルさんの所と、ブルゴーニュ地方コートゥ＝ドールのジョアネさんの所でした。その後、少しずつ取引業者が増えていきました。もちろん輸入業務は甘いものではありません。それも全く何もないところから始めるのですから多少なりとも形がつくまでは本当に大きな不安の連続で、自分の馬鹿さ加減を心底呪いました。

以後フランス、スペインに度々足を運び、自分の足と口で素材を見つけることに努めてきました。今考えても、よくつぶれないで来れたなぁと思いますし、もう二度とこんな大それたことは出来ません。でも未知の地を恐る恐る訪ね、多くの未知のものに出会い、驚き、打ちのめされ、感動もしました。普通では得ることの出来ないさまざまの経験が人生の後半の自分を形作り、そして今のお菓子にも大きな力と幅を与えてくれたと思います。

代官山への移転

代々木上原に店があった頃は、土日のみ六本木にあったワールドクッキングスタジオを借りてお菓子教室を開催していました。今のように教室のスタッフや計量の人がいたわけではありません。週２回ですからそのための要員を揃えるには中途半端でした。材料の計量は通常のお菓子作りが終わってから始まり、夜中１時か２時頃までかかります。計量した材料は全てフタつきのタッパーに入れられ、それをポリバケツに入れて車で運びます。授業のある日は朝5時から仕事を始め、その日に出すお菓子を作り、7時頃出発します。

初めは正しい少量のお菓子作りを教えることに意欲をもって挑み、そして続けてきました。でも年を追うごとに、次第に私も皆も離れた場所で教室を続けることに大きな疲れを感じてきました。どこか同じ場所で店と教室をもてないだろうかと思うようになり、それはやがてイル・プルー全員の切実な願いとなってきました。

当時、バブル経済は完全にはじけ、私の店の周りでも信じられないほどビルに空き室が目立つようになりました。そして悲観的な日本経済の先行きが毎日のように報じられていました。あれほど光り輝いていた全ての建物が、街が、人が、今はひっそりと声も出さずに息を潜めている、そんな重苦しい雰囲気に、日本全体が覆いつくされていました。でもこんな時だから、資金力の全くない私にも可能な広い場所があるかもしれないと勝手に思い込み、場所探しを始めました。

移るには、少なくとも店と教室それぞれに30坪、計60坪（約200㎡）ほどの広さが必要でした。でも保証金もほとんどありません。いくらバブルがはじけたとはいえ、60坪の広さは手に負えるものではありませんでした。やはり今の私の力ではどうにもならない。移転は先延ばしするしかないのかなと心に決めたちょうどその時、最後に飛び込んできた物件が花の代官山でした。まず無理に決まっているけどとにかく見に行ってみようと、軽い気持ちで出かけました。想像もしていないまるで別世界のような空間でした。ところがこのビルを仲介してくれている会社にイル・プルーをよく知っている人がおられ、会社の人たちにこのビルを活性化させるには集客力をもつイル・プルーを招致すべきだと働きかけてくれたのです。もしかしたら私にも可能な条件で借りることが出来るかもしれないということになりました。私は念のために、借りようと決めた現在のイル・プルーの店がある場所に２回ほど３～４時間立ってみました。まだ２階には２店舗しか入っていなかったのですが、２階に上がってくる人は、３～４時間で１～２人でした。かなり悩みましたが、教室と店が一緒に出来る広さは今後ほとんど機会がないだろうし、必ず２階に多くのお客さんを上らせる力が自分にはあるはずだと無理やり自分を説き伏せ、借りる決意をしました。

輸入業務を始めた時以上に経理の担当者に反対されました。彼女は泣きながら「絶対うまくいくわけがありません。辞めてください。お願いです」と私に必死に訴えました。

でも私は逆境にあるほど自分の心と反対のことを言い、見栄を張ってしまうのです。

「俺は今まで嘘をつかないで精一杯仕事をしてきたんだ。もし俺がつぶれたら、俺をつぶすような日本なんかもう終わりだ。行くぞ！」

それは彼女へではなく、まさに自分自身への捨て台詞でした。しかし資金はありません。一年間で8000万円ほどのお金が必要でした。ほぼ毎日教室をやれば、それなりに生徒が来るであろうし、お金だって出来る。いつもながらの取らぬ狸の皮算用の資金計画でした。そして何度も資金が途切れそうになりました。恥をしのんで何人かの人にお金を貸してくれと頼み込みました。彼らは私の願いを聞き入れてくれました。この人たちの厚い友情を生涯忘れることは出来ません。

ほとんど資金力のない中での移転は、その後、数年間ずっと尾を引きました。お金がないから人が雇えない。仕事の時間も長くなり、皆が疲れ、店のお菓子にも悪影響が出て、お菓子も売れなくなる。そして何とか形ばかり立ち直しては悪化することの繰り返しであり、抜け切れない悪循環にずっとはまった状態にありました。

必ずもう一度、以前のように必ず立て直すぞ、という気持ちを忘れたことはありませんでしたが、一度崩れ去ったものは簡単に再び築きあげることは出来ません。代官山へ移転しての一番目のシェフ吉川君（「仏の吉川君」と呼ばれていました）は本当に頑張ってくれました。困難の真っ只中にある時も、いつも彼は精一杯自分の立場を全うしました。しかし彼が自分の店の出店のため退社してから4～5年、店はどうしようもない状態になったことがあります。新入りが入ってきても、完全に乱れた体制の中での辛いだけの仕事に愛想をつかし、次から次へとすぐに辞めていきました。私もどうしてよいか分かりません。常に心の中では「自分のおろかさゆえに、どうしようもないところまで来てしまった。しかし再び立ち直るためには時間が必要なのだ」と自分に言い聞かせていました。そして時が経ち、ドゥニさんのところで2年間勉強した柳君（前シェフ）があり、そして現シェフ川瀬君と続きます。元はと言えば私が植えつけてしまった膿が、この頃ようやくいくらかは出てきたように思えます。

一度負の循環にはまってしまった私たちにとって以前のように店をもう一度立て直すことはあまりにも重すぎる挑戦なのです。

お菓子の作り手による、作り手のための本を作る

少しずつフランスと日本の素材の違いを克服し、そして少しずつフランス的なものとは多重性と多様性であると、実感をもってお菓子作りが進んでいきました。少なくとも「食の領域」ではどうやら今自分がたどり着いて、そしてさらに進もうとしているのは、恐らく今まで日本人の誰一人として経験したことのない領域なのではないかと認識し始めました。そして私が没すれば、もう2度とこの日本では再現されることのないものなのではないか

と思い始めました。

またそのような領域を１度たりとも知った人間にとっては、私の目には「嘘と迷信」のみがひしめき合っている現状を明確に否定し、それを一人でも多くの人たちに知らしめ、自らが真実と考えるものをより大きな形で著し、残すことが自分に課せられた使命であると強く考えるようになりました。

かつての『Pâtisserie française その imagination Ⅰ・Ⅱ』の刊行は自費出版であったからこそ、自分の信ずるところを貫け、そして少なくない人たちに食の真実への情熱と思いを伝えることが出来たのだと思いました。しかし出版業を始めたいというそんな私の気まぐれなとしか思えない計画に、編集の経験者は誰も真剣には聞いてくれませんでした。

ようやく一緒にやってみたいという、出版とは縁のない仕事をしていた人に来てもらい、形だけの出版部が出来あがりました。もちろん出版のイロハのイも知らない者同士でのスタートです。大変な困難がありました。私たちの会社にとってはあまりにも財政的に過大なものでした。それによって余裕のある経営が阻害され、さらなる大きな負担を少なからぬ人たちに強いてしまったことは、表現出来ない申し訳なさを常に感じていますが、真実を伝える使命感のもとには、どのような躊躇も自分としては許せませんでした。

一冊、また一冊と作りあげる度に、より完成度の高いものをという思いを忘れたことはありません。一冊の本が出来るたびに、何がこの本に欠けているかを考え続けました。

どうしても本はデザイナーが自分のデザインのセンスを生かすためにデザインされます。あるいはその時の流行のスタイルで本はデザインされ作られてしまいます。この本が作り手に最良のものを与えるか、本当に美味しいお菓子が作れるか、などは少しも考慮されていません。オシャレでそれらしく見えればいいのです。まぁ、伝えるべき内容など何もない、あるいは間違いだらけの内容であれば、ムーディーな写真とともにデザインでごまかさないと本らしく仕上がらないことも事実でしょう。残念ながら巷にはほとんどそのような本ばかりが溢れています。

しかしながら、特に物作りのための本は、作るための正確な情報以外に必要なものなどないのです。まずお菓子の写真の色は忠実に再現されねばなりません。そのお菓子の形や質感も忠実に再現されねばなりません。つまり正確な情報を伝えるものでなければなりません。工程の写真や説明文も、どうすれば読む人は楽しく意欲をもって理解しようという気になり、実際に間違いなく出来るのか構成しなければなりません。

私たちの本作りは今、真実の技術を伝えるという点が完成しようとしています。特に『五感で創るフランス菓子』『Les Desserts レ・デセール』『イル・プルーのパウンドケーキ　おいしさ変幻自在』は、私も、そして読者も、その内容に本当に大きな真実の力を感じると思います。もちろん本には本としての限度があります。作っているところを直接見た方が間違いなくすぐにお菓子は出来ます。しかし本は何度も何度も手順、知識を繰り返し確かめられます。そしてお菓子作りに大切な、想像して推測する力を増してくれます。

前述の３冊の本はしんどいけれど自分の頭の中にあるものの、90％から95％近くのものまで書きあらわそうとしました。そして少しも手を緩めることなく、お菓子作りの全ての考え、技術が述べられています。本としての可能性の限度を超えた本だと思います。

4e chapitre

自分の心の中に“フランス的な領域”を創造する為に

1 私にとって日本で作られるべき本当のフランス菓子とは何か

自分が作るべき菓子の定義をつける

日本で仕事をするフランス菓子のパティスィエと自認する人たちは、ほとんど自分が作るべきフランス菓子に厳密な定義を築こうとはしていないように私には思われます。全てに近いパティスィエは、彼らが得た配合がフランスからのものであるか、あるいはフランスのパティスリーで見られるお菓子と同じ形であるか、あるいはフランスやヨーロッパから輸入された素材を使っているかによって、自らのお菓子を寸分の違いもないフランス菓子だと考えているように思えます。しかし私には今まで述べてきたことで明らかなように、上記のような見た目だけの三つの要素をもっているだけでは単純に“フランス的”なものであると認めることは出来ません。肝心なことはそのお菓子の味わいの中に、存在感のある香り、食感、味わいによって創りあげられた多様性と多重性があるか、また技術的な考え方としては要素をひくことによってバランスが取られたものなのか、あるいはさまざまの要素を投げ入れることによって創りあげられたバランスの上に成り立つ味わいなのか、ということです。

そしてこの多様性と多重性のあるお菓子作りにとって、まず挑まなければならないことは、フランスと日本の素材の味わいと、物理的化学的な違いを厳しく認識し克服することです。そのためには渡仏前の日本での日々の仕事の中で、前もって日本の素材の特性を十分に日々の感覚で受け止めているかということなのです。フランスへ行く前段階での日本の素材との厳しい向き合いが欠けることがあってはなりません。何故ならほぼ全ての人がこの日本で仕事をするためにフランスに行くからです。

でもどれだけのパティスィエが二つの国の素材の違いの認識と克服にエネルギーを注ぎ込んできたでしょうか。ほとんどのパティスィエはフランス菓子作りの中で最も困難で辛い、日本とフランスの素材の違いの調整には目を背けて、手っ取り早い形だけのフランス菓子なるものを作り続けているように思えます。

これらの多様性と多重性を持たぬお菓子は私にとってはフランス菓子ではありません。日本人にとって日常的な「洋菓子」なのです。人間の五感にあまり働きかけることのない、ここ何十年かの形式的な日本人の感覚そのものに変化した、柔らかさのみを味わいの基礎とする菓子群なのです。

もちろんこれを悪いとは言いません。しかしフランス的なものではありません。フランス的なものとは、今まさに眠りこけてしまった日本人の五感を揺さぶるものでなければなりません。その眠りをさらに深めてしまうようなものが何故改めてこの日本に存在しなければならないのでしょう。

日本には真のフランス菓子を作る必然も環境もない

フランス菓子とは、フランス各地の産物の個有の味わいや物性の上に長い人間の歩みの中で少しの無理もなく、積みあげられ、形を成し、受け継がれてきたのです。しかしこの日本に今ある素材は、味わいとしても、物性の点でも、フランスのものとは全く異なります。フランス的なものを作り出すための必須条件である多様性、多重性とは全く無縁の素材なのです。そして今、日本には、この多様性と多重性に満ちた伝統や思考方法に遭遇する機会は全く皆無となって久しいのです。

この日々の生活の中での多重性、多様性はかなり精神的な面が強く反映します。しかし朝夕の通勤電車の中での、漫画やあまりにも幼稚な女性週刊誌を読みふける人々が平均的である国にはこのような精神性は育ちません。多様性溢れる産物とともに、小さい頃からのモネ、ゴッホなどの絵画に見られる多様性溢れる精神との日常でのふれあいが、多様性と多重性溢れるフランス的なるものを産み出したのです。

全く価値観の異なる二つの国民性

常に最後に立ちはだかるのは、自己と外界（自然）との関わり方の違いです。私たち日本人にとって、一人の人間の「個」は日本という大きな組織の中でそれぞれ一人一人が果たすべき役割をすでに与えられているのです。個は日本という大きな全体組織を動かすための一つの歯車であり、役割はそれだけであり、それ以上のことはけっして求められることはありません。常に組織からそれぞれの個のありかたを規定されます。

しかしいわゆる個人主義と言われるフランスにおいては、個は組織からそれぞれの個のあり方について規定されることはほとんどありません。一人一人がそれぞれの個性の主であるのです。一人一人が喧々諤々とそれぞれの考えを述べ合います。日本的な考えからすれば半ばこの無秩序ともいえる混沌とした反響の中に、全体のバランスが取られるのです。

個とそれが生きる組織と
その外にある自然との関わり合いの違い

そして日本とフランスでは、自然と個の関わり合い方も違います。日本人としての個はけっして組織を包む表皮を超えて自然に向かって直接流れ出すことはありません。個が自然と直接に接触することはありません。組織の薄皮が自然からの情報を自己の維持再生に必要な考え方に変えて個に告げるのです。常に個は組織に規定されます。

しかしフランス的な自然と個の触れ合い方は異なります。組織はそれぞれの個に規制を加えることはありません。個は日本的な習慣の中では認められなかった、自然との直接の対話が当たり前であり日常になります。個は自然に向かってうねりをもって流れ出します。しばしの間、自然と絡み合った個は新たなエネルギーを保ち、大きく力強く変化し、境界を超えて再び個に流入してきます。そして再び境界を超え、自然と相まみえ、さらに大きく成長し、個の中に流れます。

このようにして自然と個は相互に刺激し合い、成長していき、相互浸透が常に継続して行われます。自然と触れ､個は絶え間なく成長し続けます。フランス人のこのような精神的習性は、ヨーロッパ大陸の歴史が戦いの歴史であり、自己を消滅させないために常に自己を外に向かって主張し、叫び続けなければならなかったということと、やはり微量栄養素を豊富に含む食べ物から生じる強烈なエネルギーが個を組織の外に押し出してくれたのかと思います。そして日本の国民性も食べ物の微量栄養素の面からも分析は出来ます。雨が多く地中のミネラルを常に海に向かって流し続け、国土の微量栄養素は欠落し、日本人の食べるものからも欠落し、個としてのエネルギーもひ弱なものになって、組織の表面の薄膜を破れないできたのかもしれません。そしてそこに日本の伝統としてあり続けた全てに形式的な日常が覆いかぶさったように思います。

2 フランスと日本の物性の違いを克服するために

必要なのは、科学的な理論だてた考え方である

科学的な考え方といっても､面倒な化学式や物理の数式が必要なわけではありません。あくまでも結果として人間の舌にどう感じるかという、とても曖昧な領域でのことですから、中学生の頃に教わった表面張力や比熱、過飽和溶液、融点などの理科の知識で十分事足りるのです。この理科の知識で一つ一つの事柄を分解していくと、それぞれの事柄がもつ実態が明らかになり､それぞれの事柄同士が繋がり､法則性を持ち始めます。それによって目に見えない微細な領域での現象が分かってきます。

そして日本とフランスでの素材の違いが何によるのかも分かってきます。

「2e chapitre フランスと日本の違い 1. フランスと日本の素材の違い(P24 ~ 32)」でも述べましたが、より深い理解のためにまとめてみましょう。

フランスと日本の粉の違い

例えばフランスで、パティスリー・ミエで使われている farine ordinaire（薄力粉）と日本で手にする粉との違いです。パティスリー・ミエのものは、挽かれる粉の粒径が日本のものよりかなり大きく指先に粒を感じます。日本のものはより細かく挽かれ､粒を感じません。この粒径の違いがどのような物性の違いをもたらすのでしょうか。またこれを克服するためにはどのような考え方が必要なのでしょうか。細かく挽かれた粉の性質について考察してみましょう。

»»» より細かく挽かれた日本の粉は澱粉の表面積がより大きくなります。表面積が多ければ同じ柔らかさにするためには表面積の大きい方により多く水を加えなければなりません。つまり吸水量が増します。

»»» グルテンの元となるたんぱく質もより多く露出するので、同じ粉の重さであれば、より多くのグルテンが生成されます。しかし高速の粉挽き器でより細かく、より早い速度で挽くほど、摩擦熱によってたんぱく質は変成し、旨みを失うとともにグルテンの質は軟化し、伸びる力を失い、切れやすくなります。

»»» 旨み成分も劣化します。以前クスクスよりも微細なセモリナ粉から作るスムールは輸入されていなかったのでコーヒーミルでクスクスを細かく挽いたところ、とても粘る歯触りに変化した経験から推測しています。つまり細かく挽くほど成分変化が著しくなり、小麦粉の微量栄養素と美味しさが劣化します。

»»» 日本の粉に水を加えて練ると総量としては強い弾性が出ますが、１本１本のグルテンの質は日本のものはかなり弱いのです。またより多量にグルテンが緻密に生成されると、パートゥを練っていくにしたがってグルテン同士がギュッと強く絡み合い、その間にバターや水が入っていきにくくなります。フランスでサヴァランのパートゥを練る場合、より長く練らないと、バターと水はパートゥの中に深く混ざり込んでいきません。

»»» 粉の表面積が大きくなると、より深く他の素材を包んでしまい、摩擦熱によって味わいの希薄になっている澱粉やグルテンが他の旨みをしっかりと包んでしまい平坦な味わいになります。このことを考えてフランスでの混ぜる速さよりゆっくりめに混ぜます。よりゆっくりめに器具を動かせば、グルテンの生成は抑えられ、粉の混ざりは浅くなります。

»»» クレーム・パティスィエールで粉を加えた牛乳を加熱して練っていく場合は、大きくなった粉の表面積がより頻繁にホイッパーのワイヤーにあたり、澱粉粒子を傷つけて粒子の膜が破れ、水が出て糊のように頼りない舌触りになります。ホイッパーが粒子により多く触れないように、ゆっくり動かし短時間で練ります。

フランスと日本のバターの違い

フランスのバターは伸展性（バターが切れずにのびていく性質）があり、その結果として吸水力も強く、より多くの卵や水分を分離させずにバターの中に包み込みます。また熱に対する強さがあります。たとえ冷蔵庫の外の涼しいところに出しておいて柔らかくしたとしたものを使っても、特に問題となる変化は生まれません。

しかし日本のバターはこのいずれの点においても大きく異なり、劣ります。パートゥ・フイユテなども注意して扱わないとバターの層が切れ、浮きが悪くなりがちです。また卵や酒など多めに加える時には気をつけないと混ざらず分離してしまいます。また一度熱によって柔らかくなると、伸展性と吸水性は著しく劣化します。これはどうしてなのでしょうか。バターの融点は36.5℃ほどです。しかし全ての脂肪球が36.5℃ではありません。バターはさまざまな融点の脂肪球の集合体です。融点の上限が36.5℃なのであり、30℃、20℃、10℃、0℃以下で固まる脂肪球もあります。バターを溶かしてそのまま放置して固まると、ザラザラの舌触りになります。これはそれまでの均一な混ざり具合が壊れてそれぞれ同じ融点同士が寄り集まってしまうからだろうと考えます。日本のバターを扱う場合はこの均一な分散が簡単に崩れやすいので、壊さないように扱わなければならないのです。

»»パートゥ・フイユテに折り込むバターは一度も柔らかくなっていないバターを、熱ではなく強くめん棒で叩いて10%ほど含まれる水と融点の違う脂肪球同士を均一に分散し、混ぜ込むことによって柔らかさを出して伸びやすくします。

»»バターがけっして柔らかくならないように、15℃以下に冷やしたマーブル台などで折り込み整形をします。

»»パートゥ・シュクレの仕込みもバターを出来るだけ柔らかくしないように、室温の高い時期などは砂糖、卵などを冷やしておきます。粉は常に冷やしておきます。伸ばす時はパートゥ・フイユテと同じように冷たいところでします。セルクルなどのフォンセでも、20℃以下の室温で手早くします。

»»バターのムースでバターを加熱して柔らかくする時もけっして一度にトロトロにせず、少し加熱してよく混ぜながらゆっくり柔らかくします。バターの溶けている部分を溶けていない部分で包み込むようにして柔らかくすることによってバターの層を切れにくくします。

科学の知識によって分析を進めていくと、より論理的な考え方、技術が築かれていく

このように素材の特性を科学的に論理的に理解し、それへの対応の仕方を積み重ねていけば、自分のオリジナルな味わいのお菓子を作ろうとする時、より短い時間と少ない回数でのより高いレベルへの到達が可能になります。

例えばパウンドケーキなどで、どうしてもしっとりとした舌触りが出しにくく、またパサパサになるのが早い場合、これをもっとしっとりと、パサつくのが遅くなるようにしたい場合は次のように考えます。

»»もし薄力粉が使われていたら、そのうちの何%かを強力粉にし、2種の粉の総量をまず5%ほど減らします。つまり澱粉の量を少なくするのです。多くの場合、パサつく感じは澱

粉によるものです。でも単純に澱粉を少なくすると、バターなどの脂肪、卵などの水分を吸収できなくなり、分離し、少し芯が出来たり、歯触りも少し硬く、口溶けもよくないものになります。これに対応するためには、薄力粉の量を減らし、さらにそのうちの何%かを強力粉に替えれば、強力粉が生成するより強いグルテンによって、減らした総量としての澱粉をカバーしてくれます。強いグルテンはより多くの水分、脂肪を与えることが出来ます。

»»砂糖を5～10%くらい増やしてみます。砂糖は甘さだけでなく、歯触りを優しく、しっとりとさせ、口溶けをよくします。

»»バターを少し増やします。この時は増やしたバターをグルテンや澱粉が支えきれるものかどうか注意が必要です。

心の中に、素材以上にイメージを築きあげる

フランスには豊かな味わいの産物があります。しかしそのような本来の美味しさを持ったものは今の日本の産物にはまずありません。それでは日本では多様性と多重性に溢れたフランス的な美味しさをもったお菓子を作ることは出来ないのでしょうか。いえ、私はそうは思いません。もちろん、使う素材もみすぼらしく、フランス人ではない私たち日本人がフランスのものを作るのですから、完全に寸分の違いもないものを作ることは出来ません。でも、それに近いもの、あるいはかえってそれ以上のものが出来る可能性はあるのです。

人間の精神性とDNAに刻まれてきた経験による情報、そして後天的に培れた精神的な空間によって作りあげられる人間の想像力は私たちが考える以上に深く、鮮烈なのです。この私たちの“imagination（イマジナスィオン＝イメージ）”を、人間だけがもつ心によって豊かにすることが出来るのです。

私は1度目のフランス滞在で、さまざまな果物を何度も食べ、それぞれについて毎回印象を記しました。

例えば苺です。まず一つをそのまま食べてみます。そしてその全体の味わいの印象を記します。今度はゆっくり香り、歯触り、舌触り、果汁の香りなど、飲み干すまでのそれぞれの連続した局面を逐一分析しながら食べます。そして歯触り、舌触りがどうであると書き込んでいきます。これを2～3回すると、苺の美味しさは書き尽くされてしまい、もうそれ以上の美味しさはないように思えてきます。しかしここで止めてはいけません。次からは全体の味わいが旨いか不味いかではなく、何か一つでもいい、小さくてもいい、何か印象的な要素はないかと探しながらじっくり口を動かします。そうすると必ず小さくても一つくらいは新しい味わいの要素があります。これを重ねていくと実際に存在した最高に美味しかった苺以上の、もっと美味しい苺のイメージが微に入り細に入り記憶されるのです。

とにかく全てのことをいとわずに記述しておかねばなりません。これが苺のイメージを膨らませることを可能にします。何年も経って忘れた味わいもノートの記述を読めば驚くほど印象的にイメージは思い出されます。漫画などで書き留めることなどしなくても全て

が頭に入っているなどという凄いシェフがいますがそんなことは絶対ありません。書き留めなければ誰でもすぐに忘れてしまいます。

記述をより印象的にし、膨らみをもたせるために

このような日々素材を口にした時の印象は、作り手のイメージを高めます。でもこのイメージをより深く高めるには記述する言葉を豊かにしなければなりません。

例えばレモンの強い酸味、穏やかな酸味、淡い酸味、フレッシュな酸味だけの記述では、より深く豊かな味わいのイメージは出来ません。このさまざまの酸味に自分がこれまで経験したさまざまの感情を重ねるのです。これによってレモンへのイメージは著しく深まります。初恋の人を見るたびに小さく胸がしめつけられた、小さな蒼くささに満ちたレモンの酸っぱさ、心を寄せる人がこともなげに去り酒におぼれた翌朝の心と身体に突き刺さる荒々しさの極みの苦味に包まれた酸っぱさ。または初夏の陽射しの中での子供の遊ぶ姿を見ながらの穏やかさと幸せに満ちた軽やかなレモンの香り、そして心に涼しく落ちていくレモンの絞り汁…。こんな具合に、初めは何でもよいのです。初恋の酸っぱさ、それだけでもよいです。思いつくままにもう一つ言葉を添えてみてください。食べる人の心の広さと感情の豊かさによって、レモンの酸味の表情はいくらでも豊かに変化し、広がりをもっていきます。そしてこの素材の表情の機微が、お菓子や料理の中に必ず反映されてきます。

私がずっと言い続けてきた“imagination”とはそういうものを指しているのです。このような日々の訓練によって、イメージはより確固としたものになっていきます。

素材の特性を実際に口に入れた場合の味わいを理解する

さて次はそれぞれの素材を実際に口に入れた場合の感じ方が、一つ一つ鮮明に記憶されなければなりません。

まずパートゥに加えられる脂肪です。例えばジェノワーズやビスキュイにバターを加えるのは、単にバターの味わいを加えるためだけではありません。これら2つには小麦粉が加えられますが、これによりグルテンが生成されます。このグルテンは歯切れが悪く、軽く歯にまとわりつく粘りがあります。また特にビスキュイでは卵白がムラングとなって他の素材を包み、焼きあがるとしなっとした引きが出ます。しかしこれに油脂を加えると、この引きが切られて、ホロッとした軽い歯触りになります。しかしこれも加えられる油脂の種類によって少しずつこの歯切れの感じ方が違ってきます。バターを多くするほどしっとりして、そして軽くホロッと崩れます。カカオバターはしっとり感のないはっきりした崩れ方になります。今はもうトランス脂肪酸のために使うべきではありませんが、ショートニングを加えると、カカオバターよりももっとカラッとしたパキンという崩れ方になります。またサラダ油は絹のような柔らかい、優しい歯触りになります。とても柔らかく歯に当たります。そのまま切れずにのびて歯と歯が当たる直前にしなっと切れるのです。この特性が生地の柔らかさを強調するシフォンケーキに使われるのだと思います。パウンドケーキでもそうです。

これらの脂肪はやはりビスキュイやジェノワーズの場合と同じような歯切れを示します。卵黄は脂肪分が60%です。バターよりもっとしっとりしたほんのちょっと歯に柔らかめに当たり、ポロッと崩れます。

また同じ量の砂糖であっても使われ方によって舌に感じる役割は違ってきます。

割合水分が多く含まれるパウンドケーキでは砂糖が多くなるとしっとりと柔らかく、口溶けがスムースになります。しかし水分の含有量が10%前後になるクッキーなどでは砂糖が増えればカリンとした歯の先に感じる硬さが増してきます。

また同じ砂糖の量でもグラニュ糖と粉糖では歯触りが異なってきます。粉糖を使うとより細かく分散し、焼きあがった時に網の目状に繋がって焼きあがるので、砂糖の硬さがより効果的に表れます。この特性がパートゥ・シュクレの特徴あるパリンとした歯触りを作りあげます。

ジェノワーズの場合は砂糖が多くなれば歯触りはよりしっかりした弾力を持つ柔らかさが出てきます。

パートゥ・ブリゼは少量の砂糖を加えないと間の抜けた柔らかさだけの歯崩れの印象のない食感になってしまいます。少量の砂糖を加えるとパートゥに軽い硬さが出ます。この硬さに当たって次にはらっとした軽い歯触りが来るとこのコントゥラストの後に続く軽い歯触りが印象的な美味しさとして感じられるのです。

次はグルテンについてです。小麦粉中のたんぱく質が水と結合して生成されるグルテンもクレームやパートゥによって感じ方がかなり異なります。

クレーム・パティスィエールを練る時、手早くあるいは長く練りすぎてグルテンがあまりにも出すぎると、クレームが冷えてから本当にべっとりとした重く不快な舌触りになり、口溶けは極端に悪くなります。

また例えばジェノワーズなどでグルテン量が多く、強い質の強力粉を使うと、歯切れの悪いボソッとした歯触りになります。またクロワッサンなどでグルテンが出すぎると、表面の皮は強いチクチクした唇を刺す硬い歯触りが出てきます。中の柔らかいところはつばを吸うモソッとした歯切れになります。また味わいの希薄なグルテンが他の旨みをしっかりと包んでしまい、全く平坦な味わいになります。

使われるクレームやパートゥによってグルテンも食感などの感じ方はかなり違ってきます。

このように素材一つ一つの食感や味わいを自分の舌と鼻で認識して記憶しなければなりません。例えば新しいオリジナルのパウンドケーキを作ろうとする時、とりあえず雛形を焼いてみます。少しパサつくようであれば、砂糖を10%増す。またはっきりとホロッとした歯触り、歯崩れが欲しい時はフレッシュバターのうちのいくらかをカカオバターに変える、などをしていきます。全体のお菓子のイメージを組み立てていくためには、一つ一つの素材の食感や香り、味の特性を明確に知ることが大事なのです。

味わいを技術（実際の作り方）との関連で理解する

これから述べることも特に大事なことなのですが、日々のお菓子作りの中で執念をもって実践されている人はほとんどいないでしょう。そして「配合集めの虫」ともいうべきパティスィエが多数を占めるお菓子作りの領域ではほぼ省みられることのない部分です。

するべきことは特に難しいことではありません。ただ時間と人一倍のしつこさが必要になります。今まで述べたさまざまな準備が少しずつ形を成してきて、はじめて可能になる取り組みなのですから。

例えばビスキュイを混ぜる時、粉を入れてからの混ぜ具合で最終的に人間の舌にはどう感じるのかということを知らねばなりません。

粉を入れ終わってから何回混ぜれば、香り、歯触り、口溶けなどの食感に、そして味に変化が起きるのかを理解しなければなりません。粉を入れた後、20回の混ぜと、30回の混ぜではどう変化が起きるのか。これに加えるバターの温度は30℃と60℃でどう違うのか。あるいは最終的な焼成でいわゆるギリギリの焼き加減と、それより10分長くオーブンに入れた場合は歯触り、口溶けにどういう違いが生じるのかを目にする観察力と、自分の舌で感じる食感を全て理解しなければならないのです。これを完遂するためには、自分の手によって焼かれたパートゥを、クレームを、必ず毎日毎日意識を凝らして食べてみなければなりません。ビスキュイを10回余計に混ぜればスダチが細かくなり、より柔らかさが出ます。あるいはバターの温度を80℃ほどにすると、分子運動が活発になり、粉も深く混ざりグルテンもより緻密に張り、さらなる柔らかさが出てきます。これら全てのことを一つずつ自分の口で食べてみて、自分の技術の結果を確かめなければならないのです。

でもこれは「自分が本当に美味しいお菓子や料理を作りたい、自分のお菓子を食べた人の満面に溢れる笑みを見たい」という強い執着心がなければ、極めて苦痛な実践になってしまいます。そしてほとんどのパティスィエやキュイズィニエはこのとても辛い長期にわたる訓練をとばして、味わいへのイメージの修練から逃げ、全く形だけのお菓子作りが日々になっているように思います。

この使われる技術によって出来あがるさまざまのパートゥやクレームの特性を知り、これをイメージをもって組み立てていけば自分がイメージする味わいにはより短時間に到達できるはずです。またいつもと違った出来あがりのパートゥであっても、意識を集中して食べることによって、その原因もよく理解できるはずです。そして何よりも知識や技術によりしっかりした繋がりと必然性をもって仕事を見ることが出来るので、自分のお菓子作りに大きな自信をもつことが出来ます。

味わいを分析しながら食べる

次に日々の味わいの分析の中でとても辛い訓練があります。当然ながら多くのパティスィエはこのことがとても大事なことを知っています。でも中途半端な訓練ならしてもしなくても結果は同じであることを知りません。もしあなたが自分の心の中のお菓子への情熱に従って、自分のイメージを膨らませ、そして自分なりのフランス菓子を作りあげたいのであれば、この訓練は一日の中で、口にものを入れた時全てに実践しなければなりません。自分が作ったお菓子はもちろんのこと、他の誰かが作ったお菓子、寝ぼけ眼での朝食、たわいもない昼食の仕出し弁当、家での夕食、人との焼き鳥屋での語らい、これらの全ての時に、全ての神経と思いを口に集中させて分析しなければなりません。これは例えようもない辛い実践なのです。しかし続けなければなりません。終わりがないわけではありません。2年もしてその分析の仕方が習慣化すれば後は何も考えなくても自分の口と舌と頭は自動的にその味わいの美味しさやまずさの理由を教えてくれるようになります。

味わいの分析の力は一朝一夕の形だけの訓練では決して培われません。

例えば目の前に一つのお菓子があったとします。これを分析しながら食べてみます。

①小さめのものなら1/3、大きめのものなら1/4を一度に口に入れ、何も考えずにゆっくりと噛みながら五感を集中して食べてみます。そして全体の味わいを大きく捉えます。

②残りを4等分に切り、1切れ目を奥歯に出来る限り力を加えずに神経をそこに集中してゆっくり動かします。歯への当たり具合、硬さ、柔らかさ、そしてその表情、歯の入り方、その時の歯に感じる圧力の種類、強弱を見ます。次にパートゥの崩れ方が大きくか小さくか、パラッとか、もっさりかを見ます。次にパートゥは崩れて唾液を吸います。一度に唾液が吸い込まれると一気にドロッとなるのか、ほとんど唾液は感じずにサラッとなるのか、ここまでを見ます。

③2切れ目を口に入れ、②の一連の流れの中で、よく分からなかったところ、印象的だったところをもう一度あらん限りの注意を払って確かめます。

④3切れ目を口に入れ、唾液の吸われ方から次を分析します。味わいはどうなのか、香りはここでも十分なのだろうか、そして飲み込みます。喉ごし、口の中に残る香り、お菓子を飲み下した食道から来る香りを分析します。ここまでが、食べるという過程であり、口に入れる前に鼻で匂いを感じ始めてからの食道からのぼってくる香りまで含めてが味わいの全体であり、この集合体を人間は美味しさ、不味さとして感じるのです。

⑤最後の1切れを口に入れ、もう一度全体の味わいを確かめます。そうすると1回目にお菓子を口に入れた時には分からなかった全ての過程での味わいの機微が理解出来るようになります。

全体の味わいとしてはかなり美味しい。でも最後の決定的な印象がない。この複合的な味わいのどこが足りないのだろうか、どこの局面の香りと食感と味のどれが弱いのだろうか、ということが分かってきます。そしてそこを少し変えることによって全体の味わいが信じられぬほどに印象的な味わいになることは、実は誰もがたびたび既に経験していることなのです。

5e chapitre

フランス的なお菓子を作る為の技術的な考え方

1 お菓子・料理作りとは素材同士を目に見える領域と見えない領域でどのように混ぜるかの一語に尽きる

ルセットゥは一つの出発点でしかない

今でも多くのパティスィエは、お菓子の味わいはルセットゥによる素材の配合によって決まると考えています。これは全くの間違いです。ルセットゥはとりあえず味わいの領域をほんの少し特定するだけであって、一つの配合によって出来るお菓子の味わいは全てが同じではないのです。

ルセットゥは一つの出発点であり、そのルセットゥに従ってお菓子を作る場合の考え方、技術によって、最終的に出来あがる味わいは全く異なります。

ルセットゥに従って、自分なりのオリジナリティーに富んだ味わいを安定して作り続けるためには、そのお菓子に使われる素材の混ざり具合をこれまで述べたさまざまの経験、訓練に基づいて自分の頭の中に明瞭に描かなければなりません。「味わいを作りあげる」とは、それぞれの素材を目に見える部分、見えない領域でどのように素材に混ぜるかということなのです。

par exemple :

Biscuit aux amandes ビスキュイ・オ・ザマンドゥ

直径18cm×高さ4cmのセルクル　1台分

┌ 12g　薄力粉
└ 23g　コーンスターチ

44g　粉糖
42g　ローマジパン
20g　全卵
38g　卵黄

ムラング・オルディネール
┌ 44g　卵白
└ 7g　グラニュ糖

14g　とかしバター（40℃）

素材同士が深く混ざるほどに、それぞれの味わいの個性を消しあい、平坦な味わいになるという経験的法則から——

卵黄と粉糖をあまり微細に混ぜすぎない

●これらは加熱せずに泡立てます。温度が高いとそれぞれの分子運動が活発になり、素材同士が深く混ざりすぎます。その結果、粉糖が卵黄を深く包んでしまい、卵黄のポックリした味わいが砂糖に隠されてしまいます。

●加熱しなくてもあまり真っ白になるほどに長く深く泡立てると、前述同様になり、それぞれの味わいが消えます。ほぼ白くなりふっくらとしたところで泡立てを止めます。また、グラニュ糖の粒が残っていたとしても、全体の味わいには何の影響もありません。

ビスキュイ・オ・ショコラの場合は、ココアと粉はパートゥに散っていきやすいように、一度だけふるう

●粉をふるうのは、粉がパートゥの中に散っていきやすいようにするためです。そのためには直前に1回ふるうだけで十分です。ココアの入るビスキュイ・オ・ショコラなどを2度以上ふるうと、ココアと粉が混ざりすぎ、ココアの味わいは隠れてしまいます。

卵白をポロポロになるほどに硬めに泡立てる

●卵白に伸びる力が失われ、逆にアーモンド、卵黄のアパレイユがよく伸びてムラングを包んで焼きあげます。色は黄色く、アーモンド、卵黄の豊かな味わいがあり、歯触りもただのしなっとした柔らかさでなく、ホロッとした個性的な歯触りが出てきます。

●8分立てほどの柔らかいムラング（卵白）にしてしまうと、卵白がより薄く伸びてアーモンドと卵を包んでしまいます。卵白に包まれて白く焼きあがり、しなっとした柔らかさだけは出ます。しかし熱で固まった卵白のたんぱく質の繊維が他の旨みを包んでしまい平坦な味わいになります。

卵白は冷やさないといわゆるボカ立ちのつぶれやすいムラングになるので冷やしておく

●ムラングを冷やせば表面張力が強く働き、かなり気泡量は減るが、混ざりのよい強い泡が出来ます。

●しかし10℃以下に冷やしすぎると、さらに気泡量の少ない混ざりのよすぎるムラングが出来て、8分立てのムラングを混ぜた時と同じように卵白がその他の旨みを包んでしまうので、卵白は器ごと10℃ほどに冷やします。

フランスのものよりも、より細かく挽かれ、精製された日本の小麦粉を使う場合

●日本で精製された小麦粉はフランスのものから比べればより細かく挽かれていて、グルテンの素となるたんぱく質もより多く露出していて、同じ重さの小麦粉でもより多くのグルテ

ンが緻密に張り巡らされます。また旨みを失った澱粉も他の旨みを包んでしまいます。エキュモワールなどで混ぜる時はムラングとアパレイユ、粉、バターなどもそれぞれ80%の混ざりで早めに加え、粉が他の旨みを包み過ぎないようにします。

加えるバターの温度は40℃ほど

●バターは熱くするとパートゥが温まり、グルテンはより緻密に張り、また澱粉もより深く混ざり、柔らかさは出ますが味わいは平坦になります。フランス菓子では多くの場合、むやみに柔らかさは求めません。とかしバターの温度は40℃ほどにしておきます。

パートゥは型のそばから流し入れる

●混ぜ終わったパートゥを高いところから流し入れると、衝撃で泡がつぶれると同時に素材同士の混ざりが壊れ、過度に目の粗いざらつきの強い焼きあがりになるので、出来るだけ型のそばに近づけてパートゥを流し入れます。

パートゥを焼く場合の考え方

●加熱が十分でないと、パートゥの中に水分がより多く残り、ただ柔らかいだけで何の印象もない焼きあがりになります。これにシロを打てば、舌や歯には何も感じません。シロを打ってもパートゥは崩れず、歯触りを十分に感じられるように、十分にパートゥから水分を取り去ります。こんもりと膨らんだ表面がまっ平らになり、濃いめの焼き色がつき、少ししっかりした弾力が指に感じられるほどに焼きます。適度な範囲内ではよく焼くほどに香り、味わい、食感はしっかりしてくる傾向があります。

このようにビスキュイ一つをとってみても、考えられるべきことはたくさんあり、このような一連のイメージをしっかり確立すれば、味わいはより精度高く安定してきます。

イメージする混ざり具合を実現するための方法、それを効果的に実現するための器具と動かし方

イメージした混ざり具合を実現するための方法には、以下のものがあります。

①物理的圧力の種類と強弱（木べら、ホイッパーの動かし方で混ざり具合は異なる）
②熱（加熱）
③圧力
④浸透圧

①物理的圧力の種類と強弱（木べら、ホイッパーの動かし方で混ざり具合は異なる）

これはまさにさまざまの器具よって素材に直接力を加えて、素材同士を混ぜ合わせることです。使う器具や機械によって、またその動かし方、力の強弱によって、目に見える部分とともに特に目に見えない部分でも混ざり具合が大きく異なってきます。

私どものお菓子作りで特によく使われるのはホイッパー、木べら、エキュモワールです。これらの素材を混ぜる際の役割は異なります。またホイッパー、木べらともその動かし方と速度によって混ざり具合は異なります。(→具体的な混ぜ方は、P258「泡立て方と混ぜ方」参照)

ホイッパー

よく使う混ぜ方は大きく分けて5つあります。目に見えない部分でもよく混ざる順に紹介していきます。

直線反復

ホイッパーを直線運動で連続し往復させます。

これはホイッパーの力が素材に一番強く加わり、目に見えないところで素材同士が一番よく混ざり合います。

●滑らかなクレーム・アングレーズを作るためには卵黄とグラニュ糖は細かいところで十分に混ぜなければなりません。卵黄とグラニュ糖を十分ほぐすためには一番力の強い直線反復が適しています。

円

ホイッパーを丸くボウルの中で動かします。[直線反復] よりも混ざりは浅くなりますが、泡立たずに十分に素材同士が混ざります。

●あまり泡立てないが、ある程度バターにその他の素材をよく混ぜるパウンドケーキでバターに砂糖・卵を加え混ぜていくのに適しています。

小刻みすくいあげ

ババロアの工程で氷水につけて18℃まで冷やしたクレーム・アングレーズに1すくい目の生クリームを加える時のみに使います。18℃まで冷やしたクレーム・アングレーズのゼラチンが固まる方向に向いている時に少量の生クリームを加え、手早く混ぜ込み、固まろうとする力を瞬間的に抑え、クレーム・アングレーズを伸びやすくします。

すくいあげ

混ざり具合は [円] よりかなり浅くなりますが、それゆえにムラングなどはつぶれにくくなります。ババロアなどで最後にムラングを混ぜた生クリームをクレーム・アングレーズに混ぜ込む時などに適しています。また [すくいあげ] はボウルの中の上下がよく混ざるので、軽い生クリームと重いクレーム・アングレーズを混ぜるのに適しています。

拡散 (すくってトントン)

この混ぜ方は、ホイッパーのワイヤーで素材を軽く切り分けるという作用により、最も混ざりが浅く、軽くなります。生クリームにムラングを混ぜる時など、ワイヤーでムラングを軽く切り分け、生クリームに混ぜていきます。この2つを混ぜる時、素材同士がよりよく混ざる [円] では、ムラングがホイッパーのワイヤーに強くこすられてつぶれてしまいます。

木べら

木べらでの混ぜ方は特に重要です。ホイッパーに比べれば、より浅く混ざるところに特徴があり、動かし方によってホイッパーとはかなり違った混ざり具合になります。主に三つの混ぜ方があります。

90度楕円

木べらの面を進行方向に対して常に 90 度に保ちながらボウルの底の内側を丸に近い楕円を描いてこすりながら混ぜます。木べらではこの混ぜ方が一番強く素材に力が加わります。素材同士もよく混ざりますが、木べらの面の部分でバターを叩くので気泡が入り泡立ちます。この混ぜ方は私はほとんど使いません。

平行楕円

木べらのボウル内での軌跡は［90 度楕円］と同じですが、木べらの面を進行方向に対して常に平行に保ちながら動かします。素材同士は深く十分に混ざりますが、それほど泡立ちません。パウンドケーキなどでバターに砂糖、卵をよく混ぜるが、泡立ててはいけない時に適しています。しかし粉を混ぜる時には粉が深く混ざりすぎ、澱粉やグルテンが他の素材を包みすぎ、パサパサした歯触りになるので使いません。

90度

この混ぜ方は木べらの動きでは一番浅く、軽く混ざります。パウンドケーキでは木べらを早めに動かすことによってパートゥをしっかりとつなぎ、旨みも隠さないほどにほどよく粉が十分に混ざり、ほどよいグルテンが形成されます。またジェノワーズに粉を混ぜる時もゆっくりめに動かせば、泡に衝撃を与えずホイッパーのワイヤーのように泡をこすってつぶすこともないので、泡の乱流を作り、泡をつぶさずにほどよく澱粉とグルテンを混ぜることが出来ます。

エキュモワール

エキュモワール（イル・プルーオリジナル器具）には、先の広い刃の面と、柄の部分で硬いムラングを切る作用があります。業務用の大きな 20 コートのミキサーを使って泡立てる時、パティスリー・ミエでは大きな穴杓子（エキュモワール）を使っています。教室を始めた頃は、少量用のエキュモワールは未だ作られておらず、豆腐すくいの先の丸いところを金づちで叩いて平らにし、金切りバサミで両側から少しずつ楕円形に切って使っていました。エキュモワールは、ボウルの回転とエキュモワールの手前への移動のタイミングがうまく合えば、かなり硬くて混ざりの悪いムラングでも綺麗に混ぜることが出来ます。

エキュモワール

この混ぜ方は、ビスキュイ・ア・ラ・キュイエールのような最終的にかなり硬くなるパートゥでも、エキュモワールを手前から先の広い面でパートゥをすくわないように直角にひいて移動させれば、パートゥに強い力が加わらず、パートゥも大きく動くことがないのでムラングがつぶれません。切るという作用であまりムラングをつぶさずに十分に混ぜることが出来ます。

②熱（加熱）

加熱には素材同士を混ぜる作用の他に、成分変化、固定などの作用もあります。ここでは混ぜるという点だけを考えます。

par exemple :

ジェノワーズのパートゥを40℃に加熱して泡立てる

加熱することによって気泡量が大きくなると同時に卵白と卵黄がより細かく混ざり、卵白のひきが消えて歯触りと歯切れは柔らかく優しくなります。

●ジェノワーズのスダチを細かく柔らかくしたい場合は、牛乳やバターは100℃の熱いものを加えると表面張力が低下し、泡はつぶれにくくなります。パートゥの温度が上がるので分子運動は活発になり、グルテンは緻密に張り、澱粉もより細かく混ざり、スダチの詰まった柔らかい焼きあがりになります。

ババロアのクレーム・アングレーズソースの加熱

混ぜながら加熱することによって、牛乳、卵黄、砂糖は深く混ざり合い、滑らかな舌触りを作ります。

ガナッシュ

生クリームを80℃まで加熱し、水中に脂肪が浮いていた状態を変化させ、水分と脂肪分を安定した混ざり具合に変化させ、そこに刻んだチョコレートを加え、溶かし、細かく滑らかに混ぜ込みます。

③圧力

鍋で煮たり炒めたりする場合はフタをするしないでは出来あがりに大きな味わいの違いが出来ます。つまりフタをすれば鍋の中の圧力は水蒸気や熱によって高くなり、圧力が高くなれば素材同士は深く混ざり合います。

par exemple :

野菜などを鍋に入れてフタをして弱火で加熱するsuerスエ（汗を出させる）という加熱方法があります。これは圧力を高くすることによって、より短時間で野菜の旨み成分をあまり変化させることなく表面に出そうとする方法です。フタをしなければ、より旨みを出すために高い温度が必要ですが、フタをして圧力を高くすれば低い温度でも短時間で旨みが出てきます。

また、硬めの肉などを柔らかく煮る場合には、フランス料理ではbraiserブレゼ（蒸し煮）という技法を使います。鍋にフタをしてオーブンに入れると、鍋の中は水蒸気で圧力が高くなり、肉に煮汁が効果的にしみこみ、肉の繊維もほぐされ柔らかくなります。同時に鍋の中の水蒸気がオーブンの熱を和らげてくれるので肉や煮汁の過剰な成分変化を起こさずに加えられ、素材の味わいがよく残って深い味わいに煮あがります。

④浸透圧

砂糖や塩分の一定の濃度の溶液に、浸透性のあるものを入れると、溶液と入れたものの組織の中の水分の砂糖などの濃度が一定になるまで水分や塩、旨みなどが移動する性質です。

par exemple :

マロン・コンフィ（栗のシロップ）を作る場合

まず砂糖に漬けるものを竹串がすっと入るほど十分柔らかく煮ることによって細胞膜などを破壊し、溶液を浸透しやすくさせます。低濃度(15°ボーメ)になるように砂糖を加え、沸騰させ、これに栗を入れ24時間漬けます。すると砂糖水の溶液は栗と同じ濃度なるまで、栗の奥深くに浸透していきます。そしてさらに糖度を2度ずつ上げていき、少しずつ上げていき栗の中の水と砂糖を置換させていきます。そして通常32°ボーメまで糖度をあげていったものが、マロン・コンフィです。

フランス料理でフォンを作る場合

フランス料理でfondフォン（ダシ）を作る時は、まず少量の塩を加えます。これは塩味をつけるのではなく、加えられた水の塩分の濃度を高めることによって、その中に加えられた野菜や肉、骨の旨みを浸透圧によって素材の外に抽出しやすくしているのです。

肉を炒める場合

肉を炒める前に塩を振って暫くおくのは、浸透圧によって肉の旨みを引き出しておき、これをオリーブオイルなどと共に炒めることによって、肉の旨みを外に出にくくすると同時に、表面に新たな旨みの膜を作り、全体の味わいを高めるためです。

お菓子作りと料理作り、それぞれの混ぜ方

お菓子では、ホイッパーや木べら、ミキサー、エキュモワールなどを使っての、物理的な力による混ぜ方が主となり、加熱による混ぜ方が次にきます。圧力や浸透圧による混ぜ方の頻度はとても低くなります。料理では加熱、圧力、浸透圧による混ぜ方が主となり、物理的圧力による混ぜ方の頻度は低くなります。

お菓子と料理どちらにとってもこの四つの混ぜ方は熟知されなければなりません。そしてこの混ぜ方のうち、実は物理的な圧力による混ぜ方が最も基本的な混ぜ方なのです。

例えば魚のムースを作る場合です。泡立てたムラングを魚のすり身などに混ぜ込む時も、この物理的な力を使わなければなりません。物理的な力による混ぜ方を十分に使いきれなければ、本当に美味しい魚のムースもテリーヌも、そして食事の最後を締めくくる美味しいデセールも実現することは出来ません。

お菓子と料理いずれの場合も、**自分が欲しいと思う味わいを作り出すために、目に見えるところ目に見えないところでの素材の混ざり具合を的確にイメージし、それに合った素材の混ぜ方、そしてその方法に合った器具を選ぶこと**が大事なのです。

このプロセスがしっかりと積みあげられてくれば、自分が作りたいと思う味わいを作り出すための道筋が明瞭になってきます。あとは味わいのイメージがあればよいのです。

築いたイメージに向かって執着心をもって向かっていけば、そのための新しい技術、配合、考え方は自然に築かれる

パティスィエの個性と創造性溢れるお菓子は何によって築かれていくのでしょうか。

そのパティスィエが学んできた技術やさまざまのお菓子の配合が、あるいは時代の流行が、彼のオリジナリティーを形作るのでしょうか。

いえ、けっしてそうではありません。これまで述べてきたさまざまの挑戦、訓練によって培われてきた、その人の広がりある精神的空間がお菓子の、その人固有のイメージを作りあげるのです。菓子屋を志したときの若々しい力に溢れた思い、やがてお菓子作りの深さが少し分かりかけてきた時に知ったお菓子作りの深さへの畏敬の念をけっして忘れずに、自分の味わいへのイメージをまず作りあげれば、それを築きあげるための考え方や技術は、そのイメージを追って新たに築かれてくるのです。その人固有のイメージだけが、その人にオリジナリティーに富んだお菓子をもたらすのです。でもそれはたやすいことではありません。今から20年後あるいは30年後に、形を成すのかは分かりません。でも例え40年後であってもよいではないですか。あなたが一生をフランス菓子と共に歩もうと決めたなら、その時の喜びは先々にある方が楽しいのです。

私は23歳の時にこの道に入りました。今は61歳。でも私のお菓子作りの頂点と夢はまだまだ先にあるから私は元気なのです。全てが元気なのです。

2 オリジナリティー溢れるお菓子作りのための手っ取り早い方法はない

お菓子作りと料理作り、それぞれのオリジナリティーを作りあげるための確かな方法はない

まず今自分が持っているイメージに最も近いお菓子を選びます。そしてとりあえずその配合でお菓子を作ります。それを5回でも6回でも、今まで述べてきたような分析の方法で何度も食べてみます。1～2度では気づかなかった、あるいは理解できなかったさまざまの味わいの機微が鮮やかに意識されてきます。意識を持って食べれば食べるほど、新たな味わいに気づき、驚きます。

そしてその中から今自分が抱いているお菓子のイメージに合いそうなものを選び、その特徴を生かすように素材の配合を、あるいは作り方を変えるのです。ここではそれまでに築きあげてきた素材への深い描写が必要になります。今、自分が欲しい香り、食感を得るための要素をそこに新たに投げ入れるのです。けっして要素を捨て去ってバランスを取ろうとしてはいけません。

もう少し、しっとりした歯触りを出したいならバターの量を増やします。

味わいに力を与え、もう少し口溶けをシャープにしたいなら砂糖の量を少し増やします。

口溶けをホロッとするには、グルテンがあまり出てはいけません。少しゆっくり混ぜて粉の浸透を浅くするなどの考えが必要になります。

そしてもう一度、お菓子のイメージをしっかりと建て直し、それに向かっての設計図を書き直します。そしてもう一度作ります。2～3度の試作でイメージにピッタリ重なり合うことなどは20回に1回くらいしかありません。

2度目の試作が少しイメージに近づいたような気がしたら、もう一度設計図を書き直します。味わいの要素はさまざまの要素が口に入れる前の香りから、飲み込んだ後の喉ごし、残り香まで全ての局面で複雑に絡み合います。明瞭な方程式などはあり得ないのです。設計図に基づいて作り、味わいを確かめ、イメージに向かって少しずつ必要のないものを一つずつ取り去っていく消去法しかありません。

試作は通常6～7回。10回以上の時もある

もし運がよければ数回でイメージにぴったりと重なり合うものが出来るかもしれません。でも一つのお菓子の味わいを完成させるために6～7回試作をすることは平均的な回数であり、時々20回の試作を繰り返してもイメージに重なるものを作れずにあきらめ、放置してしまうことも少なくありません。このような時はこの世の終わりとでもいうような絶望的な気持ちになってしまいます。空しさと、自分の力量の拙さがとても恥ずかしく、恨めしくなってしまいます。

試作の過程を詳しく記述することによって、一つ一つの経験が後にいき、理解も深くなる

一つのオリジナルな空間を苦しみながら築きあげようとする試みは、その人のパティスィエとしての人生に深くて大きな力をもたらします。その過程をつぶさに、作り方、食後感全てのことを詳細に記述していけば、それまでそのパティスィエが自分の中に取り込んではきたがバラバラに離れていた考え方や技術が、少しずつ相互に繋がり始め、今までにどこにもない新たな空間が芽生えます。

そのパティスィエの技術や考え方や意志や全てを含んだ空間はより大きな広がりをもたらします。

6e chapitre

さらなる高みへ

1 ドゥニ・リュッフェルのお菓子には 味わいの中に大西洋とピレネー山脈がある

ドゥニ・リュッフェルとの交流

私にとってのドゥニ・リュッフェル。それは今朽ち果てようとしているフランスの食の領域が産んだ伝統の申し子であり、自らの存在全てをフランスの伝統に捧げる巨人との交流でした。

私にフランス菓子のあるべき姿を教え、そして私に真のフランス的なものへの示唆を常に与え続けてくれたのはドゥニ・リュッフェルであり、彼との出会い、今に続く交流がなければ今の私はあり得ません。

フランスは大きく変質しました。

私が初めて彼と出会った1970年代後半のフランスは、謙虚さと勤勉さに満ちた国でした。手作りの領域では、パティスィエは謙虚で頑ななまでに自己の領域を守り続けていました。あの頃私がパティスリー・ミエで出会った人たちのほとんどは素朴な暖かさに満ちていました。

しかしその後に出現し、長期の政権を担ったミッテランの社会主義政権は額に汗することを嫌い、口だけで休暇と給料をせしめようとする若者や国民を大量に生産しました。挙句の果てに週の労働時間が35時間という戯言を現実のものにしてきました。

もうこんな状況では、フランスの手作りの食の領域は壊滅です。どうしようもありません。一つのサインで何億ものお金を生み出す不動産なら、この労働時間でもよいでしょう。でも人間の体力を基本とする手作りの、生産性の極めて低い分野では、どうすることも出来ないのです。もうフランスの食の手作りの領域は終わりです。多くのパティスィエやキュイズィニエが考え、そしてすることは、ミシュランなどをはじめとするマスコミへのすりよりであり、マスコミに話題を提供するために奇をてらった表面的な見せ掛けの味わいの料理であり、お菓子を作ることなのです。彼らは自分が作った料理やお菓子を食べる人への気遣いはもう、とうの昔に忘れています。

ドゥニ・リュッフェルは時代や流行に微動だにせず、自分の料理を食べたいと思う人のために、自分の精神と体力の限りをもって最善を尽くす、フランスの素朴な伝統を受け継ぐ最後の巨人なのです。

彼は、彼を産んだフランスの伝統の凄さを身をもって私に教えてくれました。自分の最高の料理やお菓子を作るためには、自分の全てを命までをも費やしても悔いはないという思いは、彼の岩をも貫き通す鉄の意志と、彼を育てた伝統の力との融合なのです。日本人の私には信じがたいことでした。彼の人生の全てはお菓子と料理のためにあるのです。

彼は私に人間の食べ物の領域での真実を教えてくれました。食べ物は人の心と身体の喜びと幸せのためにあり、人と人を結びつけるためにあることを教えてくれました。

彼の料理とお菓子はそれを食べる人たちへの優しい思いに満ちています。自分の料理とそれを食べてくれる人を彼は常に控えめに見守ります。私は、彼ほど控え目で、自分を表に出そうという動機の全くない人に今まで出会ったことはありません。自分の技術と作るお菓子、料理に対して常に謙虚なのです。おごり、高ぶるなどという言葉には、彼には全く縁がありません。

パティスィエを週35時間しか働かせられず、しかも休日はしっかり与えねばなりません。パリに彼を尋ねた時、土日は一人も都合がつかず、2日続けて朝2時から夜の10時まで厨房にいた時もあったと言っていました。彼はもう57歳です。

お菓子と料理のために自分の命さえも全て捧げることが彼の人生の全てなのです。自分の天から与えられた使命として、気負うこともなく、作ることの喜びを自然に感じながら彼は厨房にいるのです。

一人、働き続ける姿は光を発し、私の心を揺さぶります。

それにしてもフランス人も不幸なグローバリズムの流れにあります。自らの伝統が育てあげた最後の真の巨人の存在に気づかないのですから。

毎年思い知らされた、
彼の作るお菓子の広がりと私のお菓子のせせこましさ

ドゥニ・リュッフェルのお菓子には、とてつもない茫洋とした大きな広がりがあり、私はこれに全身が震えるような憧れをずっと感じてきました。毎年夏のドゥニさんの講習会が終わると、翌年の彼の来日に向かって、私のお菓子作りの心は先へと飛んで行きます。

お菓子を作る時はどんな時でも、これをドゥニさんはどう感じるだろうか、美味しいと感じてくれるだろうか、来年こそ私のお菓子にもピレネー山脈の風が吹き渡るのだろうか、と考えながらの仕事でした。でも翌年もこの考えは常に振り出しに戻ってしまうのです。

ドゥニさんの口からは何の思いも語られないのだけれども、素材の思いをけっして締めつけずにあるがままに素材に接し、彼の心と同じ波長にある素材の心は、いとも手易くドゥニさんの心を理解してしまう。素材は朗らかに自らのあるがままを表現します。

日本で生きてきた自分は狭い目と心しか持たず、素材の一部分の表情しか知らない。日本人としての勝手な思い込みで、さも全てを知り尽くしているようにそれぞれの素材にちっちゃ過ぎる役どころを威張り腐って押しつけてしまう。素材と私の心はどんなことがあっても共鳴することなどあり得はしない。私はこんな重々しさだけの感情しか与えられぬパティスィエなのだと、つい考えてしまいます。

およそ多重性や多様性とは縁のない習慣の中に生まれたことを絶望的に呪ったこともありました。

しかしこの日本人としての意識を破壊することなくしては、自分なりのフランス的なものを、ドゥニさんの心に飛んでいく味わいを作り得ないことは十分に理解していました。

Equinox（エキノクス）—— 意志と情熱の迫力。日本人には決して思い至らない

ドゥニ・リュッフェルとの30年余にわたる交流の中で、その節々にあまりにも印象的なさまざまのお菓子があります。そしてそれらは今でも私の店でひときわ、力に満ちた輝きを放っています。

2度目のフランス滞在の時に食べた彼のお菓子「Arabica（アラビカ）」は、まさにピレネーの山々に吹き渡る風の音が、ジェノワーズのザワザワザワザワという五感の全てに迫る歯触りが、私の意識を朦朧とさせました。深く呟く存在感そのものの香りが、吹き渡る風と共に私の心と身体をかなたに飛ばしてしまうようでした。私の意識のどこかでこれは正しく天が与えた才によって作られたものだとつぶやく声がしました。彼は神によって選ばれた作り手なのだと、私はその時知りました。

例えば「Multi- fruits ミュルティ・フリュイ」。お菓子の中の、オレンジ、パッション・フルーツ、バナナ、ココナッツ、パイナップルなどのさまざまのフルーツが何となく楽しげな風が吹いている私の意識からちょっと離れたところに、夢うつつに戯れているのです。そのうち私の意識が戻った舌の先に、愛らしくおどけながらオレンジ、バナナ、パッション・フルーツが小さく踊るように表れてくるのです。このような味わいを見つけ出す感情の繊細さに私は驚愕しました。

そして私の店が開店して以来、常に店のショーケースに並ぶ一番の定番のお菓子「Tranche champenoise トゥランシュ・シャンプノワーズ」。これは卵白のしなやかさを強調した粉のちょっとしか入らないジェノワーズ、ちょっと意固地な歯触りのダックワーズ、そして温かくまどろむクレーム・オ・ブール、柔らかく育ちのよさそのままの気高さが薫るガナッシュ、そしてシャンパンのムースの中のフランボワーズと白桃。まさに頑なな人の心さえも解きほぐす、ゆったりとした至高のバランスなのです。多分この全てがドゥニさんの子供の頃の姿や思いをそのままに優しくふくよかに、少しも気取らずに見せているのです。全ての人に幸せを与える孤高の味わいです。

そうかと思えば彼がいつもは人に見せぬ心の奥底を「Frou-frou フルフル（衣擦れの音）」というお菓子の中に垣間見せてくれます。ビスキュイが加えられた深く焙られたノワゼットゥの深い戒めをもった香りが、心に沈みこむ力をもったジャンドゥーヤの香りと深く重く重なり合います。そして何よりも驚きなのは、この力のある多重性に満ちた味わいの中に、バターを加えずに生かされていたビスキュイの卵白の繊維のしなやかさが、忽然として多重性に埋もれることなく、最も強くその存在を主張しているのです。私たちの心の中にある日常とは異なる彼の世界を見せるのです。

これらをはじめとする数多くのお菓子の味わいは、けっして同じドゥニ・リュッフェルではありません。料理も含めたとても大きな領域から、彼は自分の心の鏡に素材を移し、味

わいの領域にのせるのです。

でも彼の果てしなく意志に満ちた、存在をどこまでも貫こうとする視線に最も強い神の意思を感じたのは、2000年の「ドゥニ・リュッフェルを迎えたフランス菓子・料理の技術講習会」で発表されたオリジナル「Equinox エキノクス」でした。少しの恐さをもったチョコレートそのもののビスキュイに打たれた、黒さをたたえた力に、マンダリンヌ（みかん）の心を射抜く酸味、そして地の底と太陽の熱を秘めた、意識をのけぞらせる酸味に支えられたマンダリンヌのクレーム・ムースリーヌ、そして無表情に見えるほどに表情を黒く覆うのは、静かに押し黙ったチョコレートのクレーム・シャンティイ・オ・ショコラ。表面には全ての要素を無に装わせるココア。全ての部分が、全ての要素が存在を貫く視線をもち、同じ方向を向き、束ねられ、物言わぬ驚くべき意志を感じさせるのです。これほどの濃密に意識を収束した味わいを私は他に知りません。

全体を押しつける大きな一つの力があるように見えても、ここでも素材はこの場に合った自分なりの表情を臆することなく見せているのです。

エキノクス（秋分）。それは暑さと寒さの境界線です。でも私には、このお菓子の真ん中のビスキュイが、日本人と西洋人の意識を分け隔てる、底なしの境界を見せているような気がするのです。

一つの味わいの中に、一人の人間がこれほどに強い意志と情念を示すことが出来るのだろうかという驚きを私に感じさせるお菓子なのです。

2 素材の表情をより微細に見つけ、自らの感覚を鋭敏にするために

感情を味わいで表現する

8月のドゥニさんの講習が終わり、彼が帰国すると、結局この一年間では自分のフランス的な味わいのための一番大事なところでの感覚が少しも進んでいないことを思い知らされ、暫くは力のない時間を費やすのが常でした。

どうすれば自分の味わいの領域を今よりもっと広げることが出来るかということが、自分に重くのしかかった命題でした。

このような流れの中で、自分の感情、心の流れ、憧れを味わいで、口で感じる五感に従って、表現する訓練をしようと思い立ちました。

でもこのような素朴さを縛る行為はある意味では自然の摂理に逆らい、神を傷つける行為にも思えました。しかしあの頃の日本人としての感覚の狭さに力を無くしていた私には、これが考えうる精一杯のことでした。「心の有り様や流れを、味わいで表すことなど出来るのだろうか」という疑いは私にもありました。でもやってみよう。

自分のオリジナルのお菓子の新作発表会ともいえる、イル・プルーの1年のデモンストレーションで作るお菓子の題名に、その時一番自分の心を占めるいくつかの感情をまず選びました。そして一度決めたそれぞれのお菓子の名前とイメージはけっして動かしてはいけない味わい作りの出発点と決め、けっして変えずにこれに向かっていくことを心に言い聞かせました。何故なら不可能に近いほどの困難さを感じたからです。そしてその時の私のさまざまの感情を表すお菓子の名前が並び始めました。

亡くなった母への感情を表す「早い春の陽だまり」(『少量でおいしいフランス菓子のためのルセットゥ』掲載)、「レモンの小さなざわめき」、「不倫の味の一つ」「モネの水連」(共に『五感で創るフランス菓子』掲載)、「ゴッホのようなバナナ」(『少量でおいしいフランス菓子のためのルセットゥ』、本書掲載)、その他さまざまな感情を表す言葉や事象がお菓子の名前になりました。

これは未だ自分が知らぬ素材の表情を探し当てるための訓練でした。目の前にある素材はそのままではけっして内に秘めたさまざまの表情を見せることはありません。自ら話しかけなければ駄目なのです。話しかけるということは、自分の内面の心の機微に素材の機微を照らし合わせることなのです。

素材はもともとさまざまな表情をもっています。どのパティスィエの前でもさまざまの表情をもってパティスィエから話しかけられるのを待っているのです。でもその表情の機微を読み取るためには、そのパティスィエの心の中にも同じ表情の機微がなければ、素材のそれを映し出し、描き出すことは出来ません。つまり私の内面が素材の表情を出来るだけ詳細に読み取り、そしてそれを自分の一つ一つの感情によって組み立てていくことでした。自分のさまざまの感情に息吹を与え、しっかりと改めて認識すると、素材の中に隠れていたさまざまのより深い感情が新たに認識されてくるのです。そしてより深い素材との結びつきが作られていきます。

さまざまの感情と経験と年齢が素材への優しさを生み出す

経験が乏しく力だけが有り余っている若い時ほど、素材への語りかけは往々にして一方的で力ずくになります。力任せに素材の胸をこじあけ、自分の感情を押しつけようとします。このような時はもちろん素材との対話など成り立ちません。

でも執拗にひるむことなく、胸をこじ開け続けなければなりません。そして一つずつ新しい経験や感情が蓄積されてきて、年齢が重なるにつれて、少しずつ少しずつ素材への言葉は思いやりをもったものになってきます。そして少しずつ素材が自らで胸を開くようになってきます。

3 私にヘーゼルナッツのロールケーキを与えてくれたもの

私の精神に広がりを与えてくれたもの

私には確信があります。今私が創りだす味わいは、多感な学生の頃に読んだ世界の文学全集などさまざまの本が私に与えた感情が、私の心の奥底に沈みこみ、そしてその後も新たに沈み込んでいくさまざまの感情とともに時間をかけ、静かに、絶えることなく、フツフツ醸成し続けてきたものが、今私の意識の表層に昇り、私のお菓子作りの感覚を揺り動かしているのだと思います。

多感な時期でした。日本はどんどん日本人としての固有の精神的伝統を急速に捨て去り始めた頃でした。自分たちが生まれ育ったものが、もろくも崩れ去っていくことの不安から、私はちっぽけな学生運動に惹かれたのかも分かりません。

それまでの意識が崩れかかろうとする時に、その時にいた女性は決定的な役割を与えます。男には決して計り知れない女性の深さと存在は、いつも男をさらに不安にし、突き落とします。計り知れぬ不安さゆえに男はそこから這い上がろうとします。そしていつもその時に新しい空間が現れるのです。

私の人生には常にどこからか女性の視線を感じます。そしてこの視線は既存のものを破壊してしまうそら恐ろしいほどのエネルギーを常に持っているのです。このエネルギーに動かされた、さまざまの経験が、さまざまの人生の苦味が、偉大な人生を見つめた作家たちの精神に熱く触れ、激しく発酵し続け異なる価値観を今私に与え続けているのです。

狂おしいほどの熱情、身を引き裂いてしまいたいと思う絶望、いたたまれぬ苦さに満ちた別離、さまざまの激しい感情が胸をかきむしり、つけられた傷の数が多いほどに素材の表情を読み取る鏡は明晰さを増していくのです。そして女性の視線は少なくとも心が熱く打ち震える頃に、富や名声への欲を人生に持ち込んではいけない、自分の心が震えて流れるままに身を任せなければいけないと語りかけてきました。

自分の破滅的な生き方に合った、
個の外側へ広がろうとする大陸的な価値観

私は男ばかりの四人兄弟の三男でした。私の時代はまだ「家」を中心とする考え方が根強く残っていました。家の跡取りである長男は取り分け大事に、次男はもし長男が死んだ場合の代わりとしてやはり大事に育てられました。「三番目の出来損ない」という言葉があるように、三番目からは「家」という考えによるくびきはかなり緩やかになり、組織をはみ出しやすい性格が形成されやすくなります。

私の父は私が中学の頃、商売がうまくいかなくなり自殺しました。このような経験のない人には分からないと思いますが、その子供には自分の存在を絶とうとする血が多少なりとも流れているのです。そしてそれは三番目という育ちからも助長されました。

私にはどうしても「安定」ということが信じられませんでした。全てのものは必ず崩れるという不安感が小さい時からありました。そして大学時代に学内でのリンチを体験したの

を機にして、自分の中に閉じこもり始めた頃から、私は必ず近いうちに自らの手で命を絶つ運命になるという思いを強く感じるようになりました。けっしてその運命からは逃れられないという思いを抱いていました。

しかし２度目のフランス滞在で、フランスにおける個と自然の関わり合いのあり方をしっかりと認識した時に、私は言いようのない安堵感を感じました。私が自分を破滅へ導こうとしていることは、必ずしも自らを消し去ろうとすることではなく、自分を規定しようとする組織の枠組みを壊そうとする自分の心の流れだということを知りました。

この世に自分の心が休めるところはけっしてないと考えていましたが、それはこの日本という国の中だけのことであり、自分の心の感じ方は、実はこの世界にはどこにでもあるものだということを知りました。今まで破滅的と考えていたことは、むしろ人間として当たり前のことであり、その意識はもっと先鋭化するほどより人間的な存在になれると考えるようになりました。自然と個が組織を越えて強く共鳴し合うフランス的な考え方、それによって作られるフランス菓子は、私に命の潤いを与えてくれました。

そして私はそれまでほとんど意識することのなかった母の存在を意識し始めました。私には自分の存在を消し去ろうとする父の血と同時に、常に前を見て先に進もうとする力に溢れた母の血が流れていました。

しかし私の性格は常に論理的な転結を整えようと迫るのです。父の力と母の力、どちらが強いのかと。二つの心の流れはせめぎ合い、結果として今考えれば小さな出来事がありました。そして私はそれを境にして「自分の身を消し去りたい」という衝動に駆られることはなくなりました。

素材をしめつけず、
自分の心の空間に素材を羽ばたかせる

必要と思われるパティスィエとしての訓練と、狂気に満ちた思いに積み重ねられてきたさまざまの経験が貯えられ、心の空間がいっぱいになってくると、無理に攻撃的な意識を掻き立てなくとも心の空間からは優しさに満ちた思いが流れ出し、素材とのより深い一体感を作りあげてきます。素材の前で強くあろうという意志を持たなければ、素材は心を許して私の思いの上にさまざまな表情を自ら広げ見せます。

こんな流れの中で2004年の新作菓子発表会イル・プルーの１年で「Rouleau aux noisettes（ヘーゼルナッツのロールケーキ）」（→ P246）が生まれました。ジェノワーズにはアーモンドパウダー、深めに炒った粗刻みのヘーゼルナッツを加えます。とかしバターにはヘーゼルナッツのプラリネを溶かして加えます。あくまでも香り高く、そしてさまざまの食感が歯と舌と口の中にゴソゴソゴソとうごめきを感じさせます。でもパートゥの歯触りには硬さを出さず、歯切れはポロリと小気味よく、ちまちました食感にならぬようパートゥは厚めに焼きあげます。もうパートゥを食べただけで意識のあちこちの感覚が揺り動かされます。パートゥに打つポンシュとしては、力強いカラッとした広がりを与えるためにトスキノチェロ（胡桃とヘーゼルナッツのリキュール）と30°ボーメのシロを合わせたものをその

まま裏表にしめりすぎないほどに少し打ちます。その上にリキュールの薫り高く力に満ちたバターのムースを絞ります。そして締めつけないように軽くパートゥを巻いて固めて、表面にもパートゥとムースが味わいの大きさを競い合うようにムースを厚くふっくらと絞ります。

パートゥに打たれたポンシュが、クレームとパートゥの一体感を作り、そして内側から全体の味わいを外に向かって押しあげ、広げます。

そしてたち落としたパートゥのそぼろを表面に散らします。

出来たばかりのクレームがフワッとしたくらいが美味しい。

一口多めにほおばります。もう全ての感覚がザワザワザワザワザワザワと揺り動かされ共鳴します。一瞬意識が浮きあがります。とてつもない幸せな喜びの意識が包まれてしまう。お菓子が完成したその夜はこの時の感覚がザワザワと鮮やかに蘇り、頭の中に充満し、ずっと寝つくことは出来ませんでした。

これが私が求めていたフランス的なお菓子でした。

何年経っても辿り着くことが出来なかった、ドゥニ・リュッフェルがもつ感覚でした。

初めての渡仏から26年。57歳にしてやっと辿りついた領域でした。新たなお菓子作りの嬉しさと幸せを久しぶりに強く感じた年でした。

4 イマジナスィオン・フィナルのその先へ——

私のこれから

気がつけば、無謀にもお菓子作り以外に手に余るさまざまのことをしていました。

お菓子作りや教室など、既にあるいくつかのことが、未だしっかりとした形も成さないうちに、次の新しいことに鉄砲玉のように突き進む。そしてどれ一つとして未だに完成の域に達していない…。

多くの方々に、あるいは社員の目にもそう映ったことでしょう。でも私は私なりに一つ一つ道筋を踏んできたつもりなのです。でもお金はいつも私の周りにありませんでした。時間はもっとありません。お金がなければ困難さは倍になるのですが、とにかく突き進んで一つずつ、とりあえず形だけでも起こし、走りながら実態を築いていくしかなかったのです。

私が走り続けた軌跡が、パティスリー、教室、素材の開拓、出版、製菓材料店（エピスリー）と形になって相互に繋がり、関わり合いながら、21年を過ぎ、ようやく道となってきています。

私が考えるパティスリー

パティスリーは私にとってもイル・プルー・シュル・ラ・セーヌ企画にとっても、ロマンと社会的正義のシンボルであり、唯一の顔なのです。パティスリーは私にとってお金を稼ぐところではありません。赤字でなければ十分なのです。日本の多くのお客様が、パティスィエが、真実の美味しさに触れることの出来る場所であればそれでいいのです。

私の目からすれば今、日本のお菓子の世界にはやはり真実は稀有になってしまいました。本当のフランス菓子とは何なのか。人間の心と身体の幸せのための美味しさとは何なのかを示してくれるところであってほしいのです。

多くの人がいつも見守る、多くのパティスィエが息をつめて見つめるパティスリーであってほしい。それだけです。

そうあるために、イル・プルーでお菓子を作るパティスィエにも、それをお客様につなぐ店のスタッフたちにも、少しの油断も許されません。特に作り手はそうです。ちょっとの気の緩みがあっても人の心を揺り動かすお菓子は出来ません。常に自分たちのお菓子を食べる人の視線を、心に据えた仕事をしてほしいのです。

私は初めての店のオープンの時に心に決めました。店は生涯一つでよいと。一つの店であっても、不本意な出来のお菓子はよく店に並びます。これが店が二つ、三つと増えていけば、出来の悪いお菓子の比率はどんどん上がっていきます。そんな真実とはいえないお菓子をお客様に渡すことは出来ない。それだけでした。

そして少しでも心と身体に朗らかな喜びをもたらすことが出来るようにと、言葉では言い表せない困難のもとに可能になったさまざまのフランス、スペインなどの秀逸な素材を使うことの重い意味と幸せを作り手は自覚してほしいのです。不本意な味わいのお菓子がお客様の口に入ってはならないことを宿命づけられたパティスリーなのです。

私が考えるフランス菓子・料理教室

本当に美味しいお菓子を自分たちの手の内だけに隠し続けるだけでは、この日本に真実の美味しさを広げることは出来ません。

私は常に自分が得た新しい、よりよいものを少しでも早く、一人でも多くの人に伝えたいと思っています。美味しいお菓子を店で売るだけでなく、それを一人でも多くの人々に作ってもらうことが、真実の美味しさを伝える最良の方法と考えています。

教室の役割はこの日本に確固とした浸透力をもった真実の根を広く深く張り巡らせる役目をもっているのです。

またこれは私の作るお菓子だけではありません。今まで述べてきたようにフランスの正統的なフランス菓子・料理を継承した最後の巨人になろうとしているドゥニ・リュッフェルの、お菓子・料理の真実をこの日本にあまねく伝えなければならないと考えています。

彼の生き様が私を変え、真実の食を教え、そしてそれは今、この日本に息づき始めようとしているのですから。

また教室は自分に湧き出る新しい考えや技術を常に提示し続け、自分が常に裸であるための場所なのです。私は怠け者、無理やり私を裸にするものがなければ、私の心はすぐに寝入ってしまうからです。

フランスやスペインの素材の輸入

この二つの国からの素材の輸入を始めたキッカケは、「もっと朗らかにお菓子を作り、朗らかな味わいをお客様に届けたい」「そのようなお菓子がイル・プルーだけでなく、多くのところで可能になってほしい」という思いからでした。もちろん今もその思いは変わりませんが、もう一つ新しい役目を感じています。

今の日本には国産の産物に真実はありません。ほとんどのものが人の心と身体に健康と幸せをもたらすものではありません。そしてさまざまの国から輸入される食も私の目からすれば真実をもったものはごくごくわずかです。そしてかつて本当に美味しい食材に囲まれて育った私の年代の人たちも、その真実の美味しさを忘れ去ってしまいました。後の年代の人たちは、本来のものを知る機会もなく育ってきたのですから、何が良くて悪いのかの判断はつくはずもありません。

今、この日本に真実の美味しさをもった食材の記憶も失われ、また真実と偽りを比べる機会もないのです。このままでは事態はさらに絶望に向かうだけです。偽りの素材に誰もがすぐに気づくような、比べることの出来る鏡となるものを、この日本にもたらし続けなければと考えています。

自分の足と口による素材捜しは、このような役目まで負うことになりました。

さらなる品質の向上と維持を、供給者ともども戒めをもってあたらなければと思っています。

出版について

美味しいお菓子を正しく作ってほしい。これがお菓子の作り手が作り手のための本を作ろうと思った最初の動機です。この日本の食域がこのように異常な状態になってしまったのは、やはりマスコミの責任が大きいと思います。さまざまの本が作られ、テレビには多くの名のある方たちが出演しています。しかし手にするほとんどの本は偽りのものばかりであり、画面に映るお菓子作りもあまりにも稚拙なものが多すぎます。

私は読者一人一人が自分で真の美味しさとは何なのかを判断出来るように、真実を映す鏡となる本を作っていきたいのです。ずっとこの日本の食の領域に100年後も光り続ける本を作っていきたいのです。ですから私どもの本作りにはけっして手抜きはありません。時間とお金はかかりますが、常にどうすれば読者に最大限のものを与えることが出来るかを考え、突き進んできました。

いよいよ『Pâtisserie française その imagination』もフィナル、完結編となりましたが、未だ終わりではありません。ここ２～３年で、私はプロのための、より大量に作るフランス菓子全域にわたる技術書を完成させます。

そして日本の家庭の食のための本は出版のもう一つの大きな目的です。今、私たちの日々では食が人々の健康と幸せを損ね、人と人を疎遠にすることが普通となってしまいました。アトピー性皮膚炎、アレルギー、潰瘍性大腸炎、その他多くの病気が、偽りの食によって生まれ、多くの人たちに不幸を与えています。でもほとんどの人はそれを直視しようとはしません。

『ごはんとおかずのルネサンス』以来、本当に小さな歩みでしたが、ようやく少なくない人たちが真実を見ようとし始めています。あと一押しをするのが、これからの出版の役割です。

エピスリーの役割

エピスリーは小さな店です。もちろん初めはお菓子作りのための秀逸な素材を身近で見て、触れるところを作りたかったのです。

並べている素材の数はそんなに多くはなくても、自分が確信をもてるものを並べようと思ってきました。次第に『ごはんとおかずのルネサンス』発刊以降、家庭料理のために素材を揃えるようになってきました。

オリーブオイル、ワインビネガー、蜂蜜、その他多くのものを見つけ、集めてきました。もちろんこれらの商品は全て、この日本に既にたくさんの商品が輸入されています。果たしてそのうちのいくつが日本向けの手抜き商品だと思いますか？　日本には世界中のものが何でもありますが、私は、そのほとんどが中途半端な偽物ばかりだと思っています。ですから輸入されてくる物、あるいは国産の物と照らし合わせるために、真の美味しさ、品質をもったものが身近にあることが必要なのです。

地階ではお菓子作りや家庭料理のためのデモンストレーションがありますが、教室の枠を超えたより幅の広い方々への情報の発信源であってほしいと思っています。

最後に

ここ10年弱、私の行動は全て「自分にとってのフランス菓子をどう作るのか」にありました。その歩みの中で、少しずつフランス的なものへの理解が深まると同時に、日本の食の領域への異常さがはっきりと認識されるようになりました。

それらの初期の認識は拙書『破滅の淵の裸の王様』(文芸社刊)であり、ようやくそれに対する対処法が見つかったのが『ごはんとおかずのルネサンス』(小社刊)でした。この日本の食の異常さを、初めに知った者の責任として、それをありのままにこの国の多くの方に伝えなければならないと考え始めました。

これからは「フランス菓子」と「ごはんとおかずのルネサンス」——この二つが、どちらもなくてはならない二つの車輪として私の中では進んでいきます。

私はいつも心のどこかで、日本人の私が、この日本でフランス菓子を作る必然性があるのだろうかと、自分の人生に後ろめたさを感じていました。しかしフランス菓子とは何かを知り、フランスの多様性と多重性に触れ、日本にはないフランス的なものを自分なりに突き詰めていくにつれて、それと比例して、日本の真実の姿が見えるようになりました。

ですから今は、あまりにも異常な状態に陥った日本の食の真実を知り、やがてそれに立ち向かうために、私にはフランス菓子に進むべき必然があったのだと考えています。

本書P8「1er chapitre　フランス菓子とは何か」でフランス菓子の歴史について書く時に、『プロのためのわかりやすいフランス菓子』(柴田書店刊)の年表を参考にしました。

Recette編

ルセットゥ

私が思う“フランス的”な価値観に支えられた、
多様性・多重性あるフランス菓子の世界──。
ここでは私の中のフランス菓子への“イマジナスィオン”と、
多様性溢れる味わいの組み立て方を、
実際のルセットゥとともにさらに詳しく述べていきます。

Chiboust paysanne

シブーストゥ・ペイザンヌ

意志の強さをもった、さまざまな部分が天地に我先にと競い合い、
大きな膨らみをもって重なり合うのです。

1er chapitre

フランスで出会ったフランス菓子の多様性と多重性

キャラメルとクレームのコントゥラストが、
さらに、さまざまの要素とコントゥラストを作り、
さらに混沌とした味わいが心と身体に押しよせるのです。

シブーストゥは私のパリ修業時代で数少ない、大きな美味しさを感じたお菓子の一つでした。でも今も不思議に思えるのです。
それまでおよそ多様性や多重性という感覚とは無縁な日本で育った私に、何があのお菓子の大きな美味しさを感じさせてくれたのだろうかと。
実は私はフランスに行く前に働いていたパティスリーで、シブーストゥを作っていました。
しかしそれはフランスでの配合をそのまま機械的に日本で作ったものであり、確かに美味しかったけれどフランスでのものとは大きな違いがありました。
力強い多重性は比べるべくもありませんでした。
これでもかと、深く、強く焦げ味をたたえたパートゥ・フイユテの器の中に、濃いめにバターと砂糖でソテーし、グランマルニエでフランベした、それだけでも食べる人を圧倒しそうなリンゴが並べられ、滋味極まりないといった卵と生クリームとバニラのクリが入り、強火で表面に濃い焼き色がつくほどに焼きあげられます。
そしてクレーム・パティスィエールにムラング・イタリエンヌを混ぜたクレーム・シブーストゥが盛られ、その上にグラニュ糖をたっぷりふりかけ濃いめにキャラメリゼ（キャラメル色に焦がす）します。
組み立ての特徴は、クレーム・シブーストゥのふんわりとろけるソフトさを軸に他の要素があることです。つまり、このふんわりした味わいとそれぞれの部分がコントゥラストを作りあげている美味しさなのです。
パートゥ・フイユテのざっくりした歯触りと焦げ臭とふんわりとろけるクレーム。
舌にすがるように、小さなぬめりをもってふんわりとろけるクリと、カリッとした印象の強い歯触りのキャラメル…。
もちろん、クレーム・シブーストゥのソフトな優しさが、直接の多重性を和らげ、多様性も優しく広がりを見せるから、私にも理解できたように思えます。
それにしても、広く深く、広がりをもつフランス的な味わいです。

histoire

直訳すると田舎風シブーストゥ。
19世紀にパリのサン・トノレ通りにあった
パティスリー「シブーストゥ」がこのお菓子の原型を考案し、
人々の評判になったことから名づけられました。

Ingrédients

直径18cm、高さ2cmのタルトゥ・リング型　1台分

Pâte feuilletée rapide
パートゥ・フイユテ・ラピッドゥ

1/4パトン　パートゥ・フイユテ・ラピッドゥ（→ P264）

Coulis クリ

┌ 62g　全卵
└ 33g　グラニュ糖
130g　サワークリーム
9 滴　バニラエッセンス

Sauté de pommes ソテ・ドゥ・ポンム

1 1/3個　リンゴ（中）
17g　バター
22g　グラニュ糖
6.5g　黒砂糖
6.5g　オレンジのリキュール（アルコール度数 40°）
適量　レモン汁

Crème Chiboust
クレーム・シブーストゥ

クレーム・パティスィエール

┌ 2.9g　粉ゼラチン
└ 15g　水

11g　薄力粉

┌ 91g　牛乳
└ 1/3本　バニラ棒

┌ 39g　卵黄
└ 29g　グラニュ糖

ムラング・イタリエンヌ（→P282）

┌ 65g　グラニュ糖 A
└ 21g　水
┌ 43g　卵白
│ 3g　乾燥卵白
└ 7g　グラニュ糖 B

Finition 仕上げ

適量　グラニュ糖
適量　粉糖

食べ頃と賞味期間

● 食べ頃の温度　20～30℃前後
● 賞味期間　5～20℃で保存し、当日のみ。何といっても出来たばかりの、クレームが少し温かいうちが一番美味しい。

Recette

Pâte feuilletée rapide
パートゥ・フイユテ・ラピッドゥ

1 P264「パートゥ・フイユテ・ラピッドゥ」を作り、1/4パトン用意する。

2 切り口に手粉（分量外）をつけ、24cm×13.5～14cmにのす。

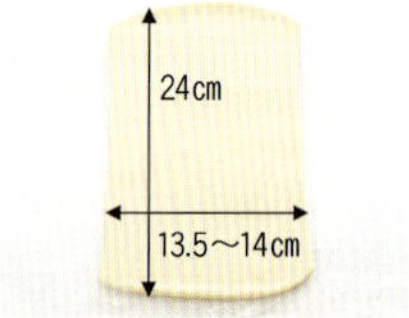

3 90度向きを変え、さらに26cm×26cmにのして形を整える。

4 刷毛で手粉を払う。裏面の手粉を払う時は２つに折り、丁寧に払う。

5 ピケローラーで３回ピケし、冷蔵庫で冷やし固める。

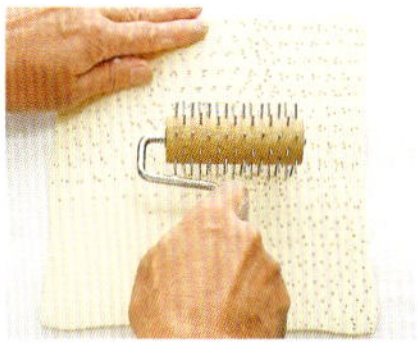

＊３回ピケすることでパートゥの浮きすぎを抑えます。

6 ⑤を２つに折り、タルトゥ・リングの上に運び広げる。

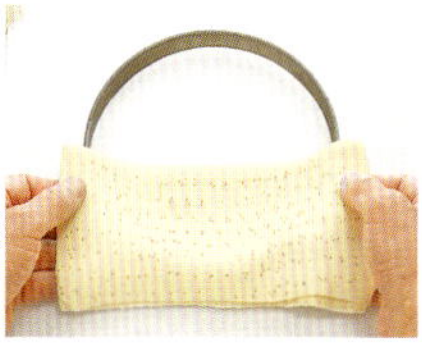

7 パートゥを両手で持ち、タルトゥ・リングの中に十分たるませるように置く。

8 タルトゥ・リングの底角に、パートゥを人差し指で強く押しながら折り込む。

＊パートゥが隅にぴったりと合うように、タルトゥ・リングを左手で押さえながら固定して折ります。

9 折ったパートゥを側面に立たせ、少し下にパートゥを送り込むようにして、親指でタルトゥ・リングの側面にしっかりとパートゥをつける。縁の内側に5mmぐらいの庇を作る。

＊庇をつけるのはパートゥが落ちて縁が低くならないように、パートゥに余裕をもたせるためです。

10 めん棒を転がして余分なパートゥを切る。

11 パートゥを指で軽く押さえながら立て、形を整える。

12 フォークで角にピケをし、焼き縮みを防ぐため、冷蔵庫で2時間以上休ませる。

＊国産の、より細かい粒子の粉で作られたパートゥ・フイユテは過度に浮きすぎるので、しっかりピケします。

Cuire à blanc

空焼き

1 型の中に敷き込む紙を用意し、冷蔵庫から出してまだパートゥが冷えて硬いうちに紙を敷く。

＊常温に戻してから紙を敷くと、柔らかくなったパートゥが、紙で傷つく場合があります。

2 熱した天板にベーキングシートを敷き、常温に戻したパートゥに、熱した重石を縁まで入れる。

＊重石は焼成温度+20℃で10分以上熱しておきます。

3 オーブンに入れて、空焼きする。（天板も予熱しておく）

電子レンジオーブン

230℃：18～19分

5分　パートゥが浮いてきたら軍手をはめてパートゥを底に押しつけて蒸気を抜くⒶ。

17分　ほんの少し部分的に焼き色がついたら重石を取り出し、再びオーブンに入れる。

18分～19分　パートゥの底全面が濃いめのキツネ色になったら卵黄を塗るⒷ。

250℃：2分

再びオーブンに入れ、卵黄が完全に乾き、少し部分的に焼き色がつくまで焼くⒸ。

Ⓐ

Ⓑ

Ⓒ

ガス高速オーブン

210℃ : 13〜14分

5分　パートゥが浮いてきたら軍手をはめてパートゥを底に押しつけて蒸気を抜くⒶ。

12分　ほんの少し部分的に焼き色がついたら重石を取り出し、再びオーブンに入れる。

13分〜14分　パートゥの底全面が濃いめのキツネ色になったら卵黄を塗るⒷ。

220℃ : 2分

再びオーブンに入れて卵黄が完全に乾き、少し部分的に焼き色がつくまで焼くⒸ。

＊卵黄は60%が脂肪です。オーブンに入れて乾かせば、防水の役目を十分に果たしてくれます。

＊フランスでは牛乳で薄めた塗り卵を塗りますが、生クリームや卵から離水しやすい日本では、卵黄を塗る方が、より確実に防湿してくれます。

Coulis

クリ

ここではサワークリームが、生クリームよりも乳酸発酵により味わいの幅を広げ、濃厚な味わいの力と幅を与えています。

1 ボウルに全卵、グラニュ糖を入れ、グラニュ糖の粒が見えなくなるまでホイッパーでほぐす[直線反復]。

2 ホイッパーでよくほぐして柔らかくしたサワークリームに①の卵液の1/4量を加え、溶けやすい滑らかさにする。

3 ①に②を3回に分けて戻してよく混ぜる[直線反復]。

4 バニラエッセンスを加えて混ぜる。

＊全卵、サワークリームはけっして一度に混ぜません。固まる力があるのは卵だけなので、卵を十分にのばしながら混ぜて卵液を網の目状に拡散しないと、焼いても固まりません。クリは2〜3日ほど冷蔵で保存可能ですので作り置きしても構いません。ただしタルトゥに流し入れる前にホイッパーでその都度よく混ぜてください。

Sauté de pommes

ソテ・ドゥ・ポンム

リンゴは味わいと共に酸味が十分でないと、キャラメルの味わいがボケてしまいます。酸味を加えると、リンゴ、キャラメルの味わいもしまり、全体の味わいも印象深いものになります。

1 リンゴは皮をむいて芯を取り、縦に8等分（串切り）にする。

2 フライパンを中火にかけ、バターを溶かす。グラニュ糖と砕いた黒砂糖を加え、木べらで混ぜながら均一に焦がす。

＊焦がし具合は煙が少し出る程度。かなり濃いめの褐色です。ここで十分にキャラメルを焦がしておかないと、リンゴを入れてからではフライパンの熱が下がり、キャラメルの色は濃くなりません。

3 リンゴを入れ、全体にバターと砂糖をまぶし、火を弱めて5分ほどバターをしみこませながらリンゴを煮る。途中フォークでリンゴを1〜2度返して均一に煮えるようにする。

＊フォークで刺してみて外側が柔らかく中心にまだ芯があるくらいがよいです。

＊あとでクリと共にもう一度オーブンに入るので半分の火の通り具合にします。

4 リンゴが煮えたらオレンジのリキュールをふりかけ、フランベ（アルコールを燃やして香りを深める）する。

★リンゴはそれぞれ甘味や酸味が違います。バターと砂糖をまぶした後に、味見をして酸味が足りないようであれば、レモン汁を加えて味を調えておきます。

★日本のリンゴではゴールデン系のもの、王林、ジョナゴールドなどが、まだましです。紅玉は総じて酸っぱいだけで味わいがありません。また国光、富士は全く味わいに欠け、歯触りもモソモソで少しも美味しくないため私は使いません。

Montage

組み立て

1 空焼きしたパートゥに、ソテ・ドゥ・ポンムを1㎝間隔で放射状に並べる。

2 リンゴの角が少し出るくらいを目安に、クリをたっぷり流し入れる。リンゴをソテした時の煮汁もスプーンで回しかける。

3 オーブンに入れて焼く。

電子レンジオーブン
210℃：15分

ガス高速オーブン
190℃：15分

★タルトゥを少し強く揺すってみて中心が揺れない程度になれば十分です。オーブンから出し、25℃くらいまで冷まします。

Crème Chiboust

クレーム・シブーストゥ

一番大切なことは、ゼラチンの入ったクレーム・パティスィエールをムラングと混ぜる時に目に見えない部分でよく混ぜ込むことです。ゼラチンは融点の36℃以下になれば凝固し始める性質を持ちます。このため20℃ほどの常温であっても、ムラングの泡を保てるのです。しかしよく混ざらないと、作ったばかりの時はしっかりした美味しいクレームでも、日本の卵白では1～2時間もするとムラングがつぶれ、間の抜けた柔らかさになったり、流れてしまうことがあります。

1 粉ゼラチンは水でふやかしておく。

2 薄力粉は前もってふるっておく。

3 クレーム・パティスィエールを作る。鍋に牛乳、縦に裂いたバニラ棒を入れ、80℃（縁の方がフツフツする）まで加熱する。火を止めたらバニラ棒は取り出す。

★量の多い基本のクレーム・パティスィエール（→ P280）では牛乳は沸騰するまで火にかけますが、少量の場合は完全に沸騰させると水分が足りず硬く煮あがり、最終的にムラングに細かく混ざりにくくなります。

4 ボウルに卵黄、グラニュ糖を入れ、グラニュ糖の粒が見えなくなるまでホイッパーでほぐす[直線反復]。

5 ④に②の粉を加え、手早くよく混ぜる[円]。

6 ③の牛乳を2回に分けて加え、同様によく混ぜる。

7 中火にかけ、ホイッパーでとにかく手早く混ぜ、沸騰してからさらに10秒練る[円]。練っている時にボウルの底が見えるくらいの硬さが目安。

★十分に加熱し練りあげないと、流れるほどに柔らかい出来上がりになってしまいます。

8 すぐに①のゼラチンを加え、クレーム・パティスィエールに十分に混ぜ込むよう、100回混ぜる［円］。

＊基本のクレーム・パティスィエール（→ P280）では、グルテンを出さないようゆっくり混ぜて練りますが、ここではなるべく強く手早く、十分すぎるほど混ぜます。特にゼラチンを加えるときは十分によく混ぜてください。

9 70℃の湯煎にかけ、冷めないように表面にラップをして保温する。

10 すぐにムラング・イタリエンヌ（→ P282）を作る。
＊ムラングの量が多いので、ハンドミキサー（ビーター2本）の速度2番で1分→速度3番で2分 → 119℃のシロを加えて1分泡立てます。

11 ⑨のクレーム・パティスィエールをホイッパーでよくほぐしておく。

12 ⑪にまだ熱い⑩のムラングを1すくい加え、ホイッパーで手早く混ぜる［円］。

＊クレーム・パティスィエールとムラングはどちらも熱いうちに混ぜます。クレーム・パティスィエールは冷めると粘度が急速に増し、薄くのびなくなり、混ざりにくくなります。結果としてゼラチンの網の目がムラングに浸透しません。

13 さらにクレーム・パティスィエールと同体積のムラングを加え、クレームに艶と柔らかさが出るまで、木べらで50回少し早めに混ぜる［90度］。

＊一度にクレーム・パティスィエールとムラングを合わせずに、少しずつムラングでクレーム・パティスィエールの量を増やしていった方が、それぞれがより深く混ざり合います。

14 残りのムラングを加え、同様に40〜50回混ぜる。

＊フワッとした柔らかさと艶が出るまで混ぜます。艶が出てきたということは、クレーム・パティスィエールが薄くのび、ムラングを包み込んだということです。

Finition
仕上げ

1 直径18cmのタルトゥ・リングがはまるように、焼きあがったパートゥの周囲をナイフで削り、形を整える。

2 パートゥの両脇に厚さ2cmの棒を置き、その上にタルトゥ・リングを置く。

3 クレーム・シブーストゥをたっぷり盛る。

4 クレーム・シブーストゥをパレットナイフで平らにならす。

5 表面にグラニュ糖をたっぷりと均一にふり、十分に熱したコテでキャラメリゼする。
1回目は薄い色で、砂糖を溶かす程度。
同様にあと1回グラニュ糖をふり、キャラメリゼする。

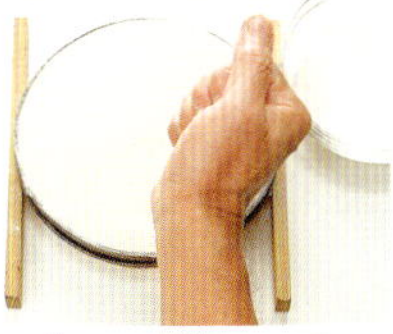

★グラニュ糖は、キャラメルに厚みを出すために使います。

6 グラシエール(粉糖入れ)で粉糖を軽く一面にふり、ゆっくりとコテを動かし、濃いめの褐色にする。

★粉糖は完全に溶けやすく、表面をきれいに仕上げることが出来るため、艶を出すために使います。

7 コテをタルトゥ・リングの縁全体に何度かこすって外す。

★熱したフェラ・クーぺでタルトゥ・リングの内側を少し焼き切っても構いません。

Découpage

切り分け

1 熱したフェラ・クーぺで表面のキャラメリゼの部分だけを好みの大きさに焼き切る。

2 熱いお湯につけて温めた波刃包丁で、キャラメルの間から包丁を入れ、ゆっくり小刻みに動かしながら台の部分を切る。

Bûcheron

ビュッシュロン

異国の地の多重性と多様性の極みのこのお菓子は、
私の心臓を無表情にこすりつけ、足蹴にしました。

私のフランス菓子作りの道はいつもこの
ビュッシュロンへと向かっていたように思えるのです。

どうやら私はこのお菓子とともに生きてきたようなのです。
初めての異国の地、このお菓子の自信を持った歯触りは
私の心臓を無表情に足蹴にし、こすりつけました。
風に吹かれる枯葉のような乾いた歯触りに、身体は一瞬震えたのです。
鼻をさす、有無を言わせぬ存在の事実が私の心臓を踏みにじりました。
そう、それは吐き気をともなった惨めさと無力感しか私には感じなかった。
黒くうごめく、私の知りえぬ何かが私を見据えていた。
十余年もの間、私はどんなにしても勝てるはずもないこのお菓子には
決して視線を投げかけることはしませんでした。
何年かして、少しずつ、少しずつ、気にはなり始めてきたのですが、
何度か、何度かこの目に力をもって迎えようとしたのですが、もし、
このお菓子に向かって、未だ自分が少しも在ることの意味などに少しも
近づいてはいないということを知るのが恐かった。
ほんの少し前、恐れへの鋭い気持ちなど持つほどの
元気がなくなり始めた頃に、ようやく懐かしさを感じたのです。
少なくとも、それ以前の私の心の表面には収まりえなかったフランスなのです。
少しずつ水面が割れ、私の心に光がしみ始めるにつれ、
私は少しずつ目を上げたのでした。

これは最後まで私の前に立ちふさがった、フランスの多様性なのです。

histoire

フランス語で「木こり」の意味。森のイメージを作りあげるため、お菓子の表面をcopeaux コポー（「おがくず」の意味）で飾りつけしています。
フランス東部でよく作られるForêt noire フォレ・ノワール（「黒い森」の意味）なども、同様に森をイメージするためにコポーで飾りつけされています。

Ingrédients

18㎝角、高さ4㎝のキャドル　1台分

Biscuit aux amandes au chocolat
ビスキュイ・オ・ザマンドゥ・オ・ショコラ

18㎝角のキャドル1台分

┌ 34g　ココア
└ 43g　コーンスターチ

50g　粉糖
74g　ローマジパン
36g　全卵
70g　卵黄

ムラング・オルディネール

┌ 75g　卵白
└ 12g　グラニュ糖A
25g　グラニュ糖B

24g　とかしバター（→ P256）

Crème au chocolat
クレーム・オ・ショコラ

68g　サワークリーム
60g　セミ・スイート・チョコレート（アメリカオ・カカオ分72%）

300g　クレーム・オ・ブール（→ P278）

Sirop
シロ

100g　30°ボーメのシロ（→ P257）
83g　水
17g　ココア

Finition
仕上げ

適量　パイエットゥ・ショコラ
適量　コポー（→ P126）
適量　ココア

食べ頃と賞味期間

- 食べ頃の温度　20℃前後
- 賞味期間　5℃以下で保存し、3日間。冷凍保存可。

Recette

Biscuit aux amandes au chocolat
ビスキュイ・オ・ザマンドゥ・オ・ショコラ

パートゥに私の心臓をこすりつける力のある硬さと、日本人が嫌う不調和を表す乾いたザラつきを与えるために、ココアをかなりの量加えています。ココアは吸水力が強いのでパートゥに硬さを与え、また卵の水分に溶けて粘度を上げ、泡のバランスを崩し、ムラングはつぶれやすく、かなり大きめの穴があいたパートゥに焼きあがります。また泡のつぶれた不揃いのスダチが心に迫る食感を与えます。

1　天板に紙を敷き、キャドルを置く。

2　ココアとコーンスターチは前もって合わせて一度だけふるっておく。

＊軽くまだらな状態で構いません。2度以上ふるうと、ココアとコーンスターチが混ざりすぎ、ココアの力のある香りや味わいが減少します。

3　P272「ビスキュイ・オ・ザマンドゥ」③～⑥と同様に混ぜる。

4　ムラング・オルディネールを作る。深大ボウルに卵白、グラニュ糖Aを入れ、ハンドミキサー（ビーター2本）の速度2番で1分→速度3番で1分30秒→グラニュ糖Bを加えてさらに30秒泡立てる。

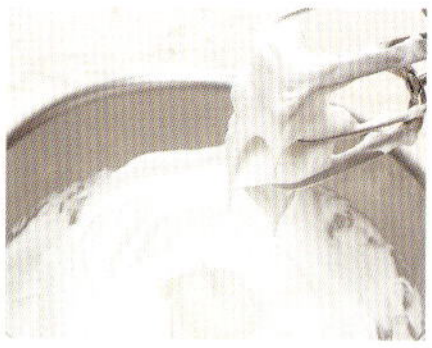

5　④のムラングに③を一度に加え、エキュモワールで10秒に12回の速さで混ぜる。

6　ムラングが80%混ざったら、②の粉を5～6回に分けて加え、⑤と同様に混ぜる。
80%混ざったら次の粉を加える。
全部加えて80%混ざったらボウルの内側をゴムべらで払う。

7 とかしバター(40℃)を2回に分けて加える。
全部加えて80%混ざったらボウルの内側をゴムべらで払い、さらに15～20回混ぜる。

＊ココアが入っているためムラングがつぶれやすいので、最後に混ぜる回数は少なめにします。

8 パートゥを①のキャドルの低いところから静かに流し入れる。ゴムべらで中央を低くする。丁寧にならす必要はない。

9 オーブンに入れて焼く。

電子レンジオーブン
170℃：35～40分

ガス高速オーブン
160℃：35～40分

＊表面にしっかりと焼き色がつき、ほぼ平らになり、しっかりした硬さが出るまで焼きます。

10 網にのせて冷ます。冷めたらキャドルから外す。
＊必ず網の上で水蒸気をとばしながら冷まします。

Crème au chocolat

クレーム・オ・ショコラ

　これは酸味のあるチョコレートのクリームです。普通の生クリームでは、印象のあまりに強いパートゥ、コポーには勝てずに埋もれてしまいます。乳酸発酵によって香り、味わいが豊かに強くなっている酸味のあるサワークリームを加え、クレーム・オ・ショコラに力を与えます。
　チョコレートは味わい、香りの強いアメリカオを使います。またクレーム・オ・ブールは味わいに力を持つ基本のクレーム・オ・ブールを使います。

1 銅鍋にサワークリームを入れ、80℃(縁の方がフツフツする)まで加熱する。

2 火を止めて、前もって細かく刻んでおいたチョコレートを加え、ホイッパーで手早く混ぜる[円]。80%混ざったら、さらに50回混ぜる。

3 サワークリームの脂肪分はチョコレートより多いのでよく混ぜても脂肪分が分離するが、構わず20℃まで冷ます。

4 クレーム・オ・ブールに③を一度に加え、よく混ぜる[円]。

Sirop

シロ

　味わいに力を与えるために、甘味も強くドロッとした舌触りが出るほどココアの量、味を強くします。また、シロが冷たいと、ピチャッとした頼りない歯触りになります。熱くして打てばパートゥの隅々まで浸透し、硬さの中にもふっくらとしたパートゥとシロの一体感が出ます。

1 小鍋にすべての材料を入れ、80℃(縁の方がフツフツする)まで温める。

Finition

仕上げ

　このお菓子は、お菓子全体のトーンがあまりにも強いので、パートゥは硬い方が他の要素に負けません。
　ですから、パートゥは下の方の硬いところからスライスして使用します。一番底のパートゥには、真ん中の部分を使います。

1 パートゥを厚さ1.2cmで3枚スライスする。

2 シロを80℃まで温め直し、パートゥの表裏にそれぞれ厚みの1/5までしみ込むように刷毛でシロを打ち、冷蔵庫で冷やす。残りの2枚も同様にする。

＊必ずシロは80℃を保ちながら打ちます。

＊シロは多く打ちすぎるとパートゥの粗々しい歯触りが消えてしまい、全体の味わいがおとなしくなってしまいます。

3 ②で冷やしておいたパートゥのうち真ん中の1枚を底にし、平口金をつけた絞り袋にクレーム・オ・ショコラを入れて120g絞り、パレットナイフで大体平らにならす。

4 2枚目のパートゥをのせ、③と同様にクレームを絞り、3枚目のパートゥをのせる。

5 表面、側面にクレームを塗り、パレットナイフで丁寧にならす。

6 側面すべてにパイエットゥ・ショコラをつける。

＊このパイエットゥ・ショコラの他とは違う歯触りが、さらに混沌とした多様性を与えます。

7 厚めに削ったコポーをのせる。お菓子の角や端にしっかりとコポーがのっているとしっかりした印象になるので、定規などをあてて丁寧にコポーをのせていく。

＊コポーはチョコレートを柔らかめにし、厚く削らないと混沌とした歯触り、印象が出ません。

8 茶漉しで表面に軽くココアをふる。

Copeaux コポー

コポーにはさまざまな形があり、代表的なものに、羽根型、太鼓型があります。コポーの形を選ぶ際に一番大事なことはそのお菓子のトーンの高低です。淡い歯触りと味わいを持ったお菓子には羽根型、強い印象のお菓子には太鼓型、などと使い分けます。ビュッシュロンでは、羽根型のコポーを使っています。

チョコレートを削りやすい硬さにするためには

- ＊30℃弱の場所に30分ほど放置しておく。
- ＊電子レンジオーブンの「発酵」で15分ほど温める。
- ＊少量の場合はチョコレートの表面を手のひらでこすり、削るたびに温める。
- ＊弱いガスの火から30㎝ほど離し、削るたびに温める。

刃の角度に注意

- ＊刃を寝かせるとチョコレートがでこぼこになってしまうので、必ず刃は立てて使用する。

（用意するもの）プティクトー、チョコレート

1 チョコレートは爪を立てた時に、硬めに跡が入る程度の硬さにしておきます。

2 プティクトーは出来るだけ刃の前方を持ち、チョコレートの面に対して垂直に立てて、手前から向こう側へ削る。

ヌーヴェル・パティスリーのお菓子①

私の見たミエ、ペルティエ、ダロワイヨ、ルノートル

戦前は日本でももちろんそうですが、フランスでも冷蔵庫の普及はほとんど進んでいなかったようです。パティスィエとキュイズィニエは常に料理やお菓子を腐らせないように考慮しながら作らなければなりませんでした。お菓子では、防腐効果のために糖分やアルコールを多めに加えたり、生クリームではなく長く加熱されたエバミルクを加えてガナッシュを作ったりしていました。料理では、しっかり加熱して濃く煮詰めたり、塩味を濃くするなどの手法がほどこされていました。これらの手法はもちろん人間の健康にとっては望ましくない点が少なくありません。

戦後フランスでも、レストランやパティスリーに冷蔵庫が普及し、防腐のための作り方という呪縛から解き放たれることになりました。

フランスが凄いのは、人間のための食を考え続け、より人間の健康のために望ましい料理法を作ろうとしたことです。フランスでは戦前から政治の領域で保守革新がほぼ同等に拮抗する状況が早く現出してきました。労働者の力は急速に拡張し、労働時間は急速に短縮され、社会全体の仕事量の減少が、食事に以前ほどのカロリーを必要としなくなったのです。以前のようなカロリーの多い料理やお菓子を食べていたのでは社会全体がいわゆる成人病になってしまいます。こうした流れの中で、よりカロリーの少ない、シンプルなビタミン類を破壊しない料理やお菓子を作り出そうという、ヌーヴェル・キュイズィンヌ、ヌーヴェル・パティスリーの流れが生まれました。合言葉は“plus léger”（プリュ・レジェ／より軽く）だったのです。

私の視線が多くを捉えているとは思いませんが、1978 年頃は、初期におけるヌーヴェル・パティスリーの成熟期を迎えていたように思えます。その旗手は、ドゥニ・リュッフェルの師匠であるジャン・ミエ（元パティスリー・ミエのオーナーであり、フランス菓子協会会長であった）、アンリ・エルグアルシュ、ルシアン・ペルティエの 3 人だったように理解しています。この頃、エルグアルシュには福岡の「フランス菓子 16 区」の三嶋隆夫氏がおられ、毎日曜日に 3 店のお菓子を持ち寄り勉強会をしていました。特にミエ、エルグアルシュのヌーヴェル・パティスリーは、食べることの本来の意味を忘れることなく、食べる人の健康を考えた極めて真摯な挑戦だったのです。それは今考えても少しも時代に流されることの無い、真実の輝きをもった、当初の新たな運動の目的をほぼ完全に成し遂げたものでした。ミエに並ぶお菓子は昔も今も常に自然な味わい、重々しい深い焼き色が基本であり、変わることはありません。

しかし時代にすばしっこい、本来のものを外れた流れは、既に始まっていました。ペルティエの作るお菓子は、当時時代の先端をいくものであり、最も高い評価を得ていましたが、私の目には既にヌーヴェル・パティスリーの本来の目的からかなり離れたものであり、形式的な美味しさを装うお菓子でした。使われる素材の個性を取り除いた、はっきりした顔立ちの無い、感情の流れも揺れもない何か空しい味わいでした。ペルティエは時代の流れの中で必ず出現する、他の人が既に作り上げた新しいものをまるで自分の創造物のようにデザインしてみせる時代へのすばしっこさをもったパティスィエだとしか私には思えませんでした。素材の個性を消し去り、あるいは弱め、実体のない形式の美味しさを作りあげるのです。そして人々はその本質を知ることなく、既に日常と化してしまったかつての新しい流れに飽き、それを矮小化しデザイン化したものに、退屈しのぎの拍手を送るのです。しかし当時の慢性的な経済不況下で、下を見がちな雰囲気の中で、見た目だけでも気高くノーブルで希望をもたせるお菓子の外観は、まさに時代の雰囲気に合わせたものでもあったように思います。

料理の領域ではペルティエと同様の作風がミシュランのガイドブックによってもてはやされ始めました。デュケノワやランブロワジーは私の目にはまさにペルティエと同じ流れにある味わいでした。

他に私にとって印象深かったパティスリーはルノートルとダロワイヨでした。この 2 店は共に独自の伝統を持っているように思えました。ルノートルは未だヌーヴェル・パティスリーに多くをさらしているわけではなく、以前からあるものに固執している重さがありました。しかし数店舗を構え、大量生産のためでしょうが、店に並ぶお菓子に精彩はなく、何となく気にはなるがそんなに注視しなくてもいいかなという捉え方でした。私に老舗として重々しい威厳と、お菓子に秘められた力を感じさせてくれたのは、ダロワイヨでした。私の研修したパティスリー・ミエなどのヌーヴェル・パティスリーとは趣も異なったものでした。この店のお菓子を全て食べてみたいという欲求にかられるお菓子の表情がありました。ダロワイヨだけが守り通しているものを感じさせるお菓子でした。1 度目のフランス滞在で数度は店に食べに行きましたが、いつも、より深いフランス的なものを感じさせてくれました。

結局実現はしなかったのですが、いつかここで仕事がしたいと強く感じさせる店でした。でも 5 年後訪れたパリでは、ダロワイヨは時代の流れに大きく身を任せようとしていました。ムースが全体のお菓子の少なくない部分を占めるようになっていたのです。あれほどの一徹さをたたえた老舗の変わりように私は驚き、大きな失望を覚えました。

Opéra café

オペラ・キャフェ

オペラを口にする時、いつも人間の意識の凝縮と
歴史の果てしない重みと喘ぎを、思ってしまうのです。

2^{e} chapitre

フランス菓子の古典に学んだ
フランス菓子の多様性

私にとっての「オペラ」には、
フランスの凝縮された人々の歴史からの
静かな視線がじっと感じられるのです。

１度目のフランス滞在では、
私はこのお菓子の美味しさは少しも分かりませんでした。
ただ何となくコーヒー味で金箔がのったお菓子でした。
帰国後は、日本人のちっぽけな潜在意識と粗雑な素材で、
もっと訳も分からず作り続けました。
フランス菓子なんだから、オペラを作らないわけにはいかないよな…。
作る動機はそんなものでした。

ただ何となく水っぽいコーヒーのシロップをビチャビチャに打った、
ただそれだけの味わいでした。
それぞれの素材が、それぞれのパートゥとクレームが熱く力をもって
コーヒーの味わいを押しあげなければならないと気がついたのは、
まさに２度目にフランスに行った時でした。

お菓子の構成はわりとシンプルなのです。
ここに使われるクレーム・オ・ブール、ビスキュイ・ジョコンドゥ、コーヒー…。
それぞれに多様性と厚みのある力を理解して与えることが出来て初めて
その美しさが形を成すのがオペラなのです。
ゆったりと、たゆたう歴史の綾の中から、天井桟敷に立ち昇る歓声や、
人々のざわめき、なりやまぬ拍手が聞こえ、
オペラの味わいの中に感じることはできないのか。
それがオペラなのだと、私には思え始めたのでした。

１度目のパリは全ての建物は暗く、歴史の重さに喘ぐようでした。
あの重さなのだ、あの喘ぎが必要なのだ、と思い始めた時、
私の感覚の中の「オペラ」は大きく姿を変えたのでした。

histoire

パリ、オペラ＝コミック座界隈の菓子店が創作したと言われています。
オペラ座の豪華絢爛な、雅やかなイメージを、
チョコレートの重厚さに金箔を施して表現した贅沢なお菓子です。

Ingrédients

18cm角、高さ4cmのキャドル　1台分

Biscuit Joconde
ビスキュイ・ジョコンドゥ

18㎝角の浅天板　3枚分

- 69g　アーモンドパウダー
- 69g　粉糖

- 9g　薄力粉
- 9g　強力粉

99g　全卵

ムラング・オルディネール

- 54g　卵白
- 6g　グラニュ糖

18g　とかしバター（→ P256）

Crème au beurre café
クレーム・オ・ブール・キャフェ

216g　クレーム・オ・ブール（→ P278）

- 5g　インスタントコーヒー
- 5g　熱湯

9滴　バニラエッセンス

Ganache beurrée
ガナッシュ・ブーレ

- 50g　エバミルク
- 17g　牛乳
- 9g　水
- 13g　水飴

100g　ガナッシュ用スイートチョコレート（ガナッシュ・ゲアキル・カカオ分54%）
33g　バター
8滴　バニラエッセンス

Sirop au café
シロ・オ・キャフェ

132g　水

17g　インスタントコーヒー
87.6g　30° ボーメのシロ（→ P257）
16滴　バニラエッセンス

Pâte à glacer
パータ・グラッセ

- 適量　上がけ用スイートチョコレート（パータ・グラッセ・ブリュンヌ）
- 適量　ピーナッツオイル ＊チョコレートの30%の量

Décor
飾り

適量　金箔

食べ頃と賞味期間

- 食べ頃の温度　20℃前後
- 賞味期間　10℃以下で保存し、3日間。冷凍保存可。

Recette

Biscuit Joconde

ビスキュイ・ジョコンドゥ

ビスキュイ・ジョコンドゥは少し硬さがある方が個性的で美味しいので、あまりにムラングが柔らかすぎるものはよくありません。

フランスでは、サラサラした柔らかいアパレイユに混ぜ込むムラングは、砂糖を加えないで泡立てると、パートゥはわりあい目が粗く、アーモンドの味わいが生きて歯触りもポロッとします。

帰国当時は、未だ日本の卵白の性質を少しも理解していなかったので、泡を強くするためにアーモンドパウダーに混ぜる粉糖を少し取って卵白に混ぜて泡立てていました。無意識のうちにムラングの泡が他の素材をしっかり包み込み、色の白い、ただ柔らかいだけの、味わいのないパートゥを作ってよしとしていました。

またビスキュイ・ジョコンドゥの美味しさは、アーモンドパウダーの質に左右されます。アメリカ産の味わいの希薄なアーモンドでは、全体の味わいに厚みを増すことは出来ません。スペイン、カタルーニャ地方レリダのアーモンドはまさに豊穣の極みの味わいです。

1 アーモンドパウダーと粉糖は前もって合わせてふるっておく。軽く混ぜる程度でよい。

2 薄力粉と強力粉は前もって合わせてふるっておく。

3 深小ボウルに全卵、①を入れ、ハンドミキサー（ビーター1本）の速度3番で1分30秒泡立てる。白くふっくらとした十分な泡立ちになる。

*あまり真っ白くなるまで泡立てると素材同士が混ざりすぎ、卵、アーモンドパウダーの味わいが隠れてしまいます。

4 ムラング・オルディネールを作る。手つき中ボウルに卵白、グラニュ糖を入れ、ハンドミキサー（ビーター1本）の速度2番で1分→速度3番で2分泡立てる。

*卵白に初めから全く砂糖を加えないと、ムラングが弱すぎ、泡がつぶれやすくなります。ハンドミキサーでの泡立てで最初に加える砂糖は卵白に対して15%ぐらいが適当です。

5 ④のムラングに③を一度に加え、エキュモワールでとにかくゆっくり混ぜる。

6 ムラングが80%混ざったら、②の粉を2回に分けて加え、⑤と同様に混ぜる。
全部加えて80%混ざったらボウルの内側をゴムべらで払う。

*粉を加える時は、必ず80%の混ざり具合で加えていかないと、混ぜすぎてムラングがつぶれてしまいます。

7 とかしバター（40℃）を一度に加え、同様に混ぜる。

*バターを熱くするほど、泡がつぶれにくい柔らかいパートゥになりますが、フランス菓子では柔らかさは求めないので40℃にします。

8 80%混ざったら、さらに20回よく混ぜる。

9 紙を敷いた天板3枚にパートゥを流す。

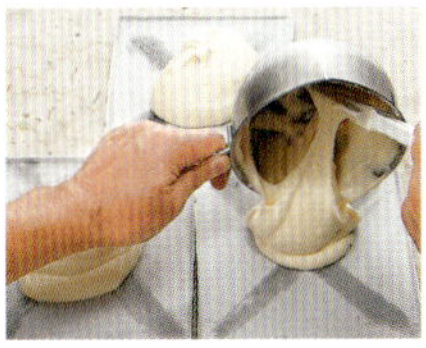

10 天板の四隅にもきちんとパートゥがいきわたるようにならす。

11 天板の縁を親指でなぞり、きれいにする。

12 オーブンに入れて焼く。

電子レンジオーブン

220℃ : 11分

ガス高速オーブン

190℃ : 11 分

＊パートゥの表面には強めの焼き色がつき、下の焼き色は端の方が極薄く色がつく程度です。しっかりした指先への弾力があるほどに焼きます。

＊80℃に保った熱いシロをパートゥの断面 2/3 にしみ込ませるので、指先でパートゥを押した時にしっかりした硬さが出てくるまで焼きます。焼き方が十分でないとシロに負けてしまい、ただグチャとした食感になってしまいます。シロを十分に打ってもそれをしっかりと吸い込み、ふっくらとした歯触りが感じられることが、このお菓子の重要なポイントと言えるでしょう。

Crème au beurre café

クレーム・オ・ブール・キャフェ

コーヒー味のクレーム・オ・ブールです。クレーム・オ・ブールは、基本の卵黄のクレーム・オ・ブール以外にはありません。他のものでは味わいがなく薄すぎます。

コーヒー味はエスプレッソのイメージです。コーヒーの香り、味わいがしっかりしたものを使ってかなり濃いものにします。またここではバニラエッセンスの役割が特に重要で、膨らみのある豊かな味わいのマダガスカル産バニラ棒から抽出したバニラエッセンスの香りは、コーヒーの味に膨らみを与え、お菓子それぞれの部分を力強く繋ぎ、競わせます。

1 クレーム・オ・ブールに熱湯で溶いたコーヒーを加え、ホイッパーでよく混ぜる[円]。

2 バニラエッセンスを加え、よく混ぜる。

Ganache beurrée

ガナッシュ・ブーレ

オペラのガナッシュには、何故か加熱して水分をとばし、エバミルクを加えます。加熱によって成分変化しますので特徴のある濃厚な味わいがあります。オペラは冷蔵庫が普及していない頃から存在すると思われます。保存性の点から、生の牛乳や生クリームより、加熱凝縮してあるエバミルクが優れていたのだと思います。冷蔵庫が普及した後も、独特のリッチな味わいのために使われ続けてきたのではないかと考えます。

ガナッシュには香り、味わいに芯のあるチョコレート（ガナッシュ・ゲアキル）を使い、それぞれの部分の競い合いを強めます。

1 小鍋にエバミルク、牛乳、水、水飴を入れ、80℃（縁の方がフツフツする）まで加熱する。

＊水飴はのびをよくすると同時に、ガナッシュの成分が分離して口溶けが悪くならないよう安定剤として加えています。

＊室温によって異なりますが、80℃以上に加熱すると、チョコレートを混ぜ終わった時のガナッシュの温度が 40℃近くまで下がらないため乳化せず、分離する場合があります。

2 前もって細かく刻んでおいたチョコレートに①を加え、均一に滑らかになるまでホイッパーで静かに混ぜる[円]。80% 混ざったら、さらに 50 回よく混ぜる。

3 ガナッシュは40℃ほどに調整しておき、少しテリのある柔らかめのポマード状（→P256）にしたバターを4～5回に分けて加え、十分に混ぜる[円]。

*ガナッシュの温度が45℃以上だとバターがガナッシュに混ざりすぎ、バターのリッチな味わいが失われます。40℃ほどだとバターを少しずつ加えていくうちにガナッシュの温度が下がり、バターがガナッシュを包みます。

4 バニラエッセンスを加え、よく混ぜる。

5 バットに広げて冷蔵庫で冷やす。

*そのままにしておくと分離してしまうので、必ずすぐにバットに広げて冷やします。

Sirop au café

シロ・オ・キャフェ

もちろんコーヒーは香り高いものを使います。濃くし、砂糖の甘さも強めにします。ここでは甘みは全体の味わいに力と一体感を与えます。甘みが少ないと間の抜けた味わいになります。

1 鍋に水を入れて沸騰させる。

2 80℃まで冷まし、インスタントコーヒー、30°ボーメのシロ、バニラエッセンスを加えて混ぜる。

Pâte à glacer

パータ・グラッセ

パータ・グラッセは、植物性油脂を加えるとゆっくり固まるので慌てずきれいに上がけすることが出来ます。かけ頃の温度は、お菓子が20℃弱の場合で38℃前後です。

1 上がけ用スイートチョコレートは40℃ほどの湯煎で溶かし、分量の30%にあたるピーナッツオイルを加えて木べらで混ぜる。

Montage

組み立て

1 3枚のパートゥの端を切り揃える。

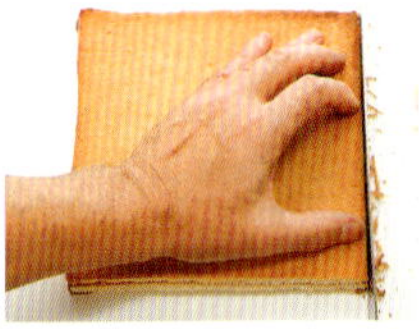

2 1枚のパートゥの底にパータ・グラッセをごく薄くパレットナイフの刃を立てるようにして塗り、これを冷蔵庫で冷やし固める。

*シロをかなり打つので生地がはがれないようにするためです。

3 キャルトンの上にグラニュ糖（分量外）をたっぷりふり、②のパートゥをパータ・グラッセを塗った面を下にしてのせる。冷蔵庫で少し冷やしておく。

*グラニュ糖をふるのは、熱いシロでチョコレートが溶けて下につくのを防ぐためです。

4 シロを80℃まで温め直し、底用のパートゥの表面に厚みの2/3までしみ込むように刷毛でシロを打つ。プティクトーでパートゥを少し切って、断面を確認する。

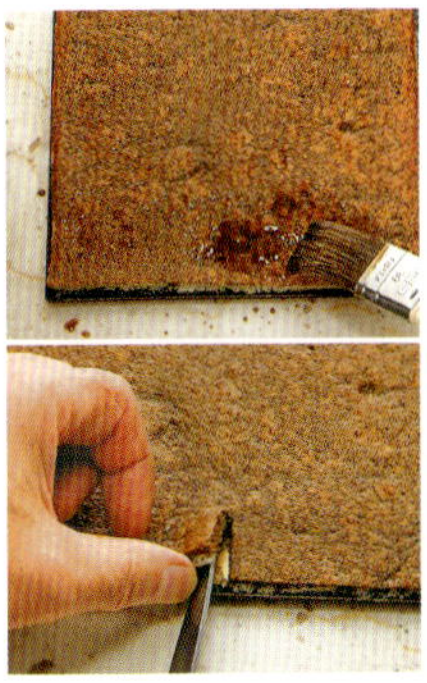

*必ずシロは80℃ほどを保ちながら打ちます。かなりの量のシロを打つので、温度が低いとパートゥに細かく浸透せず、ビチャッとした間の抜けた食感になります。パートゥをしっかり焼き、水分を取り、そこに熱いシロを打てばふっくらとした味わいと一体感が生まれます。もしシロを打ちながら冷めてきたら、その都度80℃まで温め直して作業をします。

5 他の２枚のパートゥには、パートゥの表裏にそれぞれ厚みの1/3までしみ込むように刷毛でシロを打ち、冷蔵庫で冷やしておく。

6 ④のパートゥが冷えたところで、平口金をつけた絞り袋にクレーム・オ・ブール・キャフェを入れて110g絞り、パレットナイフで大体平らにならす。

7 ⑥の上に⑤のパートゥを１枚重ねる。

8 ガナッシュ・ブーレは使う10分ほど前に室温25℃のところに出しておく。少しテリが出て指がすっと入る柔らかさが目安。

＊ガナッシュは作りたてがチョコレートの味がのっていて、口溶けもよく一番美味しいです。使うまで冷やし固めておき、使う前に室温で柔らかく戻して絞ればよい状態でパートゥの上に移すことが出来ます。

9 ガナッシュ・ブーレはけっして混ぜないで、そのまま平口金をつけた絞り袋に入れ、全量を絞って大体平らにならす。

＊ガナッシュを扱う時は軍手をはめて絞るとよいです。

10 ⑨の上にもう１枚の⑤のパートゥをのせ、残りのクレーム・オ・ブール・キャフェを絞り、きれいにならす。冷凍庫で冷やし固める。

Finition

仕上げ

1 冷凍庫からお菓子を取り出し、冷蔵庫に30分ほどおいて、表面についた水分を軽く拭きとっておく。

＊冷凍庫に一晩おいた場合は、10時間前に冷蔵庫に移し、完全に解凍させます。

2 パータ・グラッセをきれいに流すための斜めの台を用意し、お菓子を置く。

3 手前と向こう側の側面に紙を貼り、表面にパータ・グラッセを幅広く流し、急いでパレットナイフで表面のチョコレートを薄くのばす。

＊温度調整の必要のないパータ・グラッセでも、かけるパートゥなどの温度が低すぎると、すぐに汗をかいたり、固まりが早く表面が汚くなってしまうことがあります。

4 パータ・グラッセが固まったら、ナイフを火で少し熱し、側面に流れたパータ・グラッセを切り落とす。

＊通常アントゥルメの場合はコルネにチョコレートを入れ「Opéra」と書きますが、真ん中に金箔を１つ飾る方が私のイメージに合っているので、金箔をつけて仕上げます。

「Mousse」ムースのもつ意味と、その種類について

1.「ムース」の意味について

ムースは「泡」と言う意味です。レストランなどでは、生クリームや果汁などに対してかなりのムラングの入るクープグラスなどに流し込んで固めた軽い舌触りの、持ち帰りの出来ないデザートとして「ムース・オ・シトゥロン」などは以前からあったようです。

ヌーヴェル・パティスリーでは、“plus léger”（プリュ・レジェ／より軽く）の合言葉のもとに、それまで既にあったクレームやババロアなどに、ムラング・イタリエンヌを、時にはパータ・ボンブを加えるなどして軽さを与えてこれを全て「ムース何々」と呼ぶことが流行となりました。

ババロアズのムース、クレーム・オ・ブールのムース、クレーム・パティスィエールに多めのバターを加えるクレーム・ムースリーヌなどのさまざまのムースが作られたのです。

1度目のフランス滞在の頃のノートを改めて読み返してみると、ババロアズ・オ・ポワールがムース・オ・ポワール、ババロアズ・オ・カシスがムース・オ・カシスなどと記されています。しかしその後、年月と共にムースの意味も再び変わってきているように思います。バターを使ったムースは、現在もそのままムース・オ・ブールですが、クレーム・アングレーズを使ったものは再びババロアズと呼ばれるようになりました。

またクレーム・パティスィエールに多めのバターを加えていたクレーム・ムースリーヌは、より軽く、バターの代わりに生クリームを加えてクレーム・ムースリーヌと呼ばれるようになりました。

現在では、ムースの意味は主として生クリームに果汁などを加えて、多くの場合ゼラチンで固めたものを言うようです。また、ムラング・イタリエンヌなどを加えて軽さが与えられなくても「ムース何々」と呼ばれます。

つまり現在では、ムースは単なるクレームという意味も持ち合わせているのです。

2. ムースの配合と製法の種類について

ムースにはさまざまな配合、製法があります。大別すると、生クリームを使ったムースと、バターを使ったムースがあります。

生クリームを使ったムースは4種類に分類出来ます。最も多いのは、生クリームに果汁、その他を加えて冷やし固める作り方です。生クリームを使ったムースで最も大事な点は、製造されてからずっと5℃以内に保存された状態の生クリームを使うこと。そしてババロアズ同様必ず温度計を使って温度を正確に調整することです。

生クリームとアパレイユを併せる温度は基本を10℃とします。ババロアズの場合は、クレーム・アングレーズの卵黄のとろみが加わるため18℃で生クリームと合わせますが、ムースの場合は卵黄のとろみが入らないため、10℃まで冷やすことによってゼラチンのとろみが強くつき始め、生クリームと十分混ざり合いしっかりと固まり始めるのです。

もしアパレイユを10℃以下に冷やしすぎてしまうと、逆にゼラチンが過度に固まってしまい、生クリームと深く混ざらなくなります。

バターを使ったムースでは、ムラング・イタリエンヌを加える場合と、パータ・ボンブを加える場合の2種類があります。

ムースのカテゴリー

生クリームを使ったムース

❶ジュースなどを加える
- 凝固剤を加えないⓐ
- 凝固剤（ゼラチン、フォンドニュートラルなど）を加えるⓑ

❷カカオバターを含んだ熱いチョコレートを加えて固める

❸①のⓐⓑにムラング・イタリエンヌを加える

❹①のⓑと②にパータ・ボンブを加える

バターを使ったムース

❶ムラング・イタリエンヌを使う
- バターのアパレイユにムラング・イタリエンヌを加える
- バターのアパレイユにクレーム・アングレーズを加え、ムラング・イタリエンヌをさらに加える

❷パータ・ボンブを使う ―― バターのアパレイユにパータ・ボンブを加える

Mille-feuille

ミル・フイユ

あらん限りの力をもったパートゥ・フイユテと、
クレームが五感に押し寄せる。
まさに多重性と多様性に全ての感覚が押しつぶされる快感。

ミル・フイユは悦楽の極みの味わいなのです。

ザック、サクッ、ザクッ。パイの焦げた温かさに溢れた香り、キャラメルの甘い香り、
クレーム・パティスィエールの懐かしさに満ちた心満たす香り、
そして一度に心を嬉しさで満たしてくれるパイの明るい音に
舌全部を有無を言わさず覆いつくす慈愛溢れる味、クレーム。
もう、あっという間に私の五感はいろんなところが、いろんな刺激で埋もれてしまいます。
あっという間に幸せな感覚が心を埋めてしまいます。本当に不思議です。
このミル・フイユが刺激するのは私の幸せな感情だけなのです。
ビュッシュロンのように、私の不幸なところや暗さの感情を刺激することはありません。
子供の頃の思い出、青春の暖かさ、そして生きることの喜び。
いろんな感覚が一度に呼び覚まされるのです。

三つの基本的なパートゥ、パートゥ・フイユテ、パートゥ・シュクレ、
パートゥ・ブリゼの中でも、パートゥ・フイユテは一番印象の強いパートゥです。
パートゥを一度浮かせて少し焼き色がついたところで天板をのせ、
パートゥを軽く押しつぶして、上にふりかけた粉糖の溶けたキャラメルの力を借りて
歯触りをさらにざっくりと存在感のあるものにします。
部分的に少し焦げているほどに深く焼き、強い焦げ臭の混ざった香りを与えます。
クレーム・パティスィエールは香りに力のあるマダガスカル産ブルボン種の
バニラ棒を使い、香りにさらに力を加えます。
クレーム・パティスィエールは粉を少し多くして、
パートゥ・フイユテの味わいに負けぬ舌触りを与えます。
クレームは卵黄を多めに加え、味わいを濃くします。
グルテンが他の素材の旨味を包み込まないようにして、
細心の注意を払って練りあげます。
そしてとても大事なのは冷めてからのクレームのほぐし方。
手早く強く手数を少なくほぐし、水分を吸って糊化状態にある
澱粉粒子から水が出て舌触りが頼りないものにならないよう注意します。
こんな風にそれぞれの工程でパートゥやクレームを作らなければならないという意識を
集中してこそ、例えようもない幸せを与えてくれるミル・フイユが出来ます。

histoire

フランス語でMilleは「1000」、Feuilleは「葉っぱ」の意味。
パートゥ・フイユテが、何層にもなっている様子が、
まるで1000枚の葉っぱを重ねたように見えることから名づけられました。

Ingrédients

1台分

Pâte feuilletée rapide
パートゥ・フイユテ・ラピッドゥ

3/5パトン　パートゥ・フイユテ・ラピッドゥ（→ P264）

適量　粉糖

Crème pâtissière au crème au beurre
クレーム・オ・ブール入りクレーム・パティスィエール

クレーム・パティスィエール（→ P280）

┌ 18g　薄力粉
└ 22g　強力粉

┌ 400g　牛乳
└ 3/5本　バニラ棒

┌ 120g　卵黄
└ 80g　グラニュ糖

20g　バター

80g　クレーム・オ・ブール（→ P278）

Décor
飾り

適宜　パートゥ・フイユテ・ラピッドゥ（→ P264）
適量　塗り卵（→ P257）

適量　グラニュ糖
適量　粉糖

食べ頃と賞味期間

●食べ頃の温度　20～23℃。冷たいと味わいは半減します。
●賞味期間　ミル・フイユは作りたてがパイもパリッとして最高の美味しさです。時間が経つほどパイも湿気っていき、クレーム・パティスィエールから水が出てきます。出来れば仕上げてから2時間以内で食べるようにしてください。割合すぐに食べる場合は、クレーム・パティスィエールは一度も冷やしていないものを使う方が美味しく出来あがります。冷やすと離水は早まります。

Recette

Pâte feuilletée rapide
パートゥ・フイユテ・ラピッドゥ

1 P264「パートゥ・フイユテ・ラピッドゥ」を作り、1パトン（25cm×25cm）用意する。

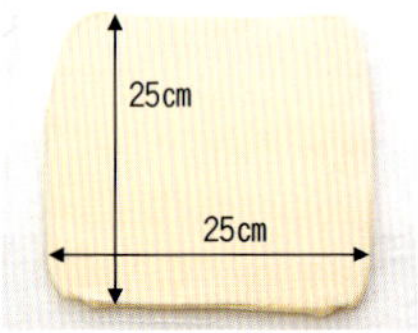

＊折りあがったパートゥは17cm×15cmほどですが、このまますぐに切り分けずに、まず25cm四方にのしてから切り分けます。小さく切ってのすと、パートゥの四辺の端が少しずつずれてきて、その部分のパートゥの浮きが悪くなってしまうからです。

2 縦10cm×横12.5cmのパートゥを3枚用意するⒶ。これで3/5パトンになる。
Ⓑのパートゥを飾り用に使う。

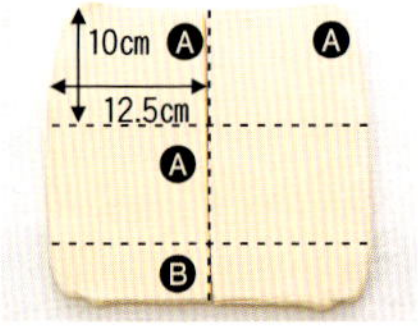

3 切り口の面に手粉（分量外）をつけ、12.5cm×23cmにのす。

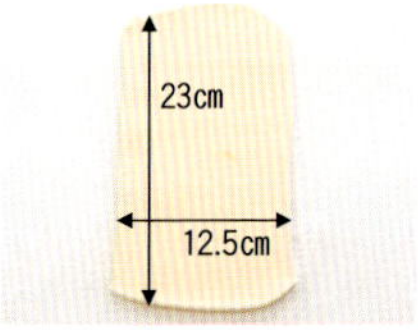

4 90度向きを変え、23cm×23cmにのし、形を整える。

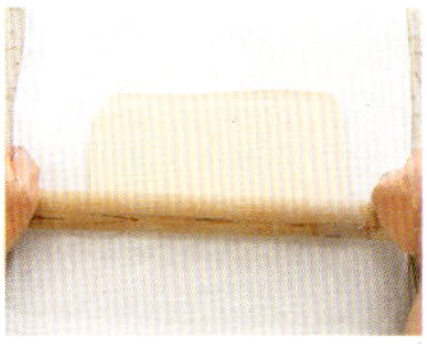

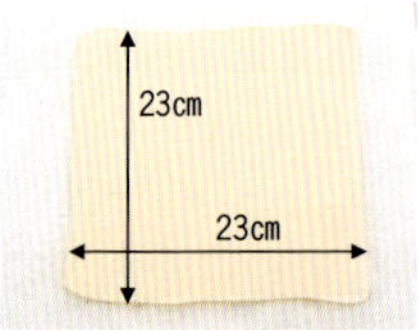

5 パートゥを両手でもちあげ、22cm×22cmにし、表裏の手粉を刷毛で払う。

＊必ずパートゥをもちあげて一度縮めてから寸法を確かめて下さい。

6

ピケローラーで2回ピケする。

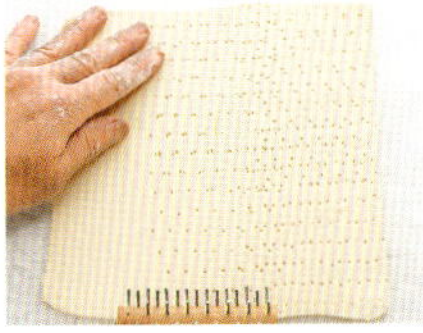

＊ここでのピケはあまりパートゥが浮き過ぎないようにすると同時に、仕上げでパートゥを切り分ける時にパートゥの層がパラパラと崩れないようにするためです。

7

21㎝×21㎝の厚手の型紙をあて、端を切り落とす。

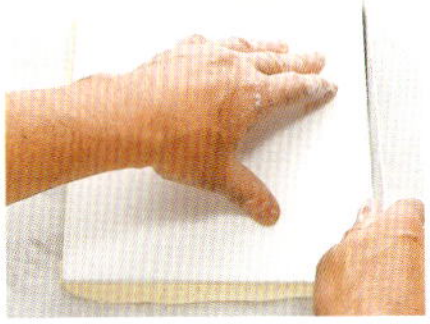

8

パートゥは2つに折りたたんでバットに移し、広げて冷蔵庫で1時間ほど休ませる。同様にこのパートゥをあと2枚作る。

9

オーブンに入れて焼く。
（天板2枚も予熱しておく）

電子レンジオーブン

予熱 300℃：30分

＊パートゥは常温に戻すと柔らかくなってうまく天板に移しにくいので、冷蔵庫から出したらすぐに焼きます。パートゥは焼き縮みするので天板の縁にかかっていても大丈夫です。

300℃：4分

2分　パートゥがほぼ浮く。
3分　パートゥに薄い焼き色がつき始めるⒶ。
4分　表面がキツネ色になったら、熱した天板をのせるⒷ。

Ⓐ

＊パートゥに焼き色が十分ついていないうちに天板をのせるとパートゥは薄くなりすぎ、硬い歯触りになり、バターがパートゥからもれ出てしまいます。

Ⓑ

250℃：17分

17分　焼きあがりは表裏に部分的に焦げの入った強い焼き色がつく。周囲は焦げがあり、かなり焼きすぎたかなと思う程度Ⓒ。熱くない天板にパートゥを表裏返して置き、茶漉しで粉糖をふるⒹ。

Ⓒ

300℃：3分

3分　粉糖が溶けて全体が濃いめのキツネ色になったらオーブンから出し、網の上で冷ますⒺ。
あと2枚も同様に焼く。

Ⓓ

Ⓔ

ガス高速オーブン

予熱 250℃：15分

230℃：5～6分

2分　パートゥがほぼ浮く。
3分　パートゥに薄い焼き色がつき始めるⒶ。
5～6分　表面がキツネ色になったら、熱した天板をのせるⒷ。

190℃：13分

9分　天板の奥と手前を入れ替える。
13分　焼きあがりは表裏に部分的に焦げの入った強い焼き色がつく。周囲は焦げがあり、かなり焼きすぎたかなと思う程度Ⓒ。熱くない天板にパートゥを表裏返して置き、茶漉しで粉糖をふるⒹ。

250℃：4分30秒

2分30秒　天板の奥と手前を入れ替える。
4分30秒　粉糖が溶けて全体が濃いめのキツネ色になったらオーブンから出し、網の上で冷ますⒺ。
あと2枚も同様に焼く。

＊部分的にかなり焦げるくらいまで焼かないと力のある味わいになりません。パートゥの中心まで深い焼き色をつけてください。

＊粉糖も溶けるだけでなく、少し色がついた方が美味しいです。

Décor

飾り

1 飾り用のパートゥは、厚さ1.5㎜にのして直径を3㎝の菊型で10個抜き、さらに中心を直径13㎜の丸口金で丸く抜く。

2 プティクトーで周りに5ヶ所にピケし、塗り卵を塗る。

3 オーブンに入れて焼く。

電子レンジオーブン

230℃ : 8 分

ガス高速オーブン

210℃ : 8 分

Crème pâtissière au crème au beurre

クレーム・オ・ブール入りクレーム・パティスィエール

基本のクレーム・パティスィエール（→ P280）より粉が10%ほど多く、少しだけ硬めになっています。クレーム・オ・ブールを加えて、さらにリッチな力のあるクレームにします。

1 P280「クレーム・パティスィエール」を作り、20℃ほどに冷ます。

＊温かすぎるとクレーム・オ・ブールが溶けて油っぽい舌触りになります。15℃以下に冷たくすると、加えるクレーム・オ・ブールが分離します。

2 クレーム・パティスィエールを木べらで手早く強く練ってほぐす[平行楕円]。

＊クレーム・パティスィエールはほぐし具合がとても大事です。すりつぶすようにほぐせばクレームから水が出てきます。手早く強く[平行楕円]でほぼ均一にほぐれるまでほぐします。揺するとクレーム全体がプルンと揺れるほどです。クレームは混ぜるほどに柔らかくなり、水が出てきて糊のような頼りない舌触りになります。

3 クレーム・オ・ブールを2回に分けて加え、同様に混ぜる。

Finition

仕上げ

1 焼きあがった3枚のパートゥを18㎝×18㎝の型紙に合わせて切る。

2 出来あがったお菓子を切りやすくするため、一番上になるパートゥを10等分しておく。

＊パートゥの焼きあがりの大きさは、仕込みや折り方、また焼成の縮み具合によって一定しません。一番きれいに焼け、キャラメリゼしているパートゥが、一番上になるようにしてください。

3 直径10㎜の丸口金をつけた絞り袋にクレーム・パティスィエールを入れ、一番下のパートゥに絞る。

4 2枚目のパートゥをのせ、同様にクレームを絞り、その上に②のパートゥをのせる。

5 飾り用のパートゥの真ん中にクレーム・パティスィエールを絞る。

6 グラニュ糖をふり、十分に熱したコテでキャラメリゼする。同様にあと1回グラニュ糖をふり、キャラメリゼする。

7 グラシエール（粉糖入れ）で粉糖をふり、同様にキャラメリゼする。

8 パートゥの上に飾る。

Découpage

切り分け

1 手前の側面にカードや厚紙などを立て、熱めの湯につけたナイフを軽くトンとまな板の上でたたいて水気を取り、垂直に入れる。

2 そのまま手前に向かってナイフをひく。

3 ナイフは使うたびにクレームをふき取り、お湯でぬらして使う。

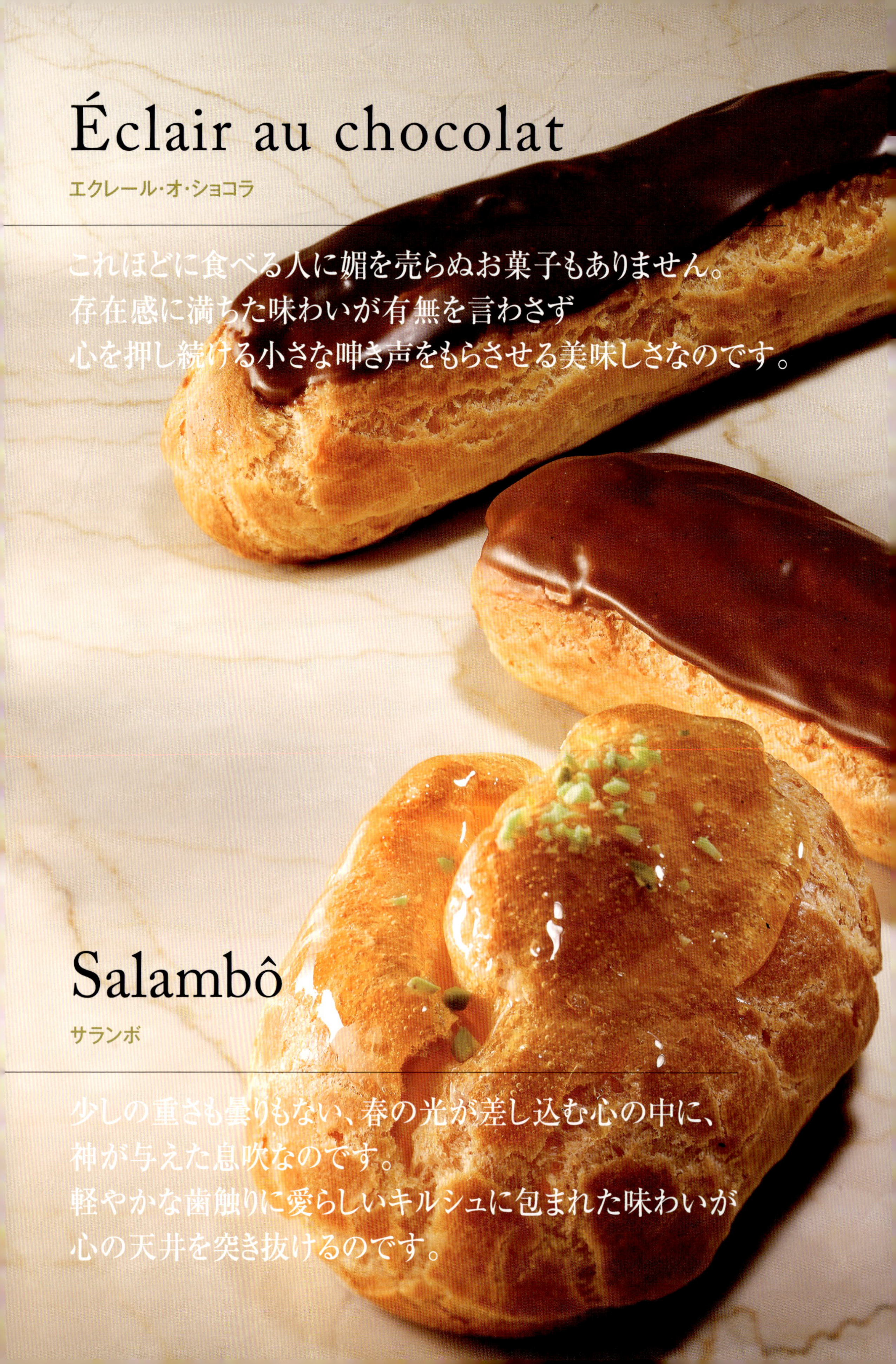

Éclair au chocolat

エクレール・オ・ショコラ

これほどに食べる人に媚を売らぬお菓子もありません。
存在感に満ちた味わいが有無を言わさず
心を押し続ける小さな呻き声をもらさせる美味しさなのです。

Salambô

サランボ

少しの重さも曇りもない、春の光が差し込む心の中に、
神が与えた息吹なのです。
軽やかな歯触りに愛らしいキルシュに包まれた味わいが
心の天井を突き抜けるのです。

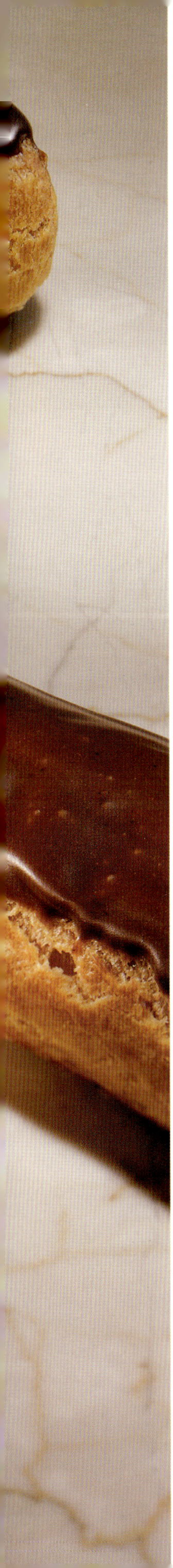

エクレール。それは私にとって、
それまでに全く経験のない領域の食べ物でした。

その頃私は未だ少しもチョコレートの味わいを理解しておらず、
エクレールは途方もなく重い多重性そのもののお菓子でした。
しっかりした主張のある粘りをもったクレーム・パティスィエールに、
酸味をもったさらに重いガナッシュが加わります。
そして恐ろしいことに喉がヒリヒリするほどの強い甘さをもったフォンダンが
チョコレートと共にさらにその重さを増すのです。
重い力をもったさまざまな味わいが、
ズドーン、ズドーンと私の心に押し寄せました。
でもこのエクレールは、私が研修していたパティスリー・ミエでは
一番良く売れていて、ショコラ、キャフェ、
それぞれ平日には20〜30本ずつ作っていました。
売れ残るとパティスィエたちの昼ごはんのデセールとして
エクレールが登場することも多く、
さまざまなお菓子の中で一番食べたのが
エクレールだったように記憶しています。
そして研修の終わりには
あれほど喉をさすように強いと思われたチョコレートとフォンダンの絡み合いが
つつましく、優しい、人懐っこい甘さに変わっていくのを感じました。

しかし日本に戻ると、その頃の日本では「甘くない」のが美徳であり、
美味しさであると、作り手も食べ手も考えていました。
とにかく甘いものは非難されなければならない。
まるで魔女狩りともいえる執拗さをもっています。
ですからほとんど私自身もエクレールを作ることはありませんでした。

2度目のフランス滞在の時に食べたエクレール・オ・ショコラとキャフェは、
まるでずっと子供の頃から付き合っていたような、
自然な親しみをもって私の心に入ってきました。
特に休みの時など、近くのキャフェ・レストランで食事をした後、
デセールを食べずに、遅くまで開いていたブーランジュリ（パン屋）の
エクレールを買い、屋根裏部屋で、その美味しさに夢中になって食べたものです。

帰国後、何年かして自分の店を開いた時、もちろんエクレールも作りました。
でも何故かいまひとつ膨らみのない少し元気を失いそうな味わいでした。
それは質の良くないフランスからのチョコレートによるものでした。
日本ではほとんどの人が素材の良し悪しを
自分の力で判断することは出来ません。
まさに日本人用の手抜きチョコレートが溢れていました。
さらに何年か後、自ら探し当てたペック社のチョコレートを使った時、
やっと、本当にやっと、
エクレール・オ・ショコラはフランスで食べたあの顔を取り戻しました。
それはまさに、“呻るような”人懐っこい多重性に溢れた美味しさでした。

histoire

Éclair エクレールは「稲光」「閃光」という意味。
19 世紀の天才パティスィエ、アントナン・カレームが作ったお菓子の一つ。
その名の通り、立ったままガブリと、
閃光のように一瞬で食べてしまいたくなるパティスリーの定番です。

Éclair au chocolat

エクレール・オ・ショコラ

Ingrédients

6本分

Pâte à choux

パータ・シュー

8〜9本分出来る

約410g　パータ・シュー（→ P274）
適量　塗り卵（→ P257）

Crème au chocolat

クレーム・オ・ショコラ

クレーム・ガナッシュ
出来あがりから80g使用

48g　サワークリーム
63g　スイートチョコレート
（スーパー・ゲアキル・カカオ分 64%）
5g　パートゥ・ドゥ・カカオ（カカオマス 100%）

クレーム・オ・ブール入りクレーム・パティスィエール

175g　クレーム・パティスィエール（→ P280）
25g　クレーム・オ・ブール（→ P276）

Fondant au chocolat

フォンダン・オ・ショコラ

20本分出来る

300g　フォンダン
150g　30°ボーメのシロ（→ P257）
60g　パートゥ・ドゥ・カカオ（カカオマス 100%）

食べ頃と賞味期間

●食べ頃の温度　18〜20℃
●賞味期間　5〜20℃で保存し、当日のみ。あまり冷たすぎると味わいが舌にのりません。温かいとガナッシュの油っぽさを舌に感じます。ほんの少し冷たいぐらいが一番おいしいです。

Recette

Pâte à choux

パータ・シュー

1 P274「パータ・シュー」を作る。

＊エクレールは、シュー・ア・ラ・クレームより卵の量を少し減らして硬めにします。カードを差して手前に引き、5秒経って5㎜幅の溝が残るくらいがちょうどよい硬さです。

＊パートゥが柔らかいと横に広がり、丸い筒状になりません。

2 天板にアルミホイルを敷き、刷毛でポマード状バター（分量外）を指で触って殆どつかないほどにごく薄く塗る。

3 カードに手粉（分量外）をつけ、同じ長さに絞りやすいように、天板に目印をつける。

4 直径 13㎜の丸口金をつけた絞り袋にパータ・シューを入れ、長さ 12㎝弱に絞る。

＊形よく筒状に焼くためには、まず、まっすぐ同じ太さに絞ることが大切です。

5 表面に塗り卵を薄く塗る。刷毛の先に塗り卵を少しつけ、軽くこすって同じ太さに整える。

6 オーブンに入れて焼く。

電子レンジオーブン

170℃〜180℃ : 25〜30分

＊エクレールはシュー・ア・ラ・クレームより 10℃ほど温度を低くしてパートゥの浮き方を穏やかにした方が、丸い筒に近づきます。

＊電子レンジオーブンの場合は、シュークリームの自動焼きで焼いてもよいでしょう。

ガス高速オーブン

焼く前にビシャビシャになるくらいたっぷりと霧吹きするⒶ。

予熱 250℃。天板を入れスイッチを切って 2 分

↓

170℃ : 30〜35分

Ⓐ

＊ガス高速オーブンは膨れる前にパートゥの表面が乾き、膨らみ方が不十分になるので、多量に吹いた水を庫内に水蒸気として充満させてからスイッチを入れると、かなり膨らみがよくなります。

7 焼きあがりは割れ目に十分焼き色がつき、オーブンから出してもつぶれないくらいの硬さになる。

Crème au chocolat

クレーム・オ・ショコラ

強い力をもったさまざまの要素が、これでもかとばかりに加えられます。

クレーム・パティスィエールに卵黄のクレーム・オ・ブールを加え、味わいに温かみと豊かさを加えます。乳酸発酵で味わいの厚くなった酸味のあるサワークリームを使います。チョコレートは、芯のある鋭い香りをもったスーパー・ゲアキルです。

1 クレーム・ガナッシュを作る。銅鍋にサワークリームを入れ、80℃（縁の方がフツフツする）まで加熱する。

2 火を止めて、前もって細かく刻んでおいたスイートチョコレートとパートゥ・ドゥ・カカオを加え、ホイッパーで手早く混ぜる[円]。
80%混ざったら、さらに 50 回混ぜる。

3 サワークリームの脂肪分はチョコレートより多いのでよく混ぜても脂肪分が分離するが、構わず 20℃まで冷ます。出来あがりから 80g 取り分ける。

4 クレーム・パティスィエールを木べらで手早く強く練ってほぐす[平行楕円]。クレーム・オ・ブールを加えて滑らかになるまで混ぜる。

5 ④に③を 3 回に分けて加え、ホイッパーでとにかくよく混ぜる[円]。80%混ざったら、さらに 20 回同様に混ぜる。

＊かなりのガナッシュが入るので、ホイッパーで混ぜた方が、しっかりとクレーム・パティスィエールの中にガナッシュが混ざり込みます。十分に混ざらないとガナッシュが分離して滑らかな力のある味わいになりません。

6 残り 2 回も同様に加え混ぜる。

Fondant au chocolat

フォンダン・オ・ショコラ

フォンダンは、温度の低い晴れの日は 30℃くらいにし、あまり加熱しません。高くすると、フォンダンの中の溶ける砂糖の結晶が多くなり、再結晶して艶がなくなり乾いてしまいます。雨の日は 35℃と温度を高くしてフォンダン中の溶けていない砂糖をより多く溶かして再結晶して固まる力を強くします。これが少ないと空気中の湿度を吸ってフォンダンが溶けて流れ落ちてしまいます。

1 フォンダンを手で揉んで柔らかくします。

2 鍋にフォンダンを入れ、30°ボーメのシロ 20 g を加え、木べらですりつぶす。

3 30°ボーメのシロ 30 g を加え、さらにすりつぶす。

4 前もって湯煎で溶かしておいたパートゥ・ドゥ・カカオの 1/2 量を加え混ぜる。

5 30°ボーメのシロ 50 g を加え混ぜる。

6 残りのパートゥ・ドゥ・カカオを全て加え混ぜる。

7 30°ボーメのシロ 50 g を加え混ぜ、約 30℃になるまで加熱して柔らかくする。

*何回かやって慣れてくれば、パートゥ・ドゥ・カカオ、30°ボーメのシロはそれぞれていねいに混ぜれば一度に加えても大丈夫です。

8 出来あがりは、5 秒で跡が消えるほどのかなりの柔らかさが目安。

*たとえほんの短い時間でもフォンダンの熱を高くしすぎると、フォンダン中の結晶が溶けすぎ、これがまた再結晶して艶がなくなり、乾いてしまいます。そうなった場合は新たに 1/3 量ほどのフォンダンを加え、30°ボーメのシロを加え、同様に調整します。

Fondant フォンダン

シロを 113℃まで煮詰めて作った純白の砂糖衣。残ったフォンダンは、タッパーなどに入れて常温で保存します。使う時に 30°ボーメのシロと新しいフォンダンを 1/3 量ほど加え混ぜてから、同じ工程で温めながら混ぜていきます。

Finition

仕上げ

1 完全にパートゥが冷めたところで、パートゥの底に箸などで 2 ヶ所穴を開ける。

2 直径 7㎜の丸口金をつけた絞り袋にクレーム・オ・ショコラを入れ、2 ヶ所の穴に絞り入れる。

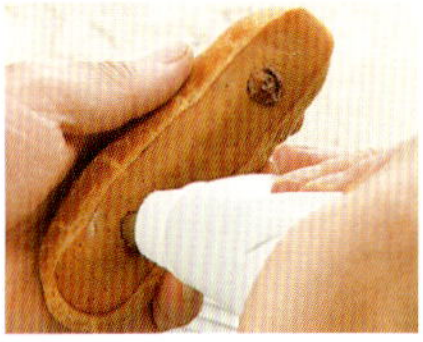

3 穴からはみ出たクレームはボウルの縁ですり切り、きれいにする。

4 パートゥの上面にフォンダン・オ・ショコラをつけ、指できれいにならす。

*パートゥが透けて見えないくらいに人差し指で余分なフォンダンを落とし、薄めにかけます。

サランボもミル・フイユと同じように、
心と身体の嬉しい感覚だけを刺激してくれるお菓子です。

ミル・フイユのように五感に一度に押し寄せる美味しさではありませんが、
明るく明るく私の心と身体の中を、爽やかな風とともに、
春の陽差しのふっくらとした暖かさが、ゆったりと揺らめきながら立ち上り、
頭のてっぺんを抜けていくんです。
そう、春のリズムがあるんです。
パータ・シューと飴の重なり合った歯触りが、
心の中のモヤモヤをスッと消し去ります。
瞬時に心は春の清々しさが訪れ、
人懐っこく嬉しいキルシュの入ったクレーム・パティスィエールが
明るく舌の上全てに広がります。
そして類まれな春の夢を与えるキルシュの香りが立ち上ります。
アルザスのキルシュに溶け込んださくらんぼの春の息吹は、
どんなに考えても人の手だけで出来るものではありません。
そう、まさしく神様の手を感じる揺らめく香りなのです。
初めてのフランスで、サランボは、何となく美味しいけれど、
やっぱりなんとなくの美味しさでしかありませんでした。
それは当然のことでした。
私にはフランスのさまざまのものが初めての経験であるばかりで、
1つのお菓子の美味しさを理解するには、さまざまのことを理解し、
心で咀嚼する積み重ねが必要だったのです。
特に可能な限り豊かに発酵させたアルコール40°以上の
オ・ドゥ・ヴィ（フルーツ・ブランデー）の力と膨らみのある香りを
ただの強すぎるアルコールの香りとしてしか認知できなかったのです。
キルシュの香りの表情と思いを心に映し、神の存在を信じるようになるまで、
このサランボの美味しさを理解することはありませんでした。
今、このサランボは、私にとって
心のある部分をいつもしめつける美味しさなのです。

histoire | 19世紀に作られたプティ・ガトー。その名前はギュスターヴ・フローベールが1869年に発表した小説『サランボー』に由来します。

Salambô

サランボ

Ingrédients

8個分

Pâte à choux

パータ・シュー

約410g　パータ・シュー（→ P274）
適量　塗り卵（→ P257）

Crème pâtissière au crème au beurre au kirsch

キルシュ風味のクレーム・オ・ブール入り
クレーム・パティスィエール

クレーム･オ･ブール入りクレーム･パティスィエール

263g　クレーム・パティスィエール（→ P280）
37g　クレーム・オ・ブール（→ P276）

20g　キルシュ

Sucre

飴

98g　グラニュ糖
72g　水飴
43g　水

Finition

仕上げ

適量　ピスターシュ（ピスタチオ）

食べ頃と賞味期間

- 食べ頃の温度　15〜20℃
- 賞味期間　5〜20℃で保存し、当日のみ。

Recette

Pâte à choux

パータ・シュー

1 P274「パータ・シュー」を作る。
★硬さは P142「エクレール・オ・ショコラ」と同様。

2 天板にアルミホイルを敷き､刷毛でポマード状バター（分量外）をごく薄く塗る。

3 直径 10㎜の丸口金をつけた絞り袋にパータ・シューを入れ、長さ 5.5㎝、幅 4㎝の楕円形に絞る。

4 表面に塗り卵を薄く塗る。

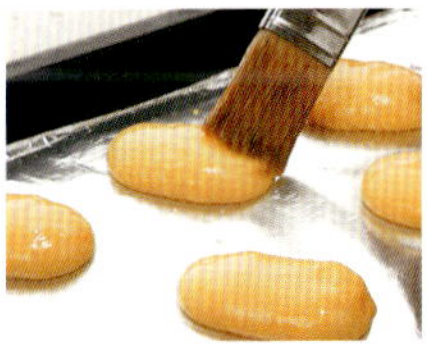

5 オーブンに入れて焼く。

電子レンジオーブン
170〜180℃ : 25〜30 分

ガス高速オーブン
予熱 250℃。天板を入れスイッチを切って 2 分
↓
170℃ : 30〜35分

Crème pâtissière au crème au beurre au kirsch

キルシュ風味のクレーム･オ･ブール入り
クレーム･パティスィエール

1 クレーム･パティスィエールを木べらで手早く強く練ってほぐす[平行楕円]。

2 クレーム・オ・ブールを 2 回に分けて加え､滑らかになるまで同様に混ぜる。

3 キルシュを2回に分けて加え、十分に滑らかになるまで混ぜる。

Finition

仕上げ

1 完全にパートゥが冷めたところで、パートゥの底の中央に箸などで穴を開ける。

2 直径7㎜の丸口金をつけた絞り袋にクレーム・パティスィエールを入れ、穴に絞り入れる。

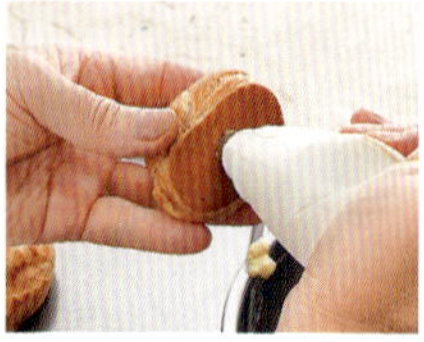

3 穴からはみ出たクレームはボウルの縁ですり切り、きれいにする。

4 飴を作る。小鍋に材料を入れ 、火にかける。鍋の内側についたグラニュ糖が黒く焦げつかないように、刷毛で内側を払う。

5 140℃を過ぎたら火を弱めにして、温度計でごく静かに混ぜる。
150℃を過ぎると部分的に少し薄い焦げ色がついてくる。

6 160℃で明るいキャラメル色がついたら、鍋底をサッと水につけて粗熱を取り、濃いキャラメル色になるのを防ぐ。

*但し、水につけるのは10秒ほどにします。あまり長くつけると糖液が固まり始めます。

*ほんの薄くだけでもキャラメル色をつけてください。全体の味わいの膨らみが大きく異なります。またキャラメルが出来ると飴は再結晶しにくくなります。

*冷えて固まった飴は、電子レンジオーブンなら200℃、ガス高速オーブンなら180℃で約20分～30分で溶けます。溶かし直しをすると、徐々にキャラメル色が濃くなりますが、明るい赤さが残っていれば、より香ばしくおいしいものです。

7 小鍋をセルクルなど冷めにくいものの上に置いておく。

8 パートゥの上面1/3に、上下に小刻みに動かしながら飴を薄くつけ、上下に動かしながらパートゥを少しずつ飴から持ちあげる。

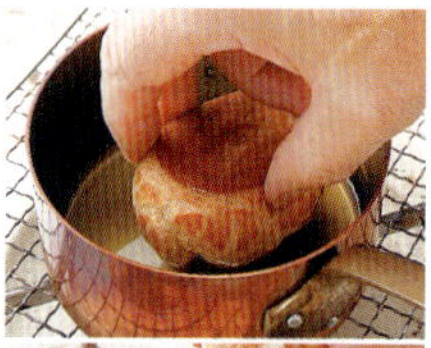

*このように上下に動かしながら飴から持ちあげると、飴が飴をひっぱって薄くつきます。

*あまり飴を厚くつけすぎてしまうとその硬い歯触りが全体の味わいを損ねてしまいます。また飴が冷えてくると厚くつくので、固くなってきたと思ったらスプーンでよく混ぜながら加熱し、垂らした飴の跡が0.5秒で消えるほどの柔らかさにしてからパートゥにつけます。

9 ベーキングシートの上に置き、すぐに細かく刻んだピスターシュを表面に散らす。

10 周りに垂れた飴はハサミで切って整える。

パティスリー･ミエのオーブンと日本の一般的なオーブンについて①

多様性と多重性をもつ焼きあがりを可能にするために

1. 古典的なパティスリー・ミエの石窯のオーブン

パティスリー・ミエでは、現在も下の方から250℃、200℃、180℃と温度が3段に固定された炉床のある、電気を熱源とするオーブンがずっと使われています。1段にそれぞれ天板が6枚入ります。それぞれの炉内の床と天井には厚さ約10㎝の石板が張られ、その内側にはそれぞれ上下の熱源であるニクロム線が走っています。この厚手の石板は熱源からの熱の直接的な輻射を完全に遮り、吸収します。そして少しの時間のズレを伴って、熱源の反対側（つまり炉内）に熱を輻射します。ニクロム線からの300℃ほどの粗い熱は石板に一度蓄積され、均一化･高密度化され、パートゥに伝わります。

しかし現在は、石窯のオーブンは制作費がとても高いのでフランスでもかなり少なくなっているとのことです。

2. 熱源からの熱の均一化と高密度化

①熱源が何も覆われていなかったり遮断されていないと、ニクロム線から300℃という熱が直接伝わり、パートゥの表面は焦げやすくなります（均一化されていない熱）。また熱源から300℃の高い熱が届きますが、炉内にはそれほど大きな熱量は蓄積されないために（熱の密度が低い）パートゥ内には熱が効果的に浸透しません。

＊この場合、表面に焼き色はつきやすいが、パートゥの中に大きな熱量が浸透しにくく、水分から活発に蒸発しにくく、火は通りにくくなります。

②日本の一般的な鉄製オーブンのように熱源が鉄板やスレート板で覆われると、ニクロム線からの熱はかなり均一化されます。300℃の熱も200℃ほどの温度のものに平均化されます。また鉄板が一度熱を吸収して溜めたものを吐き出すので、熱の密度は高くなります。

＊この場合は熱が均一化されるので、表面は焦げにくくなり、また熱の密度が大きくなっているのでより早く、高い熱量がパートゥに伝わるので効率よく水分が蒸発し、より早く焼きあがります。

③熱源が厚い石板で覆われているフランスのオーブンはニクロム線からの熱が②よりもさらに均一化され、高密度になります。厚手の石板に吸収された熱が高い温度の熱をならし、低温化します。しかし石板に吸収されて時間をかけて大量に蓄えられた熱が放射され、炉内の温度は低めでも、より多くの熱量が充満します。

＊こう考えると理解しやすいでしょう。フランスの石窯の180℃の炉内には、日本の鉄製のオーブンの200℃以上と同じか、あるいはそれ以上の熱量が蓄えられているということです。

＊石綿を張ったオーブンでは上下の火も温度を10℃上げるのにスイッチを入れてから30分かかります。日本のオーブンでは上火はスイッチを入れてから2～3分、下火は10～15分の、より小さなズレとなります。つまりフランスの石窯オーブンでは時間をかけて石板を熱し、大きな熱量を吸収させてから庫内に吐き出させるので、熱の密度が格段に大きくなるのです。

3. 日本の一般的なオーブンレンジ

日本のパティスリーでは電気オーブンが一般的で、製菓用オーブンの炉床は鉄板であり、上火のニクロム線は薄い金属板で全体が覆われています。そしてニクロム線のすぐ下に穴のあいた金属のスレート板が1枚あったりして、熱源の部屋とパートゥが入るところの部屋を遮断しています。熱源からの熱を間接的にパートゥにあて、熱を柔らかくするためです。

私が菓子屋として歩み始めた頃は、今では信じられませんが、冷蔵ショーケースの温度は12～13℃が最適と考えられていた時代です。ジェノワーズなどにシロを打つということも知りませんでした。ショーケースに3～4日おいてもパサつかないように十分に水分を留めて焼きあげ、オーブンから出して“しとり”が十分に戻るくらいのギリギリの焼き具合が最良とされていました。しかしこの浅い焼き方では、それぞれのパートゥの個性的な香り、食感、味わいは出てきません。

焙焼で大事な考え方は、水分を留めるのではなく、どうやって効果的に水分を抜くかということです。水分を抜くことによって成分変化もより活発になり、多様性のあるパートゥが得られます。

Financier

フィナンスィエ

2口、3口の小さなお菓子の中に、
多重性と多様性が意志をもって
強く押し込められています。
これはまさしくフランス菓子の
真髄なのです。

強い焼き色と香り、歯触り、
私にはそれ以外に何の表情も見せないお菓子でした。

フランス修業時代、薄く焼きあげるために硬めに焼いたパートゥの、その硬さが、
当時の私にはとても唐突すぎて、
美味しさをはっきりと感じることはありませんでした。

でも実はこのお菓子は実にフランス的な味わいの真骨頂なのです。
見ての通り、加えられる素材の数は少なく、この限られた要素を混ぜ方で、
この小さなお菓子の中に多重性と多様性を実現しようとしているのです。
単純な配合の場合は素材の良し悪しが大きく影響します。
アメリカ産のアーモンドパウダーではあまりにも平坦な味わいにしかならないため、
スペインの内陸部の滋味豊かなアーモンドを使います。
バターはより多くの味わいをもつ発酵バターが必要です。
これをブール・ノワゼットゥになるまで焦がし、成分変化によって味わいを広げます。
バニラエッセンスはブルボン種から抽出したものを使います。
特に粉や卵白に味わいのない日本では、全体の味わいにとって、
バニラの香りがとても大切です。バニラの香りの膨らみが、
フィナンスィエ全体の味わいに大きな多様性に満ちた味わいを作りあげます。
転化糖あるいはその一種である水飴は、深い焼き色を短時間でつけてくれます。
また転化糖はグラニュ糖よりも甘味が強いので
全体の味わいに力と締りを与えてくれます。
素材の準備が出来たら、これらに大きな力と深みのある味わいを作りあげるのは、
最後の焼き方です。
十分に熱した鉄板にのせ、250℃の高温でまず薄い焼き色をつけます。
表面全体を固め、パートゥ全体があまり膨らまないように押し込め、
しっかりした歯触りがあって味わいが凝縮したものにします。
最終的な焼きあがりは表面全体が少し黒の入った焼き色となり、
強く印象的な甘い香りを生みます。
そして表面は硬めの歯触りになります。でも中はふっくらと柔らかい。
このように小さな一つのパートゥの中にいくつもの味わいのコントゥラストが混在し、
このお菓子の美味しさを作りあげているのです。

histoire

「金融家」の意味。証券取引所近くのサン・ドゥニ通りの菓子店によって、
金融家たちが背広を汚さずにすばやく食べられるように考案されたと言われています。
フランスでは金ののべ棒を象ったような長四角形の型を使いますが、
私はオバール型を使っています。

Ingrédients

7cm×4.5cm、深さ1.8cmのオバール型　10個分

Financier
フィナンスィエ

31g　アーモンドパウダー

┌ 15g　薄力粉
└ 15g　強力粉

76g　卵白（水様化したもの）（→ P285）
76g　グラニュ糖
14g　水飴

76g　焦がしバター（→ P257）

5滴　バニラエッセンス

食べ頃と賞味期間

●食べ頃　出来るなら作った当日、表面のカリカリとした歯触りが残っているうちが一番美味しいでしょう。時間が経つにつれて内側、外側の硬さが同じようになってきてしまいます。味、香りは十分美味しいものがありますが、食感のコントゥラストは失われます。しかし時間が経てば、さまざまの旨味がにじみ出てきて、味わいに厚みが出てきます。

●賞味期間　アーモンドパウダーの状態がよければ4～5日は20℃ほどの常温で保存出来ます。冷蔵するとより早くパサついてしまいます。

Recette

Financier
フィナンスィエ

　味わいも希薄、脂肪分も数パーセント少ないアメリカ産のアーモンドパウダーでは、このお菓子の本当の味わいは成り立ちません。

　スペイン産でも、バルセローヌ、マヨルカ島、アリカンテなどの雨の多いところのものはやはり味わいは弱めです。カタルーニャ地方、雨の極めて少ない内陸の地・レリダのアーモンドパウダーはスペインの中でも抜きん出た豊穣さをたたえています。

　卵白はある程度水様化（→ P285）したものを使います。あまり新しいものを使うと、このお菓子の特徴である歯に当たって優しくホロッと崩れる感じが失われ、弾力の強い歯ごたえのあるものになります。

　パートゥは卵白にグラニュ糖、水飴を加えてからの泡立て方で、かなり違った感じになります。一番よくない状態は、空気が入り過ぎた場合です。その場合、それだけ表面が型からはみ出して膨れ、このはみ出した部分が大きくなります。はみ出した部分が5㎜以上にならないようにします。あまり膨らむとパートゥのスダチが粗くなって舌触りもザラつき、味わいも不十分なものになります。このことを参考に、それぞれの好みの気泡量をつかんでください。ここでは卵白に空気を入れようというより、卵白の繊維をより細かく切り分けると考えてください。

1 アーモンドパウダーは前もってふるっておく。

2 薄力粉と強力粉は前もって合わせてふるっておく。

3 卵白は常温に戻しておく。ホイッパーで10秒に17～18回の速さで30秒ほぐす[直線反復]。

4 グラニュ糖、水飴を一度に加え、卵白をほぐしながら同様の速さで1分30秒～2分30秒軽く泡立てる。徐々に卵白液に空気が入り、白さが増してくる。

5 ①のアーモンドパウダーを一度に加え、ホイッパーでよく混ぜる［円］。

6 ②の粉を6〜7回に分けて加える。
1回加えるごとに、10秒に15回の速さで混ぜる［すくいあげ］。

＊ここで粉を混ぜる時は、けっして［円］で混ぜてはいけません。より深く粉が他の素材の旨みを包み込んでしまいます。

7 粉を全部加えたら、ほぼ粉の粒がなくなるまでさらに20回同様に混ぜる。

8 焦がしバターを6〜7回に分けて加え、同様に混ぜる。

＊焦がしバターは茶色に焦げた沈殿物もすべてパートゥに加えます。これが香りを高めます。

＊加える時の温度も重要です。冬の寒い時や、他の材料が冷えきっている時などは、100℃ほどに熱したものを加えた方が間違いないでしょう。冷たいとやはりバターの混ざりが悪く、下に沈んで焼きあがります。

＊1/2量くらいまでは本当に少しずつ加えます。

＊少しずつ十分に混ざってから、次を加えます。バターの混ざりが不十分だと下にバターが落ちてザラザラの歯触りになります。

9 バニラエッセンスを加え混ぜる。混ぜ終わりはトロッと流れるような状態。

＊どれかの温度が低く、ドロドロの硬さになると、やはりザラつきのある焼きあがりになってしまいます。

10 ポマード状バター（分量外）を塗っておいた型に出来あがったパートゥを9分目まで流し入れる。

＊パートゥが出来あがったらすぐに型に流し入れて焼きます。

＊焼くまでにあまり時間がかかるとバターが分離しやすくなります。5分以内にオーブンに入れます。

＊残ったパートゥは次に焼く前に弱い直火で40℃ほどに温め、ホイッパーで混ぜてから型に流し入れます。

11 オーブンに入れて焼く。
（天板も予熱しておく）

電子レンジオーブン

240℃：5分
↓
230℃：6分

ガス高速オーブン

210℃：3分30秒
↓
170℃：6分30秒

＊天板を予熱するのは、短時間で表面を固め、膨らみ過ぎないように、また濃い焼き色をつけないようにするためです。

＊5分ほどで真ん中がかなり膨れて周りにキツネ色がつき、表面に薄く焼き色がつきます。10分でかなり焼き色が強くつきます。中心と外側の向きを入れ替えます。

＊底、側面の焼き色はかなり濃いめになります。この結果、表面は少しカリカリした歯触りになります。しかし焼き色は表面だけで、中はしっとりと焼きあがります。この2つの歯触りのコントゥラストが大事です。よく見かける白っぽい焼きあがりのものはいけません。まったく死んだとしか表現のしようのない味わいになります。

＊弱い温度で焼くと、コントゥラストのない味わいになってしまいます。

12 焼きあがったらすぐに型から外す。

Tuiles aux amandes

テュイル・オ・ザマンドゥ

僅か2㎜弱の厚さのパートゥの中に、
香り、歯触り、味のさまざまな
コントゥラストを作りあげるのです。
この日本では、
パートゥの仕込みから焼成まで、
連続する意志だけが
この味わいを可能にします。

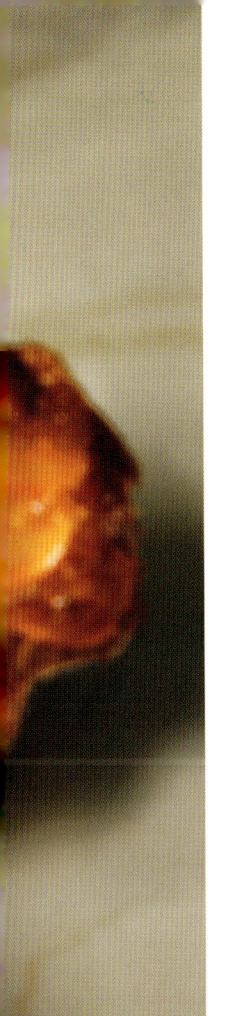

**フランスではとても当たり前に美味しく出来たものが、
日本に来ると物事を模倣する意志がなければ出来ないことが
あります。テュイルはまさしくその一つの例なのです。**

日本でもアメリカ産のアーモンドで作っていましたが、
パティスリー・ミエのテュイルの美味しさは全く違っていました。
一枚分ずつパートゥを天板の上に置き、
フォークで一枚一枚叩いてのばし、オーブンに入れ、
天板の中の焼けた順から
トゥリアングル（三角形のおこし金）でトヨ型の上に返して反りをつけていく。
とんでもなく生産性の悪いお菓子です。
でもこれがフランス人の手作りの仕事なんだなと思いました。

今、日本では特に手間のかかるお菓子は作られなくなっています。
私はこういう人間の労力と時間をかけて作るものが、
ギルド制のもとで、神様と同じ存在の親方の下で、
ほぼただの無尽蔵の労働力と時間で作りあげられたものが
フランス菓子だと考えていますから、
どんな時でもテュイルなどの極めて生産性の悪いお菓子を作るのを
やめようと思ったことはありません。

フランス菓子を標榜するのなら、この日本ででも、下で働く若者やお客様に
フランス菓子の全容を見せなければなりません。
売れないものでも、手間のかかるものでも、
親父は歯を食いしばって若者たちのために作らなきゃいけないと思います。

帰国してから何とかあのテュイルを再現しようと思いました。
日本の他の店より美味しいものは出来ても、
フランスのあの味わいは再現できませんでした。
卵、砂糖、粉、アーモンドというシンプルな素材の配合は、
素材の良し悪しで決まってしまいます。
ほとんど技術が入る余地はありません。
でも味わいを豊かにするために、サワークリーム、
そしてブール・ノワゼットゥを加えるなど少しずつ手は加えられてきました。

2㎜ほどの薄いパートゥの中に限りない味の膨らみを
作ろうとは誰も考えないと思います。

やはりしっかりした考え方は必要なのです。
最終的にパートゥの量をしっかりと一枚一枚正確にし、10g で 18 枚と決めました。
そしてフォークでのばす大きさももちろん決めます。
薄すぎてはいけません。
厚すぎてもいけません。
薄すぎるとどんなに高温で焼いても生地の表面と中心が
ほぼ同じ色合いに焼けてしまいます。
厚すぎると表面が焦げても中心からは水分が十分飛ばず、
焼けていない、しなしなのテュイルになります。
日本のオーブンで 250℃ほどの高温で焼いて表面がかなり黒い色がついた頃に
中心も十分に水分が飛ぶ厚さにします。
さぁ、最後の仕上げは十分に焦げ色を作り、
それが味わいを最大限に高めるか、どうしようもない焼きすぎになるか、です。
焼きあがりは fournier フルニエ（窯番）の度胸と意志の力次第なのです。
一枚のパートゥ、外側や周囲はほぼ真っ黒の焼き色がつきます。
しかしパートゥの真ん中の 1/2 ほどの中心は軽いキツネ色になるようにします。
一つのパートゥの中に、香り、味わい、歯触りの違う部分が出来ます。
そしてそれらの部分がバニラ、アーモンドの焦げた香り、
ほどよい香りなどが多様に、多重に絡み合い、
口の中で暖かく膨らんで味わいがしみわたるテュイルになったのです。
そして、スペイン、カタルーニャ地方レリダのアーモンドが
完全な満足を与えてくれました。

一つのパートゥの中に多様性を作る。
これはパートゥ・シュクレを焼く場合などでも同じなのですが、
素材の味わいが弱くて平坦な日本の素材を使う場合は
常に考えなければならないことなのです。

histoire

Tuileテュイルとは「瓦」の意味。
小麦粉、アーモンド、砂糖、卵を混ぜて薄い円形に焼き、
熱いうちに湾曲させて瓦状にした薄焼きクッキーです。

Ingrédients

直径約7cm　18〜19枚分

Tuiles aux amandes

テュイル・オ・ザマンドゥ

12g　薄力粉

┌ 27g　全卵
└ 13g　卵白

62g　グラニュ糖

2.6g　オレンジコンパウンド
2.5g　サワークリーム
5滴　バニラエッセンス

19g　焦がしバター（→ P257）

62g　アーモンドスライス

食べ頃と賞味期間

●賞味期間　一般的にクッキーなどは焼きたてよりも2〜3日経った方が適度に酸化し、さまざまな成分がパートゥからにじみ出て格段に美味しさが出ます。このテュイルも同様です。作ってから1週間ぐらいが一番美味しく、それを過ぎてしまうととても高い温度で焼き焦げた部分があるパートゥは徐々に過度の油脂の酸化が始まってしまいます。10日目頃からはっきりと不快な酸化した匂いが出始めてしまいます。

Recette

Tuiles aux amandes

テュイル・オ・ザマンドゥ

　バターの味わいを変化させた焦がしバターを加え、味わいに厚みを与えます。
　オレンジの香りはつけなくても十分美味しいものが出来るので、オレンジコンパウンドはなければ加えなくてもかまいません。

1　薄力粉は前もってふるっておく。

2　ボウルに全卵、卵白を入れ、ホイッパーでほぐす［直線反復］。

3　②にグラニュ糖を加え、10秒に15回の速さでよくほぐす［直線反復］。

4　オレンジコンパウンド、サワークリーム、バニラエッセンスを加え混ぜる。

5　①の粉を加え、よく混ぜる［円］。

6　焦がしバターを一度に加え、よく混ぜる。

7 アーモンドスライスを加え、木べらでアーモンドを崩さないようにして表面にアパレイユがつくまで混ぜるⒶ。出来あがったら常温で一晩休ませるⒷ。

＊一晩休ませた方が、さまざまな素材がよく混ざり合い、味、香りに力強さが出てきます。必ず次の日までに焼いてください。日が経ち過ぎるとだんだんと粘りが強くなり、のばしにくくなります。

8 一晩休ませたパートゥをよく混ぜて、ベーキングシートの上に置く。1回ずつ軽く混ぜてアーモンドとパートゥがそれぞれ平均するように注意する。

9 フォークに水をつけながらパートゥを叩くようにして、大体丸くのばす。

10 丸天板の場合は、周囲に6個、真ん中に1個、角天板の場合は上から3個、2個、3個と置く。

＊全部を分けてから、パートゥの多いものがあれば、少ないものに足して、なるべく同じ量にします。

11 オーブンに入れて焼く。
（天板も予熱しておく）

電子レンジオーブン
230℃：6～7分

ガス高速オーブン
200℃：6～7分

＊のばしてからオーブンに入れるまでに10分以上あく場合は、表面に軽く霧吹きしてからオーブンに入れると表面の焼き色に艶が出ます。

＊全体を均一に焼いてしまうと、味、香りに力強さがなくなります。

12 外側5㎜～1㎝ほどはかなり深く黒い焼き色がついてくる。底もかなり濃い、少しだけ黒の入った焼き色になる。

＊真ん中は白い部分が少しあってよいですが、底の焼き色は十分に強くつけます。焼きあがってから、2～3時間で真ん中の少し水分の残っている部分も、ほどよいしっかりとした硬さとなります。パリッとしていて、しかもある程度の水分があった方が美味しいでしょう。

＊多少焼け方にばらつきがあるので、さらに焼くものもあります。

13 焼きあがったら、おこし金でベーキングシートから外し、裏返してトヨ型に入れて形を整える。

＊トヨ型がない場合は、めん棒やバットの縁などで湾曲させてもよいです。

14 完全に冷めたら、乾燥剤を入れた密閉容器に移す。

パティスリー・ミエのオーブンと日本の一般的なオーブンについて②

炉内の熱の均一化と、密度の高いオーブン(石窯)でのパートゥの焼きあがりの特徴

1. 熱の均一化と焼きあがりについて

ここで、パティスリー・ミエの石窯オーブンで焼いた時の特徴を挙げてみます。

①焦げにくいが、パートゥの中心に短時間で十分熱が浸透し、水分が活発に蒸発して多様な成分変化がより早く効率よく行われる（早く焼きあがる)。

②パートゥの中まで十分に熱が入るので、パートゥの成分変化がより活発となり、味わいがより豊かになる。またスダチが少し粗くなり、歯触りはよりしっかりとなる。
＊さまざまな成分変化が豊かに行われ、赤みがかった本当に美味しそうな焼き色になる（実際、本当に美味しい)。香り豊かでしっかりした濃い味わいを作り出します。

③ビスキュイ、ジェノワーズなど、日本の鉄製電気オーブンよりも早く熱がパートゥに伝わり、十分に膨らむ前に焼きあがるので、日本の鉄製のオーブンよりもパートゥはいくらか薄くなり、歯触りはしっかりする。

焼きあがりの特徴で最も大事なことは②です。この赤みがかった焼き色をもった焼きあがりが、香り、食感、味わいに最も多様性多重性が出ます。しかし日本製のオーブンでこのように熱が均一化され、しかも高密度の状態を作り出し、持続させるのはとても難しいです。

パティスリー・ミエの石窯は、前述の熱の状態における特徴とともに、1段6枚、上下段で18枚入り、容量がかなり大きいので、3段の炉の温度を変えることなくずっと一定させて使うことが出来ます。温度は一定にしておいた方が、熱の均一化・高密度化につながり、よい状態に焼きあがります。また日本製の鉄の床、天井のオーブンでも、同じ温度の焼き物を何回も続けていくと、その温度帯で熱の均一化、高密度化が得られ、焼きあがりはよくなってきます。

2. 日本のオーブンで石窯と同じ熱の状態を得るには

日本製のオーブンはより小さく、上中下段各4枚が平均であり、容量が小さいため各段の炉を一定の温度にしておくことは出来ません。各種のパートゥに対応し、スイッチ操作で頻繁に温度を短時間で上げたり下げたりしなければならず、必要な温度帯の熱の均一化、高密度化は著しく難しくなります。このような条件のもとで、熱の均一化・高密度化を可能にするにはオーブン内の床と天井の熱の状態を常に的確に推量することが必要です。

温度計に示された同じ200℃でも、それが上がりめなのか、下がりめなのか。あるいは十分に温まった均一化・高密度化された熱なのかを考えなければなりません。1つ前、2つ前にオーブンに入れたパートゥの焼きあがり具合を考慮しなければなりません（1つ前のパートゥの焼き具合だけでは、火の傾向は掴めないので2つ前の焼きあがりと連動して考えます)。例えば、2つ前では少し焼き色が強すぎたので、必要な温度（180℃）より20℃温度を下げて入れたら1つ前は丁度よい焼きあがりだったとします。この場合は既にオーブンは下がりめになっているので、次のパートゥが吸う熱量を考慮して200℃ほどで10分間熱し、それから180℃に落として焼きあげます。また1つ前のパートゥも少し強めに焼きあがった場合は、まだ十分にオーブンは熱を蓄えているので180℃のスイッチを入れても熱は不足しません。

このように熱の状態の抑揚に基づき、庫内に均一化された高密度の熱が充満するように、上下の熱の時間のズレを考えてスイッチ操作をします。
＊今オーブンの中に入っているパートゥが焼きあがってオーブンから出てから、次の焼き物のためにスイッチを入れたのでは、オーブンは十分に温まりません。下火が床に届くまでは15分ほどかかるので、今のパートゥが焼きあがる15分前に必要なら温度のスイッチを入れます。
＊今のパートゥより20℃高めの200℃の下火が必要なら、まず250℃ほどに設定して強火を入れて一気に温め、7～8分で220℃にスイッチを下げ、そして15分で220℃に達し、オーブン内も十分温めるようにします。上火は今のパートゥが出る2～3分前にスイッチを入れます。

これらのことを十分心に刻み、「度胸」をもって高温で焼くことが何より大事であり、プロフェッショナルのcuisson キュイッソン（焼成）なのです。フール・サレやパートゥ・フイユテなど、焼成時に焦がすのを怖がって170～180℃ほどの低温で焦がさないように焼き色を揃える、という消極的な考えでは美味しい焼きあがりにはなりません。多様性ある味わいを得るためには、「少しでも美味しく焼くんだ」という思い入れと攻撃的で先を読んだ火の操作が必要なのです。

Gâteau Week-end

ガトー・ウイークエンドゥ

一つ一つの素材がけっしてお互いを縛らず、
それぞれを表す味わいは全く異なるものが出来あがります。
楽しく嬉しい、心浮き立つガトー・ウイークエンドゥです。

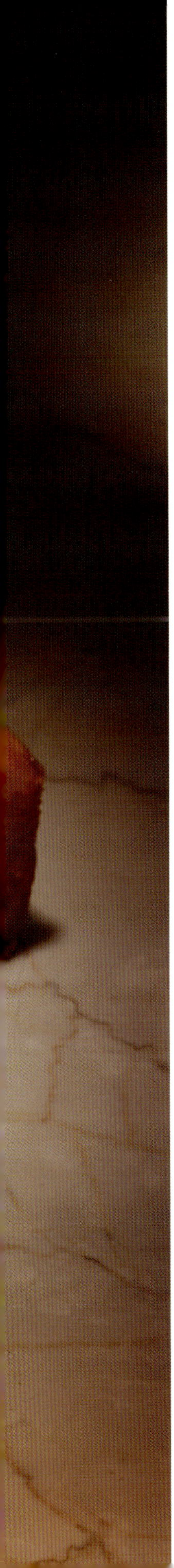

それまで日本人の潜在意識としてもっていた
「物は混ぜれば混ぜるほど美味しくなる」という常識と
決別することが出来たのです。

お菓子の形と名前はとっても素敵でも、
私はこのお菓子は好きではありませんでした。
粉がその他の素材を包み込んでしまった、
パサついたバターの少ないパウンドケーキのようにしか思えなかったからです。
でも一度だけ、驚くほど美味しいウイークエンドゥを食べたことがあります。

私が初めて渡仏した1978年の冬は50年来の寒波で、
パリは−15℃ほどになり雪も降り積もりました。
日曜日にはよく店のお菓子を買って帰り、
屋根裏部屋で分析しながら詳細に記述するのが決まりでした。
ガトー・ウイークエンドゥは好きではありませんでしたが、
もう一度だけ食べてみようと一番小さいのを買って帰りました。
そして期待もなしに食べて驚きました。
いつもの味わいではないのです。
切った断面の生地の色はいつにもまして黄色で、
まるで小さな魚の卵をぎっしりと詰めたように輝いて見えるのです。
慌てて口に入れました。
しっとりとしてポロッと優しく軽く崩れました。
バターとレモンと卵黄と砂糖がしっくりとレモンの香りに包まれ、
小さな小さな粒となって舌の上で転がり、溶けていく。
心にしみ込む印象的な美味しさでした。
その後、何度か食べましたが、
いつものパサパサとした味わいでしかありませんでした。
以来、何年経ってもこのことは心から離れませんでした。
やがて店を出し、失敗による材料の無駄も誰にも遠慮することなく、
試作を重ねました。
そしてやっと得た答えは素材の温度でした。
パティスリー・ミエの工場は昔はチーズの製造所で、
私がいた頃も木の細長い板に丸くくりぬいたチーズの型が残っていました。
ですから−15℃でもそれほど気温は低くならない。

あのウイークエンドゥが作られた夜は何らかの理由でいつもよりさらに冷えて、
卵など冷たく、そこに温度の低いバターを混ぜ込んだのだ、
という考えに至ったのです。
そこで全ての材料を10℃ほどに冷やし、バターも30℃と低くして、
とにかく浅く、短く、混ぜてみました。
温度が低いバターを加えると、瞬時に硬いザラザラの混ざり具合になります。
「こんなんでどうなるのかなぁ」という思いでオーブンに入れました。
息を凝らして30分……。
オーブンから出して、熱いのもかまわず切ってみました。
ありました。あの小さな魚の卵を詰めたような切り口が輝いていました。
温度が高ければ素材同士はよりよく混ざり合い、
低ければそれぞれがより浅く混ざります。
同じ配合でも、温度が違えばこれほど
お菓子の出来に違いが出るとは大きな驚きでした。
そしてそれまで潜在意識としてもっていた
「物は混ぜれば混ぜるほど美味しくなる」という
漠然ともっていた常識とも決別することが出来ました。
そしてフランス菓子の多様性を得るための最も基本的な考え方は、
素材同士をそれぞれの素材の特性が十分に残るほどに浅めに混ぜ、
それぞれの素材の特性を競い合わせ、
混沌とした共鳴を得ることだと考え始めたのです。

histoire

このお菓子の「週末」という名前、何でだろうと思われるでしょう。
このお菓子は真ん中が盛り上がってパックリと割れなければいけません。
それが“女性自身”の形にそっくりなことから、
女性が恋人や夫に週末にこのお菓子を出し、
「“私”を思い出していっぱい愛して。私にいい週末を頂戴」というお菓子なのです。

Ingrédients

上口18cm×7cm、底17cm×6.5cm、高さ5.5cmのパウンド型　1台分

Gâteau Week-end
ガトー・ウイークエンドゥ

- 2.8g　ベーキングパウダー
- 24g　薄力粉
- 24g　強力粉

(The three items above are grouped by a bracket.)

- 90g　全卵
- 116g　グラニュ糖
- 1⅓個分　レモンの皮のすりおろし

- 50g　サワークリーム

- 33g　とかしバター（→ P256）
- 12g　ラム酒（ダーク・ラム）

Confiture d'abricot
コンフィテュール・ダブリコ

適量使用（→ P257）

Glace au citron
グラス・オ・シトゥロン

- 11g　水
- 11g　レモン汁
- 90g　粉糖

食べ頃と賞味期間

- 食べ頃の温度　15～25℃前後
- 賞味期間　20℃ほどの常温で保存し、5日間。

Recette

Gâteau Week-end
ガトー・ウイークエンドゥ

きれいに混ぜようと思ってはいけません。「こんなんでいいのかな」と思うくらい軽く混ぜてください。
素材同士の混ざりをかなり浅くするために、バター以外は全て10℃以下に冷やしておきます。

1 このパートゥは砂糖が多く型につきやすいため、型に紙を敷いておく。

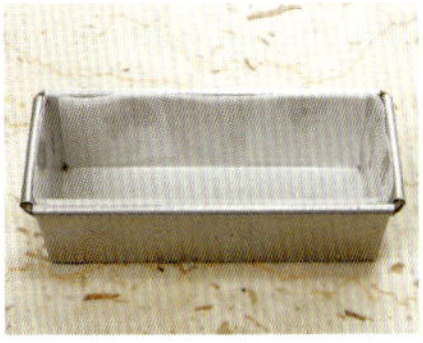

2 ベーキングパウダー、薄力粉、強力粉は前もって合わせてふるっておく。

3 ボウルに10℃に冷やした全卵を入れ、ホイッパーでほぐし、10℃に冷やしたグラニュ糖、レモンの皮のすりおろしを加える。あまり泡立てないように10秒に15回の速さで約30秒（45回ほど）混ぜる[直線反復]。

＊ここではグラニュ糖はジャリジャリと粒が残るくらいで構いません。

4 ホイッパーでよくほぐして柔らかくしたサワークリームに③の卵液の1/4量を加え、溶けやすい滑らかさにする。

5 ④を③に戻し、③と同様の速さで約20秒（30回ほど）混ぜる[直線反復]。

6

⑤に②の粉を4～5回に分けて加え、ホイッパーでゆっくり混ぜる[すくいあげ]。
80%混ざったら次の粉を加える。全部加えて80%混ざったら、さらに10回同様に混ぜる。

＊けっして[円]で混ぜてはいけません。より深く粉が他の旨みを包んでしまいます。

7

とかしバター（約35℃）を2回に分けて加え、ホイッパーで10秒に15回の速さで手早く混ぜる[すくいあげ]。
全部加えて80%混ざったら、さらに10回混ぜる。

＊バターも温度が高いとパートゥが温まり、素材同士がよく混ざってしまいます。

＊パートゥが冷たいので、バターはすぐ固まりザラッとした感じになりますが構いません。

8

ラム酒を一度に加え、ほぼ混ざったら、さらに10回混ぜる[すくいあげ]。

＊とにかくよく混ぜようと思ってはいけません。思い切って手を抜いた混ぜ方にします。

9

①の型に流し入れる。

10

オーブンに入れて焼く。

電子レンジオーブン

260℃ : 6分

中央に深く焼き色がついたらオーブンから出し、水でぬらしたプティクトーで真ん中に長さ5cmほどの切り込みを入れる Ⓐ。

180℃ : 24分

温度を下げ、割れ目にも十分焼き色がつくまで焼く Ⓑ。

Ⓐ

Ⓑ

ガス高速オーブン

230℃ : 7分

中央に深く焼き色がついたらオーブンから出し、水でぬらしたプティクトーで真ん中に長さ5cmほどの切り込みを入れる Ⓐ。

170℃ : 23分

温度を下げ、割れ目にも十分焼き色がつくまで焼く Ⓑ。

＊このようなパウンド型のお菓子は、中央に出来た割れ目の底からあがってきた部分にごく薄い焼き色がつけば、だいたい焼きあがっている状態です。

11

型から出し、20分ほど経って粗熱がとれ、大体冷めたら紙を取る。

＊このお菓子は真ん中の割れ目がポイントです。見事にパックリと割れないと、本当の“Bon week-end”はやってきません。割れ目をうまく作るためには、まず表面と横の部分だけを強火で固め、その後で下のパートゥを膨張させて表面のパートゥを突き破るようにします。うまくいかない場合、原因としては、以下の2つが考えられます。

❶全体に平らに浮いて焼きあがった場合

オーブンの温度が低すぎると、表面と横が固まらず、パートゥは全体が均一に浮きあがります。

❷真ん中が割れずに一方の端の方だけが浮きあがる場合

あまり火が強すぎると、表面だけが先に固まり、側面が十分に固まっていないため、硬くなった天井を引っ張っていることができず、側面の片側だけがはずれて、表面が斜めになります。

Glace au citron

グラス・オ・シトゥロン

1 材料をすべて合わせて混ぜる。

Finition

仕上げ

1 底以外の全体に煮詰めたばかりの熱いコンフィテュール・ダブリコを刷毛で厚めに塗り、しばらく放置する。

＊厚めに塗るとパートゥの味わいにコントゥラストが生まれます。

2 コンフィテュールが指につかなくなったら、底以外の全体にグラス・オ・シトゥロンを刷毛で薄く塗り、網の上に置いて余分なグラスを落とす。

3 オーブンに入れて乾燥させる。

電子レンジオーブン

250℃：2〜3分

ガス高速オーブン

230℃：40秒〜1分

＊出来ればグラス・オ・シトゥロンの白色が透明になるまで高温で加熱します。しかし家庭用のオーブンでは熱風が横からお菓子に当たるので、表面はなかなか透明にはなりません。グラスの「白」の具合を見ていて、小さな泡が１つ２つ出てきたらオーブンから出します。これ以上加熱すると、表面のグラス全部が泡をふいて見栄えが悪くなってしまいます。

Bavaroise aux framboises

ババロアズ・オ・フランボワーズ

過ぎ去りし日の重みにつぶされそうに喘ぎながらも、
静かに燃え続ける娼婦の情念を感じるフランボワーズ。

3e chapitre

コートゥ=ドールの大地が育んだ豊穣の極み、フランスの土の多様性と多重性

初めてのフランスで口にしたフランボワーズは私にとって、女の情念そのもののように思えたとても特別な果物でした。

1986年に出版した『Pâtisserie française その imagination Ⅰ』では、
初めてのフランスでフランボワーズに感じた印象をこう書いています。

フランボワーズの冷静な目をもった深く執拗さに満ちた香りは、女の情念そのものである。
自分を陥れた人生への恨みをもつ娼婦の情念なのだ。
歴史にもてあそばれて断頭台に朽ちた女の情念なのだ。
そして性の揺らめきに身を縛りつづけ、自分の手で決して逃げることが出来ない
女の恨みをもった情念なのだ。

フランボワーズはカシス同様、私にとってとても特別な存在でした。
フランスの中にある精神の多様性と
喘ぐほどに重々しい多重性を見せてくれるものでした。
フランスも少しずつよくない方向へいきつつあるのかなと感じます。
女たちの情念ほどに、ぬめるような舌触りの果肉と、
ぬめるような香りのフランボワーズは、
ここ数年フランスでも会ったことがありません。

フランスではババロアズに加えられる卵黄、牛乳、生クリーム、
その他のものの味わいが豊かで自然なために、
中心となる素材（ここではフランボワーズとカシス）のイメージを高め、
美味しさを高めてくれます。
一方日本の素材は中心となる素材の特性を消すように、損ねるように働きます。
何故なら日本の卵は味わいも希薄であると同時に、飼料に不自然な生臭さがあり、
牛乳も味わいが薄く超高温殺菌などで味わいそのものから
自然で素直な美味しさがなくなっているからです。

生クリームもフランスのものは水と脂肪の結びつきが強く、
そんなにババロアズの温度が低くなくても保形性がよく、
すぐには柔らかくなりませんし、芯のある歯触りです。
しかし日本の生クリームは味わいも希薄で、水と脂肪の結びつきが弱く、
すぐに生クリームから離水し、頼りない舌触りになってしまいます。

ですから日本の素材でお菓子を作る時には、意識的に中心となる素材の特性を強調、
あるいは補強することが必要になります。
例えばフランスでは一つのお菓子に一つのお酒しか加えませんが、
日本の場合は一つの酒では前述の理由で弱められ、
中心となる素材を十分に表現できないことがほとんどです。
このような時は複数の酒、リキュールを使ってフランボワーズならフランボワーズの
よりはっきりした全体の香りを作りあげます。
フランボワーズのババロアズでは酒、リキュール、エッセンスなどは
同じ考えで加えられますが、次のようなテクニックも加えられています。
人間の舌は敏感なようで実は鈍重です。
でもちょっと油断するとしっぺ返しをくらいます。
例えばフランボワーズの場合は、三つの違うフランボワーズを重ねます。
こうすれば深い味わいの、よりはっきりしたフランボワーズを感じます。

1 卵黄とともに加熱するフランボワーズのピュレ

卵黄と加熱することによって味わいはより濃厚になりますが、
新鮮な味わいは失われます。

2 ムラング・イタリエンヌのシロに使うフランボワーズのピュレ

高温で加熱され、深い味わい、香りが生まれます。

3 最後に加えるフランボワーズのピュレ

加熱もされておらず、他の素材との混ざりも浅いので、
フランボワーズそのものの味わいをはっきりさせてくれます。

また、少し多めのゼラチンを加えますが、
ムラング・イタリエンヌを加えると味わいの軽さではなくそれが柱になり、
保形性もよくなり、しっかりした芯のある歯触りになります。

histoire

Bavaroise ババロアズとは、ドイツのババリア（バイエルン）地方に
起源があることから名前がついたと言われている冷製アントゥルメ。
19世紀の天才パティスィエ、アントナン・カレームの著書には、
「フロマージュ・ババロア」という名前でいくつものルセットゥが残されています。

Ingrédients

直径18cm、高さ4cmのセルクル　1台分

Biscuit aux amandes
ビスキュイ・オ・ザマンドゥ

直径18cm、高さ4cmのセルクル　1台分（→P272）

Punch
ポンシュ

1.1g　粉ゼラチン
6g　水

100g　フランボワーズのピュレ
50g　フランボワーズのリキュール
10g　フランボワーズのオ・ドゥ・ヴィ
5g　レモン汁
40g　粉糖

Bavaroise aux framboises
ババロアズ・オ・フランボワーズ

フランボワーズのピュレ入りムラング・イタリエンヌ（→P282）
出来あがりから44g使用

30g　卵白
5g　グラニュ糖A
3g　乾燥卵白
40g　グラニュ糖B
15g　フランボワーズのピュレ

6.6g　粉ゼラチン
33g　水

110g　生クリーム

クレーム・アングレーズ

116g　フランボワーズのピュレA
1/10本　バニラ棒
44g　卵黄
40g　グラニュ糖
8g　ミルクパウダー

50g　フランボワーズのリキュール
17g　フランボワーズのオ・ドゥ・ヴィ
13滴　バニラエッセンス
3g　レモン汁

10g　フランボワーズのピュレB

Gelée de framboise
ジュレ・ドゥ・フランボワーズ

27g　グラニュ糖
1.2g　ジャムベース（ジュレ用ペクチン）
80g　フランボワーズのピュレ
35g　水飴

5g　フランボワーズのオ・ドゥ・ヴィ
0.6g　フランボワーズエッセンス
5g　レモン汁

Finition
仕上げ

適量　ビスキュイのクラム

食べ頃と賞味期間

- 食べ頃の温度　7～8℃前後
- 賞味期間　5℃以下で保存し、3日間。冷凍で5日間。解凍する場合は冷蔵庫に移して4～5時間おき、12時間以内に提供する。

Recette

Biscuit aux amandes

ビスキュイ・オ・ザマンドゥ

1 P272「ビスキュイ・オ・ザマンドゥ」を作る。

Punch

ポンシュ

今回はフランス・アプチュニオン社の冷蔵ピュレを使っていますが、もし冷凍のホウルのフランボワーズを使う場合は、解凍して目の細かいふるいで裏漉してピュレを作ります。その時は出来るだけ皮のところも頑張って裏漉してとろみをつけることが大切です。とろみが足りないと、ポンシュ、ババロアズともに水っぽい、物足りない味になってしまいます。またレモン汁、リキュールの量などは使うピュレによって異なります。少し酸味のきいたメリハリのある味わいにすることが大事です。

1 粉ゼラチンは水でふやかし、湯煎で溶かしておく。

2 ボウルにフランボワーズのピュレ、リキュール、オ・ドゥ・ヴィ、レモン汁、粉糖を入れて混ぜ、40℃ほどに温める。

3 ①に②を少量加えてのばしてから、②に戻す。

＊ゼラチンを加えるとポンシュに少しとろりとした舌触りが出て、パートゥとポンシュがしっくりと調和し、水っぽい間の抜けた感じを防ぐことが出来ます。日本の生クリームはフルーツの酸や冷凍に弱く、生クリームから離水した水がビスキュイにしみ、グシャッとした不快な舌触りになります。これを防ぐために、ポンシュにごく軽くとろみをつけます。

Préparation de la pâte

パートゥの下準備

1 パートゥを厚さ1cmで2枚スライスする。

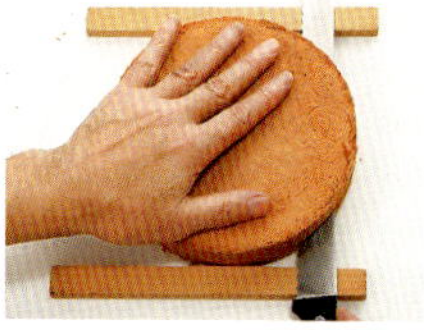

2 直径16cmの厚紙に合わせて周りを切る。

3 ポンシュを30～40℃に保ちながら、パートゥの表裏にそれぞれ厚みの1/3までしみ込むように刷毛でポンシュを打つ。もう1枚も同様にする。

＊ポンシュは冷えるととろみがついてしまい、パートゥにしみにくくなるため、30～40℃に保ちながら打ちます。

4 1枚はキャルトンにのせ、セルクルを置き、冷凍庫で冷やす。もう1枚はバットにのせて冷蔵庫で冷やす。

5 残りのパートゥは、焼き色の部分を除いてクラムにする。

Bavaroise aux framboises

ババロアズ・オ・フランボワーズ

クレーム・アングレーズを炊いてゼラチンを加えて裏漉し、氷水にあて、ホイッパーで手早くボウルの底をこすりながら40℃まで冷ますところは特に重要な工程です。フランスでは氷水の上にクレーム・アングレーズをのせておき、たまに混ぜるだけです。それはフランスの生クリームが離水しないので、クレーム・アングレーズとの混ざりが浅くても大丈夫だからです。

しかし日本の生クリームは、フルーツの酸、熱、冷凍によって必ず離水が起こり、味わいを著しく損ねます。これはどうしても防ぎようがありません。しかしゼラチンの入ったクレーム・アングレーズの小さい部屋の中に生クリームを閉じ込めてしまえば、たとえ離水が起こっても人間の舌には味わいの変化として感じられません。つまり手早く混ぜるのは、クレーム・アングレーズが出来るだけ固まらないようにして必要な温度に下げるためです。クレーム・アングレーズが柔らかければ、より薄くのび、より小さく生クリームを包み込んでくれます。

またムラング・イタリエンヌを加えることにより、それが柱になって、味わいの軽さだけではなく保形性もよくなり、しっかりした芯のある歯触りのババロアズになります。

1 フランボワーズのピュレ入りムラング・イタリエンヌ（→P282）を作る。
グラニュ糖B、フランボワーズのピュレを合わせたシロが119℃になったら、泡立てたムラングに糸を垂らすようにして加える。

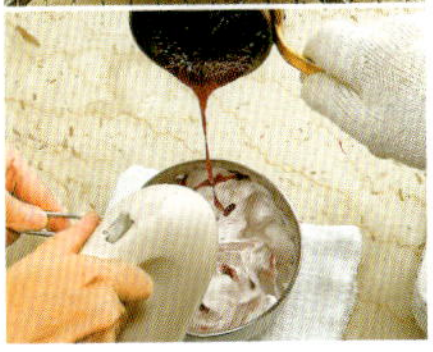

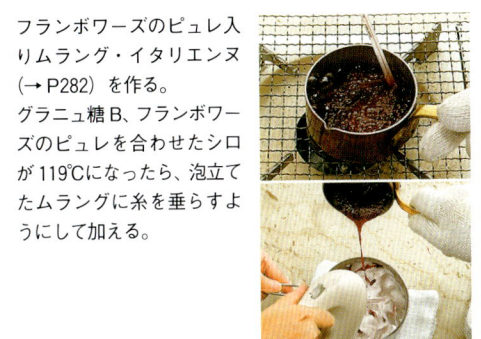

2 シロが2/3量入ったところから、ハンドミキサー（ビーター1本）の速度3番で30秒泡立てる。
出来あがりから44g取り、0℃に冷やしておく。

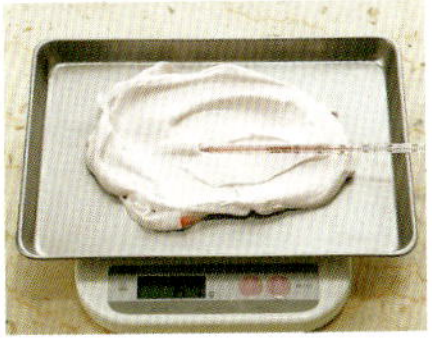

＊フランボワーズの酸で卵白のたんぱく質繊維が凝固してムラングが硬くなりやすいので、通常のムラング・イタリエンヌよりもシロを加えてからの泡立て時間を短くし、硬くならないようにゆっくりとミキサーを回します。

3 粉ゼラチンは水でふやかしておく。

4 生クリームは氷水にあてて8分立て（ほぼ艶が消えかかり、ゆっくりホイッパーをあげるとしっかりした角が立つ）にし、冷蔵庫で冷やしておく。

5 クレーム・アングレーズを作る。小鍋にフランボワーズのピュレA、縦に裂いたバニラ棒を入れ、80℃（縁の方がフツフツする）まで加熱する。

＊ピュレは沸騰させると一度に味わいが失われてしまいます。

6 ⑤を80℃まで加熱している間に、耐熱性ガラスボウルに卵黄、グラニュ糖を入れ、グラニュ糖の粒が見えなくなるまでホイッパーでほぐす[直線反復]。

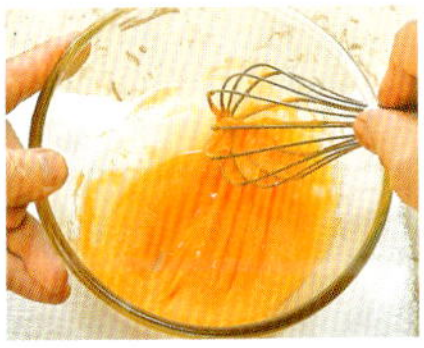

7 ⑥にミルクパウダーを加える。

＊ババロアズはもともと牛乳と卵黄で作られていましたが、それが進化して牛乳のかわりにジュースなどを使うようになりました。でも牛乳の旨さも残そうということでミルクパウダー（全脂粉乳）を加えると私は理解しています。

8 ⑦に⑤の1/3量を3回に分けて少しずつ加えながら、ホイッパーでよく混ぜる[円]。
残り2/3量は手早く混ぜながら、少しずつ加え混ぜる。

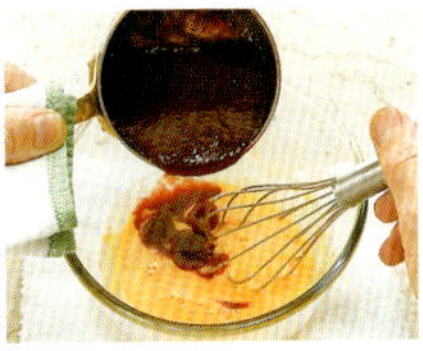

9 金網とセラミック網を重ねてコンロにのせ、⑧をごく弱火で加熱する。この時、左手に温度計を持って底につけ、右手にホイッパーを持って、ボウルの底を軽くこすりながら再び80℃になるまで3〜4分加熱する。

＊卵黄に80℃のシロを加えると、およそ50〜55℃になります。これを再び80℃になるまで、出来るだけ粒子が小さくなるようにゆっくり加熱します。この量でガラスボウルを使えば、温度計を底につけた状態で80℃になると確実にとろみがついてきます。ババロアズは卵黄のとろみに旨さがあります。卵黄の味わいがはっきりと力をもってきます。

10 80℃になったらすぐに火からおろし、③のゼラチンを加え、ホイッパーで混ぜる[円]。

＊フランスの生クリームは水と脂肪の結びつきが強く、保形性がよいため、すぐには柔らかくなりません。芯のある歯触りがあります。しかし日本のものはこの結びつきが弱く、すぐに離水して頼りない舌触りになってしまいます。そこで少し多めのゼラチンを加えます。

11 ゼラチンが溶けたら裏漉しする。

12 ⑪を氷水にあて、ホイッパーでボウルの底をまんべんなく手早くこすりながら40℃まで冷ます。
氷水から外し、フランボワーズのリキュール、オ・ドゥ・ヴィ、バニラエッセンス、レモン汁を加え混ぜる。

＊加熱してパックされたピュレは味わいの太さは残りますが、果糖がキャラメル化するなどして新鮮さやはっきりした味わいは失われます。冷凍のものは新鮮さは残りますが味わいは細くなります。それぞれの味わいに沿ってリキュール、オ・ドゥ・ヴィ、レモン汁などを加えて味わいを補強しなければなりません。

＊フランボワーズのリキュールは主に味わいや香りを、オ・ドゥ・ヴィはさらに香りに膨らみを与えるために使います。メインとなる素材が他の素材の負の力に負けないように補強しなければなりません。

13 ④の生クリームに②のムラング・イタリエンヌを一度に加える。

14 ゆっくりとホイッパーをボウルの底からすくいあげ、柄をボウルのフチにトントンとあてて完全にクレームを落とす[拡散]。

＊一番混ざりの浅い[拡散]は、静かにすればそれほどムラングはつぶれず、誰でもよい状態に混ぜることが出来ます。

15 ⑫を再び氷水にあて、軽くホイッパーでボウルの底をまんべんなく手早くこすりながら18℃まで冷やす。

16 氷水から外し、⑭を3回に分けて加え混ぜる。
1回目は1すくい加え、手早く全体的に混ぜる[小刻みすくいあげ]。
2回目は残りのうち1/2量を加え混ぜる[すくいあげ]。
80%混ざったら残りを全部加え、フランボワーズのピュレBも加えて、だんだんゆっくり混ぜていく。空になったボウルは氷水にあてて冷やしておく。

17 全体の色が均一になったら、冷やしておいたボウルに移し替える。

＊よく混ざっていない底に沈んでいる重いものを上にあげるためです。

18 ホイッパーを立てて底につけながら2秒に1回の速さでゆっくり5回混ぜる[円]。
表面のまだらな模様がなくなったら、さらに5回同様に混ぜる。

＊[円]は混ざりが深くなるので、手早く動かしてしまうとあっという間にムラングはつぶれます。

Montage

組み立て

1 パートゥを敷いて冷やしておいたセルクルに、ババロアズの1/2量を流し入れ、表面を大体平らにならす。

2 もう1枚のパートゥをのせ、残りのババロアズを流し入れ、表面をパレットナイフで平らにする。冷蔵庫か冷凍庫で冷やし固める。

＊冷凍保存する場合は、ここで冷凍しておきます。

Gelée de framboise

ジュレ・ドゥ・フランボワーズ

ペクチンで作ったジュレは、食べても美味しく、また乾燥や水分にも強いので、5℃以下で保存すればきれいな状態が長持ちします。

1 グラニュ糖とジャムベースをホイッパーでよく混ぜる。

2 小鍋にフランボワーズのピュレを入れ、①をホイッパーで混ぜながら加える。

3 水飴の約1/2量を加えて弱火にかける。スプーンでよく混ぜながら加熱し、アクが出たら取り、中央まで完全に沸騰してからさらに1分、ごく軽くフツフツと煮て火を止める。

4 残りの水飴を加え、よく混ぜて溶かし、裏漉しする。

5 すぐに氷水にあてて軽く混ぜながら50～60℃まで冷ます。

6 氷水から外し、フランボワーズのオ・ドゥ・ヴィ、エッセンス、レモン汁を加え混ぜる。再び氷水にあてて十分に冷まし、トロッとしてから使う。

*冷たい状態でトロリとしているので、そのままパレットナイフで塗ることができます。密閉容器に入れて冷蔵庫で1週間保存可能。もしジュレがザラザラしてきたら茶漉しなどで裏漉しすると滑らかになります。

Finition

仕上げ

1 冷やし固めたババロアズの真ん中にジュレをおいてパレットナイフで平らにならす。

2 セルクルの周りに熱いタオルを巻き、セルクルをずらして（またはバーナーでセルクルを軽くあぶって）外す。

3 ビスキュイのクラムをサイドのすそに一回りつける。

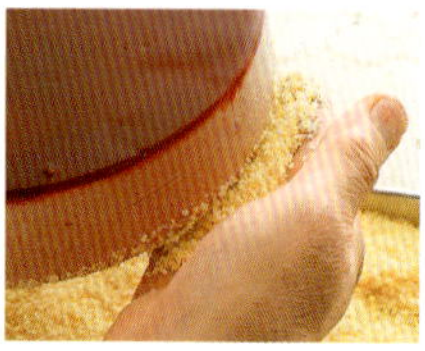

Découpage

切り分け

1 冷蔵の場合は波刃包丁にお湯をつけて少しずつカットする。

*冷凍した場合は、出刃包丁で上から強く押し切ります。

製菓材料の旅①

最初の旅——ルゴルさんとジョアネさんに出会う

製菓材料のための透逸な素材を探す最初の旅は、現在オ・ドゥ・ヴィを取引しているフランス、アルザス地方のルゴルさん、そしてカシスやフランボワーズのリキュールを造っているブルゴーニュ地方コートゥ＝ドールのジョアネさんのところから始まりました。

パリからストラスブール行きの列車に乗り、窓の外の暗闇をぼんやりと眺めていると、全く未知の世界に足を踏み出してしまったことへの重大さに改めて気づきました。「またやっちまったな」と、自分のどうしようもない無鉄砲な馬鹿さ加減に恐ろしさとともに絶望的に心は沈みました。

翌日、ストラスブールからタクシーで40分、ルゴルさんと初めて会いました。彼は東洋人を見たのは全く初めてだったらしく、世界にはこんな人間もいるんだというような少し恐怖心をもった大きく驚いた顔で迎えられたことが今でも忘れられません。

ルゴルさんを紹介してくれたのは、パティスリー・ミエのシェフ、ドゥニさんでした。ルゴルさんのお酒は、誰もが知っているルレ・デセールのメンバーが愛用しているオ・ドゥ・ヴィであり、特にキルシュやミラベルなどの酒は、香りがリズムをもって頭の中を舞い、突き抜ける、神様の恵みの手を借りて作ったものだと私に思わせるほどのものでした。

次に、リキュールを求めて列車を乗り継ぎ、ジョアネさんの元へと向かいました。ジョアネさんの家には英語を話せる人はおらず、初めてジョアネさんと電話で話をした時、私の拙いフランス語では会話が聞き取れず、駅名を聞き間違えてニュイ・サンジョルジュ駅で1時間待ちました。いくらたってもジョアネさんが現れません。再び電話をしたらマダムが出て、どうやら待っている駅が違うことが分かりました。「ニュイ・サンジョルジュの駅にいるんです」と言ったら、そこに向かうと言ってくれました。携帯電話など普及していなかった頃です。ジョアネさんと連絡がなかなか取れなかったのでしょう。

1時間半、寂しく、情けない気持ちで、ただジョアネさんが来るのを待ちました。ようやくジョアネさんの車が来た時は、お互いがとても緊張しているのが分かりました。ジョアネさんの家のあるコートゥ＝ドールの山間の村、アルスナンへは車で1時間ほどだったと思います。車の外の緑が、とても遠い世界の風景のように感じられたことを覚えています。小さな村です。ジョアネさんの家に着くと、優しそうな奥さんが出てこられ、ホッとしました。コーヒーを頂いてから、早速リキュールの話です。事務所の入り口の本棚には、本のかわりに大小さまざまの化石が所狭しと五段も並べられていました。

「うちのフランボワーズとカシスはこの化石があるから美味いんだ」

ジョアネさんはそう言いましたが、その時私は何で化石があると美味いのか、その言葉の意味が全く分かりませんでした。これは数年後の理解なのですが、雨の少ないコートゥ＝ドールの畑の中には今でも化石がゴロゴロしており、たまに降る雨がこの化石をほんの少しずつ溶かし、絶え間なく豊かな微量栄養素を大地に補給しているということなのです。カシスやフランボワーズの実には、この化石と共通の少し青くさい匂いがありました。

ジョアネさんの訛りのあるフランス語は私にはほとんど分かりませんでしたが、近隣にジョアネさんを日本に紹介してくれたパリ生まれの女性がおり、私の拙いフランス語とジョアネさんの強い訛りの言葉の間を取り持つ通訳をしてくれました。

そしてさまざまなリキュールの試飲です。小さなガラスの器に注がれます。色がとても鮮やかで深い。とても綺麗です。パティスリー・ミエで使っていたものよりもっと鮮やかです。ここで作られたものだから新鮮さが全く違うんだろうなということがすぐに分かりました。

フランボワーズを口にします。「んんーっ」もうそれだけです。深く優しい力のある、そして少しの途切れもない香り、口の中に主張を持った香りが厚く多重性をもって広がります。舌全部にフランボワーズの清らかな優しい味わいが感じられます。乙女の香りと味わいなのです。ここアルスナンのフランボワーズは、女の情念とは違った清らかさに満ちた味わいです。カシスもその心の奥を覗くような、あまりに厚みのある味わいに圧倒されます。心と身体に深く哀愁をもってしみ込んでくるのです。

ずっと不安で恐ろしい旅でしたが、「世の中にはこんなに凄い食べ物があるんだな」と、人生の中でもそんなに多くはない感動もあった、1回目の素材探しでした。

この地はオートゥ・コートゥ・ドゥ・ニュイという銘柄のワインを参する地です。中くらいの山々にブドウ畑が続きます。

初めての旅から数年後、この地に泊まり、美しく晴れた春の朝、ブドウ畑の中を上に続く道で、朝の早歩きをした時はこれもまた人生そうない至福のひとときでした。あの時の清らかさに満ちた空気は、鳴り響く教会の鐘の音とともに、今もそのままこの胸につもっています。

Dijonnaise

ディジョネーズ

人がおのれの罪を忘れぬように
神が与えた心の鏡、それがカシス…。

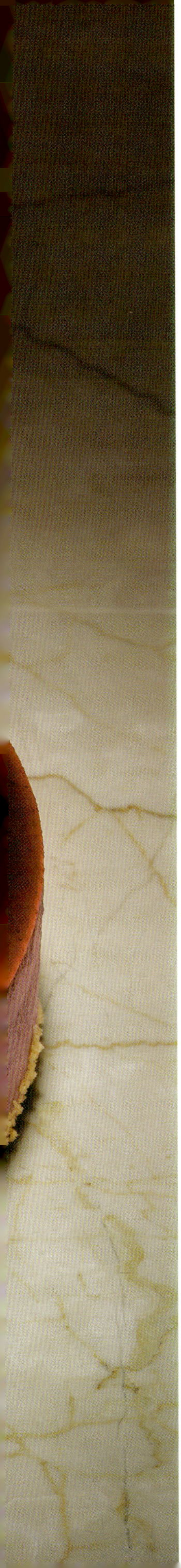

カシスは私にとって
自分の内面をも考えさせてしまう
特別な素材なのです。

あの深い漆黒の紫の中に、
私の心をえぐるような静けさをたたえた力を感じ、
その味わいに、自分が辿りついた内面への道程を振り返させるのです。
でも不思議なことに、感情の抑揚は起こさずに、
小さく静かな痛恨の風がいつも静かに短く流れるのです。
でも心を抑えた静かな表情に、
私は心安らぐ懐かしさをいつも見つけるのです。
カシスの心を深く覗き込ませる誘いに、
モネの「水蓮」を重ねようとしたお菓子もありました。

フランス・ブルゴーニュ地方、
コートゥ＝ドール山中にあるアルスナン村、
そこに広がるジョアネさんの広大な畑。
フランボワーズ、カシスの低木の長い畝、雨の少ない気候、
ほどよい量の雨が地中の化石を溶かし、ミネラルを補給し続けます。
その化石には、フランボワーズ、カシスとも共通する
懐かしい蒼さに満ちた匂いがあります。
何年かに一度、ここを訪れる時は、
私にとって人生の中でそれほど多くない、
何故か心が安らかな息に沈む時なのです。
そこには確かに神の息吹が舞い降りているのです。

histoire

フランス中部ブルゴーニュ地方の中心都市であるディジョンは、
マスタードやカシスの産地として有名。
そのためフランス菓子ではカシスを使ったお菓子に
dijonnais(e) と名づけることが多いのです。

Ingrédients

直径18㎝、高さ4㎝のセルクル　1台分

Biscuit aux amandes
ビスキュイ・オ・ザマンドゥ

直径18㎝、高さ4㎝のセルクル　1台分（→ P272）

Punch
ポンシュ

1.3g　粉ゼラチン
7g　水

100g　カシスのピュレ
80g　カシスのリキュール
7g　マール酒（フィーヌ・ドゥ・ブルゴーニュ）
4g　ホワイトラム（JB）
8滴　バニラエッセンス
70g　粉糖

Bavaroise aux cassis
ババロアズ・オ・カシス

カシスのピュレ入りムラング・イタリエンヌ（→ P282）
出来あがりから36g使用

30g　卵白
5g　グラニュ糖 A
3g　乾燥卵白
60g　グラニュ糖 B
35g　カシスのピュレ

8g　粉ゼラチン
40g　水

148g　生クリーム

クレーム・アングレーズ

119g　カシスのピュレ A
1/6本　バニラ棒
45g　卵黄
77g　グラニュ糖
9g　ミルクパウダー

63g　カシスのリキュール
11g　マール酒（フィーヌ・ドゥ・ブルゴーニュ）
5g　ホワイトラム（JB）
6滴　バニラエッセンス

5g　カシスのピュレ B
4g　カシスのリキュール

Gelée de cassis
ジュレ・ドゥ・カシス

100g　グラニュ糖
3.3g　ジャムベース（ジュレ用ペクチン）
150g　カシスのピュレ
40g　水飴

2g　マール酒（フィーヌ・ドゥ・ブルゴーニュ）
6g　ホワイトラム（JB）
7滴　バニラエッセンス

Finition
仕上げ

適量　ビスキュイのクラム

食べ頃と賞味期間

● P171「ババロアズ・オ・フランボワーズ」と同様。

Recette

Biscuit aux amandes

ビスキュイ・オ・ザマンドゥ

1 P272「ビスキュイ・オ・ザマンドゥ」を作る。

Punch

ポンシュ

日本の生クリームは、果汁の酸や冷凍に弱く、容易に離水します。そのためポンシュを打ったビスキュイが、生クリームからの離水でグチャグチャにならないよう工夫します。カシスのポンシュにほんの少しゼラチンを加え、ごくゆるく固め、生クリームからの離水がしみこまないようにすると、舌触りもとろみによって味わいに存在感が出ます。

1 粉ゼラチンは水でふやかし、湯煎で溶かしておく。

2 ボウルにカシスのピュレ、リキュール、マール酒、ホワイトラム、バニラエッセンス、粉糖を入れて混ぜ、40℃ほどに温める。

3 ①に②を少量加えてのばしてから、②に戻す。

Préparation de la pâte

パートゥの下準備

1 P172「ババロアズ・オ・フランボワーズ」パートゥの下準備と同様にする。

Bavaroise aux cassis

ババロアズ・オ・カシス

1 カシスのピュレ入りムラング・イタリエンヌ（→P282）を作る。
グラニュ糖B、カシスのピュレを合わせたシロが119℃になったら、泡立てたムラングに糸を垂らすようにして加える。
シロが2/3量入ったところから、ハンドミキサー（ビーター1本）の速度3番で30秒泡立てる。
出来あがりから36g取り、0℃に冷やしておく。

2 粉ゼラチンは水でふやかしておく。

3 生クリームは氷水にあてて8分立てにし、冷蔵庫で冷やしておく。

4 クレーム・アングレーズを作る。小鍋にカシスのピュレA、縦に裂いたバニラ棒を入れ、80℃まで加熱する。

5 ④を80℃まで加熱している間に耐熱性ガラスボウルに卵黄、グラニュ糖を入れ、グラニュ糖の粒が見えなくなるまでホイッパーでほぐす[直線反復]。ミルクパウダーも加える。

6 ⑤に④の1/3量を3回に分けて少しずつ加えながら、ホイッパーでよく混ぜる[円]。
残り2/3量は手早く混ぜながら、少しずつ加え混ぜる。

7 金網とセラミック網を重ねてコンロにのせ、⑥をごく弱火で再び80℃になるまで3～4分加熱する。

8 80℃になったらすぐに火からおろし、②のゼラチンを加え、ホイッパーで混ぜる[円]。ゼラチンが溶けたら裏漉しする。

9 ⑧を氷水にあて、ホイッパーでボウルの底をまんべんなく手早くこすりながら40℃まで冷ます。氷水から外し、カシスのリキュール、マール酒、ホワイトラム、バニラエッセンスを加え混ぜる。

10 ③の生クリームに①のムラング・イタリエンヌを一度に加え、ゆっくりとホイッパーをボウルの底からすくいあげ、柄をボウルのフチにトントンとあてて完全にクレームを落とす[拡散]。

11 ⑨を再び氷水にあて、軽くホイッパーでボウルの底をまんべんなく手早くこすりながら18℃まで冷やす。

12 氷水から外し、⑩を3回に分けて加え混ぜる。
1回目は1すくい加え、手早く全体的に混ぜる[小刻みすくいあげ]。
2回目は残りのうち1/2量を加え混ぜる[すくいあげ]。
80%混ざったら残りを全部加え、カシスのピュレB、リキュールも加えて、だんだんゆっくり混ぜていく。空になったボウルは氷水にあてて冷やしておく。

13 全体の色が均一になったら、冷やしていたボウルに移し替える。
ホイッパーを立てて底につけながら2秒に1回の速さでゆっくり5回混ぜる[円]。
表面のまだらな模様がなくなったら、さらに5回同様に混ぜる。

Montage
組み立て

1 P175「ババロアズ・オ・フランボワーズ」組み立てと同様にする。

Gelée de cassis
ジュレ・ドゥ・カシス

1 グラニュ糖とジャムベースをホイッパーでよく混ぜる。

2 小鍋にカシスのピュレを入れ、①をホイッパーで混ぜながら加える。

3 水飴の約1/2量を加えて弱火にかける。スプーンでよく混ぜながら加熱し、アクが出たら取り、中央まで完全に沸騰してからさらに1分、ごく軽くフツフツと煮て火を止める。

4 残りの水飴を加え、よく混ぜて溶かし、裏漉しする。

5 すぐに氷水にあてて軽く混ぜながら50～60℃まで冷ます。

6 氷水から外し、マール酒、ホワイトラム、バニラエッセンスを加え混ぜる。再び氷水にあてて十分に冷まし、トロッとしてから使う。

Finition
仕上げ

1 P176「ババロアズ・オ・フランボワーズ」仕上げと同様にする。

Découpage
切り分け

1 P176「ババロアズ・オ・フランボワーズ」切り分けと同様にする。

製菓材料の旅②

豊穣の極み、アリクサ社のアーモンド

1度目のフランス滞在では、私はアーモンドの美味しさをよく理解していませんでした。帰国後アメリカ産の味わいの極めて乏しいアーモンドを使って作ったオリジナルのブラン・マンジェでも、その美味しさに多くの人が驚き、それなりの評価を得ていたので当時の自分にはとりあえずそれで十分だったのです。

でも2度目のフランスで再びスペイン産アーモンドを口にした時、そのあまりにも異なる別世界の味わいに、日本での5年間が「井の中の蛙」の味わいの中にいたことを知りました。私はそこで初めてアーモンド本来の味わいを知り、フィナンスィエのようにアーモンドが全てとなる配合では、日本に流通しているアメリカ産アーモンドでフランス的な多様性多重性のある味わいを出すことは不可能であることも知りました。

再び帰国してから、常に私の心の中にスペインのアーモンドの存在があり続けました。そして暫くしてフランス、スペインでの秀逸な素材探しが始まりました。

スペイン産アーモンドが世界で最高の品質を持っているということはドゥニさんから話を聞いていましたが、アーモンドの産地を決定するにおいて、私たちはスペイン各地5ヶ所から取り寄せ、試作を重ねました。ダックワーズ、フィナンスィエ、ビスキュイ・オ・ザマンドゥ…同じスペイン産でも、地方によって味わいは異なりました。私が焼き色、香り、全体の味わいに秀でていると思ったのは、カタルーニャ地方レリダのアーモンドでした。マヨルカ産、バルセローヌ、アリカンテ等の海に近い雨の多い地域のものはやはり大味でした。

そしてレリダにあるアリクサ社のマルコナ種、バランスィア種を取ることが決まりました。これはあとから分かったことですが、パティスリー・ミエのアーモンドもアリクサ社のものでした。ジャン・ミエ氏の素材選びの確かさを感じるとともに、それと同じアーモンドに決めた自分自身にも素材選択の目の確かさを少しは感じ、嬉しく思ったものです。

レリダの大地は雨が少なく、ミネラル分が土地に十分に蓄えられ、さらに水を求めてアーモンドの木の根がより深く地中にもぐるため、より豊かなミネラルが取り入れられ、アーモンドに豊かな味わいをもたらすのです。私はこのアーモンドを日本に入れるんだと心に決め、スペインのアリクサ社を訪れました。見ず知らずの者同士、はじめはお互いが疑心暗鬼です。私は英語が出来ませんが、幸運なことにアリクサ社の社長は私と同じくらい少しだけフランス語が分かりました。案内されたアーモンドの精製工場の中で、私はフランス語で「この素晴らしいアーモンドが自分と日本のフランス菓子作りにはどうしても必要なんだ」と夢中で話し続けました。多分彼は私の言っていることはあまり正確には理解出来なかったでしょう。でも私の夢中な表情に、彼の表情が少しずつ和み、取引が開始されることになりました。

当時はビターアーモンドの混じったスペイン産アーモンドからは猛毒である微量の青酸カリが抽出されるということで輸入はとても困難でした。アメリカでは改良されてきたスイートアーモンド同士を花粉交配させますが、スペインでは生命力の強い原種のビターアーモンドを10：1の割合で加えて自然交配させるので、よりビターアーモンドが出来る確率は高めなのです。少量（500g）のアーモンドの中にどれだけのビターアーモンドが含まれるのかは全くの偶然でしかないのです。そこでアメリカ産とスペイン産のアーモンドの青酸量を分析してもらったところ、偶然にもアメリカ産のものからだけ青酸反応が出ました。この結果に意を強くして輸入申請をし、さまざまな紆余曲折の末、どうにか輸入が可能になりました。

しかしアリクサ社も高温多湿の日本へアーモンドを輸出するのは全くの初めてであり、日本の港へ着いた時に全てのアーモンドにカビが生えてしまっていたこともありました。お互いの商取引に関する考え方の違いや環境の違いを克服するまで3～4年を要しました。今思えばよく凌いでこれたと思います。

それまでフランスなどから輸入される製菓材料は、最初は現地と同じ品質のものが届けられ、ある程度輸入量が増えてくると少しずつ品質を落としていく道筋を辿ってきました。私たちはこのような悪循環を断ち切り、良質な素材を確保し続けるために、理不尽な価格たたきをせず、供給業者が満足する量を輸入するように心がけました。日本のパティスィエの方々にスペイン産アーモンドの美味しさを知ってもらうため、全く利益のない原価販売でのスタートでしたが、このスペイン産アーモンドの輸入は紛れもなく私たちイル・プルーが大きな流れを作って来たのです。

アリクサ社からの初めての船便。ただただ高鳴る胸を強く感じながら、フィナンスィエやブラン・マンジェなど、いくつかのお菓子を作りました。このアーモンドで、もう小難しい技術の入り込む余地などない、理屈抜きのフランス菓子に近づけると思いました。

それは、よい素材がさまざまの味わいの表情を鮮やかすぎるほどに生き返らせることを私に教え、さまざまのお菓子の表情が私の想像をはるかに超え、大きく変化したのでした。

Gâteau basque

ガトー・バスク

日本人には計り知れない、豊穣の極み、そしてバスク人の祖国への思いと人への慈しみが、厚く、熱く、一つの味わいを作り上げ、食べる人の身と心に覆いかぶさります。

4e chapitre

素材の豊穣さに支えられた力強い味わいを持つ地方菓子

バイヨンヌの、豊かな土の恵みと肌をさす
強い陽差しが作り出した神の意志と
人の意志のうごめきを感じたガトー・バスク。

今でも独立志向の強いフランス南西部とスペイン北東部にまたがるバスク地方。
スペイン側の海の保養地やサン・セバスチャンと、
フランス側のバイヨンヌとでは、とても違った雰囲気を感じました。
サン・セバスチャンのピンチョス（串刺し）料理のレストランや酒場は、
本当に明るく心の底から楽しい、食べて飲んで、そして語る、
未知の人々がすぐに心を開きあい、
大きな声がとびかう所でした。

一方バイヨンヌは、わずか2時間の散策でしたが、
落ち着いた雰囲気の底に、何か思いつめた意志が感じられました。
そしてパティスリーで買った、
豊かな土の恵みと肌をさす強い陽差しが作り出したガトー・バスクの中にも、
何故か神の意志と人の意志のうごめきを感じたのです。
押し殺したような力をもった美味しさが、私の心と身体を圧倒しました。

日本のこの地で、このお菓子を私に与えたものは
スペイン・カタルーニャ地方、レリダの豊穣の極みのアーモンド、
バイヨンヌの心を締めつける印象、
ガトー・バスクの無言の私への語りかけ、
そして私のおおよそ破滅的な人生、これらが作りあげた味わいなのです。

日本人としての感覚を超えて作りあげられたこのお菓子に、
私は人生の誇りと幸せを感じます。

histoire

バスク地方に伝わる郷土菓子。
タルト生地にバスク地方の名産であるさくらんぼや
さくらんぼのジャムが入ったものが正統派と言われています。
表面には、卍が中央に刻まれたCroix de Basque（バスクの十字架）や格子、
円、波などの模様が描かれます。

Ingrédients

直径18cm、高さ4cmのセルクル　1台分

Pâte sucrée

パートゥ・シュクレ

約2台分出来る
1台分400g使用（→P268）

- 125g　薄力粉
- 125g　強力粉
- 3.8g　ベーキングパウダー

- 250g　バター
- 125g　粉糖
- 50g　全卵
- 10滴　バニラエッセンス

- 125g　アーモンドパウダー

- 125g　シュクル・クリスタル

Crème frangipane

クレーム・フランジパーヌ

- 235g　クレーム・パティスィエール（→P280）
- 78g　クレーム・ダマンドゥ（→P278）

- 2.8g　ラム酒（ダーク・ラム）

Montage

組み立て・焼成

- 適量　塗り卵（→P257）

食べ頃と賞味期間

- 食べ頃の温度　20℃前後
- 賞味期間　15℃ほどの常温で保存し、3日間。

Recette

Pâte sucrée

パートゥ・シュクレ

食べる人を包み込む、暖かい味わいのパートゥ・シュクレです。
粒の大きいシュクル・クリスタルは薄く広がらず、その甘味がアーモンドの深い味わいとコントゥラストを作り、言いようのない豊かな味わいを作ります。

1 P268「パートゥ・シュクレ」を作る。

＊シュクル・クリスタルは、P268「パートゥ・シュクレ」工程⑧で粉が80%混ざったところで一度に加え、すりつぶすように混ぜます。

2 出来あがったパートゥから400g取り、ビニール袋に入れて冷蔵庫で一晩休ませる。

3 翌日、一晩休ませた②のパートゥを170gと230gに分け、P270「パートゥ・シュクレ」パートゥののし方とフォンセのし方①〜⑥と同様にし、それぞれ厚さ5㎜の円形にのす。

＊パートゥからバターがもれ出さないように、必ず冷たい台の上でのします。

4 170gのパートゥは、直径18cmのセルクルを合わせて1枚抜く。これをフタ用にする。

5 230gのパートゥは、直径21cmのシャブロンをあてて周りをプティクトーで切り取る。

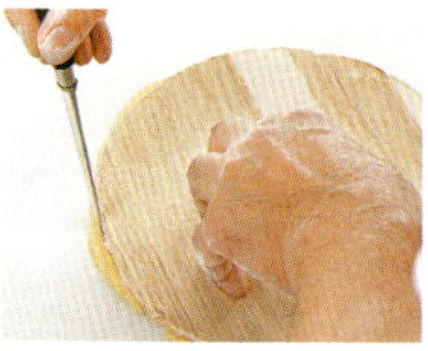

6 ポマード状バター（分量外）を厚めに塗ったセルクルに、⑤のパートゥを敷き込む。

7 指で押し込みながら形を整え、冷蔵庫で冷やしておく。

＊すぐにオーブンに入れるとパートゥからバターがもれ出し、ガリガリの焼きあがりになります。パートゥがそれほど柔らかくない場合は15分、柔らかい場合は1時間、5℃以下の冷蔵庫に入れてバターをパートゥの中に落ち着かせます。

Crème frangipane

クレーム・フランジパーヌ

バイヨンヌで私が食べたものは、クレーム・パティスィエールだけを詰めて焼きあげたものでした。とても強い意志を感じる静かな美味しさでした。その静かな美味しさを壊さぬほどに、クレーム・ダマンドゥを加えて意志の強さを感じるものにしました。

1 クレーム・パティスィエールを混ざりやすい柔らかさになるまで木べらで練り、クレーム・ダマンドゥを2回に分けて加え、よく混ぜる[平行楕円]。

＊クレーム・パティスィエールに何気なくクレーム・ダマンドゥを混ぜてしまうと、クレーム・パティスィエールの外にバターがもれ出て油っぽい味わいになってしまいます。

2 ラム酒を加え混ぜる。

＊ラム酒はクレーム・フランジパーヌの味わいを暖かくもちあげるために少し加えます。

Montage

組み立て・焼成

1 冷蔵庫から型を取り出し、クレーム・フランジパーヌを入れて、表面を平らにならす。

2 縁に塗り卵を塗り、フタ用のパートゥをはめ、合わせ目をしっかりおさえる。

3 フタの表面に2回塗り卵を塗る。

4 フォークで格子模様をつけ、竹串で蒸気抜きのために5ヶ所穴をあける。
20℃以下のところで10分程おいて常温に戻す。

5 オーブンに入れて焼く。
(予熱は焼成温度＋10℃で設定)

電子レンジオーブン

170℃ : 45分

ガス高速オーブン

160℃ : 45分

＊ほどよいキツネ色程度の焼き色にします。焼きすぎると、パートゥがパサパサになるので注意して下さい。

＊模様の間も薄いキツネ色になり、触った時にパートゥの真ん中がかなり柔らかい感触の状態が焼きあがりの目安です。

＊焼きあがってから冷めると、しっとりとした舌触りになります。このしっとりした味わいが静かな力を感じさせます。

製菓材料の旅③

パリ近郊で見つけたショコラトゥリー・デュ・ペック

パティスリーを開店してから次第にチョコレートを使ったお菓子の数も増え、輸入されるものの中で自分なりに最も美味しいと考えるメーカーのものを使っていました。そしてそれなりに美味しいチョコレートのお菓子を作っているつもりでした。

ようやく店にも余裕が出来始め、再びフランスへ行くようになった時のことです。フランスで食べるチョコレートのお菓子は、味わいが鮮明で個性的な力に溢れたとても深い香りと味わいのものでした。改めて同じメーカーであっても、フランスで流通されているものと、日本に輸出されているものの品質の異なることを思い知らされました。

自分の店で作るチョコレートのお菓子は、日本ではどこにも負けない美味しさを持っていると思っていましたが、フランスで食べるものは味わいの深さ、豊かさ、美味しさが全く違っていたのです。

「あーあ、日本人はいいようにやられてんだなぁ」と深い失望を覚えました。

何とかフランスで供給されているものと同じ品質のチョコレートを日本にもたらすことが出来ないだろうかとずっと考えていました。しかしほとんど全てのメーカーが日本にチョコレートを輸出しているようでした。

「いいチョコレートを見つけるのはもう遅いのかなぁ」

そう考えていた時、道を開いてくれるのは常にドゥニ・リュッフェルです。彼は師のジャン・ミエ氏から、パリ郊外に小さいが個性的なチョコレートを作るショコラトゥリーがあると聞いて、私に教えてくれたのです。次の渡仏の時、彼は車で私をショコラトゥリー・デュ・ペックに連れていってくれました。そして社長のデルシェ氏と会い、話をし、チョコレートをはじめプラリネ、ココアなど、いくつもの味見をしました。

ショコラトゥリー・デュ・ペックのことはドゥニさんもそれまで知らず、ドゥニさん自身、チョコレートの美味しさもさることながら、プラリネ類の美味しさにことのほか驚いていました。確かに美味しいと思いました。でも実際にお菓子に何度か使ってみないと、その個性、味わいの機微は分かりません。

デルシェ氏は自分の作るショコラに大きな誇りを持っている人でした。熱くチョコレートについて語る表情は、とても情熱的でした。そして私は最も大事なことを確認しました。

「このチョコレートと同じ品質のものを、間違いなく私たちにも届けられますか？」

彼はきっぱりと強い口調で言い切りました。

「私は自分の作るチョコレートに常に責任と誇りを持っています。自分の手で、自分が作るチョコレートの品質を落とすことなど、どんなことがあっても出来ないし、有り得ない」

その言葉に私は安心を覚えました。そして少しずつペック社のチョコレートが店に届き始めました。その品質はけっしてペック社で味わったものと変わることはありません。人の心を突き通すほどの芯のある鋭さそのままの香りを持ったスーパー・ゲアキル、上品な深い慎ましやかさをたたえたアメール・オール。暖かく、両の頬が嬉しく緩む優しい美味しさのラクテ・エクストラ、例えようのない懐かしさに満ちた慈愛をたたえるショコラ・イヴォワール…。本当に美味しい。日本に送られてくるホワイトチョコレートにもちゃんと紛れもないフランス、ランデ地方の全脂粉乳が使われているのです。

そのチョコレートで作ったお菓子に、あまりにも大きな驚きを感じました。チョコレートが変わることによって、それまでのお菓子が全く別のものに姿を変えてしまうのです。すごい力があるのです。香りが、味わいが、凛としていて、そして私の舌の上に鼻腔で開くのです。

「エクレール」はますます意志をもち、舌に自分の感情を強くこすりつけ、私に「ううっ」と心の中で唸り声をあげさせてしまうのです。

「ビュッシュロン」はお菓子の味わいの陰影がますます深くなり、味わい、香りは広がり昇ってくるのです。さらに生きることの喜びと存在感がはっきりと味わいに表れてきたのです。

「いやぁ、とんでもねぇチョコレートを手に入れちまったな」

自分のどうしようもない幸運を感じました。全てのチョコレートのお菓子に、新たに命を与える味わいでした。ここから私のチョコレートのお菓子は一点の曇りもない味わいとなったのです。

香り、味わいに力をもったペック社のチョコレートは今フランスで流行りの軽めの味わいのプティ・ショコラにももちろん素晴らしい味わいを与えます。しかしかつてスイスにあった製菓学校COBAで教えられていたウルフガング・ポール・ゴッツェ氏のクラシックなプティ・ショコラに使えば、食べる人を圧倒する美味しさが作り出されます。

このゴッツェ氏のプティ・ショコラは、彼の著書『現代スイス菓子のすべて』（1976年・日本洋菓子協会連合会刊）で知ることが出来ます。現在書店で手に入れるのは困難のようですので、興味のある方は古書店などで探してみてください。

Cannelé de Bordeaux

キャヌレ・ドゥ・ボルドー

まさしく、土の豊穣さと人間の意志が作りあげた
飾るものの何もない
フランス菓子なのです。

このお菓子はフランス人の性格の大事な部分を具現化する朴訥さそのものの味わいなのです。

パートゥを作る素材はフランス菓子ではよく使われるものばかりで、
このパートゥに砂糖を多く加えたものがクレープのパートゥと考えてかまいません。
このお菓子を特徴づけるものは、型に塗る油、
蜂の巣から抽出した蜜蝋（Cire シール）です。
私には甘いとても懐かしい香りがします。
実はこの蜜蝋はもともと私たち日本人にも身近なものでした。
私は会津の生まれで、特産の絵ロウソクも同じ匂い、蜜蝋から作られたものです。
フランスでもまだ酪農が発達せずバターなど無かった時代は、
お菓子のための塗り油はこの蜜蝋だったとドゥニさんが言っていました。
フランスで一般に売られているキャンドルには合成のものと蜜蝋のものがあり、
蜜蝋のものは値段も高いのです。
そんなわけで、私にとっては何か心の郷愁を誘う香りなのです。

パートゥの表面が黒くなるほどに、焼けば砂糖が多いために少しくぐもった、
カリッとした歯触りを作り、
中には洗練さとはほど遠いムッチリした朴訥な歯触りが続きます。
何よりも驚くのは50分前後もの長い時間、
これでもかとばかりオーブンに入れ続けて、外側はほぼ黒に近い焼き色となり
カリッとした歯触りが出るまで焼く、この意志の執拗さです。
こんなにも長い時間加熱しなくても
もちろんあの小さな型の中のパートゥは火が通ります。
しかし長い時間の流れでフランスという国民性が
これだけの加熱時間を選択してきたのです。
日本という国民性では、たとえオーブンに入っているのを忘れて
偶然このキャヌレのような深い焼き具合を経験したとしても、
調和を乱すものとして、それを選ぶことはなかったでしょう。
このお菓子もやはり小さな形の中に広がりのある空間があるのです。
日本では、店によっては蜜蝋を使わないキャヌレを
自慢げに売っているということを聞いたことがありますが、
多様性、多重性をそう容易く理解できる私たちではないのです。

histoire

フランス、アキテーヌ地方ボルドーの修道院で古くから作られていた菓子。
キャヌレ・ドゥ・ジロンド（ボルドーがジロンド県に属しているため）、
キャヌレ・ボルドレとも言います。キャヌレは「溝がついた」という意味。
その名前の通り、縦に12本溝のついた型を使います。

Ingrédients

直径5.5cm、高さ5.1cmのキャヌレ型　6個分

Cannelé de Bordeaux
キャヌレ・ドゥ・ボルドー

25g	アーモンドパウダー
33g	薄力粉
30g	強力粉

250g	牛乳
12.5g	バター
1/4本	バニラ棒
1/4個	レモンの皮のすりおろし

13g	全卵
30g	卵黄
125g	グラニュ糖

2滴	ビターアーモンドエッセンス（箸先で）
7.2g	ラム酒（ダーク・ラム）

適量	蜜蝋

食べ頃と賞味期間

●食べ頃の温度　常温またはほんのり温かいくらい
●賞味期間　常温で4日間。150℃のオーブンで12〜13分温めると周りがカリッとして中は柔らかくなり、味わいが戻ります。

Recette

Cannelé de Bordeaux
キャヌレ・ドゥ・ボルドー

1 アーモンドパウダー、薄力粉、強力粉は一緒にふるっておく。

2 鍋に牛乳、バター、縦に裂いたバニラ棒、レモンの皮のすりおろしを一緒に入れ、軽く沸騰させる。

＊牛乳にバニラとレモンの皮の香りをつけます。

3 火からおろし、氷水につけて20℃まで冷ます。

＊あまり温かいとグルテンが温度によって生成され、他の素材の旨みを包み、モチモチした歯触りになって歯切れが悪くなります。

4 ボウルに全卵、卵黄、グラニュ糖を入れ、グラニュ糖の粒が見えなくなるまでホイッパーでほぐす[直線反復]。

5 ④に③の1/3量を加え混ぜる。

6 ①の粉を一度に加え混ぜる[円]。

7 粉の塊が見えなくなり、ホイッパーを持つ手にほんの少し重さが出てくるまで混ぜたら、③の残り全部を加え混ぜる[すくいあげ]。

＊あまり手早く長く混ぜるとグルテンが過度に形成されます。

8 ビターアーモンドエッセンスを加え同様に混ぜる。

＊エッセンスを加えることで味わいの顔立ちがはっきりしてきます。

9 ラム酒を加え同様に混ぜる。

10 パートゥを冷蔵庫で一晩休ませる。

＊パートゥは一晩休ませないと、生成されたグルテンが他の旨味を包んでしまい、またムッチリしすぎた歯触りになってしまいます。

＊クレープなどのパートゥは二晩休ませて生成されたグルテンを切り、切れの軽い、また味わいも舌にのるようにしますが、このパートゥは砂糖が多いので、より早くグルテンが砂糖により分解されますので一晩休ませれば大丈夫です。

11 キャヌレ型はオーブンに入れて60～70℃に軽く温めておき、溶かした蜜蝋を刷毛で塗っておく。

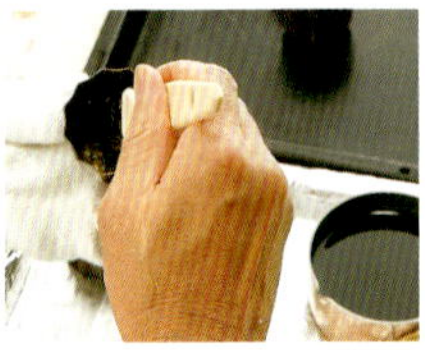

＊この蜜蝋は蜂の巣をつくるのに使われる補強剤です。高い気温にも溶けないように、融点も61～66℃と高く、一度ついてしまうと、洗ってもなかなか落ちないので、専用の天板、刷毛、手袋などを用意しておくとよいでしょう。1～2度だけ焼く時は、天板にアルミホイルなどを敷くとよいです。

12 ⑪の型にパートゥをレードルで8分目強まで流し入れる。

13 オーブンに入れて焼く。

電子レンジオーブン

220℃：40分

ガス高速オーブン

190℃：40分

焼成途中、パートゥが型の上に浮いてくるので、外に出しておくか型を叩いて下に下げる。パートゥが浮かなくなるまで3～4回繰り返す。

＊蜜蝋の塗りが少ないとパートゥが型につき、浮き出ないこともあります。

14 外側が黒くなるまで十分に焼く。

＊外側が黒くなるほど焼いた方が、香り、歯触り、味のコントゥラストはよりはっきりします。

15 型からすぐに出し、網の上で冷ます。

Le Malgache

ル・マルガッシュ

見た目の重厚さとは異なる、異国の地に夢はせる
軽やかな味わいのチョコレートなのです。

5^{e} chapitre

ショコラの多様性と広がる精神性
フランス人はショコラが大好き

私が修業していた1970年代の終わり頃は
フランスでもチョコレートは誰もが毎日食べられるものではなく、
とりわけ贅沢な食べ物のようでした。

ガナッシュのためのチョコレートを刻んでいると、15歳頃のアプランティ(見習い)たちが、
チョコレートのかけらをつまみに来ます。そして嬉しそうに口に入れていました。
でもその当時は、私はチョコレートの味わいは殆ど理解していなかったと思います。
1970年代の始め頃までは日本ではチョコレートを使ったお菓子は今ほど多くはなく、
また国産のものがほとんどで、そう美味しさを感じるものではありませんでした。
１度目のフランス滞在から帰国してもチョコレートに関してはあまり味わいの理解は
進まなかったように思います。少し分かりかけたのは、
２度目の研修でパティスリー・ミエの２階にあったジャン・ミエさんの
ショコラトゥリ・ジャミで３ヶ月間研修し、毎日チョコレートを食べてからでした。

このマルガッシュは、１度目のフランス滞在以来、
私にとってなんとなくちぐはぐな存在に見えました。
ビュッシュロンはチョコレートのもつ力のある深い味わいに合わせて、
ビスキュイ、シロすべてが組み立てられています。
でもこのお菓子のビスキュイはあらん限りの重さをもって迫るガナッシュに、
何となくのっぺらとした表情のない、得体の知れない軽さをもって立っているのです。
さらにその頃私はガナッシュから沸き立つ、深い味わい、深い力のある香りを
少しも理解していなかったことも手伝って、この２つのものは、
私の舌の上でガナッシュがビスキュイを包み込むこともなく、少しもお互いに
共鳴することなく、それぞれがただポツンと別々にあっただけでした。

２度目の渡仏から、私は以前よりもこのお菓子を理解するようにはなりましたが、
それでもつい最近まで、いま一つしっくりとしないものを感じていました。
それは多分、当時のヌーヴェル・パティスリーの合言葉であった、plus léger(より軽く)
という流行の中で、このお菓子はただ軽さを目指し、
ちょっと不自然に作りあげられたものだったからかもしれません。
2007年に上梓した『Les Desserts』(レ・デセール)の中で、ビスキュイ・サッシェの
軽さを失うことなく、今の私の理解の仕方で、二つの要素を
より繋がりのあるものに変えました。ガトー・ショコラやその他のお菓子と比べると、
チョコレートやバターなどの脂肪分の少ない軽い歯触りのお菓子ですが、
鮮やかに違うチョコレートの表情があります。

histoire

マダガスカルがカカオ豆の産地であることから、
チョコレートのお菓子にこの名前がつけられました。

Ingrédients

上口18cm×7cm、底17cm×6.5cm、高さ5.5cmのパウンド型　2台分

Biscuit sacher
ビスキュイ・サッシェ

1台につき約250g使用

- 60g　強力粉
- 23g　ココア
- 4.5g　ベーキングパウダー

- 90g　セミスイートチョコレート（アメリカオ・カカオ分 72%）

- 90g　バター
- 36g　グラニュ糖

- 75g　卵黄

- 12滴　バニラエッセンス

ムラング・オルディネール

- 90g　卵白
- 18g　グラニュ糖 A
- 42g　グラニュ糖 B

Ganache
ガナッシュ

- 105g　生クリーム
- 10g　水
- 30g　30°ボーメのシロ
- 187g　セミスイートチョコレート（アメリカオ・カカオ分 72%）

Pâte à glacer
パータ・グラッセ

- 適量　上がけ用スイートチョコレート（パータ・グラッセ・ブリュンヌ）
- 適量　ピーナッツオイル＊チョコレートの分量の30%

Finition
仕上げ

- 適量　パイエットゥ・ショコラ
- 適宜　飾り

食べ頃と賞味期間

- 食べ頃の温度　18〜22℃前後
- 賞味期間　20℃ほどの常温で保存し、3日間。

Recette

Biscuit sacher
ビスキュイ・サッシェ

サッシェはザッハのフランス語読みです。ザッハトルテの重めのチョコレートのパートゥよりも、フランスではより軽さが求められた当時の一種の流行ともあいまって、ムラングを生かした軽い歯触りのものになったと思われます。

1 型はポマード状バター（分量外）を塗り、冷蔵庫に入れてバターを固め、手粉（分量外）をふって型を1回強く叩いて余分な粉を落としておく（→P256）。

2 強力粉、ココア、ベーキングパウダーは前もって合わせてふるっておく。

3 ボウルに細かく刻んだチョコレートを入れて湯煎で溶かし、30℃以下に調整しておく。

4 十分艶の出た柔らかめのポマード状バター（→P256）に、グラニュ糖を5回に分けて加え、ホイッパーで混ぜる［円］。

＊バターは手にあまり重さを感じなくなるまで直弱火で加熱しながら、混ぜていきます。

＊少しだけ白くなるのは構いませんが、真っ白くなるほどまでは泡立てません。

5 溶きほぐした卵黄を3回に分けて加え、同様に50回混ぜる。均一に混ざればよい。バニラエッセンスも加える。

6 バターが硬くなってきたら、ボウルの底をごく弱火に1〜2秒あてては混ぜ、常に柔らかい状態を保つ。

7 ③のチョコレートを2回に分けて加え、滑らかになるまで混ぜる[円]。

＊チョコレートが熱すぎるとバターがとろとろに溶けすぎて、ムラングと混ざる時にムラングをつぶれやすくしてしまいます。

＊ムラングが加わり、味わいが間のびするのを防ぐために底力のある味わいのチョコレート、アメリカオを使います。

8 ムラング・オルディネールを作る。深大ボウルに、卵白とグラニュ糖Aを入れ、ハンドミキサー（ビーター2本）の速度2番で1分→速度3番で1分、グラニュ糖Bを加えてさらに30秒泡立てる。

＊卵白は15℃ほどにし、ボウルは冷やさず使います。ムラングが冷たすぎると、バターやチョコレートに混ぜ込んでいく時に、卵白の冷たさでバターやチョコレートが固まり、のびなくなってムラングを十分に包み込んでくれません。焼きあがりもチョコレートの味わいが薄いものになります。

9 ⑦の柔らかさを確認し、硬くなっていれば⑥と同様に温めて、十分に艶があり、手にあまり重さを感じなくなるまで柔らかくする。

＊十分にのびやすい柔らかさにしておかないとムラングをつぶし、チョコレートのアパレイユによく混ざっていきません。

10 ムラングを1すくい加えてホイッパーで強く混ぜ、ムラングをのびやすくする[円]。

11 80%混ざったら、残りのムラングを2回に分けて加え、木べらで手早く混ぜる[90度]。80%混ざったら次を加え同様に混ぜる。

＊手早く混ぜないと粘りの強いチョコレートのアパレイユは薄くのびず、十分にムラングを包み込んでくれません。

12 ムラングを全部加えて80%混ざったら、②の粉を5～6回に分けて加え、⑪と同様に混ぜる。
80%混ざったら次の粉を加えて、粉が2/3量ほど入ったら少しゆっくり混ぜる。

＊しっかりしまったら、次は少しだけパートゥが柔らかくなるまで混ぜますが、パートゥは結構しっかりとしています。

13 粉を全部加えて80%混ざったら、ボウルの内側をゴムべらで払い、さらに50回混ぜる。

＊他のチョコレートのパートゥほどしっかり混ぜず、ムラングを生かします。

14 ①の型に流し入れる。両端は火が通りやすく早く焼けるため、スプーンで少し高くする。きれいにならす必要はない。

15 オーブンに入れて焼く。

電子レンジオーブン
170℃：22～23分
ガス高速オーブン
160℃：20分

＊竹串を刺してもパートゥがつかなくなってから約5分、軽い弾力が感じられるまで焼く。

16 すぐに型から出してさかさまにしてキャルトンにのせ、網の上で完全に冷ます。

Ganache

ガナッシュ

1 小鍋に生クリームと水、30°ボーメのシロを入れ、80℃（縁の方がフツフツする）まで温める。

2 前もって細かく刻んでおいたチョコレートに①を加え、ホイッパーで混ぜる[円]。

3 バットに広げて常温（20℃）で3時間ほど休ませる。

*3時間ほど休ませるのは、ガナッシュの中のさまざまな成分が十分に結びつきを深めて、ガナッシュにしっかりとした繋がりを出すためです。

* あらかじめ作っておいた場合は室温25℃のところに1時間ほどおいて柔らかくして使います。

* このガナッシュは使っていると常温でも硬くなったり粒が出来たりして、かなり扱いにくいものです。もし塊が出来てきたら、ゆっくりと気長に木べらで混ぜながら少しずつ加熱して均一に柔らかくしてから塗ります。出来たての時とは違い、ほんの少し分離したように見えても滑らかであれば大丈夫です。

* 少しでも塊が出来てきたら、面倒がらずにすぐに柔らかくしてから塗ります。

Montage

組み立て

このビスキュイは軽い歯触りなので、挟むガナッシュ、表面に塗るガナッシュが厚過ぎるとビスキュイの味わいが隠れてしまいます。

1 パートゥを3枚にスライスする。

2 平口金をつけた絞り袋にガナッシュを入れ、底のパートゥに30g絞り、パレットナイフで平らにならす。

3 2枚目のパートゥをのせ、同様にガナッシュを30g絞る。3枚目のパートゥをのせ、ガナッシュを側面、上面の順に全体に厚さ約3㎜ほどに絞り、パレットナイフで平らにならす。

4 少し下の方が台形になるようにガナッシュを塗る。長いパレットナイフやものさしなどで表面を軽くこすりきれいにする。

* この状態でラップで包んで、冷凍庫で1週間保存可能。

5 5分ほど冷蔵庫で冷やし固める。

* パータ・グラッセをかける20分ほど前に常温（20℃）のところに出しておきます。あまり冷たいと表面にチョコレートのブルームが出やすくなります。また固まるのが早く、きれいにかけにくくなります。

Pâte à glacer

パータ・グラッセ

1 上がけ用スイートチョコレートは40℃ほどの湯煎で溶かし、分量の30%にあたるピーナッツオイルを加えて、木べらでよく混ぜる。

Finition

仕上げ

1 大きめの木べらを用意し、その上にお菓子をのせる。

2 パータ・グラッセを角にもきちんとかかるように注意しながら、全体にかける。パレットナイフで平らにならす。

3 木べらの下をパレットナイフでトントンと強めに7〜8回たたき、側面のチョコレートを下に落とす。

4 四辺のすそのチョコレートをパレットナイフで取る。

5 チョコレートが固まらないうちに、四辺のすそにパイエットゥ・ショコラを少しつける。

6 トリュフやチョコレートの葉っぱで飾りつけをする。

Découpage

切り分け

1 ガスの火にあてて少しだけ熱いと感じるくらい熱した波刃包丁でゆっくり切る。
1回切るたびにぬれフキンで包丁をきれいにする。
＊パータ・グラッセを軽く溶かしながら切るように。

Sachertorte

私なりのザッハトルテ

切り分ければ、モネの絵の中に見る
地の果てしない深さほどに、
心沈ませるビロウドの黒の深みが見えるのです。

これほどまでにチョコレートの存在感を凝縮した味わいはありません。

今から22年前、『Pâtisserie française その imagination I』の中で、
ザッハトルテについて、たとえ名の知れたザッハホテルとやらでとても評判を
得ているとしても、私には何の美味しさも興味もないと書きました。
日本で未だ何の実績もない青二才のパティスィエが、誰もが素晴らしい美味しさである
と信じるオーストリアの名門ホテルの有名なお菓子を切って捨てたのですから
「こいつはなんというふざけた菓子屋だ」と眉をひそめた方も少なくはなかったでしょう。
私はこの本を書き始める前に、その本物のザッハトルテとやらをある方から頂き、
食べていました。確かにグラス・オ・ショコラは美味しい。実に深く心にしみる味でした。
でもただ何となくチョコレートを加えただけといったような、
印象的な味わいなど微塵もない、ただチクチクした歯触りの鈍重な味わいでした。
何でこんなのを日本人はありがたがって、
わざわざ現地に行ってまで買ってくるんだろうかと馬鹿らしさを感じていました。
チョコレートの加えられたパートゥの中で、チョコレートらしい味わいに一番大事なのは、
チョコレートそのものの香りと味わいがどう生かされているかということと、
加えられたカカオとカカオバターが作り出す特徴ある食感なのです。
パートゥの中に脂肪が加えられると、粉から生成されるグルテンや卵白の
しなっとした歯切れの悪さを切り、軽い歯触りと崩れやすいパートゥになります。
そしてその食感は加えられる脂肪の種類によって異なります。
バターを加えるとしっとりとしてホロッ、今はもう加えることは出来ませんが、
ショートニングを加えるとパリンとした歯触りのしっかりした崩れやすさが出ます。
サラダオイルを加えると綿のような柔らかさと歯と歯が合わさる直前にすっと切れる歯触り
が、また卵黄はバターよりもよりしっとりとしてホロッとした歯触り、崩れ方が生まれます。
このカカオバターの歯触りと、歯にあたってからのパートゥの崩れ方を意識すると、
チョコレートのお菓子は大きく美味しさを増します。
この「私なりのザッハトルテ」は、頂いて食べたトルテのパートゥを、
チョコレートへのイメージを私なりの感覚で、より深く印象的に仕上げたものです。
イル・プルー直営の製菓材料店「エピスリー」で何度かデモンストレーションと
試食をしたことがあります。本当に日本人ってどこにでも行っているんですね。
今食べたものの方が本物のザッハトルテよりずっと美味しかったと
感激した面持ちで言ってくださる方が少なからずおられました。

histoire

Sachertorte[独：ザッハトルテ／仏：サッシェトルトゥ]は、19世紀初頭、
オーストリアの宰相メッテルニヒ公のもとで働いていたエドヴァルト・ザッハが
ウイーン会議後のレセプションのために創作したお菓子です。のちにザッハは
ホテルを開業し、ザッハトルテはそこの看板メニューとして大好評を博しました。

Ingrédients

口径18cm、底径16cm、高さ4cmのマンケ型　1台分

Biscuit au chocolat

ビスキュイ・オ・ショコラ

- 35g　強力粉
- 20g　ココア

- 70g　スイートチョコレート
  (スーパー・ゲアキル・カカオ分 64%)

- 70g　バター
- 42g　グラニュ糖

- 40g　卵黄

- 10滴　バニラエッセンス

ムラング・オルディネール

- 60g　卵白
- 14g　グラニュ糖 A
- 28g　グラニュ糖 B

Confiture d'abricot

コンフィテュール・ダブリコ

適量使用 (→ P257)

Glace au chocolat

グラス・オ・ショコラ

出来上がりから適量使用

- 38g　スイートチョコレート
  (スーパー・ゲアキル・カカオ分 64%)
- 38g　ココア
- 270g　グラニュ糖
- 90g　水
- 15g　カカオバター
- 4滴　バニラエッセンス

食べ頃と賞味期間

- 食べ頃の温度　18～22℃
- 賞味期間　20℃ほどの常温で保存し、3日間。

Recette

Biscuit au chocolat

ビスキュイ・オ・ショコラ

チョコレートは香辛料のような芯のある鋭い香りをもつスーパー・ゲアキルを使います。グラス・オ・ショコラは歯触り、味わいのトーンがとても強いので、それに負けない力のあるビスキュイを作らねばなりません。

普通チョコレートを加えるパートゥのためのムラングは、気泡量は必要としません。チョコレートを加えたアパレイユに十分に混ぜ込んでチョコレートの味が十分に出るようにします。混ざりやすさと泡の強さが必要です。このため1回目の砂糖も多めに、2回目の砂糖もさらに多量に加えます。加える砂糖を多くすると、気泡量は減りますが、ムラングに混ざりやすさと強さが出てきます。

1 型はポマード状バター(分量外)を塗り、冷蔵庫に入れてバターを固め、手粉(分量外)をふって型を1回強く叩いて余分な粉を落としておく(→ P256)。

2 強力粉、ココアは前もって合わせてふるっておく。

3 ボウルに細かく刻んだチョコレートを入れて湯煎で溶かし、30℃以下に調整しておく。

4 十分艶の出た柔らかめのポマード状バター(→ P256)に、グラニュ糖を5回に分けて加えホイッパーで混ぜる[円]。

5 溶きほぐした卵黄を3回に分けて加え、同様に50回混ぜる。均一に混ざればよい。バニラエッセンスも加える。

6 バターが硬くなってきたら、ボウルの底をごく弱火に1～2秒あてては混ぜ、常に柔らかい状態を保つ。

7 ③のチョコレートを2回に分けて加え、滑らかになるまで混ぜる[円]。

8 ムラング・オルディネールを作る。深大ボウルに、卵白、グラニュ糖Aを入れ、ハンドミキサー（ビーター2本）の速度2番で1分→速度3番で1分→グラニュ糖Bを加えてさらに30秒泡立てる。

＊卵白は15℃ほどにし、ボウルは冷やさず使います。ムラングが冷たすぎると、バターやチョコレートに混ぜ込んでいく時に卵白の冷たさでバターやチョコレートが固まり、のびなくなってムラングを十分に包み込んでくれません。

9 ⑦の柔らかさを確認し、硬くなっていれば⑥と同様に温めて、十分に艶があり、手にあまり重さを感じなくなるまで柔らかくする。

＊十分にのびやすい柔らかさにしておかないとムラングをつぶし、チョコレートのアパレイユによく混ざっていきません。

10 ムラングを1すくい加えてホイッパーで強く混ぜ、ムラングをのびやすくする[円]。

11 80%混ざったら、残りのムラングを2回に分けて加え、木べらで手早く混ぜる[90度]。80%混ざったら次を加え同様に混ぜる。

＊手早く混ぜないと粘りの強いチョコレートのアパレイユは薄くのびず、十分にムラングを包み込んでくれません。チョコレートの味わいが不十分な、ざらつきの強い焼きあがりになってしまいます。

12 ムラングを全部加えて80%混ざったら、②の粉を5～6回に分けて加え、⑪と同様に混ぜる。
80%混ざったら次の粉を加え混ぜる。

＊しっかりしまったら、次は少しだけパートゥが柔らかくなるまで混ぜますが、パートゥは結構しっかりとしています。

13 粉を全部加えて80%混ざったら、ボウルの内側をゴムべらで払い、さらに50回混ぜる。

14 ①の型に流し入れる。ゴムべらで真ん中を低くしてならす。

15 オーブンに入れて焼く。

電子レンジオーブン
170℃：22～24分

ガス高速オーブン
160℃：23～26分

＊竹串を刺してもパートゥがつかなくなってから約5分、軽い弾力が感じられるまで焼きます。ここまで焼くと、冷めてからも中央が沈みません。

＊型とパートゥの間に1mm以上の隙間ができるまで焼いてしまうと、パサついてチョコレートの味がしなくなります。

16 すぐに型から出してさかさまにしてキャルトンにのせ、網の上で完全に冷ます。

17 ビスキュイが完全に冷めたら、底以外の全面にコンフィテュール・ダブリコを刷毛で塗る。

＊薄すぎないように、しっかり塗ります。コンフィテュールが味わいに優しさを与えます。

Glace au chocolat

グラス・オ・ショコラ

かけ方が慣れてきたら分量を 2/3 量ほどに減らすとグラスが残りません。残ったグラスには配合の 2/3 量を新たに加え、水だけは同量（90g）を加えて煮詰めて使います。

カカオバターはグラスの歯触りを少し軽くするために加えます。

1 チョコレートは細かく刻んでおく。

2 すべての材料を鍋に入れる。弱火でよく混ぜながら加熱し、沸騰するまでに完全に溶かす。

＊少し時間をかけて十分に砂糖やその他の材料を溶かさないと、冷やしている時に急にグラスが固まり始めてかけにくくなります。

3 沸騰したら、木べらで手早く底をこすり、泡をつぶしながら 110℃まで煮詰める。

＊よく混ぜて泡をつぶさないと水蒸気が逃げられずなかなか温度が上がりません。

＊温度計は鍋底につけないで計ります。

4 煮詰まったら火からおろし、水を含んだタオルの上で木べらで混ぜながら温度を下げる。30 ～ 50 秒で泡が消える。

5 さらに混ぜていくと、手にかなりドロッとした重さを感じ、木べらの先にはっきりと砂糖が再結晶するサラサラとした軽くカサつく感触が得られる。表面に少しピカッとした艶が出るまで混ぜる。

＊ここでしっかり再結晶させ始めないと、かけてから固まりません。飴のような艶のある状態のままです。煮詰め温度や混ぜ方が微妙な場合は 30 分遅れて再結晶することもあります。

Finition

仕上げ

1 バットに直径 15㎝ほどの円柱形の台（缶など）を置き、ビスキュイをのせる。

2 グラス・オ・ショコラが出来たらすぐに①にかける。
まず周りに、そして中央に厚さ 3 ～ 4㎜になるように流しかける。

＊パートゥが柔らかいのでグラスの厚さは 3～4㎜と薄めでないと、グラスの硬さに全体の味わいが負けてしまいます。

3 すぐにパレットナイフで表面のグラスを薄くこすり取る。

4 プティクトーで下に垂れて固まったグラスをきれいに取る。

5 その時々によって異なるが、1 ～ 2 分で結晶してくる。

＊煮詰める温度が低かったり、木べらで再結晶し始まるまで十分に冷やし混ぜないと、固まりが遅く、またどっしりとした艶のある再結晶となりません。

＊確実に 110℃～ 111℃まで煮詰めてよく混ぜれば、残りのグラスでもしっかり再結晶します。

Découpage

切り分け

グラスは硬くて切りにくいので、波刃包丁を熱めのお湯につけてトンと軽く水気を落とし、ゆっくりと何回ものこぎりのように動かして切ります。

1 まず上面のグラスを切り、次に側面のグラスをゆっくりと切る。

2 そのまま下のビスキュイを切る。

3 側面のグラスを切り、次に上面のグラスを切って、1つずつのピースに切り分ける。

Macaron lisse

マカロン・リス

シャリッ、サクッ、小さく囁くような
ちょっとくぐもった歯触りに、
アーモンドの暖かい味わいが重なり、
チョコレートやコーヒーがいろんな楽しい味わいを招き入れます。

6e chapitre

パティスィエは何故か
マカロンにこだわる

マカロン・リスは、私が最初にフランスに行った頃、
この日本の素材では不可能なお菓子であると言われていました。

1970年代後半、マカロン・リスは、日本ではけっして出来ないお菓子とされていて、
どこでも売られていませんでした。その理由としては、当時は純粉糖というものがなく、
粉糖に3%ほどのコーンスターチが加えられているためだとか、アーモンドパウダーに
生産費を安くするために加えられていた大豆粉のせいだと言われていました。
でも私には何か他の理由があるのではないかという漠然とした考えがありました。
私も挑戦してみました。1度目のフランスからの帰国後、何度もマカロンに
挑戦してみましたが、やはり初めは何度やってもうまくいきませんでした。
でも私の執念は並大抵のものではありません。何度も失敗を繰り返しながら、
その試作の中から様々の要素を絞り込んでいき、法則性を見つけ出してしまいます。
そして15回ほどの試作の後、マカロン・リスが出来あがりました。オーブンの中で、
表面がつるんとなり、ドームとなって浮き上がり、周囲からピエが出てきた時は、
思わず「ワオ！」と叫び声をあげたことを今でもはっきりと覚えています。
それからさらに何度も試作を繰り返し、ほぼ完全に法則性を整え、
『Pâtisserie française その imagination I』に載せました。
でもさすがにフランス人です。その後マカロンの製法は少しずつ改良され、
今では誰もがほぼ失敗無く出来るようになっています。
これはやはり伝統あるフランスという国の底力の凄さだと思います。

アーモンドと粉糖、卵白という単純な材料の配合による味わいは、
その当時の日本人としての私には理解しがたい味わいでした。
本当にくすんだ味わいしか感じられませんでした。
マカロン・ドゥ・ナンスィよりは、歯触りも軽く、シャープな口溶けなのですが、
そこにガナッシュやクレーム・オ・ブールを挟んでも、
やはりくすんだとしか言いようのない分からない味わいでした。
日本に帰ってやっと出来たマカロン、でも当時のアーモンドパウダーは
全て味わいと脂肪量の少ないアメリカ産でした。一層訳の分からない味わいでした。
このマカロンの美味しさを理解し始めたのは、2度目の渡仏の後半からでした。
不思議なもので、たまにオーブンを任せられて自分でマカロンを焼いてみると、
マカロンへのいとしさは一度に増しました。
それがアーモンドの味の理解とともにマカロンの味わいの理解の始まりでした。
間違いなくシャリ、サクッ、小さな歯触りが
楽しい美味しさを作りだしているのです。

histoire

lisse は「滑らかな」という意味。その名前の通り、表面がすべすべしているのが特徴。
パリで生まれたことから別名「マカロン・パリジャン」とも言われています。

Macaron lisse au chocolat

マカロン・リス・オ・ショコラ

Ingrédients

直径2.5cm大　約60枚30組分

Fond de macaron aux amandes

フォン・ドゥ・マカロン・オ・ザマンドゥ

- 107g　粉糖
- 56g　アーモンドパウダー
- 5g　ココア

ムラング・オルディネール

- 60g　卵白
- 15g　グラニュ糖A
- 0.8g　クレーム・タータ
- 15g　グラニュ糖B

少々　水で溶いた色粉（赤）

Crème ganache

クレーム・ガナッシュ

- 30g　エバミルク
- 1/10本　バニラ棒
- 8g　トゥリモリーヌ（または水飴）
- 51g　ガナッシュ用スイートチョコレート（ガナッシュ・ゲアキル・カカオ分57%）
- 18g　バター

食べ頃と賞味期間

●食べ頃の温度　18〜22℃前後

●賞味期間　ビニール袋に入れて湿気を防いで冷蔵庫で保存して2日間、冷凍庫で1週間。冷凍保存した時は室温に10〜15分おきます。

Recette

Fond de macaron aux amandes

フォン・ドゥ・マカロン・オ・ザマンドゥ

マカロンのパートゥの素材の混ぜ方のイメージは、目に見えない部分で卵白と粉糖、それにアーモンドパウダーの3つをとにかくよく混ぜ込んで、表面が乾燥した時に少しの蒸気も逃さない緻密な膜を作ることです。全ての工程はこの一点のために行われます。現在の一般的で、より簡単な作り方です。

1 粉糖、アーモンドパウダー、ココアは前もって合わせて2回ふるい、冷蔵庫で冷やしておく。

＊卵白に粉糖とアーモンドパウダーがより緻密に混ざりやすくするために、とにかくよく混ぜ込んでおきます。

2 ムラング・オルディネールを作る。深大ボウルに卵白、グラニュ糖A、クレーム・タータを入れ、ハンドミキサー（ビーター2本）の速度2番で1分→速度3番で2分→グラニュ糖Bを加えてさらに30秒泡立てる。

＊クレーム・タータの強い酸で泡立ち、細かく寸断された卵白の繊維を化学的に凝固させ、強い泡にします。泡が強いと繊維同士は離れてるので、そこに粉糖とアーモンドパウダーがより細かく浸透しやすくなります。

3 水で溶いた色粉を加え、さらに数秒混ぜる。

4 ①の粉を5回に分けて加え、木べらで混ぜる[90度]。

5 1回加えるごとに、60～70%混ざったら次の粉を加える。

6 粉を全部加えて80%混ざったら、ボウルの内側をゴムべらで払い、さらに40～50回混ぜる[90度]。

7 最後にゴムべらで硬さを調整する。混ぜ終わった状態は艶が出てきて少しゆっくり動く程度。絞り出した時に、小さい角がしばらく残る程度の腰高さを保つ柔らかさが目安。

＊艶が出てきたということは、卵白に粉糖が十分に細かく混ざりこんで粉糖が溶けてきたということです。

8 口径7㎜の丸口金をつけた絞り袋に⑦を入れ、ベーキングシートに直径2.5㎝大に絞る。

＊ドームの表面がそのまま上に浮きあがって外れるように、ベーキングシートの上に絞ります。

9 薄皮が張ったようになるまで30分ほど常温におき、乾燥させる。

＊オーブンの中で容易に表面が水蒸気を逃さないしっかりした膜になるように、オーブンに入れる前に乾燥させます。

10 オーブンに入れて焼く。(天板も予熱しておく)

電子レンジオーブン

160℃～170℃：7～9分

2分～2分30秒　ピエが出る。

7～9分　パートゥに触ってみて表面がゆらゆら動かなくなったらオーブンから出す。

ガス高速オーブン

140℃：9～10分

3分　手前側にピエが出たら天板の奥と手前を入れかえる。

9～10分　パートゥに触ってみて表面がゆらゆら動かなくなったらオーブンから出す。

＊家庭用のオーブンは下からの熱が極めて弱いので、天板は0.5秒ほどなら触れられるくらいに熱しておきます。

＊下からの熱が弱すぎるとピエが多く流れ出し、膜の下に空洞が出来てしまいます。

＊業務用のオーブンは下からの熱が極めて強いので、熱によってパートゥの周囲がベーキングシートにくっついてしまうのを防ぐために、天板を2枚重ねてオーブンに入れ、ピエが出てきたところで下の天板を取り、下からも熱が入るようにします。

11 焼きあがったらすぐにベーキングシートごと網にのせて冷ます。十分冷めたらベーキングシートからはがす。

＊暑い時は、クレームを絞る前に冷蔵庫に入れ、20℃以下にパートゥを冷やしてからサンドします。パートゥが熱いとクレームが溶けて傷んでしまいます。

Crème ganache

クレーム・ガナッシュ

1 小鍋にエバミルク、縦に裂いたバニラ棒、トゥリモリーヌを入れ、80℃（縁の方がフツフツする）まで加熱する。

2 前もって細かく刻んでおいたチョコレートに①を加え、均一に滑らかになるまでホイッパーで静かに混ぜる[円]。ほぼ混ざったら、さらに50回混ぜる。

3 ガナッシュは40℃ほどに調整しておき、少しテリのある柔らかめのポマード状（→P256）にしたバターを4～5回に分けて加え、十分に混ぜる。

4 バットに広げて、冷蔵庫で冷やす。この間に素材が十分に結びつく。

Finition

仕上げ

1 クレーム・ガナッシュは使う15分ほど前に室温25℃のところに出しておく。絞りやすい柔らかさになったら、けっして混ぜないで、そのまま口径7㎜の丸口金をつけた絞り袋に入れる。

2 マカロンに3gずつ絞り出してサンドする。

Macaron lisse au café

マカロン・リス・オ・キャフェ

Ingrédients

直径2.5㎝大　約60枚30組分

Fond de macaron aux amandes

フォン・ドゥ・マカロン・オ・ザマンドゥ

107g 粉糖
56g アーモンドパウダー
3g インスタントコーヒー（微粉末）

ムラング・オルディネール

60g 卵白
15g グラニュ糖A
0.8g クレーム・タータ
15g グラニュ糖B

Crème au beurre café

クレーム・オ・ブール・キャフェ

100g クレーム・オ・ブール（→P276）
8g コーヒーエッセンス

食べ頃と賞味期間

P208「マカロン・リス・オ・ショコラ」と同様

Recette

Fond de macaron aux amandes

フォン・ドゥ・マカロン・オ・ザマンドゥ

1 P208「マカロン・リス・オ・ショコラ」フォン・ドゥ・マカロンと同様に作る。

＊インスタントコーヒーは前もって合わせてふるった粉糖とアーモンドパウダーに加えて軽く混ぜ合わせておきます。

Crème au beurre café

クレーム・オ・ブール・キャフェ

1 クレーム・オ・ブールにコーヒーエッセンスを加え、ホイッパーで混ぜる[円]。

＊コーヒーエッセンスがない場合は、熱湯3gにインスタントコーヒー5gを溶かしたもので代用しても構いません。

Finition

仕上げ

1 口径7㎜の丸口金をつけた絞り袋にクレーム・オ・ブール・キャフェを入れる。

2 マカロンに3gずつ絞り出してサンドする。

Macaron マカロン

マカロンの原理について

★ 卵白に粉糖、アーモンドパウダーを目に見えない部分で出来るだけ細かく混ぜることで、蒸気を逃さない膜を作る。

★ オーブンに入れるとパートゥが温まり、水蒸気が発生して生地の圧力を高め、ドームを持ちあげる。

★ 持ちあがったドームの周囲に圧力の高くなったパートゥが流れ出る（→ピエ＊が出来る）。

＊ピエ[pied]：フランス語で「足」の意味。マカロン・リスは、周りにこのフリルのようなピエが出来ることが重要なポイントです。

ピエが出来ず表面に小さい穴がたくさん空いている

混ぜ方が足りないなどのために砂糖の膜が出来なかったと考えられます。

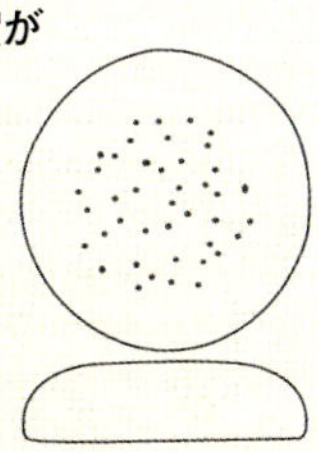

ピエが出来ず、表面にヒビが入る

混ぜすぎてパートゥが柔らかくなりすぎ、大きく広がると、周囲がシートにくっついてドームが浮きあがらなくなります。また、下からの熱が強すぎ、ドームが浮きあがる前に周囲がシートにくっついてしまう場合も考えられます。

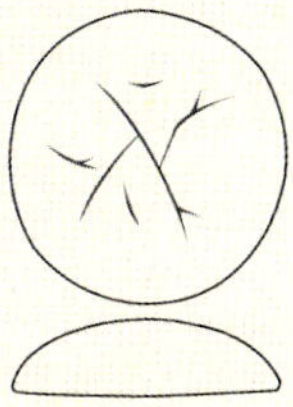

きれいにピエが出来た時の状態

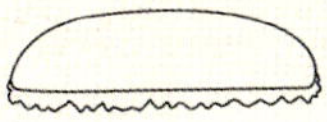

Macaron de Nancy

マカロン・ドゥ・ナンスィ

マカロン・リスがパリの華なら、
マカロン・ドゥ・ナンスィは田舎のおぼこ娘。
少しの飾りもありません。
素材に心を開いた美味しさです。

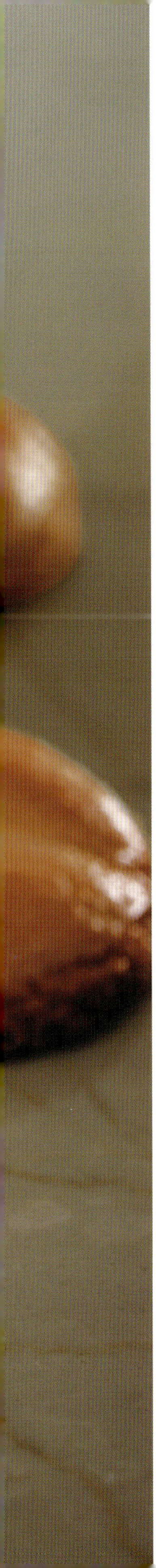

甘さの中にいろんな味わいが
楽しく溶け合っています。
朴訥とした歯触りがさらなる暖かさを作り出します。

初めて研修でパリに滞在した時、
あちこちのお菓子屋さんを見てまわり、多くのお菓子を食べました。
このマカロン・ドゥ・ナンスィは、私が憧れていたとある店で売っていました。
食の領域での経験が狭い私にとって、卵白とアーモンドパウダーと砂糖という
単純な材料で作られる伝統的なマカロンは理解しにくいものでした。
今お菓子好きの日本人なら誰でもしたり顔に話すマカロン・リスには、
マカロンのパートゥのほかにクレームが挟まれているので、
何となく理解できる美味しさがあるようです。

でもやはり単純な配合のパートゥには今でもほとんどの日本人は
「本当にこんなのが旨いのかなぁ」と当惑の気持ちをもっているように思えます。
当時は「Nancéien」(ナンセアン)という名で売られていたこのマカロンの味わいも、
どの店でも力を入れていたマカロン・リスも、
そのパートゥの旨さは最初少しも理解出来ませんでした。
ナンセアンはどうしようもなく歯切れが悪く、ネチッとした歯触りが全てでした。
もうけっしてお金を払ってまで口に入れることはないだろうという代物でした。
でもあの頃の私にとっては、
そう大げさな印象ではなかったのではないか、と思います。

でも今は違います。
材料の配合は同じでも、スペインの滋味豊かなアーモンドに
ネチッとした歯切れも美味しさと分かり得る少しの経験を加味すれば、
あの時以上の味わいを作り出すことは可能なのです。
必ず私が１度目のパリで感じた味わいよりも、
ずっと美味しいものが出来るはずです。

本当に素直に、マカロン・ドゥ・ナンスィをマカロン・リスよりも
ずっと美味しいと感じる人がいたら、私は心から尊敬します。

histoire

1792年、カルメル派の２人の修道女が迫害を受け、ロレーヌ地方ナンスィにある
アシュ通りの信者の家にかくまってもらった時にお礼に作ったことに由来します。
このマカロンは町中の評判を呼び、マカロンを作った修道女たちはスール・マカロン
(マカロンの修道女)と呼ばれました。今もナンシーの銘菓として親しまれています。

Ingrédients

直径5cm大　約35～37枚分

Macaron de Nancy

マカロン・ドゥ・ナンスィ

20g	薄力粉
225g	ローマジパン
156g	粉糖
54g	卵白
5g	シュクル・ヴァニエ
┌ 80g	グラニュ糖
│ 13g	キャソナッドゥ
└ 31g	水
10g	予備卵白

食べ頃と賞味期間

- 食べ頃　焼いてから2時間ほどすると味わいが出てきます。翌日はより美味しくなります。
- 賞味期間　常温で保存し、3日間。硬くてもよいなら1週間。

★柔らかく焼きあげても、時間の経過と共に乾燥して硬くなります。柔らかさを保ちたい場合はビニールに入れ、カリカリに保ちたい場合はそのまま保存します。

Recette

Macaron de Nancy

マカロン・ドゥ・ナンスィ

もちろんローマジパンはスペイン、カタルーニャ地方レリダのアーモンドを使っています。他のものでは味わいの暖かさは出ません。

シュクル・ヴァニエも強く、膨らみのあるものを選びます。

1 薄力粉は前もってふるっておく。

2 ボウルにローマジパンを入れ、粉糖を6～7回に分けて加え、手で練り込む。硬く混ぜにくくなったら③で加える卵白から1/6量ほどを先に加え、マジパンに再び粘りが出て均一になるまで、とにかくよく混ぜる。

3 卵白を2回に分けて加える。1回加えるごとにしっかりと粘りが出るまで木べらで十分に混ぜる[平行楕円]。

4 シュクル・ヴァニエを加えて混ぜる。柔らかいがしっかりして流れない状態になる。

5 ①の粉を3回に分けて加え、木べらで十分に混ぜる。かなり硬くなる。
1回加えるごとに、80%混ざったら次の粉を加えていく。

6 小鍋にグラニュ糖、キャソナッドゥ、水を入れて混ぜ、107℃まで加熱する。

7 ⑤に⑥を一度に加え、よく混ぜる。ほんの少し流れるくらいの硬めのパートゥになる。

＊熱いシロを加えるのは、その熱によってパートゥを温め、素材同士をよりよく混ぜるためです。これによって味わいがさらに豊かになります。

8 ラップをして、常温で最低2時間休ませる。
＊焼きあがりの艶をよくするために、また表面に膜が出来るように最低2時間休ませてから絞ります。

9 最後にゴムべらで硬さを調整する。木べらで混ぜると少しだけ動き、10秒ほどで艶が出てくるくらいが目安。これより硬い場合は予備卵白を少しずつ加えて調整する。

10 口径10㎜の丸口金をつけた絞り袋に⑨を入れ、間隔をあけてベーキングシートに直径3.5㎝大（12～14g）に絞る。

11 薄膜が張ったようになるまで、20分ほど常温におき、乾燥させる。

＊乾燥させると表面に艶が出て、ヒビも大きく出来てきれいです。

＊絞った時は表面に少し艶があるがざらざらな感じですが、オーブンに入れると表面が滑らかになります。

12 オーブンに入れて焼く。

電子レンジオーブン

170～180℃：10分
↓
柔らかく仕上げる場合
170～180℃：さらに5分

カリカリに仕上げる場合
150℃：さらに20～30分

ガス高速オーブン

160～170℃：
下にもう一枚天板を敷いて5分
↓
160～170℃：
下の天板を外し、さらに5分
↓
柔らかく仕上げる場合
160～170℃：さらに5分

カリカリに仕上げる場合
150℃：さらに20～30分

＊ガス高速オーブンの場合は、下の天板を取って2分で表面にヒビが入ります。3分ほどで表面に焼き色がつき始めます。

＊表面を触ってみて動かないほどに焼けたらオーブンから出し、水分が逃げないように、そのままの状態で完全に冷ましてベーキングシートからはずします。

＊私は柔らかく、少しネチッとした歯触りの方が、温かい美味しさが素直に舌に届くと思います。

＊カリカリにしてもパートゥには粉が加えられているので、重めのカリンとした歯崩れになります。軽いパリンとした歯触りではありません。

13 焼きあがったらすぐにベーキングシートごと網にのせて冷ます。十分冷めたらベーキングシートからはがす。

Gâteau chocolat classique

ガトー・ショコラ・クラシック

人間の意志がそれほど浸透してない本当の素朴さは、
洗練ということの空しさとひ弱さを
垣間見せてくれます。

7e chapitre

今もフランス家庭で作られる洗練さなど必要とされない素朴なお菓子

素朴さを突きつめることも
パティスィエの喜びの一つなのです。

このガトー・ショコラは、日本ではクラシックという形容詞がつけて作られています。
バター、カカオバターや生クリーム、卵黄の脂肪に対して、
パートゥの水分を吸収してパートゥに硬さを与える粉やココアの量が少ないので、
かなり深く焼けば別なのですが、竹串につかなくなってから５分ほどで
オーブンから出せば、表面の中央は窪み、横も縮みます。
そして断面は下の方にパートゥがつまった部分が出来、
いわゆる芯と呼ばれるものが出来ます。
このように焼きあがってから形が変形するのですから、
お菓子屋さんで売るには見た目ももう一つ芳しくなく、味わいが何となく
洗練されていない、つまりプロらしくないお菓子と言えるかもしれません。
パティスリー・ミエで仕事をしている時、一人のパティスィエが
「お母さんが焼いて送ってよこしたんだ」と言って、
チョコレートのお菓子を食べさせてくれたことがあります。
この本のものほどではありませんが、表面が全体に沈んでいて、
味わいも重めのものでした。

ここでのガトー・ショコラは確かに家庭などで作られ続けてきた
チョコレートのお菓子の一つの形ではあると思います。
オーブンから出して縮まないようにするには、
粉かココアを増やせばよいだけのことです。
でもさまざまなチョコレートのパートゥの中で、
こんな素朴の極みのものもあるべきと思い、変えることなく、
イル・プルーらしさを作りあげたものです。
まず香りに深さと鋭さと膨らみを与えようとして、ナツメグとシナモンを加えています。
目の詰まったしっとりとした部分も、重さはあっても歯と歯が合わさる直前の
パートゥの崩れ方は優しく、柔らかくなるように心がけています。

それにしても、この日本で初めてフランス、ペック社のチョコレートとココアで
このお菓子を作った時は、驚きました。それまでにない重厚な奥深い表情をもった
味わいに豹変したのですから。そしていかに日本人向けに輸入された
手抜きチョコレートがこの日本に多く溢れているかを知りました。

histoire | 昔からフランスの家庭で受け継がれてきたシンプルな焼き菓子です。

Ingrédients

直径18cm、深さ6cmのジェノワーズ型　１台分

Gâteau chocolat classique

ガトー・ショコラ・クラシック

- 69g　ココア
- 21g　薄力粉
- 0.1g　ナツメグ
- 0.1g　シナモンパウダー

- 70g　バター
- 59g　スイートチョコレート（スーパー・ゲアキル・カカオ分64％）
- 29g　セミスイートチョコレート（ベネズエラ・カカオ分70％）
- 13g　カカオバター（カカオバター100％）

- 70g　卵黄
- 70g　グラニュ糖Ａ

- 13g　サワークリーム
- 57g　生クリーム
- 7.5滴　バニラエッセンス

ムラング・オルディネール

- 123g　卵白
- 70g　グラニュ糖

- 29g　グラニュ糖Ｂ

Finition

仕上げ

- 適量　粉糖

食べ頃と賞味期間

●食べ頃の温度　20℃前後

●賞味期間　乾燥しないようにビニール袋に入れて、20℃ほどの常温で保存し、3〜4日間。

Recette

Gâteau chocolat classique

ガトー・ショコラ・クラシック

1　型の底と側面に紙を敷く。

2　ココア、薄力粉は前もって１回だけふるい、ナツメグとシナモンパウダーを合わせておく。

＊一般的に市販されているココアの場合、ペック社のものより粒子が粗いので62gにします。

3　ボウルにバター、細かく刻んだチョコレート２種類、カカオバターを入れ、湯煎で溶かし50℃（冬は60℃）に調整しておく。

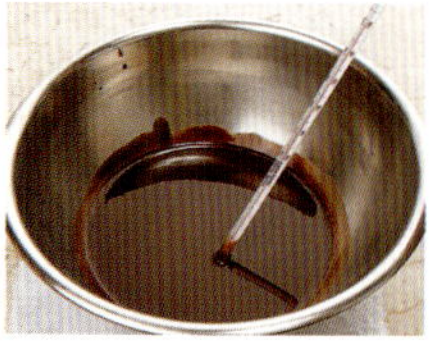

＊バターのアパレイユが十分に薄くのびて、ムラングを十分に包むように温めておきます。

4　ボウルに卵黄、グラニュ糖Ａを入れ、グラニュ糖の粒がほぼ溶けるまでホイッパーで十分に混ぜる［直線反復］。

5　③に④を加え、ホイッパーで混ぜる［円］。

6 サワークリーム、生クリーム、バニラエッセンスを一度に加えて同様に混ぜる。

7 ムラング・オルディネールを作る。深大ボウルに卵白を入れ、グラニュ糖の約1/2量を加えてハンドミキサー（ビーター2本）の速度3番で1分→残りを加えてさらに1分泡立てる。

＊チョコレートのパートゥの場合、ムラングの気泡量は必要なく、混ざりやすさと泡の強さが必要なので、1回目、2回目の砂糖は多くしてあります。

＊卵白は15℃ほどにし、ボウルは冷やさず使います。

8 ムラングが出来たら、すぐに⑥に②の粉を一度に加え、ホイッパーでよく混ぜる[円]。

＊ココアを加えてから時間が経つと水分を吸収してパートゥがしまり、ムラングの混ざりが悪くなるので粉はムラングを加える直前に加え、よく混ぜます。

9 ムラングをまず1すくい加え、ホイッパーで強く混ぜ、ムラングをのびやすくする[円]。2すくい目を加え、同様に混ぜる。3すくい目も加えて同様に混ぜ、のびやすい柔らかさにする。

＊ここではアパレイユを混ざりやすい硬さにするためにムラングでのばしているので、ムラングはつぶれても構いません。

10 残りのムラングを全部加え、木べらで少し手早く混ぜる[90度]。
ムラングが80％混ざり、チョコレート色が出てきて滑らかになるくらいが目安。

＊手早く木べらを動かさないと、チョコレートの生地は薄くのびません。

11 グラニュ糖Bを加え、同様に混ぜる。

＊最後にもう一度グラニュ糖を加えるのは、甘みを補強するためです。

12 ①の型に静かに流し入れる。

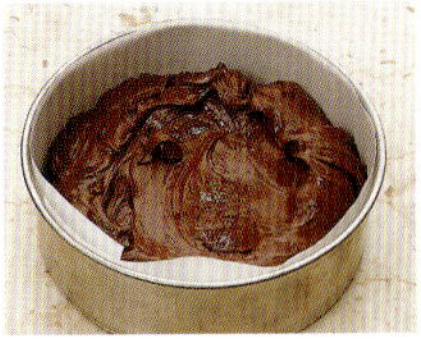

13 オーブンに入れて焼く。

電子レンジオーブン
170℃：50～60分

ガス高速オーブン
160℃：50～60分

＊45分～55分で串を刺してみてつかなくなってから約7～8分焼きます。

14 型から出して網の上で冷ます。

15 仕上げにグラシエール（粉糖入れ）で粉糖をふる。

Tarte aux pommes

タルトゥ・オ・ポンム

ノルマンディーで食べたリンゴのタルトゥ。
暖かさに満ちた味わいには、一年の陽の光と、
土の恵みが、神の意志と農民の一生とともに
溶け込んでいるように思えたのでした。

リンゴのタルトゥは、ゆったりとした暖かさをたたえ、過ぎ去った日々に静かに視線を向けさせるのです。この時は誰もが心の枷を忘れるのです。

フランスのリンゴは本当に美味しいんです。
緻密な、ギッシリ詰まった繊維の中に、ギッシリと土の恵みが詰まっています。
生でもとても美味しいから、加熱するとさらに豊かな味わいがにじみ出てきます。
心からの美味しさです。
ノルマンディーのルートゥ・ドゥ・シードゥル
(リンゴから作る発泡酒、シードゥル作りのリンゴ園の街道)を訪ねたことがあります。
たわわに実る小粒のリンゴ、柵の外に落ちたリンゴを、辺りを見回しながら
恐る恐るかぶりつきました。「うわー、んめー」もう言葉になりません。
「うーうーうー」せききったように、二個、三個と食べてしまいました。
そして落ちているリンゴを夢中でかき集めて夢中で車に詰めました。
本当に身体が必要としているものがいっぱい詰まっている、
心と身体に向かってくる美味しさなんです。
もちろんこんなリンゴで作るリンゴのお菓子はたまらなく美味しい。
陽の少なくなった秋や冬には、
夏に吸い込んだ陽の光を私達の心に戻してくれる美味しさなんです。

日本のリンゴは美味しくない。でも知恵をこらせば何とか美味しさを作れる。
これは私の作るタルトゥの中で、日本の素材を使った数少ないタルトゥの一つです。

日本のリンゴは、噛めば味の豊かさなど少しもなく、
薄ら甘いだけの汁が一度にジュッと出て、ザラザラの繊維とに分かれます。
本当はリンゴは硬いものも柔らかいものもサラサラと崩れるものなのです。
もちろんフランスのリンゴは今でもサラサラ崩れます。
そして以前の日本のリンゴもサラサラ崩れました。
これは長い間、年間に30種類以上もの農薬をまき続けた結果の土地と、
リンゴの木の荒廃の結果なのです。
私は今の日本のリンゴを食べる気にはなれません。

histoire

tarte タルトゥは古くピカルディー地方の言葉で「美味しいもの」を意味する tart タルト /torte トルテから派生した言葉。古代ローマ時代からパイ菓子の一種として食べられてきたとても古典的なお菓子です。タルト生地にクリームを絞り、旬の果実をあしらう家庭の代表的なデザートで、同じ名前のタルトゥでも各地方によって特色を持ったものが作られています。

Ingrédients

直径18cm、深さ2.2cmのフランキャヌレ型　1台分

Pâte sucrée
パートゥ・シュクレ

250g　パートゥ・シュクレ（→ P268）

Crème d'amande
クレーム・ダマンドゥ

120g　クレーム・ダマンドゥ（→ P278）

Compote de pommes
コンポットゥ・ドゥ・ポンム

出来あがりから120g使用

┌ 2個　リンゴ（ゴールデン系）
│ 150g　白ワイン
│ 150g　水
│ 5g　レモン汁
│ 1/4本　バニラ棒
└ 1個　丁子（クローブ）
90g　グラニュ糖

適量　レモン汁（リンゴの味により加える）
適量　グラニュ糖（リンゴの味により加える）

Montage
組み立て・焼成

2個　リンゴ（中）
適量　塗り卵（→ P257）
適量　とかしバター（→ P256）
5g　グラニュ糖
0.5g　シュクル・ヴァニエ

Confiture d'abricot
コンフィテュール・ダブリコ

適量使用（→ P257）

食べ頃と賞味期間

● 食べ頃の温度　25℃ほどが下限の温度。食べる前に、ホウルなら15分ほど、カットしたものでは10分ほど、150℃のオーブンに入れて温めると味わいがより暖かくなります。

● 賞味期間　常温で保存し、3日間。焼いたその日が一番美味しく、2日ほど経ったら、オーブンで温めると味わいが戻ります。

Recette

Pâte sucrée
パートゥ・シュクレ

1　P268「パートゥ・シュクレ」を作る（空焼きはしない）。一晩休ませたパートゥから250g取り分ける。

Crème d'amande
クレーム・ダマンドゥ

1　P278「クレーム・ダマンドゥ」を作る。120g取り分ける。

Compote de pommes
コンポットゥ・ドゥ・ポンム

フランスではリンゴそのものにすべてを完結させる豊かな味わいがありますから、特別な手立てはしなくても本当においしいタルトゥ・オ・ポンムや、その他のリンゴのお菓子がたやすくできます。でも日本の薬漬け栽培で作られた全く味わいの欠けたリンゴには、何か特別の手立てをしてやらなければリンゴを感じることはできません。さまざまの素材の味わいの力を借りて、リンゴのイメージを増幅してやらなければなりません。そこでリンゴと共に、白ワインその他を加えて、しっかりとした力を持ったリンゴの下味を作り出します。

日本で少しはましだったのはゴールデン・デリシャスの黄色いリンゴでした。しかしこの種のものは、農協の愚かな思惑により、今の日本市場ではほとんど見つけることはできません。かろうじて、そのかけ合わせのものがあるだけです。王林などを使います。

このコンポットゥは隠し味として使いますから、リンゴの切りくずでも何でも構いません。切ってから4～5日経ってから少し変色したものでも構いません。煮崩してピュレ状に仕上げます。

1　リンゴは皮をむいて半割にして芯を取り、厚さ2mmほどの薄切りにする。

2　鍋に①のリンゴ、白ワイン、水、レモン汁、縦に裂いたバニラ棒、丁子を入れ、弱火で約5分煮る。

＊白ワインはブドウの豊かな味わいを、丁子はリンゴの味わいに芯をもたせるために入れます。

3 リンゴが黄色く透けてきたらグラニュ糖の1/2量を加え、さらに弱火で30分煮る。

＊はじめからグラニュ糖を加えると、リンゴから水分が抜け、硬くなり煮崩れもせず、またリンゴから十分な味わいが引き出されなくなります。またこのようにしても今の日本のリンゴでは繊維が粗すぎてピューレ状にならない場合があります。

4 リンゴが薄い飴色になってきたら、残りのグラニュ糖を加え、弱火でさらに30分煮る。

＊グラニュ糖は2回に分けた方が、より効果的にリンゴから旨みが出てきます。1時間ほど煮て、コンポットゥが飴色に変わってないと、味に力強さが出ません。もし煮詰まりそうな場合は水を少し加えて煮続けます。

5 火を少し強め、木べらで底をこすりながら水分をとばす。木べらの跡が残るくらいまで煮詰める。

6 仕上げに味を見て、必要であればレモン汁とグラニュ糖を加えて味を整え、2～3分煮る。

＊このコンポットゥは下味あるいは隠し味となるものですから、味を見て、甘味、酸味ともにかなり強めにします。

＊冷蔵庫で1ヶ月保存可能。

Montage

組み立て・焼成

1 型の側面と底にポマード状のバター（分量外）を薄めに塗っておく。

2 パートゥ・シュクレを厚さ3mmにのし、ピケして型に敷き込む(→P270「パートゥ・シュクレ」パートゥののし方とフォンセのし方)。

3 クレーム・ダマンドゥを入れ、大体平らにならす。

4 コンポットゥ・ドゥ・ポンムを入れ、大体平らにならす。

5 リンゴは皮をむいて半割りにして芯を取り、厚さ1.5mmほどの薄切りにする。

＊丸く並べるのでリンゴはあまり厚くない方がきれいに並べることができます。

6 ⑤のリンゴを型から3mmほどはみ出るように、7～8mmずらしながら重ねて1周並べる。1周並べた最後のリンゴは最初のリンゴの下に入れ込む。

＊リンゴの幅の広い部分は外側に、狭い部分は内側にすると並べやすいです。

7 2周目は1周目と反対の方向に並べる。

8 2周並べ終わり、中央が直径3～4cmほどあいているところにリンゴの切りくずを敷き詰めて周りと同じ高さになるように調節し、2周目と反対向きにもう1周並べる。

9 最後に直径3cmの菊型で抜いたリンゴを中央に置く。

10 リンゴ1枚1枚のふちに焼き色がきれいによくつくように、刷毛で塗り卵をたっぷり塗る。その上にとかしバターをたっぷり塗る。

11 グラニュ糖を全体に均一にふりかける。

＊グラニュ糖は味わいのためと焼き色がきれいに全体につくようにするためにふります。

12 シュクル・ヴァニエを全体に均一にふりかける。

13 オーブンに入れて焼く。(天板も予熱しておく)

Ⓐ

電子レンジオーブン

210℃：35～40分

ガス高速オーブン

180℃：35～40分

9分 リンゴの端の方にほんのちょっと焼き色がつき始める。また表面も少し浮いてくる。

15分 リンゴの切り口の縁に半分ほど焼き色がつく。

18分 全体的にリンゴの切り口の縁に茶色の焼き色がつく。

25分 切り口の縁の焼き色はかなり濃くなり、表面は沈む。

35分 リンゴの切り口の縁はさらにしっかりとした濃い焼き色となり、パートゥの横と底も濃い焼き色がつくⒶ。ここでオーブンから出す。

14 焼きあがって、少し温かさが残る程度に冷めたら型から出し、少し煮詰めたコンフィテュール・ダブリコを艶出し程度に刷毛で塗る。

＊あまりコンフィテュールを塗りすぎるとアプリコットの強い味にリンゴが負けてしまいます。

Conseil de la cuisson de la tarte
タルトゥを焼く場合のポイント

パートゥ・シュクレもクレーム・ダマンドゥも高い温度で、できるだけ短時間で焼きあげることが大事です。電子レンジオーブンやガス高速オーブンは比較的熱が横から流れるために、どうしても表面と底に直接強い熱が当たりにくくなっています。そのためオーブンの上下からの強い熱で割合短時間で焼きあげるタルトゥのようなものは以下のことに注意して焼いてください。

1 タルトゥは必ず常温20℃ほどに戻してから焼きます。少しでも庫内の温度を下げないようにするためです。

2 家庭用のオーブンの場合は庫内の温度が下がらないように1台ずつ焼きます。2台1度では、熱量が不足してしまいます。業務用で熱源の大きなオーブンの場合は2台以上同時に焼くことが出来ます。

3 天板は、前もって250℃で10分ほど十分に加熱しておきます。これによってパートゥの底にも十分に熱が入りやすくなります。

＊焼き方のポイントは、決して低い温度で長時間焼かないことです。リンゴの水分が過度にとび、焼き縮みしてしまいます。またパートゥもガリガリとした味のない歯触りになります。

＊業務用のオーブンで、下の床に熱源があるタイプでは天板にのせずに直接オーブンの床に置きます。

＊業務用のオーブンのように下からの熱が十分な場合は250℃ほどでさらに短時間で底の色も濃く焼きあげた方がよりおいしく焼きあがります。

ドゥニ・リュッフェルに学んだこと①

ドゥニ・リュッフェルの講習会、菓子に続き料理にも挑戦

1986年に初めてドゥニ・リュッフェルを日本に呼び、開いた講習会は、見る人に大きな感動とフランス菓子の素晴らしさを深く印象づけました。私の予想以上の反響への驚きとともに「このように見る人に大きな興味と強い探究心を呼び起こす講習会は、ぜひ来年も、そしてその先もずっと続けてください」という声がありました。そう言ってもらえば、もう続けないわけにはいきません。

彼のオリジナルのお菓子とともに、地方の伝統的なお菓子を組み合わせながら、ドゥニ・リュッフェルの日本でのデモンストレーションは続けられました。よくも毎年毎年、私などが思いもよらなかったさまざまな新しい考えが沸いてくるものです。彼の凄さはフランスの伝統の中に生き、さまざまのことを学び、フランスを他の人以上に身体と精神をもって理解し、そしてお菓子のみならず料理をも自分の意のままに自在に作りあげる力量の凄さです。料理の領域からさまざまの素材、それらの組み合わせ、そして味わいのイメージが、彼の手によってお菓子の領域に多くのものが移行してきたのです。料理とお菓子、二つの領域をこれほどまで真摯につきつめた人はいないでしょう。そして結果として築きあげられた力をもつ空間の広さに私は驚嘆を感じます。

彼が講習を終えてフランスへ帰国してからの、私のお菓子作りの日々は、常に「こんなお菓子を作ったらドゥニさんはどう思うだろう」「こんな味わいに彼はどういう感覚的反応を示すだろう」と自問することが全てでした。

いつも彼は、フランスの食の伝統とフランスのお菓子そのもののように私の心の中に大きくあり続けたのです。

そして何か自分でも今までと違った、より進んだ感覚でお菓子が創れたと思う年は、本当に夏が来るのがとても待ち遠しく思えました。

今年こそは、大西洋のうねりと、ピレネー山脈の風を感じるドゥニさんのお菓子に少しは近づけただろうかと、少し心をときめかせながら彼を待ちました。しかしそれはいつもはかない期待でした。彼の新しいお菓子には、私のイメージや感覚など寄せつけないものがあり、私は落胆し、また新しい一年を始めるのです。こんなことを言うのは不謹慎かもしれませんが、ドゥニさんの来日で毎年一番多くを得ていたのは私だったと思います。彼のデモンストレーションは常に私により広い感覚の世界を与え続けてくれました。彼の作るお菓子を通して、実に多くの彼の心が私の心に入ってきたのです。このようなことを感じながら、10年目が終わりました。

10年目という区切り、これがちょうどよい潮時かなと思ったこともありました。でも気がつけば何故今まで彼に料理を作ってもらわなかったのだろうと思いました。

私は日本にあるほとんどのフランス料理にも、とても大きな違和感と実の無い薄っぺらな形だけの味わいしか感じていませんでした。とにかく美味しくないのです。本物のあるべき姿からかけ離れた、力なく流行に身を任せるだけの料理がほとんどでした。もちろんフランスにもこの頃既にマスコミのため料理を作る料理人は数多くいたと思います。ですからフランスでも希少になりつつあった本来の味わいの料理を、ドゥニさんの料理をこの日本に私たちが広げなければと思ったのです。

日本では残念ですがパティスィエとキュイズィニエはほぼ二極化されています。料理人は基礎的な力もなく手っ取り早く流行の料理の品数だけを揃えようとフランスに行きます。菓子屋も相変わらず「レシピの虫」があちこちにいてレシピを集め歩き、お菓子はレシピによって全て作られていると考えています。でも私は自分の味わいのイメージにしたがって正確に物を作りあげる鍛錬と、自分の味わいのイメージを大胆に美しく作りあげる鍛錬をしてきました。ですから１回目の講習では無理でも、すぐにドゥニさんの料理の講習の手助けはそれなりに出来るようになると考えました。お菓子屋が料理のデモンストレーションを準備し、補助し、そして試食まで作るなどとんでもない、前代未聞な出来事といっても過言ではありません。そんな周囲の目の中で敢えてやるからこそ大きな意味があるのです。

料理の講習会での私の役目は、この日本で最良と思われる素材を彼に用意することです。毎年８月１日に来日し、５日まで試作が続きます。彼が作ったものをまずしっかり食べます。そして素材のどれがよくないのかを考えます。白ワインの気が抜けていたり、ニンニクの味が弱かったり、セロリの味わいがほとんどなかったり……毎年問題は尽きることはありません。そしてより上質のものを何とかして用意するのが私の役目です。

私は何度も彼の料理を食べていますし、その素晴らしい美味しさ、技術的なポイントを理解しています。この日本の素材の範囲では、彼の料理を食べれば何が駄目なのかすぐに理解することが出来ます。

Clafoutis aux myrtilles

クラフティ・オ・ミルティーユ

日本ではクラフティに使える果物は存在しません。
ですからミルティーユで作りました。
それなりに美味しい。でも神が与えた豊穣はありません。
悲しいのですが、薄ら寒い美味しさなのです。

クラフティはフランス中に、それぞれの季節を伝えるお菓子です。

4月にはもうアフリカから杏が届き、春の訪れを告げ、
そしてフランスの暖かい地方から寒い地方へと、杏は実り続けます。
続いてスリーズ（黒サクランボ）。もうこの頃は春もしっかりと腰をおろし、
夏の香りすら感じられます。
ミルティーユ（ブルーベリー）、フランボワーズが店先に並び始めます。
やがて夏となり、白桃やミラベルが、クラフティの主役になります。
そして一番の暑さが過ぎる頃、レーヌ・クロード（緑のプルーン）、
秋が顔を見せる頃にはケッチ（黒いプルーン）のクラフティが作られます。
美味しいクラフティのためには、本当に美味しい季節の果物があればいいんです。
お菓子作りが上手い下手なんてどうでもいいんです。
家庭ではグラタン皿で焼きあげます。

果物と一緒に焼きあげる素材は、卵と生クリームと砂糖、
果物に合わせたオ・ドゥ・ヴィだけです。
フランスではこのどれをとっても、暖かい、慈愛に満ちた味わいに溢れています。
材料を混ぜて、皿に入れ、オーブンに入れる、ただそれだけです。
季節ごとに私達の心と身体が欲している嬉しい旨さが
これでもかというほどに詰まっています。
どれをとっても本当に暖かくて嬉しくて、懐かしくて、
幸福に浸れる美味しさです。
春の風と陽をいっぱい吸い込んだ、お日様の顔が溢れる杏。
甘い卵の香りに包まれた身をよじりたくなるほどの
1年ぶりの春への懐かしさに埋もれるスリーズ。
私にとって、中でもケッチは信じられぬ存在です。
オーブンの中で、アパレイユはまぁるく膨れあがり、
ケッチからは紫の果汁がフツフツと溢れてきます。
オーブンから出してすぐに表面にケッチのオ・ドゥ・ヴィをふりかけると、
香りの深さに眩暈すら感じます。
ほのかに温かくなったところで、切り分け、口に入れます。
私の五感は「ウワー、ウワー」と呼び声をあげます。
五感の全てに香りの群れが、味わいの群れが覆いかぶさるのです。
頭の中はざわめき、もう収拾がつきません。まさに神が与えた豊穣なのです。

histoire

クラフティはリムーザン地方発祥のお菓子。
小麦粉、砂糖、卵、牛乳でクレープと同じ生地を作り、果物を入れて焼いたもの。
特にリムーザン地方コレーズ県のサクランボを使ったもののことを
「クラフティ・オ・リムーザン」と呼びます。

Ingrédients

直径18cm、高さ2cmのタルトゥリング型　1台分

Pâte brisée
パートゥ・ブリゼ

出来あがりから250g使用

166g	薄力粉
166g	強力粉
6g	塩
50g	全卵
26g	牛乳
30g	グラニュ糖
213g	バター

Appareil
アパレイユ

3g	薄力粉
5g	強力粉
42g	牛乳
42g	サワークリーム
1/6本	バニラ棒
74g	全卵
71g	グラニュ糖
10g	キルシュ
3滴	バニラエッセンス
5g	レモン汁

Garniture
ガルニテュール

150g　ミルティーユ（ブルーベリー）

食べ頃と賞味期間

- 食べ頃の温度　20〜25℃
- 賞味期間　常温で保存し、2日間。食べる時に少しオーブンで温めると味わいが戻ります。

Recette

Pâte brisée
パートゥ・ブリゼ

パートゥ・ブリゼはパートゥ・シュクレと同様タルトゥやタルトレットゥの敷き込みに使います。技術的なポイントとしては、よく冷えたバターと小麦粉を、乾いたそぼろ状になるまで手ですり混ぜ、バターで小麦粉を包むようにすることです。こうすることで小麦粉のたんぱく質がバターに包まれ、水と結合しにくくなり、グルテンの形成が抑えられます。

その結果、唇を刺すような硬い歯触りが弱まります。また澱粉もバターに包まれて水を吸収しにくくなります。そのためパートゥ・シュクレとは違い、少ししっかりとした歯触りがあり、瞬時にはらっと崩れる、そんな特徴を持つパートゥになります。

もちろんよい状態のバターを使い、必ず粉と器具は冷凍庫で十分冷やしてから使ってください。またパートゥ・ブリゼでは砂糖が重要な食感を与えます。もし砂糖を全然加えなければ、全くしっかりした歯触りを感じない、ただハラハラと崩れる軽すぎる歯触りになります。この少しの砂糖が、まずちょっとしっかりした歯触りを与え、その後にパートゥがハラハラと崩れれば歯触りにコントゥラストが出来、印象的な歯触りになります。

1 薄力粉と強力粉は前もって合わせてふるい、冷凍庫で冷やしておく。

2 塩、ほぐした全卵、牛乳、グラニュ糖を合わせて卵液を作り、冷蔵庫で冷やしておく。

＊バターが溶けると最後に卵が入らずに、もろすぎる焼きあがりになるため、材料は必ず冷やしておきます。

3 バターを水でぬらしたデニムの布などで包み、めん棒で叩いて柔らかくする。

＊叩くことで、加熱せずにバターを柔らかくします。

4 ①の粉と③のバターを直径24cmのボウルに入れてバターに軽く粉をまぶしながら、約1cmの大きさにちぎる。所要時間は10分ほど。

5 両手ですくいあげ、手のひらで軽くすり合わせるようにして混ぜていく。

＊この時、けっして力を入れないようにしてください。軽くすり合わせないとバターと粉が塊になってしまいます。ただしバターと粉がよく冷えている場合、温度が戻るまでは力を入れてすり合わせます。

6 10分ほどすり合わせていくと、バターの粒はほとんど見えなくなる。サラサラした砂状になったら表面を手で平らにならし、冷蔵庫で15分休ませる。

7 ②の卵液を6回に分けて加える。まず刷毛で表面全体に散らし、両手でボウルの底から粉をすくいあげて指の間からパラパラと粉を落としていくような感じで軽く混ぜ合わせる。

＊所要時間は手の熱により人によって違います。手の温かい人は早めにそぼろ状になってきます。

8 2回目以降も同様に混ぜる。5回目くらいからかなり大きな塊になるが、そのままゆっくりとほぐし続ける。

9 卵液を全部加えたらパートゥを握り、4～5個の塊にする。

＊すりつぶすように練るとグルテンはより多く形成され、また出来たグルテンも引っ張られ、弾性が強くなります。まずダンゴ状に手の圧力だけでまとめます。それから全体をまとめるように軽く揉みます。

10 ⑨を1つにまとめ、ボウルの中で15回ほどパートゥ全体を大きく揉む。

＊ここではパートゥは滑らかではありません。とりあえずやっとまとまったという状態です。

11 出来あがったパートゥはバットに移し、平らにのばす。パートゥ・シュクレ(→P268)同様ビニール袋に入れて冷蔵庫で一晩休ませる。

＊しっかりまとめないと、翌日パートゥがのびずに切れてしまいます。

＊ほとんど滑らかな状態になっていないパートゥも、冷たいところにおくことによってそれぞれの素材が相互に深く浸透し、結びつきがしっかりしたものになります。またバターも冷えて固まり、硬くなります。

Abaisser et foncer

パートゥののし方とフォンセのし方

1 翌日、一晩休ませたパートゥから250g取り分ける。P270「パートゥ・シュクレ」パートゥののし方とフォンセのし方①〜⑥と同様にし、厚さ3㎜、直径23㎝の円形にする。

2 ベーキングシートの上にポマード状バター（分量外）をたっぷり塗ったタルトゥ・リングを置き、ゆったりとたるませながらパートゥをのせる。

3 型の底角に合わせてパートゥを内側に大きく折り、折目を指で押さえて型の底にきっちり合わせる。

4 内側に折ったパートゥを持ちあげて型の側面に貼りつけていく。

5 型の縁から1㎝ほどの高さで余分なパートゥをハサミで切り落とす。

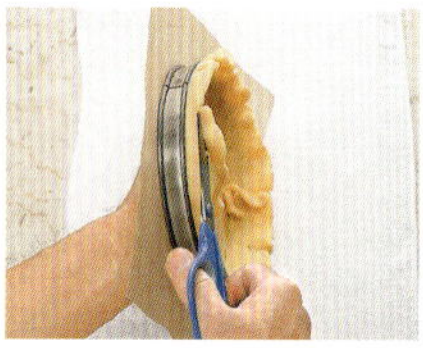

6 切り落とした縁の部分を指で強くつまんで先を薄くして整え、冷蔵庫で1時間以上休ませる。

Cuire à blanc

空焼き

温度や時間は違いますが、予熱方法や空焼き方法はパートゥ・シュクレと同じです。タルトゥ・リング型（底が抜けているもの）で空焼きする時は、霧を吹いたベーキングシートを敷き、その上に冷蔵庫から出したパートゥをおいて10分ほど常温に戻します。

1 型の中に敷き込む紙を用意しておく。冷蔵庫から出してまだパートゥが冷えて硬いうちに紙を敷く。

2 熱した天板にベーキングシートを敷き、常温に戻したパートゥに、熱した重石を縁まで入れる。

3 オーブンに入れて空焼きする。（天板も予熱しておく）

電子レンジオーブン

予熱：230℃
210℃：15分

11分〜12分　縁に薄い焼き色がつき、底の内側も全体に薄い焼き色がつくⒶ。
オーブンから出し、重石を取り出し、刷毛で内側に卵黄を塗るⒷ。

15分　再びオーブンに入れ、2〜3分卵黄が完全に乾き、部分的に焼き色がつくまで焼くⒸ。

ガス高速オーブン

予熱：210℃
190℃：15分

11分〜12分　縁に薄い焼き色がつき、底の内側も全体に薄い焼き色がつくⒶ。
オーブンから出し、重石を取り出し、刷毛で内側に卵黄を塗るⒷ。

15分　再びオーブンに入れ、2〜3分卵黄が完全に乾き、部分的に焼き色がつくまで焼くⒸ。

Ⓐ

Ⓑ

Ⓒ

Appareil

アパレイユ

1 薄力粉と強力粉は前もって合わせてふるっておく。

2 小鍋に牛乳、サワークリーム、縦に裂いたバニラ棒を入れて 80℃（縁の方がフツフツする）まで加熱する。

＊バニラの香りを牛乳に移します。

3 火を止めて、フタをして 30 分放置する。
バニラ棒を取り出す。

4 ボウルに全卵を入れ、ホイッパーでよくほぐす。グラニュ糖を加え、泡立てないように 10 秒に 15 回の速さでよく混ぜる[直線反復]。

5 ①の粉を加え、ホイッパーでダマがなくなるまで軽く混ぜ合わせる。

6 ⑤に③の 1/3 量を 3～4 回に分けて加え、ホイッパーでよく混ぜる[円]。残りは少しずつ加え混ぜる。

7 全体の味わいにリズム感を与えるためにキルシュ、バニラエッセンス、レモン汁を加え、軽く混ぜ合わせる。

Montage

組み立て・焼成

1 空焼きしたパートゥにガルニテュール（ミルティーユ）をびっしりと並べる。

2 アパレイユをパートゥの縁までたっぷりと流し入れる。

3 オーブンに入れて焼く。

電子レンジオーブン
200℃：30 分

ガス高速オーブン
190℃：約22分

＊全体が膨れてミルティーユからかなり汁が出るくらい。しかし表面が潰れすぎて少し干からびたようになり、食べた時に歯に皮を感じるようでは焼きすぎです。

＊周囲 2 列のミルティーユがはじけるぐらいが目安です。

4 焼きあがって、少し温かさが残る程度に冷めたら型から出す。

Blanc-manger

ブラン・マンジェ

アーモンドの香りに支えられたとても小さな舌触りが、
槍の矛先ほどの鋭さを持ち、
食べる人の五感をこれほどまでに揺り動かそうとは
とても新鮮な驚きでした。

このブラン・マンジェは、味わいの三つの要素による多様性と多重性を理解していなかったからこそ、生まれたお菓子だと思うのです。

これは私の一つ目のオリジナル、ムース・フロマージュという
チーズの軽いムースに続く、二つ目のオリジナルです。
これらは味わいの三つの要素、香り、食感、味のうちの、食感をほとんど抜いた、
つまり味わいの要素として食感を考慮に入れなくてよいほどにトーンを
低くしたものですから、実は味わいの組み立てとしてはとても楽なものなのです。
味わいとは口に入れる前の匂いから飲み下した後の感覚の余韻まで含めて、
味わいの三つの要素が局面局面で複雑に絡み合った総体として感じるものです。
でも三つの要素のうち一つの要素を取り去り、二つの要素だけで組み立てるなら、
それはとてもやさしいものになります。

このようにブラン・マンジェやムース・フロマージュは、3要素を操る力も
発想もなかった頃の技術的にも考え方としても全く未熟な頃のオリジナルでした。
でもこれは日本人として誰もが辿る道なのです。
パティスィエは少し味を理解し始めてくると、それまで誰もが辿ってきた習慣上、
三つの要素のトーンを下げ、それぞれを、
それぞれの要素に触れ合わないように弱めてバランスを取り、満足します。
そしてほとんどのパティスィエはそこから抜け出ることはできません。
なすすべもなく、退屈な味わいのお菓子を作り続けるのです。
でも、このブラン・マンジェが出来たのは、日々の日本での仕事に熱中し、
何回余計に混ぜれば最終的にどう感じるのかという訓練を
絶え間なく続ける中で得たゼラチンのイメージがあったから出来たものなのです。
ほんの僅か加えた時の、少し多めに加えた時の、
ゼラチンの表情を舌の感覚に刻み込んでいたから可能になったのです。
このブラン・マンジェは、ゼラチンの持つひ弱で、でも心は強い、
夢見るようなゼラチンの優しさが中心の美味しさなのです。
1度目のフランス滞在から帰って間もない頃で、手に入るアーモンドはアメリカ産の
味わいの希薄なものでした。今から12年ほど前にスペイン、カタルーニャ州、内陸の
豊穣の極みをたたえたアーモンドで完璧なまでに味わいの力と多重性は増しました。

histoire

フランス語で「白い食べ物」の意味の、アーモンドミルクで作ったゼリー状もしくは
ババロア状の冷製デザート。ラングドック地方モンペリエの郷土菓子であり、
モンペリエの料理女たちは上手にブラン・マンジェを作ったと言われています。
19世紀の天才パティスィエ、アントナン・カレームは著書の中で
「これらの素晴らしいアントゥルメは大いに美食家たちから評価されてはいるが、
そのためには十分白く、口当たりもよくなければならない。
めったに兼備することのないこの二つの特性により、他のクリームやゼリーよりも
好まれるであろう」と、ブラン・マンジェについて記しています。

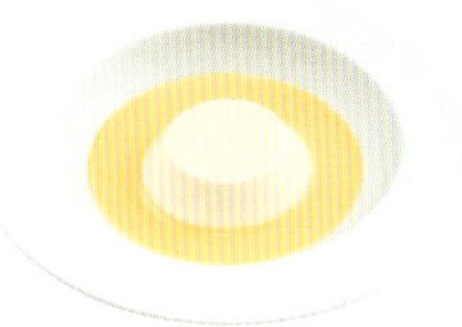

Ingrédients

口径6.5cm、底径4.5cm、高さ4cmのプリンカップ　6個分

Blanc-manger

ブラン・マンジェ

60g	生クリーム
4.2g	粉ゼラチン
21g	水
240g	牛乳 A
120g	アーモンドスライス
48g	グラニュ糖 A
30g	サワークリーム
適量	牛乳 B
48g	グラニュ糖 B
60g	水
7滴	ビターアーモンドエッセンス（箸先で）
60g	牛乳 C

Sauce anglaise

ソース・アングレーズ

クレーム・アングレーズ
出来あがりから67g使用

133g	牛乳 A
1/8本	バニラ棒
40g	卵黄
40g	グラニュ糖
8.7g	キルシュ
53g	牛乳 B

食べ頃と賞味期間

- 食べ頃の温度　2〜5℃。よく冷えた状態で供します。
- 賞味期間　5℃以下で保存し、3日間。

Recette

Blanc-manger

ブラン・マンジェ

このお菓子の特徴は、その優しい舌触りにあります。必要な固まり具合を得るために必ずゼラチンは0.1 gまで正確に計ります。

アーモンドスライスはスペイン、カタルーニャ地方レリダのアーモンドを使います。

サワークリームはアーモンドの旨みに力を与えるために加えます。

ビターアーモンドエッセンスは必ず加えてください。この香りがないと何となく美味しさがない、しまりのないものになってしまいます。

生クリームは乳脂肪率48%のものが最適ですが、手に入らない場合にはなるべく乳脂肪率の高いものを使います。40%程度でも構いませんが、35% などあまり乳脂肪率が低すぎると、ツルンとした舌触りが弱まり、印象の薄いおとなしい舌触りになります。

1 プリンカップを冷凍庫または冷蔵庫で十分に冷やしておく。

2 生クリームは3分立て（少しもったりしてホイッパーの跡がつき始めるくらい）に泡立て、冷蔵庫で冷やしておく。

＊泡立て過ぎると間の抜けた泡っぽい舌触りとなりますので注意してください。ほんの少し、全体に軽さを与えるだけです。

3 粉ゼラチンは水でふやかしておく。

4 鍋に牛乳Aを入れて軽く沸騰させ、アーモンドスライスを加える。もう一度沸騰したら、静かに沸騰を続けるくらいの弱火にしてさらに2分煮て、アーモンドの旨みを牛乳に出す。

5 グラニュ糖A、サワークリームを加え、さらに加熱する。もう一度沸騰したら弱火にしてさらに2分煮る。

＊アーモンドを牛乳で煮出す時は、最初からグラニュ糖を加えると、アーモンドの旨みが十分に牛乳に出ないので、グラニュ糖は後で加えて煮ます。

6 ボウルの上に板を2本置き、目の細かいふるいを置いて⑤をあける。ボウルなどの底を使い、アーモンドを強く押しつけ、旨みの溶け込んだ牛乳をよく搾り取る。

＊アーモンドスライスは捨てずにバットに広げて乾燥させると、テュイルなどを作る時のアーモンドの1/3量として再利用出来ます。

7 ⑥に牛乳Bを適宜加えて210gにする。

＊牛乳の量を一定にしないと、優しい舌触りが失われます。

8 小鍋にグラニュ糖B、水を入れて火にかけ、沸騰したら火を止める。③のゼラチンを加え、ホイッパーで混ぜて溶かす［円］。

9 ⑦と⑧がどちらも熱いうちに、⑦に⑧を一度に加え、ホイッパーで同様に混ぜる。

10 氷水にあて、ホイッパーで手早く軽く底をこすりながら40℃まで冷ます。

11 氷水から外し、ビターアーモンドエッセンスを加える。

12 牛乳Cを一度に加え、再び氷水につけ、15℃まで冷やす。

＊ブラン・マンジェ全体に牛乳の新鮮な美味しさを加えるために、ここで牛乳を加えます。

13 氷水から外し、②の生クリームに5回に分けて加える。1回加えるごとにホイッパーで30回手早く混ぜる［円］。

＊ここでは生クリームは混ざらず、泡のようになって完全に上に浮きあがってしまいます。

14 再び氷水にあて、1秒に2回の比較的ゆっくりした速さで、ボウルの底を軽くこすりながら、手前と向こう側を木べらで往復させる。

＊ホイッパーでは上下の乱流が生まれないので、上に浮いた生クリームが混ざっていきません。木べらを手前から奥に動かすと上下の循環ができ、ゼラチンが固まり始めるにつれて、少しずつ生クリームが包まれて混ざっていきます。

15 3～4℃に冷えると全体に少しとろみがつき、表面に浮いていた生クリームの小さい泡がほとんどなくなり、全体に艶が出てくる。

＊後で出来た大きな泡はあっても構いません。

16 ①のプリンカップに8分目まで流し、4～5時間冷蔵庫で冷やし固める。

*カップを斜めにしてみて流れ出さないが、大きく動かすと少し波打つように揺れるほどの柔らかさが目安です。

Sauce anglaise

ソース・アングレーズ

1 クレーム・アングレーズを作る。小鍋に牛乳A、縦に裂いたバニラ棒を入れ、80℃（縁の方がフツフツする）まで加熱する。

2 ①を80℃まで加熱している間に、耐熱性ガラスボウルに卵黄、グラニュ糖を入れ、グラニュ糖の粒が見えなくなるまでホイッパーでほぐす[直線反復]。

3 ②に①の1/3量を3回に分けて少しずつ加えながら、ホイッパーでよく混ぜる[円]。残り2/3量は手早く混ぜながら、少しずつ加え混ぜる。

4 金網とセラミック網を重ねてコンロにのせ、③をごく弱火で再び80℃になるまで3～4分加熱する。火にかけて、木べらで混ぜながらとろみをつける。

*気泡がクレームの中に出来るだけ入らないように、木べらで混ぜて80℃まで加熱してとろみをつけます。

5 裏漉しして、氷水にあてながら5℃くらいまで冷やす。出来あがりから67gを取り、キルシュを加え、さらに牛乳Bを加えてのばす。

*ブラン・マンジェの舌触りはとても繊細なので、ソース・アングレーズのとろみが濃いと負けてしまいます。微妙な舌触りもよく分かるように、牛乳を加えてソース・アングレーズの濃度を下げます。

6 クレームの粘度が下がり、中にとどまっていた気泡がすぐに表面に浮いてくるので、清潔な紙（キッチンペーパー等）で泡を吸い取る。

*表面に泡があると、ソース・アングレーズを流した時にシャープでスッキリした舌触りが失われるので必ず取り除いてください。

Finition

仕上げ

1 盛りつけ用の皿を5℃以下に冷やしておく。

2 カップの周りを指で少し外し、皿の上で斜めにする。ブラン・マンジェが少しずつたわみ、底まで空気が入るとポロッと皿の上に落ちる。

3 ソース・アングレーズ20gを周りに流す。

ドゥニ・リュッフェルに学んだこと②

いよいよ料理講習会が始まる!

1996年夏、いよいよ通算11回目、料理講習会としては1回目のドゥニ・リュッフェル技術講習会が近くなりました。彼の来日が近づくにつれ本当の恐ろしさが次第に強くなってきました。もう十分すぎるほど日本とフランスの料理の素材の違いのあまりの大きさは知っていましたし、料理の基本的な素材である野菜、乳製品、肉類の国産のものの味の希薄さは分かっていました。しかし何よりも日頃私たちパティスィエが手にしていない素材を上手く扱い調理出来るのか、緊張の中でよい状態でサービスが出来るのか、全てのことに自信が持てる状態ではありませんでした。

1回目の料理はキッシュ・ロレーヌなどのクルスタッドゥ類、フール・サレなどが主なものでした。私にとっては日本の素材でのフランス料理を作ることは全く未知の領域であり、それまで日本で少しずつ築いてきたキッシュ・ロレーヌやフール・サレなどがとりあえず少しは分かるかなと考えたからでした。彼の素材に対する視線の厳しさは何者も寄せつけない力があり、素材を扱う手には表現しがたい優しさ、繊細さが溢れていました。フランスの素材の全てを知り尽くしている彼にとって、味わいの全く希薄すぎる日本の素材は想像以上に手こずるものだったと思います。それでも力に満ちたクルスタッドゥやフール・サレの味わいに、参加者はこの日本ではそれまで経験したことのない多様性と多重性に満ちた味わいを知ったと思います。

2回、3回と、料理の講習会を重ねるうちに、彼は日本の素材の性質を見抜き、日本の素材に合った料理法と配合を築きあげていきました。そして今の日本ではほとんど経験することのない、食べる人の心と身体の喜びと幸せのための料理を作って見せました。

日本の、浅い力量しか持たぬ、キュイズィニエともいえぬ、形だけの料理人が、誰もが知っていると思ってたかをくくり、少々軽んじているブランケット・ドゥ・ボー(牛肉のクリームシチュー)やポトフなどの極めてありふれた料理を、ドゥニ・リュッフェルは薫り高く感動をもって蘇らせます。彼の料理を口にする時、私の心と身体はザワザワと意志をもって五感をそばだて、共鳴しあいます。彼の料理には言いようのない安堵に満ちた暖かい充足感が待ち受けています。

2回目の料理の頃から、私は彼のそら恐ろしいほどの大きさを改めて認識し始めました。彼はまさにフランスの伝統そのものから生まれた類まれな強固な意志をもち、そして類まれな鋭敏な感覚にしたがい、自分の人生の全てを食の領域に捧げてきた巨人だったのです。

アルザス地方ミュルーズにある高名なパティスリー・ジャックを訪れた時、ルレ・デセールの名誉会長でもあるオーナーシェフのジェラール・バンヌヴァルト氏は私にこう言いました。

「ドゥニ・リュッフェルはエクセプスィオネル(類まれ)なパティスィエ、キュイズィニエだ」

本当にそうなのです。彼の料理は確かに抜きん出ている。しかしその料理の味わいだけでなくそのような味わいを作り出すドゥニ・リュッフェルの人間性そのものが壮絶なのです。

彼は「自分はキュイズィンヌ・クラシックを作る」と言います。彼にとってのクラシックとは古典——かつてあって今は途絶えたもの——ではありません。ずっと昔からあって今もなお受け継がれているものを指します。お母さんやお祖母さんが作ってくれたシンプルな家庭料理や伝統的な地方料理を大事にし、出来るだけ正確に本来の姿を再現し、そこに彼の感性を投げ込みます。彼の料理は素材と、素材のみが持つ力強さ、そして素材の全てを知り尽くしているがゆえの多様性と多重性に溢れています。

私のお菓子教室では、フランスのイッサンジョーにある製菓学校に教室の生徒さんとともに研修にたびたび行くことがあります。そこでの研修は、パリから来てくれるドゥニさんとともに実演と実習をします。そして3日目の夜は必ず彼が私たちのためにフルコースのディナーを作ってくれます。これが本当に美味しい。心が洗われるような、彼の繊細で慈愛に満ちた人柄が、そのまま食べる人の心と身体にいつの間にかふっと入ってくる美味しさなのです。全てを知り尽くしたフランスの素材での料理ですから、日本の素材で作られる料理とは違って、とても自然な流れをもった、心に迫る美味しさなのです。

約20人分を作りますから、時にはいくつかのものはパリで準備してくることもあります。彼の料理が出される前夜、夕食が終わると10時を回ります。ドゥニさんに「これから明日の用意をするのか」と尋ねると「今夜は何もしないよ」と言うのですが、しばらくすると誰もいない厨房に行き、朝方まで料理の用意をするのが常なのです。そして部屋に帰り、2～3時間寝て、7時に起きて朝食をとり、8時からの研修の準備で一足先に厨房へ行きます。

彼の料理を待つ人が高名な人であろうと普通の人であろうと、彼の仕事は少しも変わりません。彼は時代の浮き草のような流行とマスコミにすりよって喜ばそうと奇をてらった料理やお菓子を作ることはありません。今与えられている仕事を自分の天職と信じ、けっして肩に力を入れることなく、凛として立ち向かう。今もドゥニ・リュッフェルは、あまりにも大きな存在として私の中にあり続けています。

Banane comme Gogh

ゴッホのようなバナナ

パッションフルーツとオレンジとバナナとホワイトラムの重なり合いに
私はゴッホの絵の、存在を焼き尽くす「黄色」を見つけたのです。

8e chapitre

心の中にフランス的な領域を創造する為の訓練として

フランス的なものを作る必然も環境もないこの国で、
自分の心の中に、私なりのフランス的領域を作るために。

これはやっと店が出せ、そしてつぶれる心配のなくなった数年後からの、
私の生きる目標の中心にありました。

この国にはフランス菓子を作る必然も環境も何一つありません。
もっと混沌とした味わいと思ってもすぐには進むべき道が
見つかるはずもありません。
とにかく何かをやらなければならない。
そんな追い詰められる気持ちの中で、今自分の心の中にある、
自分がとても大事にしている心の動きを味わいによって
表現してみようと思いました。
心を味わいで表現する。
これは今考えればきっと普通の人や多くのパティスィエには
何か異様な印象を与えたことと思います。
でも私は「思い込んだら命がけ」何も他には目に入りません。
一連のお菓子の中の一つだけを、前後のつながりも知らず、ポツンと聞けば、
奇怪な意味不明のお菓子の名前が３年ほど続きました。

ゴッホは私の一番好きな画家であり、彼の絵は自分の心に小さな安堵感を与え、
言いようのないしっくりした気持ちを持たせるのです。
このお菓子を作る時は、
こうすればゴッホの黄色に近づけると考えたことはありません。
「これとこれはどうか」と、ただ偶然にイメージと味わいが重なるまで、
犬も歩けば棒に当たることを信じ、試作を繰り返したに過ぎません。
詳しい記憶はありませんが、ただ挫折感を感じながら、
15回以上の試作を繰り返したように思います。

三つのフルーツの味わいにクレーム・ムースリーヌの舌触りが重なり、
私の心臓をカサッとこする黄色が見えたのでした。

Ingrédients

18cm角、高さ4cmのキャドル　1台分

Biscuit aux amandes
ビスキュイ・オ・ザマンドゥ

- 19g　オレンジコンパウンド
- 5.4g　バナナクレームリキュール

- 15g　薄力粉
- 29g　コーンスターチ
- 11g　ミルクパウダー
- 10g　アーモンドスライス

- 54g　ローマジパン
- 48g　粉糖
- 25g　全卵
- 46g　卵黄

ムラング・オルディネール

- 66g　卵白
- 10g　グラニュ糖

- 32g　とかしバター（→ P256）

Punch
ポンシュ

- 17g　パッションフルーツのピュレ
- 4g　ホワイトラム
- 5g　30°ボーメのシロ（→ P257）
- 10g　水
- 2滴　バニラエッセンス

Garniture
ガルニテュール

- 320g　バナナ（約3本）

- 15g　パッションフルーツのピュレ
- 3g　ホワイトラム
- 8g　30°ボーメのシロ（→ P257）

Crème mousseline
クレーム・ムースリーヌ

クレーム・パティスィエール（→P280）

- 11g　強力粉

- 120g　牛乳
- 1/5本　バニラ棒

- 33g　卵黄
- 22g　グラニュ糖

- 5.5g　バター

- 154g　バター

- 4.2g　オレンジコンパウンド
- 26g　バナナクレームリキュール
- 8g　レモン汁
- 9g　オレンジのリキュール（アルコール度数60°）

パータ・ボンブ

- 35g　グラニュ糖
- 21g　水
- 50g　卵黄
- 18g　30°ボーメのシロ（→ P257）

Finition
仕上げ

- 適量　粉糖

食べ頃と賞味期間

●食べ頃の温度　このムースリーヌはバターが多量に加えられているので冷たくては味が舌にのりません。必ず一度しっかりと冷やし固め、小さく切った場合は食べる10分前に、ホウルのままなら20分ほど前に冷蔵庫から出し、少しクレームを柔らかくしてから食べます。

●賞味期間　冷蔵庫で保存し、翌日まで。まだしっかりと固まる前の柔らかいうちはバターの油っぽさが舌につきます。

Recette

Biscuit aux amandes

ビスキュイ・オ・ザマンドゥ

オレンジの香りとバナナの香りと味わい。この重なりとバナナの歯触り、舌触りに私はゴッホの黄色と重なるものを感じました。

ミルクパウダーの力のある味わいがこのお菓子の中の黄色をキャンバスの下から支えているようでした。そして粗く刻んだアーモンドスライスのカサッとした歯触りが、あの絵の存在を喰いつくす静かな力のイメージを与えます。

1 天板に紙を敷き、キャドルを置く。

2 オレンジコンパウンド（写真左）とバナナクレームリキュール（写真右）を合わせておく。

3 薄力粉、コーンスターチ、ミルクパウダーは前もって合わせてふるい、5mmに刻んだアーモンドスライスを上に散らしておく。

4 P272「ビスキュイ・オ・ザマンドゥ」③〜⑥と同様にする。泡立てたところに②を加え、さらに10秒混ぜる。

5 ムラング・オルディネールを作る。深大ボウルに卵白、グラニュ糖を入れ、ハンドミキサー（ビーター2本）の速度2番で1分→速度3番で1分30秒泡立てる。

6 ⑤に④を一度に加え、エキュモワールで10秒に12回の速さでゆっくり混ぜる。

7 ③の粉を5〜6回に分けて加え、同様に混ぜる。

＊粉を加える時は、必ず80%の混ざり具合で加えていかないと、混ぜすぎてムラングがつぶれてしまいます。

8 とかしバター（40℃）を3回に分けて加える。80%混ざったら次を加え、全部加えて80%混ざったらボウルの内側をゴムべらで払い、さらに20〜25回ゆっくり混ぜる。

9 パートゥを①のキャドルの低いところから静かに流し入れる。

10 オーブンに入れて焼く。

電子レンジオーブン
170〜180℃：約30分

ガス高速オーブン
160℃：約30分

＊表面に軽く平らな感じが出るまで焼きますが、あまり硬くならないようにします。パートゥがあまりパサつくと、クレーム・ムースリーヌとの歯触りがちぐはぐなものになります。

11 網にのせて冷ます。冷めたらキャドルから外す。

Punch

ポンシュ

バナナとパッションフルーツとホワイトラムを混ぜた時に、時と存在を音もたてずに喰いあさる無表情な黄色に重なったのです。

1 材料を合わせて混ぜる。

Garniture
ガルニテュール

バナナだけを食べてもパッションフルーツのピュレだけを舐めても感じなかったものが、それぞれを重ね合わせることによって人の心を削り取るような、ザラザラしたものが現れたのでした。

1 バナナは2cmほどの輪切りにする。8個は外側用に縦に1/2に切る。

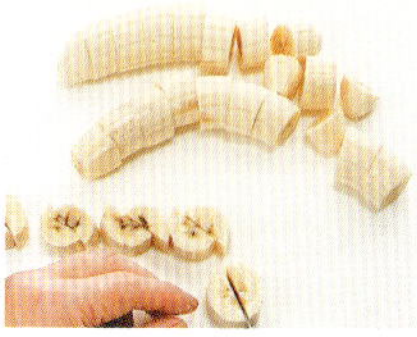

2 ①のバナナをボウルに入れ、残りの材料（パッションフルーツのピュレ、ホワイトラム、30°ボーメのシロ）を合わせて加え、全体にいきわたるように混ぜて15分漬け込む。

3 網の上にあけ、シロをよく切る。

Préparation de la pâte
パートゥの下準備

1 パートゥの一番上の面をカットする。

2 裏返しにして、厚さ1.2cmで2枚スライスする。

3 1枚は表裏に、もう1枚は片面のみに、ごく軽く刷毛でポンシュを打つ。

4 表裏両面にポンシュを打ったパートゥをキャドルに敷き、もう1枚はバットなどに置いて、2枚とも冷蔵庫で冷やしておく。

Crème mousseline
クレーム・ムースリーヌ

屈折したイメージに味わいを重ねるには、粘着力のある力をもったクレーム・パティスィエールを使ったクレーム・ムースリーヌが最適と考えました。

1 P280「クレーム・パティスィエール」を作り、少しテリが出て柔らかくなるまで木べらで力強くほぐす[平行楕円]。

＊少量で作るので練りあがりが硬くならないように、牛乳の量を増やしてあります。

＊けっしてすりつぶすように混ぜてはいけません。澱粉粒子が傷つき、水が出て頼りなく不快な糊のような舌触りになってしまいます。

2 少しだけテリのある柔らかめのポマード状バター（→P256）を3回に分けて加え、手早く混ぜる[平行楕円]。ほぼ混ざったら50回やや強めに混ぜる。

3 オレンジコンパウンド、バナナクレームリキュール、レモン汁、オレンジのリキュールを合わせる。

4 ②に③を5回に分けて加える。その都度ガスの火で加熱し、クレームのような滑らかさを保ちながらホイッパーで力強く混ぜる[円]。全部加えてほぼ混ざったら、さらに20回混ぜる。

＊混ぜ終わりは、まだ硬めですが、ほぼクリーミーな状態になっています。

5 パータ・ボンブを作る。小鍋にグラニュ糖、水を入れて80℃（縁の方がフツフツする）まで加熱する。

6 耐熱性ガラスボウルに卵黄を入れ、ホイッパーでほぐす[直線反復]。⑤を手早く混ぜながらサーッと加える。

7 金網とセラミック網を重ねてコンロにのせ、⑥をごく弱火で加熱し、ホイッパーで軽く底をたたくように手早く混ぜる。卵黄が煮え、とろみがつき、底がしっかりと見えるようになったら（70～75℃）、すぐに火からおろし、さらに30秒ほどよく混ぜ、余熱でしっかりとしたとろみをつける。

＊ドロッとしているが、まだ十分に流れる力があるほどまでです。

＊とろみが足りないと、気泡量が多すぎるつぶれやすい弱い泡になって分離しやすくなります。また煮詰めすぎると重い舌触りの仕上がりになるので注意してください。

8 手つき中ボウルに裏漉し、ハンドミキサー（ビーター1本）の速度3番で2分→氷水にあてて速度2番で1分泡立て、23～25℃ほどまで冷やす。

9 ④のボウルの底を弱火にあて、かなりテリが出て、ボウルを揺すると、ホイッパーの跡が2/3に沈むほどの柔らかさに調整しておく。

＊クレーム・パティスィエールが入っているため、バターは見た目よりもずっと柔らかくなっています。柔らかくしすぎると分離の原因となりますので注意してください。

10 ⑨に⑧を5回に分けて加える。
1～2回目は木べらで手早く混ぜる[90度]。ほぼ混ざったらボウルの内側をゴムべらで払い、さらに20回混ぜる。
3回目は1/5量を加えるのと同時に30°ボーメのシロを加え、手早く強く同様に混ぜる。ほぼ混ざったらボウルの内側をゴムべらで払い、さらに20回混ぜる。
4～5回目は1/5量を加え、同様に混ぜる。

＊クレーム・パティスィエールは粘度が強いので手早く強い力で混ぜないと薄くのびず、パータ・ボンブを包んでくれません。

＊パータ・ボンブはほどよくとろみをつけて泡立てていれば強い泡が出来るので、少しの衝撃には強いので手早く混ぜても大丈夫です。

Finition

仕上げ

1 直径10㎜の丸口金をつけた絞り袋にクレーム・ムースリーヌを入れ、キャドルに入れて十分冷やしておいたパートゥの表面全体に約1/4量を薄く絞り、平らにならす。

2 ガルニテュールのバナナの縦1/2に切ったものを1㎝ほどの間隔をあけて、型の内側に張り付け、型から外した時にバナナが見えるように並べる。残りは全体に1㎝ほどの間隔をあけて並べる。

3 バナナのすき間と表面に残りのクレーム・ムースリーヌを絞り、平らにならす。

4 もう1枚のパートゥをポンシュを打った方を下にしてのせる。冷蔵庫で2時間冷やし固める。

5 キャドルから外し、切り口を整える。表面に茶漉しでたっぷりと粉糖をふる。

＊長くおく場合は、バナナの切り口にレモン汁を塗ると変色しません。

Découpage

切り分け

1 ガスの火にあてて少しだけ熱いと感じるくらいに熱した波刃包丁でゆっくり切る。1回切るたびにぬれフキンで包丁をきれいにする。

日本の食の領域全体の異常さ①

フランスと日本を行き来しようやく気づいた日本の食事情

2度目のフランス滞在の頃から、フランスの素材と料理はとても美味しいと感じ始めていました。でも日本の食もそんなに悪いものではないと思っていました。帰国すればまず一番にスシと刺身を食べたくなり、そしていつも美味しいなぁと思っていました。

店を始め、年に何度となくフランスへ行くようになってからも、40歳の中頃まではお菓子のことにしか注意はいかず、お菓子以外の「食」については十分な注意を向ける余裕がありませんでした。50歳前後になってようやくお菓子以外の素材や料理にも興味と注意が向けられるようになってきました。

フランスから帰国し、空港で手荷物を待っていると、この国にはもう美味しいとはいえない食材と料理しかない事実に気づき、気持ちが重くなり始めている自分に気づき始めました。でも半月もするとそんなことも忘れてしまい、日本の日常にどっぷりと浸かります。

ある時､来日経験のあるフランス人パティスィエから「どうして日本の料理は初めから終わりまで何もかもが甘いんだ？　まるで最初からデセールを食べさせられているようだ」と言われました。そういえばそうだ。確かに日本の料理はなんでも砂糖が入り、とにかく甘い。考えてみれば私が子供の頃は料理に砂糖なんか入っていませんでした。なんで、いつの間にこうなってしまったのだ、という疑問が生まれました。

イル・プルーでは何につけても理由をみつけてはよく飲み会をしていました。教室主任の椎名が皆のために料理を作ります。それを改めて見ているととにかく手間がかかる作り方です。さまざまの素材のあく抜き、下茹でが重なります。私が子供の頃はどこでもしたことのない工程ばかりです。面倒と無駄なことこのうえない鰹節での一番だし、二番だし、上品な味わいとやらのために頭と腸を取り除いて加えられ、しかも途中で取り出し捨ててしまういりこ。そして何にでもたっぷり加えられる砂糖です。それらを食べながら、フランスでの果物、野菜、料理を思い出してみます。

「あ、これは全然うまくないんだ」ということを意識し始めました。でも、どうしてこんなことになったのか。自問しても全く分かりません。

人を感動させるドゥニ・リュッフェルの料理の工程では、さまざまの味わいの基本となるフォンは味がにごらないようにあくを取ることはあっても、メインとなる素材を水にさらすなどのあく抜きはほとんどしません。肉を炒める時にフライパンにこびりついた汚れのようなものを最も大事な旨みを含んだものとして捉え、これに水分を加えて加熱して溶かし、鍋に戻す「デグラッセ」をします。これは日本料理からすればそのまま捨てなければならない“あく”なのです。でもデグラッセしないと確かに味わいは細く弱くなります。

ドゥニ・リュッフェルの料理の作り方は、今の和食の作り方がどうやら間違ったものであることを私に認識させてくれました。

少しずつ、ドゥニ・リュッフェルの料理の作り方は、素材のもつ旨みを可能な限り逃さないように進めていることを知りました。そのことはさらに和食で“あく”として嫌うものが、実は私達の体が必要としている栄養素なのではないかと考え始めました。さらにその旨みを徹底して捨て去りながら作られた料理の味わいは、けっして美味しさではなく、何かの理由で作りあげられてしまった実体のない形式的な美味しさではないかと考えました。

ある高名な方の本に従い、数度のあく抜き、下茹でを繰り返すと、全く味わいのないものが出来てしまいます。これに味わいの形をつけるのには砂糖の甘味を加えるしか手はないのです。

この2つの料理法を見て、私はドゥニ・リュッフェルの料理が私たちに与える美味しさの感動は、実は私達の体が必要としているミネラルやビタミン類の栄養素が豊かに含まれていることに対する心と身体の安堵と満足の感覚ではないかということをはっきりと確認することが出来たのです。

その基本の味わいの上に、少しの彩として、作り手の個性やその時代の雰囲気が添えられるのです。しかし基本の味わいがないがしろにされ、時代の雰囲気、流行によってのみ作られた料理やお菓子が、フランスでもこの日本でも大きな流れとなっています。しかしドゥニ・リュッフェルはそれに流されることはありません。彼のゆるぎない生き様は微動だにしないのです。

Rouleau aux noisettes

ヘーゼルナッツのロールケーキ

素材の思いをしめつけず、
思うがままに飛び立たせ、遊ばせ、
一つの味わいの中にピレネー山脈があり大西洋が広がる。
あゝ、風は流れ、心は青く広がる。

それはどんなにあがいても、
けっして日本人の私には入りえない領域と思っていました。

いつ果てるとも思えぬ道のりでした。
何が私をドゥニ・リュッフェルと同じ視線に導いたのでしょうか。
確かに肩から力が抜け、素材をあるがままに見ようとする自分があるのです。
それに偉大な自分を見て欲しいという誉への欲が
歳とともに薄れてきたからなのでしょうか。

確かに私は自分を大きく見せたいと思い、
人々には出来ない難解な味わいに酔いしれた時もありました。
自分なりのフランス的な価値観を築きあげる、
日々の意志の力のともなう試みに疲れてきたからこそなのでしょうか。
あるいはさまざまな人々との出会いや出来事から得た感情が、
混沌とした多様性と多重性を持ちえたからなのでしょうか。

おそらくこれら全てのことが今一つになって、大きくゆったりとした流れとなり、
日本人としての小さな心のくびきを
一つずつ流し去っていたからのように思えるのです。
それまで私は日本人としての潜在意識が素材を
自分の意志の空間に従わせることと考え、
素材に自分を押しつけていたように思えます。
今私は素材を抑えこまず、自らの意志に任せ、
私の心の外に自由に遊ばせることだと思い始めています。
今まで集めてきた素材へのイメージを自分の殻の中に当てはめてはいけない。
素材自らに自分の思いを語らせ、素材同士に手を繋がせるのだと
思えるようになっています。
それは素材の前での私の意志などちっぽけな、取るに足らないものだということを、
意志の力で素材を意のままに動かすことなど人の手にあまるものだということを、
知り始めたからだと思います。

今作る私のお菓子は、生れ落ちて以来の歩みを映したものです。
でも最も鮮やかな影響を与えているのは、
自分の多感さに打ち震えていた名ばかりの学生時代、
少しばかりの本とともに過ごした無為の時だったと思うのです。

Ingrédients

長さ29.5cm　1本分

Génoise au café
ジェノワーズ・オ・キャフェ

縦25cm×横29.5cm、高さ2cmの天板　1枚分

30g　ヘーゼルナッツ（皮付き）

64g　薄力粉
64g　アーモンドパウダー
2.2g　ベーキングパウダー

128g　全卵
64g　グラニュ糖
2g　コーヒーエッセンス

30g　とかしバター（→ P256）

Punch
ポンシュ

80g　トスキノチェロ（くるみとヘーゼルナッツのお酒）
16g　30°ボーメのシロ（→ P257）

Mousse aux noisettes
ムース・オ・ノワゼットゥ

156g　バター
52g　卵黄
40g　プラリネ・ノワゼットゥ
23g　トスキノチェロ（くるみとヘーゼルナッツのお酒）
19滴　バニラエッセンス

ムラング・イタリエンヌ（→P282）
出来あがりから140g使用

60g　卵白
適量　グラニュ糖 A
適量　乾燥卵白
89g　グラニュ糖 B
30g　水

Finition
仕上げ

適量　ビスキュイのクラム

食べ頃と賞味期間

● 食べ頃の温度　20℃
● 賞味期間　出来たものを冷凍庫に15分ほど入れて表面を少しだけ固めて切り、室温（20℃）のところに10分ほどおいてから食べるのが一番美味しい。
保存するなら冷凍で1週間、冷蔵で3日間。解凍する場合は冷凍庫から出して室温（20℃）のところに30分おき、フワッと柔らかくしてから食べます。

Recette

Génoise au café
ジェノワーズ・オ・キャフェ

1 ヘーゼルナッツは180℃のオーブンで約15分ほどローストし、こんがりとキツネ色に焼く。目の粗いザルなどの上で軽くこすって皮を取り、フードプロセッサーにかけて5㎜ぐらいにしておく。

＊ヘーゼルナッツの粒が大きいとそこに舌の注意がいき、茫洋とした歯触りが出ません。またヘーゼルナッツの心広がる香りも出ません。薫り高く、こんがりと焼きます。

2 薄力粉、アーモンドパウダー、ベーキングパウダーは前もって合わせてふるっておく。

3 深大ボウルに全卵、グラニュ糖を入れ、ホイッパーで底をこすりながら40℃まで加熱する。

4 ハンドミキサー（ビーター2本）の速度3番で5分泡立てる。

5 コーヒーエッセンスを加え、全体に色が出るまでさらに混ぜる。

6 ⑤に②の粉を少しずつ加え、木べらで混ぜる[90 度]。

7 粉がまだ残っているうちに①のヘーゼルナッツを2回に分けて加え、同様に混ぜる。

＊ナッツが入るとパートゥがさらにしまるので、10 秒に 10 回ほどの速さで混ぜます。木べらはパートゥの中をゆっくり通します。

8 とかしバター（40℃）を2回に分けて加え、同様に混ぜる。
80％混ざったらボウルの内側をゴムべらで払い、さらに 15 回ゆっくり混ぜる。

9 紙を敷いた天板に流し入れ、平らにならす。

＊あまりていねいにならすと泡がつぶれてしまいます。

10 オーブンに入れて焼く。

電子レンジオーブン
220℃：約10～11分

ガス高速オーブン
200℃：9～10分

＊焼きすぎると巻きにくくなります。触った時に指先に軽い張りが感じられるほどが目安。

11 すぐに網にのせて冷まし、紙をはがす。

Punch

ポンシュ

ポンシュはしっとりとした落ち着きが出ないように、生のトスキノチェロ（くるみとヘーゼルナッツのお酒）を使い、カラッとした浮遊感を出します。

1 材料を合わせて混ぜる。

Préparation de la pâte

パートゥの下準備

1 パートゥの表裏それぞれにごく軽く刷毛でポンシュを打つ。気温が 20℃くらいであればパートゥはそのまま常温の涼しいところにおいておく。

2 パートゥの手前に波刃包丁で1.5～2㎝間隔で4本ほど、パートゥの表面から 1/4 深さくらいの切り目を入れておく。

Mousse aux noisettes

ムース・オ・ノワゼットゥ

1 柔らかめのポマード状バター（→ P256）に卵黄を 3 回に分けて加え、よく混ぜる。

＊バターに水分を混ぜやすくする乳化力を持つ卵黄を、初めに加えます。

2 ①にプラリネ・ノワゼットゥを一度に加え、よく混ぜる。トスキノチェロ、バニラエッセンスを加え混ぜる。

＊粘りの強いものから加えます。バニラなどの少量のエッセンスは最後に加えます。早く加えると、香りが隠れてしまいます。

3 ムラング・イタリエンヌ（→P282）を作り、室温に合わせて調整しておく。

＊20℃ほどの室温なら25～26℃でよいでしょう。気温が上がった場合はもう少し温度を下げます。

4 ②のボウルの底を弱火にあて、ボウルを揺するとホイッパーの跡が1/3に沈むほどのトロトロの柔らかさに調整しておく。

＊ムラングは硬いものと混ぜると泡がつぶれるので、ここまで柔らかくします。

5 ③のムラングを9等分し、1すくい加えてホイッパーで混ぜる[円][すくいあげ]。もう1すくい加え、同様に混ぜる。

6 3～4回目は木べらで手早く混ぜる[90度]。80%混ざったらボウルの内側をゴムべらで払い、さらに20回混ぜる。

＊ここではまだムラングの泡を残そうと考えず、ムラングでバターをさらに柔らかく、のびやすくします。

7 5回目は10秒に12回の速さでゆっくり混ぜる。80%混ざったら、ボウルの内側をゴムべらで払い、さらに10回混ぜる。

8 6回目は残り全部を加え、10秒に10回の速さでゆっくり混ぜる。80%混ざったらボウルの内側をゴムべらで払い、ムラングが見えなくなるまで混ぜる。

Finition

仕上げ

1 すべらず巻けるよう、固く絞ったタオルを広げた上に、縦30cm×横45cmほどの大きさの紙を置き、パートゥをのせる。平口金をつけた絞り袋にムース・オ・ノワゼットゥを入れ、パートゥの内側に200g絞る。

2 パートゥの手前に出ている紙の下にめん棒を入れ、ひと巻きしてぐっと押さえて芯を作るⒶ。
巻き始めて丸くしたら、あとはあまりしめないように最後までごく軽く巻くⒷ。
巻き終わったら、もう一度紙でしめながら太さを整えて巻き直すⒸ。
急速冷凍で5分冷やし固める。

Ⓐ

Ⓑ

Ⓒ

3 パートゥが形を保つほどに固まったら紙を取り、外側にムース・オ・ノワゼットゥを180g絞る。フォークを熱い湯につけて模様をつける。

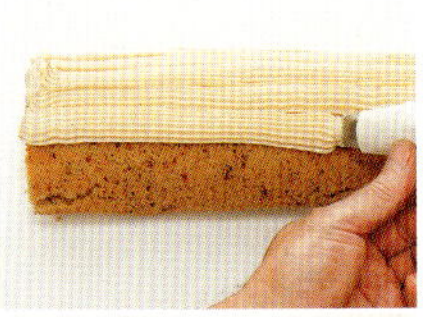

4 ビスキュイのクラムを表面に軽くふりかける。両端を切って整える。

＊ビスキュイのクラムがザワザワとした感覚の動きを作り出します。

Découpage

切り分け

1 ガスの火にあてて、少しだけ熱いと感じるくらいに熱した包丁でゆっくり切る。
1回切るたびにぬれフキンで包丁をきれいにする。

日本の食の領域全体の異常さ②

パティスィエの新たな挑戦
「ごはんとおかずのルネサンス」が出来るまで。

日本では次第に若者や子供たちの極端な体力の低下、アトピー性皮膚炎、花粉症などのアレルギー、糖尿病などの著しい増加がたびたび報じられるようになりました。いずれも私達の子供の頃には目立つほどには存在しなかったものです。

これまで日本ではおびただしい量の農薬がまかれたことなどにより、国産の産物から著しい微量栄養素が欠落したことと同時に、間違った料理法が普通の家庭にまで浸透してきた結果だと考えました。そしてこの事実を客観的に冷静に捉えているのはこの日本ではどうやら私だけらしいということも確信となってきました。食の領域にあって、これを出来るだけ多くの人に知らせ、そしてこの流れを少しでも食い止めるために力を注ぐことは、それをはじめに知った者のけっして逃げてはならない義務だと感じ、『破滅の縁の裸の王様』を出版しました。全く反響はありませんでした。時の流れの冷たい一瞥すらありませんでした。でもそれは当然です。何故ならこの本は日本の食の異常を手当たり次第にあげつらうだけで、それに対処するための手立ては未だ全く分からず読者には少しもそれを提示出来なかったからです。

何とかしなければという思いに決定的に拍車をかけたのは、教室主任・椎名の娘の潰瘍性大腸炎の発症でした。これはかつて和食の料理教室の助手をしていた彼女が習ったあく抜き・下茹での、微量栄養素を捨て去る料理法を、最善の料理法として日々一生懸命作り、与えていたことの結果なのです。

大事な人たちに幸せと健康を与えると信じてしてきたことが、最愛の家族に大きな不幸をもたらしているのです。私は言いようのない理不尽さ、不条理を感じました。

そしてドゥニ・リュッフェルの料理法から多くのものを取り入れながら、先人の料理法に立ち返り、素材から可能な限り微量栄養素を逃さずに、いりこや昆布、干し椎茸、大豆などの生命にとって必要不可欠な基本的な微量栄養素を整える料理法に辿りつきました。

これは『ごはんとおかずのルネサンス』をはじめとする3冊のごはん本の出版へと繋がっていきました。この料理法を実践された方々からの反響は私の想像を超えたものでした。少なくない方々のアトピー性皮膚炎が大幅に改善されたり、花粉症が治ったり、不治の病とされている潰瘍性大腸炎も完治したのです。

今、日本の食を健全な状態に立て直すことに挑むことが、お菓子作りとともに私の人生の大きな存在意義となっています。私はいつも心のどこかで、日本人の私がこの日本でフランス菓子を創ることの必然性のなさに後ろめたさを感じていました。しかし日本にはないフランス的なものを自分なりに突き詰めていくにつれ、それと比例して、日本の真実の姿が見えるようになりました。

ですから今は、あまりにも異常な状態に陥った日本の食の真実を知り、やがてそれに立ち向かうために、私にはフランス菓子に進むべき時代の必然があったのだと思っています。

それにしても、今「日本の食」は絶望的にただれています。ドゥニ・リュッフェルは常に言います。
「料理やお菓子は身体と心の喜びと幸せのためにある。人と人を結びつけるためにある」と。

しかしこの日本では人は例えそれがお母さんが作ってくれた料理であっても、食べる人の身体と心を傷つけ、そして人と人を離してしまうのです。例えようのない異常な事態なのです。

私はドゥニ・リュッフェルと友人として生きていけることを誇りに、この食の現実に立ち向かいます。

Technique編

テクニック

少量のお菓子作りには、よりはっきりした技術的な真実が見えます。
ここでは少量のお菓子作りをモデルとして、
イル・プルー独自の考え方や技術について述べていきます。
少量のお菓子作りの考え方と技術は、方法論を少しだけ変えれば、
そのまま多量のお菓子作りのための基本となります。

お菓子を作る前に…

La règle

温度管理と計量

- 室温は出来るだけ20℃以下にし、作業に手間取っても生クリームやバターなどの素材が温まることがないように、部屋の温度にも気を配らなければなりません。

- 冷蔵庫は出来るだけ0℃に、冷凍庫は出来るだけ-30℃に近づけます。通常の冷蔵庫は7℃くらいが標準ですが、生クリームやバターのよい状態を保つためになるべく2～3℃にします。庫内が5℃より高くなると生クリームは使う前に劣化し、泡立ちが悪くなったり離水してしまいます。

- 分量、温度、時間はルセットゥどおりに正確に計ることが失敗のないお菓子作りへの第一歩です。パティスィエの方々も一度温度計で計ってみて、自分の感覚との違いがないか確認してください。

材料

- 作業中に使用する手粉（強力粉）や、型に塗るためのバターは分量外です。

- 「ムラング」は、基本的に水様化した卵白（→ P283）を使います。ムラングに使う場合は、基本的に卵白をあらかじめボウルに入れて冷蔵庫で10℃ほどに冷やしてから泡立てます。

- 「バター」は無塩の発酵バターを使います。バターは品質と温度管理が全てです。パートゥに加えるとかしバター以外、けっして室温に放置して柔らかくなったものは使わないでください。保存する時は使いやすい大きさに切って2～3℃の冷蔵庫（または冷凍庫）に入れます。冷凍保存した場合は使う前日に冷蔵庫に移します。

- 「生クリーム」は乳脂肪分40～42％のものを使用しています。6分立てまではハンドミキサーを使って構いません。ハンドミキサーの時も、ホイッパーの時も、泡立てる時は必ずボウルを氷水にあてて泡立てます。また生クリームを入れるボウルもよく冷やしてから使います。

- 「粉類」（小麦粉、アーモンドパウダー、粉糖など）は湿気を吸いやすいので使う直前に1回ふるいます。

- 「粉ゼラチン」は使用する20分前に20℃以下の冷水でふやかしておきます。湯煎で溶かす場合は、40～50℃の低めの温度のお湯にあて、溶けたらすぐに使います。高温でふやかしたり、長時間湯煎すると再びゼラチン液が乾燥してしまいます。

- 「バニラエッセンス」は分量をスポイト表記しています。1滴＝0.08g換算です。

- 「バニラ棒」は十分によい香りが得られるように、プティクトーで縦に裂いてナイフの背で中の種をこそげとり、サヤごと加えます。

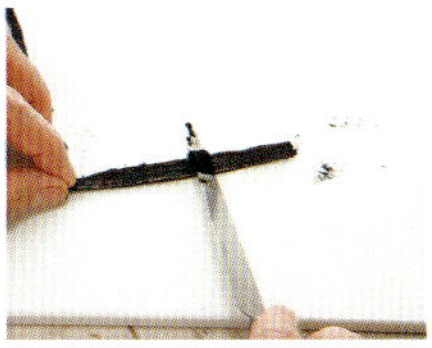
→

＊クレーム・パティスィエールなどは、裏ごししません。刃の方でこそげ取ると、さや自体がこすりとられてクレームに入ってしまいます。

技術

- 量に適した器具を使います。分量によって器具の大きさを使い分けると、より効率的にお菓子作りが出来、技術面もカバーできます。これは少量・多量のお菓子作りにとって、とても大事な基本中の基本です。

- 氷水を使う作業がある時には途中で慌てないように、あらかじめ氷をたっぷり準備しておきます。

- 焼成温度や時間、混ぜる回数などは目安です。使う器具や材料などによって状態は変わりますので、プロセスカットのパートゥの状態を参考にして判断してください。

- オーブンは設定した焼成温度で正しく焼くために庫内を十分に予熱し、温度と焼き色に注意しながら焼きあげます（天板も予熱が必要な場合、予熱の設定温度が通常と異なる場合は、ルセットゥ中に明記しています）。

  電子レンジオーブン ： 焼成温度＋20℃に設定して、焼成20分前から

  ガス高速オーブン ： 焼成温度＋10℃に設定して、焼成15分前から

- ターンテーブルがないオーブンの場合は、焼成時間の半分ほどが経過したら天板の手前と奥を入れ替えます。熱風の循環により、天板の手前側に熱が強く当たって焼きすぎるためです。上下段で焼く場合は、天板の上下段も入れ替えます。

- ババロアズなどセルクルやキャドルで組み立てたお菓子を型から外す方法は、以下の２通りがあります。

  Ⓐ型に蒸しタオルを巻く。　　Ⓑ高さのある台の上にお菓子を置き、バーナーで側面を軽く熱する。

→

食べ頃の温度

- 本書では食べ頃の温度や賞味期間も記しています。同じお菓子でも食べ頃の温度か否かで舌触りや味わいに大きな差が出ます。出来あがったお菓子を美味しく食べるためには食べ頃の温度を守るのが一番です。

お菓子作りに共通する事前の準備

Préparation

型の準備 Préparer le moule

バターを塗って粉をつける場合

1 バターを柔らかめのポマード状にし、型の内側に厚めにまんべんなく塗り、冷蔵庫で冷やし固める。

＊バターが溶けていると粉が多くつきすぎてしまいます。

2 手粉を型の内側全体につけるように回し入れ、型を逆さまにして１回軽く叩き、余分な粉を落とす。

3 使うまでに時間がある場合は、室温20℃まではそのままでよいが、20℃以上の場合は冷蔵庫に入れておく。

紙を敷く場合

1 パラフィン紙を型に合わせて切り、敷く。

パウンド型

丸型

ポマード状バター Beurre en pommade

少し硬めのポマード状にする

1 バターを厚さ5㎜ほどに切り、ボウルに重ならないように入れ、室温25℃のところに30分〜１時間おく。バターに指を入れてみて少し強い力でないと入らないくらいが目安。

2 直径18㎝のボウルに入れ、木べらでバターをよく練りながら均一になるように混ぜる[平行楕円]。指に硬さを感じ、粉糖がようやく混ざるくらいの少し硬めにする。

＊パートゥ・シュクレなどに使用

柔らかめのポマード状にする

1 バターを厚さ5㎜ほどに切り、ボウルに重ならないように入れて室温25℃のところに30分〜１時間おく。バターに指が軽く入るくらいが目安。

2 直径18㎝のボウルに入れ、木べらで混ぜる場合は[平行楕円]で、ホイッパーで混ぜる場合は[円]で混ぜる。クレーム・オ・ブールなどは十分艶の出た柔らかさに、クレーム・ダマンドゥは少しテリのある柔らかさにする。

＊クレーム・オ・ブール、クレーム・ダマンドゥなどに使用

とかしバター Beurre fondu

1 小鍋にバターを入れて火にかけ、バターが溶けたらすぐ火からおろし、そのままほぼ常温に冷ます。

＊少量のバターの場合は、湯煎ではなく、ガスの火で溶かしたり、オーブンで溶かしても味わいに影響はありません。逆に夏は湯煎で温めると部屋を暖めてしまいます。

焦がしバター Beurre noisette

1 小鍋にバターを入れて中火にかける。沸騰すると水分がはね、表面に泡のようなたんぱく質が浮いてきて、やがて白い粒になって沈殿し、焦げた香りがしてくる。

2 泡がおさまると、今度は小さな泡が浮いてくる。表面の泡をスプーンでよけ、底の沈殿物の色を見る。少し薄い色がついたら火からおろし、余熱でさらに加熱する。

3 沈殿物がノワゼットゥ色（ヘーゼルナッツの薄皮の色）になったら、鍋を10秒ほど水につけて色づきを止める。

30°ボーメのシロ Sirop à 30°Baumé

ingrédients : 出来あがり約100g

70g グラニュ糖
54g 水

1 小鍋にグラニュ糖、水を入れてスプーンで混ぜる。水をつけた刷毛で鍋の内側についた砂糖の粒を中に戻す。

2 火にかけ、沸騰しかかったところでもう一度スプーンで混ぜてグラニュ糖を溶かす。沸騰したら火からおろして冷ます。
* 常温で長期保存可能。

塗り卵 Dorure

ingrédients : 出来あがり約65g

[27g 全卵
[13g 卵黄
22g 牛乳
2g グラニュ糖
少々 塩

1 全卵と卵黄を合わせてほぐし、牛乳、グラニュ糖、塩を加え混ぜ、裏漉しする。
* 冷蔵庫で保存可能。砂糖と塩が極端に少ないため腐りやすいので、少量作って2～3日で使い切ります。

コンフィテュール・ダブリコ Confiture d'abricot

ingrédients : 出来あがり約380g

[188g グラニュ糖
[5.5g ジャムベース
250g アプリコットのピュレ
25g 水飴

1 グラニュ糖とジャムベースをホイッパーでよく混ぜる。

2 鍋にアプリコットのピュレを入れ、①を加えてホイッパーで軽く混ぜる。

3 中火にかけ、沸騰してきたら火を少し弱くし、木べらで鍋の底を手早くこすり、スプーンでアクを取りながら煮詰める。

4 沸騰してから1分30秒～2分ほど煮詰める。木べらでサッと手前に底をこすると、瞬間鍋底が見えるようになり、たらすと、はじめはタラタラーと流れるように落ちていたのが、ポタ、ポタと落ちて止まるまで煮詰める。

5 ボウルに移し、水飴を加えて混ぜる。粗熱をとる。

* 水飴はコンフィテュールの艶が出るように、また乾燥しないように加えます。水飴は沸騰するとすぐにキャラメルに変化しますので、必ず火を止めてから加えて下さい。水飴は100℃以下でも高温ではキャラメルが生成されるので、すぐにボウルに移して粗熱を取ります。

6 ほぼ冷めたらフタのある容器に移して保存する。
* 密閉容器に入れて2ヶ月ほど保存可能。

混ぜ方と泡立て方について

mélanger, fouetter

本書のルセットゥでは、パートゥの種類や量によって混ぜる器具の種類や大きさ、
混ぜ方、速度をそれぞれ使い分けています。それぞれに意味があり、コツがあります。
混ぜ方をこのように論理的に分析し、類型化したのは、フランス—日本でも私たちが初めてです。

混ぜる

mélanger

お菓子を作るということは、目に見える部分と見えない部分で素材をどのように混ぜるか、ということにつきます。当然ながらそのための混ぜる技術が最も重要になってきます。しかしながら、私たちお菓子屋の間でさえ、ホイッパーや木べらなどを使う用途や動かし方はまだまだ正しく理解されていないようです。間違った考え方や、まったくの思い違いを数多く目にします。

素材を混ぜる時、フランス菓子に必要な混ぜ方の考え方は、「ただよく混ぜさえすればよいわけではない」ということです。多くの場合、それぞれの素材の特徴を十分に残すため、混ざり過ぎないように浅めに混ぜます。パートゥの種類によって、その時の混ぜる速度や力の強弱には特に気を配らなければなりません。

例えばビスキュイ・ア・ラ・キュイエールは粉が多く入るので最終的にパートゥが硬くなり、早く混ぜるとムラングの泡はつぶれてきます。10秒に10回ほどの割合ゆっくりした速さで混ぜなければなりません。混ぜるための道具には、木べら、ホイッパー、エキュモワールがあります。**共通する基本的な混ぜ方は、常にボウルの中心を通し、底を軽くこするようにしてまっすぐ移動させ、ボウルの側面をさらに2/3の高さまでしっかりこすり上げるようにしながら混ぜます。**また右手で混ぜているのと同時に左手でボウルを手前に1/6〜1/5回転させます。つまり5〜6回混ぜるとボウルは1回転します。ボウルを大きく早く回転させると、器具にムラングなどが強くあたりすぎ、泡がつぶれやすくなります。また混ぜている間にボウルの側面にアパレイユが広がってしまうので、区切りのいいところで混ぜる手を一旦止めて、ゴムべらで払って中に戻してからさらに混ぜます。

これらは、何を混ぜるか、どんなお菓子を作るかによって、さまざまな使い方があります。その理由を十分に理解しながら、一つ一つの混ぜ方を習得してください。目に見える部分、見えない部分で、何と何をどのように混ぜるかを常にイメージしながら混ぜていきます。

木べら

木べらの使い方は、最も誤解されているものの一つです。単純な動作のように見えますが、何をどう混ぜるかで持ち方や木べらの面の動きなどが違います。一般に言う「切る」ような混ぜ方は、あまり使いません。

＊持ち方

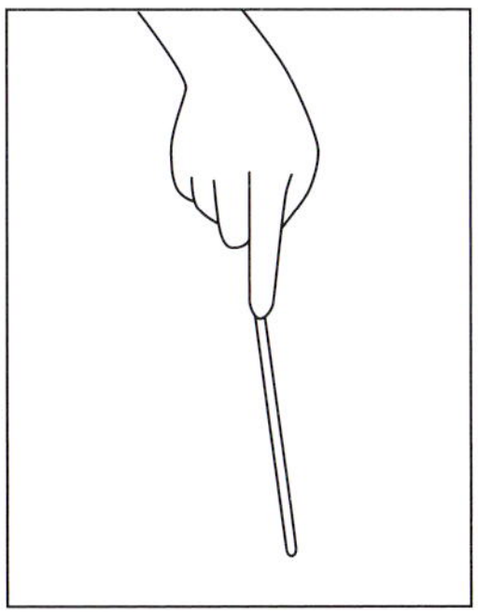

柄を親指と中指ではさみ、人差し指を先に添えます。

混ざり具合度

1	2	3	4

←浅　深→

平行楕円

これはパートゥ・シュクレなどを作る時に、バターにあまり空気が入らないように他の素材を混ぜていく時の混ぜ方です。

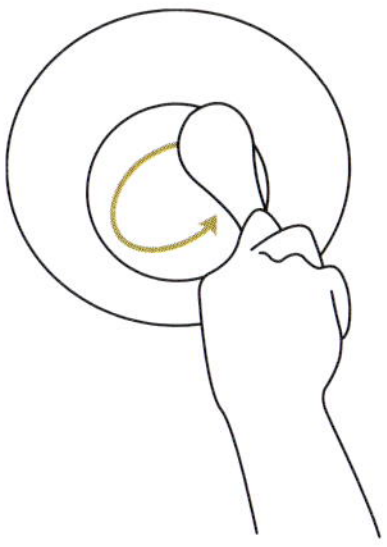

- 木べらの広い面が体の向きと斜め 45 度になるように持ち、ボウルの底に先端をつけて、木べらの面を進行方向に平行に保ちながら、丸めの楕円を描くように動かす。
- 基本の速さは 10 秒に 15 回、手早く混ぜる場合は 10 秒に 25 回が目安。

＊木べらがボウルにあたってカタカタと音がする場合は楕円が大きすぎます。音がしないようにボウルの底の面からはみださないようにコンパクトな丸めの楕円で動かします。

＊木べらの面が進行方向に対して 90 度になると、より多くのバターをすくい、それだけ多く空気が入ってしまいます。

混ざり具合度

1	2	3	4

←浅　深→

90度

これはいろんな生地作りで使う木べらの基本的な混ぜ方です。
生地を木べらの先の面で押して全体に大きな乱流を作ります。泡がつぶれることなく、浅めですが全体に均一に混ざります。

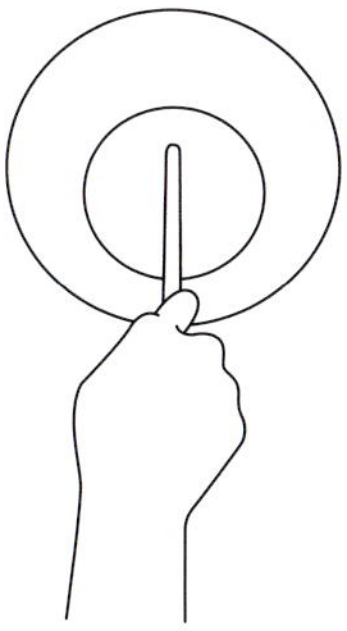

①ボウルの底、中央に木べらの先を置く。木べらの面は進行方向に対して 90 度に保つ。

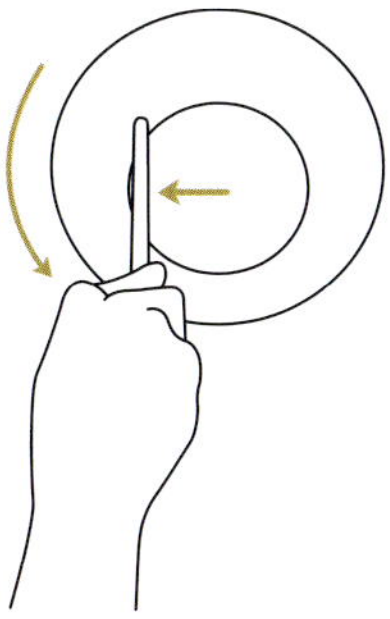

②木べらの面を 90 度に保ったまま、中のパートゥを押すように左へ動かす。同時に左手でボウルを手前に 1/6 ずつ回転させ始める。

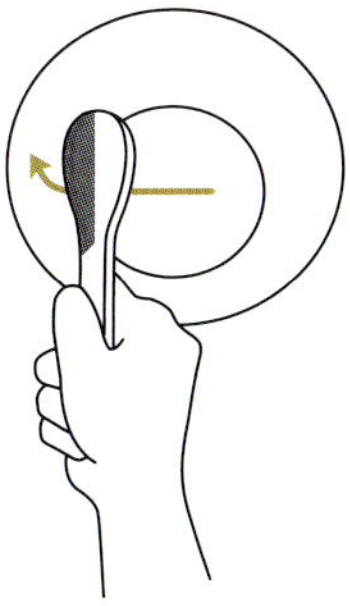

③木べらが左側の縁にぶつかったら、ボウルの側面のカーブに沿ってこすりあげる。

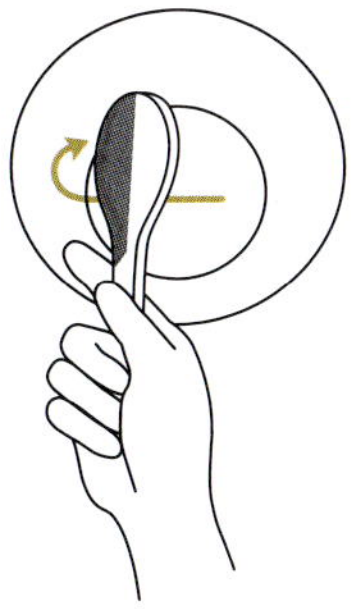

④ボウルの高さの 1/2 くらいのところまできたら、手首を返して木べらの面をゆっくりと 180 度回転させ始める。

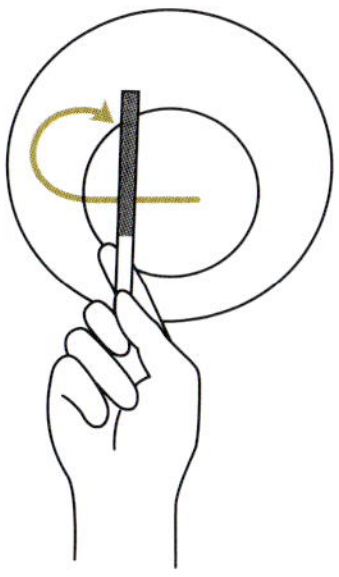

⑤木べらをそのまま持ち上げてボウルの中央まできたら手首は完全に返っている。すぐに①に戻る。

ホイッパー

ホイッパーは卵をほぐしたり、ババロアやムースなどでムラングの泡をつぶさずに混ぜる場合など、いろいろな目的で使われます。ホイッパーの動かし方、速度、そして器の大きさによって混ざり方が違ってきます。使うボウルの大きさに合わせてホイッパーの大小も使い分けます。

＊持ち方

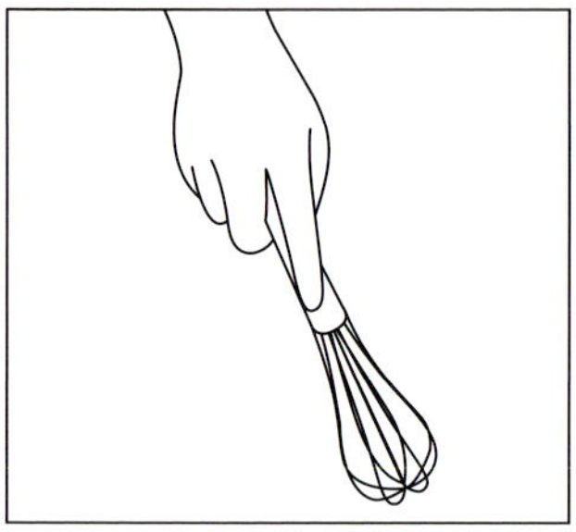

親指と中指で持ちます。
人差し指は伸ばして柄に添えるようにして持ちます。
ペンを持つような持ち方では十分な力が入りません。

直線反復 —— 最も深く細かく混ざる

混ざり具合度

1	2	3	**4**

←浅　深→

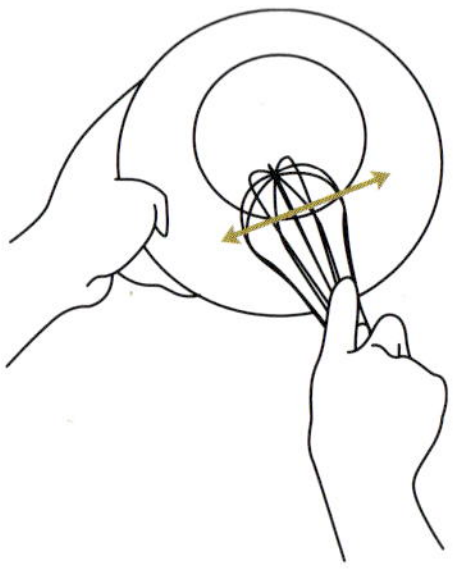

卵黄をほぐす時や生クリームを軽く泡立てる時などに使う混ぜ方です。ホイッパーが通った部分は液体に直接より強い力が加わり、目に見えない部分でも細かく混ざり合ったり分散したりします。

●混ぜるものの量が多い時は、ボウルを斜めにして器の角に素材を集め、ホイッパーをボウルに軽くつけて手早く直線で往復させる。

円 —— 全体的にかなり深く混ざる

混ざり具合度

1	2	**3**	4

←浅　深→

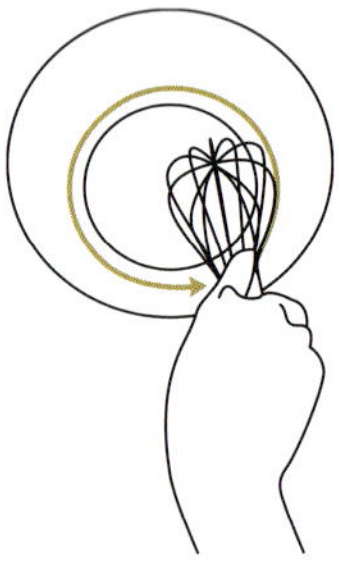

全体をまんべんなくよく混ぜる時に使います。基本の速さは10秒で10回、特にゆっくり混ぜる場合はホイッパーを立てて10秒に6回ぐらいの速さで混ぜます。

●底を強くこすらないように、あまり力を入れずに、ホイッパーの先をボウルの底に軽くつけながら大きく円を描くように回す。

小刻みすくいあげ —— 部分的に深く混ざる

混ざり具合度

1	2	**3**	4

←浅　深→

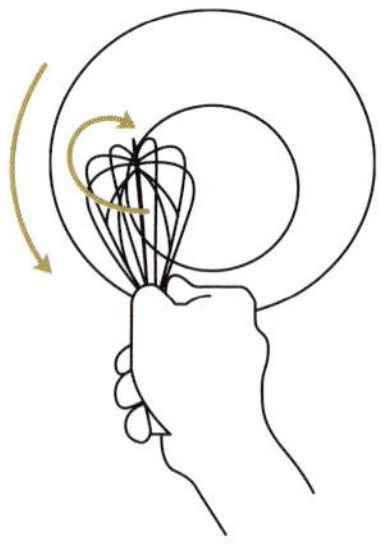

少量の生クリームでクレーム・アングレーズをのばすときの混ぜ方です。手早く強い力で下から小さい円を連続して描くように、かきあげながら早い動きで混ぜ込んでいきます。これは生クリームよりクレーム・アングレーズの方が重いので、このように混ぜないとごく少量で上に浮いた生クリームは混ざっていかないからです。

①ボウルの底1/4ほどのところにホイッパーを置く。
②手前にボウルを手早く動かしながらホイッパーの先で直径10㎝ほどの小さな円を連続して描くように、とにかく手早く時計回りで混ぜる。

混ざり具合度（ゆっくり混ぜる場合）

1	**2**	3	4

←浅　深→

混ざり具合度（手早く混ぜる場合）

1	2	**3**	**4**

←浅　深→

すくいあげ

クレーム・アングレーズなどの重いものを混ぜていく時は、［すくいあげ］で混ぜないと下のクレームが上まであがらず、よく混ざりません。混ぜていくうちに、底の方からすくいあげた色と表面の色がほとんど同じになったら全体的によく混ざった証拠です。

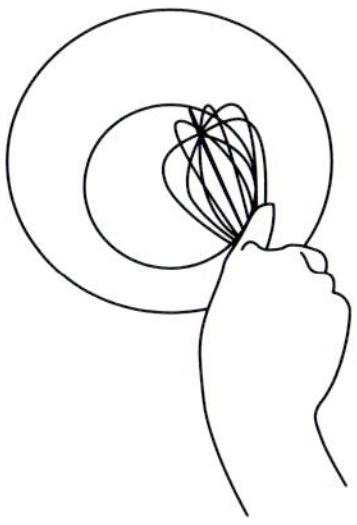

①ホイッパーをボウルの右端に置く。

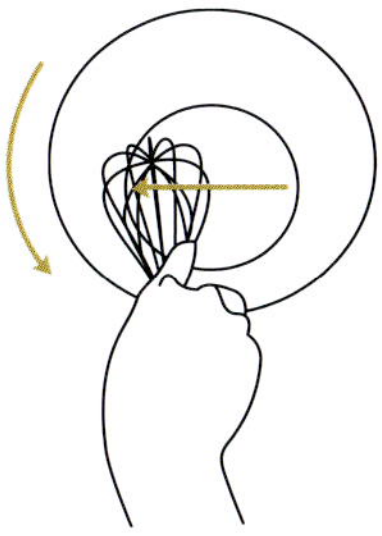

②ボウルの右端から底を軽くこすりながら、まっすぐ中心を通って左へ進む。同時に左手でボウルを手前に 1/6 ずつ回転させ始める。

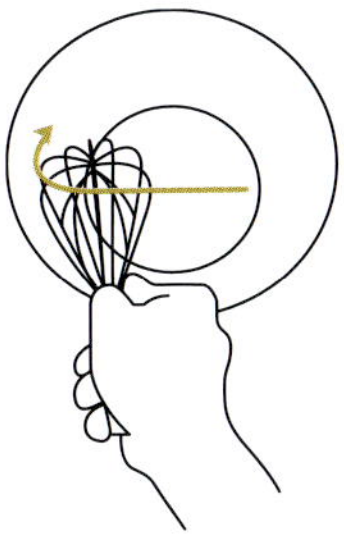

③ボウルの角にあたったら、ホイッパーを上の方にこすりあげる。

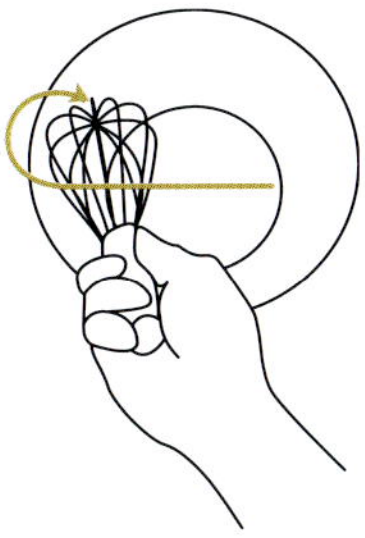

④ボウルの高さの 1/2 くらいのところまできたら、手首を返し始める。

⑤手首を完全に返しながらホイッパーはボウルの中央にいく。すぐに①に戻る。

混ざり具合度

1	2	3	4

←浅　深→

拡散・すくいあげ —— すくってトントン

ムラング・イタリエンヌのように他の素材と混ざりにくく、しかも泡がつぶれやすいものを混ぜる方法です。柄を打つのはホイッパーの中に入ったムラングと生クリームなどの少し硬めのものを、ホイッパーのワイヤーで小さく切り分けて分散させるためです。強く打ち付けると泡がつぶれてしまうので、静かにあててください。最も浅い混ざりなので、ムラングをつぶさずに混ぜることが出来ます。

①ボウルの中央で静かに生クリームとムラングをすくいあげる。

②ホイッパーの先にすくったものを上にあげ、ボウルの手前の縁にホイッパーの柄をトントンと優しくあて、ホイッパーのワイヤーで生クリームとムラングを寸断していく。

③ホイッパーの中のムラングと生クリームが完全に落ちるまで続け次をすくう。これをムラングが完全に見えなくなるまでゆっくり続ける。

エキュモワール

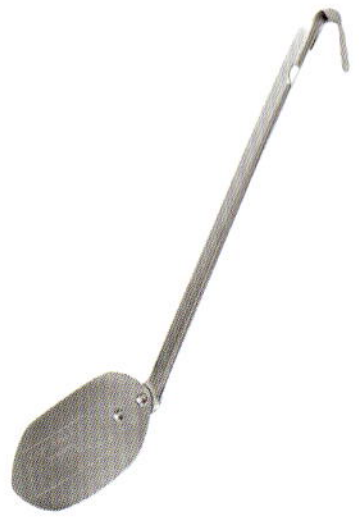

エキュモワールは本来フランス語で“穴杓子”の意味ですが、本書では硬く泡立てたムラングを混ぜるための器具（イル・プルー・シュル・ラ・セーヌのオリジナル）のことを指します。硬く泡立てたムラングを、泡をつぶさずに木べらやホイッパーで他の素材と合わせるのは難しいものです。このエキュモワールは先端についた薄いへらと、柄の部分で切る作用が入り、硬いムラングを小さく切り分けていき、効率よく混ぜることが出来ます。20コートなどもっと大きなミキサーでは料理で使うもともとの大きなエキュモワールを使いますが、これを少量用に工夫して作り変えたものです。

＊持ち方

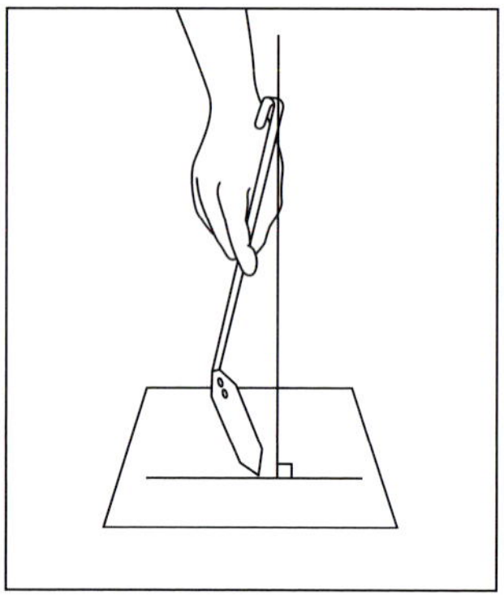

エキュモワールはペンを持つようにして人差し指と親指、中指で持ち、ボウルの底に対してへらの先端と柄の先端を結んだ線が垂直になるようにします。

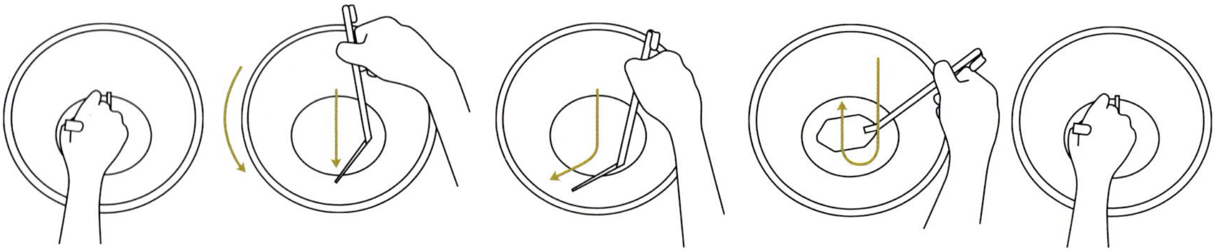

①先のとがった部分をボウルの奥の方に入れる。

②ボウルの中心を通しながら、手前の側面までまっすぐに引く。同時に左手でボウルを手前に1/6ずつ回転させ始める。

③刃の先端でボウルの手前の側面をなぞりながら、半分くらいの高さまでこすりあげる。

＊へらの面は常に進行方向と平行にします。平行であれば刃がムラングを切り分けるだけで泡をつぶしませんが、平行でないと刃がムラングをすくってしまい、泡がつぶれてしまいます。

④刃を抜き、刃の裏面が上を向くように返す。

＊刃を返さずにそのまま上に向かって持ち上げてしまうとムラングをすくってしまい泡がつぶれてしまいます。

⑤すぐに①に戻る。

＊サッと本当に手早く戻ってください。これがゆっくりですと、1混ぜごとにボウルが止まり、全体の混ざりが悪くなります。サッと戻せばボウルはゆっくりですが、止まらずに回転し、スムーズに混ざります。

泡立てる
fouetter

泡立てる技術を身につけることは、美味しいお菓子を作るための基本であり、第一歩です。卵黄や卵白は、そのお菓子に最も適した状態に泡立てることが大切です。正しい泡立て方が良い生地やクレームを作り出します。本書ではほとんどの場合泡立てはハンドミキサーで行います。たとえ男性の力でもホイッパーでは弱すぎて気泡量の少ないムラングになります。まずは正しいハンドミキサーの使い方を覚えることから始めてください。

少なくない方がハンドミキサーを馬鹿にしますが、それは正しくありません。材料に合わせて正しく使えばハンドミキサーの泡立ちは、適度の気泡量とともに強い混ざりやすい泡になり、とてもお菓子作りに合った気泡が得られます。またハンドミキサーを使えば、プロも難しすぎるお菓子が簡単に出来てしまいます。

＊本書では速度が３段階のハンドミキサー（速度３番が最速）を使用しています。

ハンドミキサー

ハンドミキサーを使う場合は、深めで側面が底に対して垂直なボウルが最適です。ボウルの側面とビーターの間にすき間が出来ず、効率よく泡立てられます。

側面が斜めになっている普通のステンレスのボウルでは、ビーターとボウルの間に隙間が出来、効率よく卵白がビーターにあたらず、泡立ちが不十分になります。

＊正しい使い方

ボウルの側面とビーターが軽く当たってカラカラとごく軽く音を立てるくらいに、ボウルの中で出来るだけ大きな円を描くように回します。ボウルの中心部だけで回しているとビーターの外側が泡立たないため、気泡量の少ない、弱くて不均一な泡立ちになります。また側面にガラガラと強くあてたり、底をゴロゴロこすりながら泡立てると、ムラングはポロポロした混ざりにくくてつぶれやすい泡になります。

ムラングを泡立てる時、卵白をほぐすための速度２番での１分間は、軽くビーターがボウルの底にあたっても構いませんが、速度３番で泡立てる時はほんの少しミキサーをあげ、ビーターがボウルの底にあたらないようにして泡立てます。

ビーター１本で泡立てる

卵白 60g 以下、全卵 70g 以下の場合は、手つき中ボウルを使い、ハンドミキサーにビーター１本をつけて泡立てます。右利きの人はハンドミキサーの左側にビーターをつけて時計回りに回します（左利きの人は右側にビーターをつけて反時計回りに回します）。

左右それぞれのビーターは外側方向に回転しているので、ハンドミキサー本体をビーターの回転と反対方向に回すことでよりよく泡立ちます。同方向に回すといつまでたっても柔らかくて気泡量の少ない状態のままになります。

ビーター２本で泡立てる

卵白 60g 以上、全卵 70g 以上の場合は、深大ボウルを使い、ハンドミキサーにビーター２本をつけて泡立てます。この場合はハンドミキサーを回す方向はどちらでもかまいません。腕が疲れたら途中で方向を変えても大丈夫です。

基本のパートゥ

La base de la pâte

Pâte feuilletée rapide

パートゥ・フイユテ・ラピッドゥ（速成折パイ）

Ingrédients

1パトン分

75g	薄力粉
175g	強力粉
185g	バター
100g	水
10g	酢
5g	塩

本書で紹介するのは、より短時間で技術的にも簡単に出来る、バターを事前に粉に混ぜ込んだパートゥで作る“速成折パイ”（アメリカンパイ）です。多くの方は、“折パイ”（フレンチパイ）の方がずっと美味しいパイが出来ると、何となく思われているのではないかと思います。でも粉やバターの特性を理解してさえいれば、折パイよりも、この“速成折パイ”の方が、バターと粉がより浅く重なり合い、ザックリした歯触りとともに、バターの味わいが豊かに感じられる美味しいパートゥ・フイユテとなります。

パイの美味しさは、ただよく浮くことではありません。あまり浮き過ぎると焼きあがりの形がかえって見苦しくなってしまいます。何より好ましくないのは、パートゥの中が空気だけになり、物足りない間の抜けた歯触りになってしまいます。パイの美味しさで大切なのは「ほどよく浮く」ことです。この“速成折パイ”は、工程に忠実に従えばほどよく浮き、存在感のある歯触りが得られます。

かなり以前はこの“速成折パイ”はフランス菓子のカテゴリーの中には入っていませんでしたが、今ではPâte feuilletée rapideとしてその地位を占めています。何よりも、数時間でその日のうちに出来ることが強みですが、未だフランスではそう広くは使われてはいないようです。

折り方は、3つ折・4つ折＋3つ折・4つ折です。その日のうちに折り終わってパートゥが使えるように、4つ折を挟んで層を多くして、浮き具合を調節してあります。原則として、折り数と層が多くなれば浮きは抑えられ、バターがパートゥにより深く混ざり合います。折り数と層が少なくなれば、より高く浮き、バターがパートゥに浅く混ざり、バターのリッチな味わいが十分に出ます。

Recette

1 薄力粉と強力粉は前もって合わせてふるっておく。

2 バターは1cm角に切る。

3 ①の粉に②のバターをバラバラにしてのせ、冷蔵庫に入れて冷やしておく。

＊出来るだけ0℃近くまで冷やしておきます。

4 ボウルに水、酢、塩を入れて混ぜ合わせ、冷蔵庫に入れて5℃ほどに冷やしておく。

5 ③に④を入れ、手でほぐすようにして混ぜる。

＊よく混ぜたり、こねたりしないで下さい。グルテンが出すぎて焼き縮みしたり、硬く焼きあがってしまいます。

6 指についた粉を取り、大きい塊はほぐす。

7 カードでボウルの端から端まで10回ほど軽く押し切る。5回繰り返す。

8 次にカードでボウルの底からパートゥをすくうように混ぜる。

9 少し粉がサラサラしてきたら、表面に3回霧吹きをして水をたっぷりとかけ、カードで全体をひっくり返す。裏面にも同様に3回霧吹きをして水をたっぷりとかけ、⑦と同様に軽く押し切る。

10 これを5回繰り返し、大体大きく1つにまとめる。

11 1つにまとめた時に、簡単に割れるようなら、もう少しパートゥをまとめる。

12 塊を割ってみて、あまり割れないぐらいがちょうどよい柔らかさの目安。

13

ビニール袋に入れ、上からしっかり押さえてカードで14cm四方、厚さ3cmの正方形にし、冷蔵庫で1時間休ませる。

＊休ませることによって、水分と粉の結びつきを自動的に強くします。休ませる時間が不十分だとのしていくうちにパートゥが切れてしまいます。

14

のし台は、冷凍庫に入れるか、氷を入れたバットやビニール袋をのせてよく冷やしておく。めん棒は冷凍庫で、手粉（分量外）は冷蔵庫に入れておく。また保冷のためにのし台の下に敷くタオルも水を含ませ、軽く絞って冷凍庫で凍らせておく。

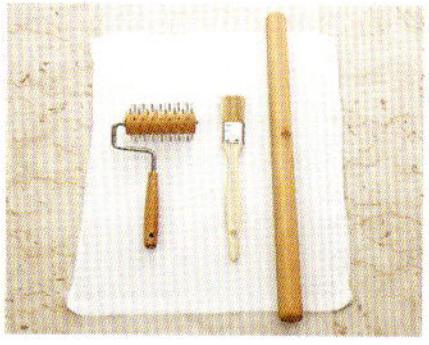

＊本書では、のし台として長さ約55cm×幅32cm×厚さ5mmのアクリル板を冷凍庫で冷やして使用しています。

15

のし台の上に⑬のパートゥを置き、めん棒でパートゥを叩いて少し柔らかくする。バターが少しゴロゴロし、台やめん棒につきやすいので手粉を適宜ふる。

16

縦45cm×横14cmにのす。

17

パートゥについた余分な手粉を刷毛で払い、3つ折にする（1回目）。のしたパートゥの奥の両端をもって手前1/3を残して折り、次に手前の両端をもって、折った上に重ねる。

18

そのままの方向で幅15cmになるまでのす。

19

90度向きを変え、めん棒で上下の部分を押さえてパートゥがずれないようにしてから縦45cmにのす。

20

今度は4つ折りにする（2回目）。奥の両端をもって手前を10cmほど残して折り、次に手前の両端をもって奥から折った辺に合わせる。さらに奥の両端をもち、半分に折る。

＊中央で折ったパートゥを合わせると、そこに粉がより、焼きあがりがガリガリと硬くなります。真ん中をずらして合わせるとパートゥ全体がさっくりと焼きあがります。

21

ビニール袋に入れて、冷蔵庫で1時間休ませる。

22

折りたたんだ層が見える方を上下にし、めん棒で上下の部分を押さえてパートゥがずれないようにしてから縦45cmにのす。

23

⑰と同様に3つ折りにする（3回目）。

24 ⑲～⑳と同様にして縦45cmにのし、4つ折りにする（4回目）。

25 さらに1時間休ませてから、折りたたんだ層が見える方を上下にして、25cm四方にのす（1パトン分）。

＊パートゥが残った場合は、必ず次に作るお菓子のために成形をしてビニール袋に入れ、冷凍庫に入れてください。1週間ほど保存出来ます。冷蔵庫では保存出来ません。

26 使うお菓子によって、必要なサイズに切り分ける。

＊必ずパートゥは25cm四方にのしてから分割します。折りあがったものをそのまま切り分けるとそれをのしていく時に層がずれて端の方の浮きが悪くなります。大きくのしてから切ると、パートゥの端の層のずれた部分が少なくてすみます。

Découpage de la pâte
必要なサイズへの切り分け

パートゥは作るお菓子によって必要なサイズに切り分けます。

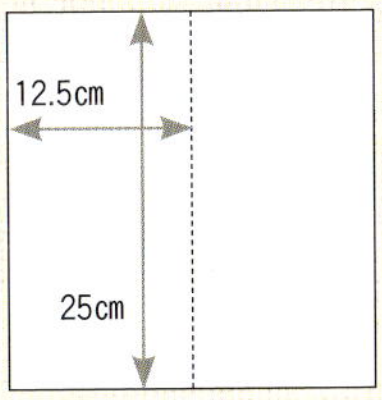

＊1/2パトンにする場合
25cm四方にのしたパートゥ（1パトン）を2等分（縦25cm×横12.5cm）にする。1/2パトンが2枚出来る。

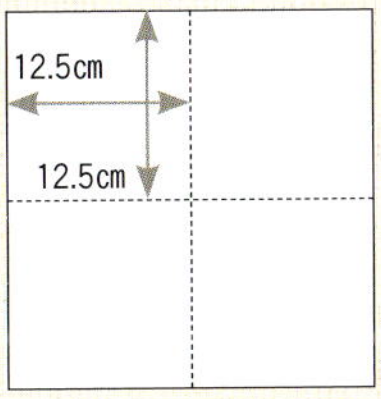

＊1/4パトンの場合
25cm四方にのしたパートゥ（1パトン）を4等分（12.5cm×12.5cm）する。1/4パトンが4枚出来る。

Pâte sucrée

パートゥ・シュクレ

Ingrédients

直径18cmのタルト型　3台分（約750g分）

250g	薄力粉
1.2g	ベーキングパウダー
150g	バター
94g	粉糖
47g	全卵
38g	アーモンドパウダー

パティスリー・ミエでのパートゥ・シュクレの配合は次の通りです。

粉：1kg、バター：500g、粉糖：250g、卵：３個

それほど特別気を使わなくてもミキサーで泡立てないように最後まで低速で混ぜていけば、本当に美味しいパートゥ・シュクレが出来てしまいます。砂糖の軽いカリッとした歯触りにのって、本当に温かい、嬉しい豊かな味わいが口の中に溢れます。歯触りも軽く、少し大きめに崩れ、一度に唾液を吸ってドロッとなることもなく、スムーズに飲み下されます。本当に心楽しい美味しさです。

でも日本で同じ配合でパートゥ・シュクレを作っても、とても美味しいとは思えない、全く別のものが出来てしまいます。日本に帰って初めてフランスと同じ配合で作ってみた時にはあまりの違いに愕然となり、そして大きな失望を感じたものでした。こうなれば、あとはフランスでのパートゥ・シュクレの味わいをどれだけ事細かに記憶していたかにかかってきます。

今の配合は、記憶に基づき、少しずつ変えていってやっと２年ほどで出来あがった配合です。でも配合だけでなく、日本の素材に合った作り方、技術も必要です。これによれば、かなり正確に再現できたパートゥ・シュクレです。素材の違いを述べます。日本のものは粉糖以外は味わいが全く平坦であり、素材そのものの美味しさがありません。バターは熱に対して弱く、一度柔らかくなりすぎてしまうと、焼成時にバターがもれ出しやすく、ガリガリの歯触りに焼きあがりやすいのです。

そして一番困るのは粉です。もちろん粉はほとんど輸入されてきたものです。日本での精製がよくありません。ジェノワーズなどがより柔らかく焼きあがるように、フランスのものから比べればかなり細かく挽きすぎているのです。日本のものは指先に粒を感じませんが、パティスリー・ミエでは、指先に粒を感じます。日本に輸入される小麦は恐らくフランスのものより滋味に乏しいと思いますが、さらに細かく挽くほどに、グラインダーによる摩擦熱で甘味成分が劣化してしまいます。そして細かく挽くほどに劣化した粉の澱粉の表面積が大きくなり、他の素材の旨味を包んでしまいます。またより多く露出したたんぱく質が、より多くのグルテンを形成しやすくなり、他の旨味を包んでしまうと同時にグルテンにより口溶けが悪くなります。崩れてから唾液を吸ってドロッと不快な食感をもたらします。

これらのことをよく理解してからていねいにパートゥを作っていきます。

Recette

Faire de la pâte

生地を作る

　パートゥ・シュクレは焼成時にパートゥからバターがもれ出さないようにすることに全てがかかっています。要点としては、バターを硬めのポマード状に保ちながら、粉糖、卵、粉を十分に混ぜ込んでいくことです。粉を混ぜる時に、よく完全に混ぜないで少し粉が残っている方が良いと言われますが、これは間違いと考えて下さい。それぞれの混ざりが浅ければ当然バターは焼成時にもれ出します。
　またせっかくよく出来たパートゥでも焼く前に一度温まるとバターが再び分離してきます。
　そしてよく混ぜたパートゥを次の日に成形し終えるという事が大事です。

1 薄力粉とベーキングパウダーは前もって合わせてふるい、冷凍庫で冷やしておく。

＊粉は、混ぜ終わったら出来るだけパートゥは冷やし固めたほうがよいので、常に前もって冷やしておきます。

＊気温の高い時は、バターが溶けないように砂糖、卵なども 20℃ほどに調整したものを使います。

2 バターは粉糖がようやく混ざるくらいの、少し硬めのポマード状（→ P256）にする。

＊もし、室温が 15℃以下でなかなかバターが柔らかくならない場合は、ボウルをほんの少しだけガスの火にあて、バターを溶かし、柔らかくしても構いません。しかし、木べらを持つ手に十分重さが感じられるほどの柔らかさに留めます。

3 ②のバターに粉糖を 5 回に分けて加え、木べらで混ぜる[平行楕円]。
1 回加えるごとに、10 秒に 15 回の速さで 80 回十分に混ぜ、その都度ボウルの内側をゴムべらで払う。

＊混ぜる速さはそれほどゆっくりではありませんが、あまり手早く、強く混ぜると過度の空気がバターに入り込んでしまいます。あまり空気を入れないように、目に見えないところでとにかくよく混ぜることによって焼成中にバターがもれ出すことが防げ、また歯触り、歯崩れも快いものになります。

4 前もってほぐしておいた全卵を 5 回に分けて加え混ぜる。

5 ほぼ卵液がバターに混ざり込み、木べらに徐々に重さが感じられるようになったらさらに 50 回同様に混ぜる。
残りも同様に加える。

＊ボウルは必ず何回かまめに払います。その方が混ざりがよくなります。特に 4 ～ 5 回目に全卵を加える時は、卵液がかなりバターの表面に出てきて段々混ざりにくくなるので、とにかくよく混ぜてください。

6 アーモンドパウダーを一度に加え、同様によく混ぜる。

7 ①の粉の 1/2 量を一度に加える。粉がボウルからこぼれないように、切るように、ゆっくりと混ぜる。
5 ～ 6 回切ったら木べらでパートゥ全体をすくって返し、下に沈んだ粉を上に上げる。

8 粉が80%混ざったら、今度は木べらの面で、強くパートゥをすりつぶすようにして混ぜる。5～6回すりつぶしたらパートゥを返す。80%混ざったら、さらに15回混ぜる。

＊このすりつぶす混ぜ方は、硬いもの同士、あるいは他のものを加える時によく混ざります。

9 残り1/2量も同様に加え混ぜ、パートゥが一つにまとまり、80%混ざったら、完全に混ざるまでさらに30回混ぜる。

10 次に、プラスチックカードに持ち替え、まずボウルの内側をきれいに払う。ボウルの底右半分をこすり取り、手前から返してパートゥを折り込むように返す。15回繰り返す。

＊木べらでは全体的には混ざりますが、木べらにこすられなかった細かい部分はよく混ざらず、翌日パートゥをのばすときにベタベタとして台につきやすくなるため、ここで細かい部分もよく混ぜ込みます。

11 出来あがったパートゥはバットに移し、平らにのばす。ビニール袋に入れて、4℃以下の冷蔵庫で一晩休ませる。

＊パートゥは必ず一晩休ませた翌日（長くても翌々日）に、すべて抜き型で抜いたり、型に敷いたりして成形します。パートゥを仕込んでから15時間ほどは素材同士が強く結びついていますが、3～4日経ったパートゥを成形すると、一度深く浸透したバターが逆に他の素材の外に出てしまいます。こうなると、殆どの場合は焼く時にバターがもれ出します。また、歯触りのガリガリとしたものとなり、たとえバターが多量に入ったサブレであっても、その優しい歯ざわり、サクサク感は失われてしまいます。

Abaisser et foncer

パートゥののし方とフォンセのし方

パートゥをのしていくときには、決してパートゥは裏返しにしないで、そのままのしていきます。どうしてもマーブルに面した方は手粉が多くなり、この部分は舌、唇に不快なサラサラした感触となりますので、この部分は舌、唇に直接当たらないように、つまりタルトゥの内側にくるように敷くなどします。

のしたパートゥを焼く場合は、それをのせる天板に必ず薄く水を霧吹きします。これはパートゥについた粉の澱粉をアルファ化させるためです。粉は熱を加えるだけではサラサラした状態は消えませんが、水分を与えて加熱すると糊化してパートゥについて焼きあがり、その不快感はなくなります。

1 のし台は、冷凍庫に入れるか氷を入れたバットやビニール袋をのせてよく冷やしておく。めん棒は冷凍庫で、手粉（分量外）は冷蔵庫に入れておく。また保冷のためにのし台の下に敷くタオルも水で絞って冷凍庫で凍らせておく。

＊本書では、のし台として長さ約55㎝×幅32㎝×厚さ5㎜のアクリル板を使用しています。
＊のし台は15℃以下に冷えていないとバターが溶け出し、パートゥが柔らかくなってしまいます。

2 翌日、一晩休ませたパートゥ・シュクレから250g切り分ける。のし台に角が正面になるように置く。

3 パートゥは決して手で揉まずに、めん棒で表裏を何度か返して向きも変えながら（角は常に正面）少し強めに叩きながら均一でのしやすい硬さにする。この時両端は叩かずに、初めの厚さを残しておき、中央が薄く、両側に向かってなだらかに高くなるように叩く。何度も返しながら叩いていくとやがてパートゥは丸くなる。手粉は適宜ふる。

＊叩くことでパートゥを均一な柔らかさにのしやすくします。ここでは丸いフラン・キャヌレ型に敷きますので、できるだけ丸く形を整えながら叩いて下さい。

4 厚さ3㎜の板を両端に置き、この上をめん棒を転がしながら出来るだけ丸くなるようにのす。

＊めん棒に添える手は、必ず両端に置いた板の上を通るようにします。内側に添えるとめん棒がたわみ、パートゥが薄くなり過ぎることがあります。

5 パートゥの表面についた手粉を刷毛で十分に落とす。空焼きしない場合はここでピケする。

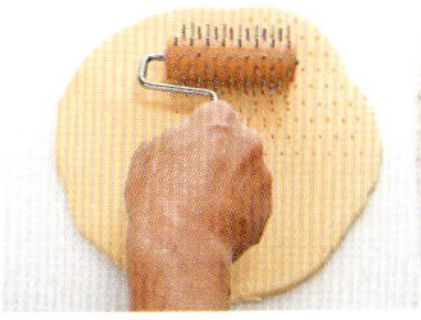

＊空焼きする時は重石をのせるので、ピケをしなくてもパートゥが底にぴったりとつき、熱が伝わります。空焼きしない時は、水蒸気やバターがパートゥと型の間に溜まり、わずかな隙間が出来て型からの熱がパートゥに伝わらず、十分にパートゥが焼けない場合があるため、水蒸気やバターを上に抜くための穴をあけておきます。

6 パートゥの底の部分の手粉を刷毛でよく払い落とす。のし台の表面もよく粉を払い、裏返す。

7 少しだけ多めにポマード状バター（分量外）を塗った型に、少したるませながらのばしたパートゥをのせる。

8 型からはみ出したパートゥを、両手で型の内側に押し込むように、パートゥを側面に合わせて立てる。
さらに親指で軽く押さえながら型の側面に張りつける。

9 プティクトーで余分なパートゥを切り落とす。

10 冷蔵庫で1時間以上休ませる。
バターをパートゥに落ち着かせてからオーブンに入れる。のしてからすぐに焼くとバターがもれ出ることがあるので注意する。

＊成形したパートゥはビニール袋に入れて冷凍庫で10日間保存可能です。その場合自然解凍してから焼成します。

Le demi-feuilletage
余った生地（二番生地）について

成形時に切り落として余ったパートゥは、ビニール袋に入れて冷蔵庫でとっておき、二番生地として再利用出来ます。

1 新しいパートゥを叩いてある程度の大きさにしてから半分に切る。半分の新しいパートゥの上に冷やし固めておいた古いパートゥをのせ、もう半分をその上にのせる。

2 さらに少し叩いて馴染ませてからのす。

＊こうすることによって、古いパートゥだけでなく、全体に平均してよい状態で使うことが出来ます。

Biscuit aux amandes

ビスキュイ・オ・ザマンドゥ

Ingrédients

直径18㎝、高さ4㎝のセルクル　1台分

12g	薄力粉
23g	コーンスターチ
44g	粉糖
42g	ローマジパン
20g	全卵
38g	卵黄

ムラング・オルディネール

44g	卵白
7g	グラニュ糖
14g	とかしバター

私たち日本人は、フランスでも柔らかい共立てのジェノワーズ（スポンジ生地）が好まれ、多用されていると考えているように思われます。

卵白の繊維と卵黄が深く混ざり合う共立てのジェノワーズは、流動性（流れる力）があり、粉を混ぜれば、より深く浸透していき、グルテンはより緻密に網の目状に張り、柔らかさが出てきます。しかしさまざまのものが深く混ざりあうために、柔らかさは得られますが、それぞれの素材がそれぞれの個性を隠し合い、香り、食感、味わいは平坦になります。

フランス人にとって単一で単調な柔らかさは美味しさではありません。より素材同士が浅く混ざり合い、それぞれの素材の個性が生きていて、豊かな多様性のある香り、食感、味わいを作るビスキュイがほとんどです。

さらに、卵、粉、バターなど日本の産物は味わいが希薄な上、より微細に挽かれた小麦粉が、他の素材の旨みを包んでしまう傾向にあります。

どのようにして素材同士の混ざり具合を浅くするか、これが日本でのビスキュイの作り方の要点なのです。

また、パートゥに多めのアーモンドパウダーや、ローストして粗刻みしたナッツなどを加えて、味わいとともにボロボロとした歯触りなどを与え、パートゥに多様性を与えて作りあげれば、この単調さはなくなります。

Recette

1 天板に紙を敷き、セルクルをおく。

2 薄力粉とコーンスターチは前もって合わせてふるっておく。

3 深小ボウルに粉糖、ローマジパンを入れ、ローマジパンに粉糖をまぶしながら1cmほどにちぎる。

4 ③に全卵と卵黄を合わせたものを1/2量弱加え、ハンドミキサー（ビーター1本）の速度1番で粉糖が飛ばなくなるまで反時計回りに撹拌する。さらに速度3番でダマのないように撹拌する。

★硬いアーモンドなどをほぐす時にはビーターは回転と同じ方向に回したほうがより効率的にほぐすことが出来ます。

5 残りのうち1/2量を加えて30秒撹拌し、ボウルの内側をゴムべらで払う。

6 残り全てを加えて速度3番で時計回りに1分30秒泡立てる。白くふっくらと泡立ち、たらすとリボン状におちて1秒ほど跡が残る程度。

7 ムラング・オルディネールを作る。手つき中ボウルに卵白、グラニュ糖を入れ、ハンドミキサー（ビーター1本）の速度2番で1分→速度3番で2分泡立てる。

8 ⑦のムラングに⑥を一度に加え、エキュモワールで10秒に12回の速さで混ぜる。

9 ムラングが80%混ざったら、②の粉を5〜6回に分けて加え、⑧と同様に混ぜる。
全部加えて80%混ざったらボウルの内側をゴムべらで払う。

10 とかしバター（40℃）を2回に分けて加える。
全部加えて80%混ざったらボウルの内側をゴムべらで払い、さらに30回ゆっくり混ぜる。

11 パートゥをセルクルの低いところから静かに流し入れる。ゴムべらで中央を低くする。丁寧にならす必要はない。

12 オーブンに入れて焼く。

電子レンジオーブン
170℃：40分

ガス高速オーブン
160℃：35分

★一度大きく膨らみ、表面が沈んできて平らになり、十分に焼き色がつくまでしっかり焼きます。

13 網にのせて冷ます。冷めたらナイフを使ってセルクルから外す。

Pâte à choux

パータ・シュー

Ingrédients

シュー、エクレール約8〜9個分

43g	薄力粉
43g	強力粉

70g	水
70g	牛乳
56g	バター
2.7g	グラニュ糖
1g	塩
170g	全卵（上限）

パータ・シューはバターだけで作るのが一番美味しく焼きあがります。ラードは全く美味しくありません。サラダオイルを加えると翌日でもパートゥに柔らかさだけは残りますが、モソモソしてぜんぜん美味しくありません。また、味わいのために、水だけでなく牛乳を半量加えます。

表面の割れ方が穏やかな焼きあがりにするためのパータ・シューの望ましい焼き方は次の通りです。

まず、パートゥの下の方から熱が伝わり、徐々にパートゥが温められ膨れ始めます。

次に、上からの熱によってパートゥの熱は一気に強く熱せられ、パートゥの中の水分の蒸発が一度激しくなり、中の圧力が高くなり、パートゥを外に押し広げます。しかし、パートゥが膨らみ始める前に、パートゥの表面がかたく乾燥してしまうとのびる力を失い、膨れ方が不十分だったり、また、表面の割れ方が荒々しい、不格好な仕上がりになってしまいます。ここで使用する対流式のガス高速オーブンは、常に熱風が吹き、パートゥの表面の水分を取り去ります。また、下からの熱が一般的なオーブンよりも弱いために、パートゥの下からパートゥに高い熱が加わるまでに時間がかかり、どうしても表面は過度に乾燥しがちなのです。ちょうどよい柔らかめの、けっして硬過ぎないパートゥを作ることがパータ・シューの一番のポイントとなります。

そのためまず25℃で15分間、十分にオーブンを熱し、一度スイッチを切り、天板がビショビショになるまで霧吹きをしてからオーブンに入れます。3分そのままにしてオーブン内に十分に水蒸気を充満させると同時にパートゥを温め、それから170℃に設定してオーブンに入れるとかなり膨らみがよくなります。

電子レンジオーブンは比較的表面がガス高速オーブンほど乾燥しないので、より容易に穏やかに割れ、十分に膨らみます。

原則として、朝その日の分だけを焼きます。翌日になると、皮はモソモソした歯触りに劣化してしまいます。パートゥを絞って冷凍しておき、朝天板の上に並べて完全に解凍してから焼くことは出来ます。

Recette

加熱や卵の温度などによって、少しずつ卵を加える量が違いますので、注意してください。
とにかく手早く、強くよく混ぜてから次の卵を加えます。執拗に空気を入れるつもりでよく混ぜます。
パートゥの硬さが特に大切です。注意深くカードを差してください。パートゥが硬ければ荒々しく割れて、あまり膨らみません。また、柔らか過ぎればパートゥは絞ってから大きく流れ、薄いまんじゅうのようになります。
またパートゥに卵を加えていく時や焼成時、とても不快な匂いがしますが、これは鶏が飼料として食べている鰯を使った魚粉の匂いで、卵そのものの匂いではありません。

1 薄力粉と強力粉は前もって合わせてふるっておく。

2 パートゥの柔らかさを見るためのカードを作っておく。厚紙を3cm×5cmに切り、下から3cmのところに線を引く。

3 鍋に水、牛乳、バター、グラニュ糖、塩を入れ、火にかける。軽く鍋の真ん中が沸騰したら火を止める。

＊けっして沸騰させ過ぎないでください。水が蒸発し過ぎると、卵を混ぜていくうちにうまくパートゥがまとまらなくなったり、オーブンに入れてもパートゥの表面が汗をかいたようになって膨らみません。また少量のパートゥを大きな鍋で作ると同様のことが起こりやすくなるので、小さめの手つき鍋を使います。

4 すぐに①の粉を一度に加え、粉が完全に見えなくなるまで木べらで強く十分に混ぜる。

5 再び中火にかけ、手早く強く鍋の底をこすりながら混ぜる。

6 次第にパートゥが硬くまとまり始め、やがてほとんど一つの塊になり、さらに加熱すると、乾いたような白っぽい感じになり、鍋底の2/3にパートゥがこびりつく。ここで混ぜるのを止める。

7 前もってほぐしておいた全卵の1/3量を加え、強く切り混ぜる。

8 パートゥは卵を吸収して一つにまとまり、硬く混ぜにくくなるが、すりつぶすようにして均一になるまで、とにかくよく混ぜる。

9 滑らかになったら残りの卵の1/4量を加え、同様に執拗に均一になるまで混ぜる。

10 さらに次の1/4量を加え、すりつぶすように混ぜる。パートゥが少しずつ柔らかくなり、鍋につくようになったら、空気を入れるようなつもりで強く80回混ぜる。

＊パートゥは、加える卵が少し多めだった場合は⑩から、少なめだった場合は⑪から少しずつ柔らかくなってきます。

11 次の1/4量を加え、同様に50回混ぜる。

12 最後の1/4量は硬さを見ながら3回ほどに分けて、それぞれ50回ずつ十分に混ぜる。1回加えるごとに②のカードを3cmの線のところまで差し、手前に5cmほど引いて溝を作る。エクレール、サランボなど少し硬めのパートゥの場合は5秒経って5mm幅の溝が残るくらいが目安。

＊シュー・ア・ラ・クレームなど少し柔らかめのパートゥの場合は3秒で溝が残ります。

基本のクレーム

La base de la crème

Crème au beurre

基本のクレーム・オ・ブール

Ingrédients

約330g分：冷蔵庫で1週間保存出来ます。

200g	バター
100g	グラニュ糖
33g	水
40g	卵黄
10滴	バニラエッセンス

この基本のクレーム・オ・ブールにコーヒー、ガナッシュなどさまざまなものを加えることによって、バラエティ豊かなクレーム・オ・ブールが作られます。

今でもバタークリーム（クレーム・オ・ブール）といえば、どうしようもなくまずいものと多くの人が考えます。これは作ればそれなりに売れた日本の洋菓子の勃興期の、間違った作り方が、今でも生きながらえているからです。正しく作られたクレーム・オ・ブールは、日本の味わいの薄いクレーム・シャンティイ（泡立てた生クリーム）よりずっと美味しいのです。

作り方は全くシンプル。少しも複雑なことはなく、素材のよしあしが全てです。香り、味わい、豊かな発酵バター、卵黄、バニラエッセンスを選ぶことにつきます。クレーム・オ・ブールには匂いの強い発酵バターは向いていないとよく言われますがそうではありません。乳酸菌による発酵は、乳酸菌によってバターに含まれる微量栄養素を変化させ、味わいと栄養の幅を広げたものです。発酵バターであっても国産のものは味わいが未だ不十分です。良質のバニラの香りが添えられれば、これらの素材の希薄な味わいを力強く押し上げてくれます。バニラは自然な甘い香りをもつマダガスカルのブルボン種のバニラが最良です。薬くさい香りのタヒチ産のものは好ましくありません。またこの２つの香りの中間にあるインドネシア産のバニラの香りも、私の経験の範囲では不向きだと思います。日本の素材でクレーム・オ・ブールを作る場合は、香り豊かでふくらみのあるバニラが美味しさを大きく左右します。

また、ムラング・イタリエンヌをつくり、20℃ほどに冷やしてバターを泡立てながら加えていくクレーム・オ・ブールは日本で作られたものです。味わいは全く無味乾燥で通常私どもでは使いません。例外的に柚子のクレームだけに使います。卵黄のクレーム・オ・ブールでは、柚子の単調な味わいや香りが埋もれてしまうからです。

Recette

1 バターは少しテリのある柔らかめのポマード状（→P256）にする。

2 パータ・ボンブを作る。小鍋にグラニュ糖、水を入れ、火にかける。112～113℃になったら弱火にして117℃まで煮詰める。

3 ホイッパーで十分にほぐした卵黄に、②を紐のように垂らしながら手早く加え混ぜる［円］。裏漉しする。

＊手早く混ぜながらでないと、卵黄が固まってしまいます。

4 ハンドミキサー（ビーター1本）の速度3番で2分泡立てる。

＊気温が高いときには氷水にあて、速度2番で30秒～1分泡立てながら25℃まで冷まします（夏は20℃、冬は30℃）。

5 ①のバターを3回に分けて加える。1回加えるごとにハンドミキサー（ビーター1本）の速度2番で十分に混ぜる。

＊2回目までは少し分離したような感じになりますが、3回目で均一なポマード状になります。

6 バニラエッセンスを加え混ぜる。

7 ボウルに移し替え、ボウルの内側をゴムべらで払い、ホイッパーでもう一度十分に混ぜる。

＊もし、ボソボソでクリーミーな仕上がりでなかった場合は、バターが硬すぎたか、パータ・ボンブの温度が低すぎたためです。

8 混ぜる手が重く感じ、滑らかにならなかった場合は、ボウルの底をごく弱火に1～2秒あてて強く混ぜ、柔らかい、クリーミーな状態にしてから使います。

＊冷蔵庫で1週間保存可能です。必要量をボウルに取り、25℃ほどのところに20～30分おき、柔らかくします。これを泡立てるようなつもりで十分に強く混ぜ、クリーミーな状態にしてから使います。もし硬くクリーミーでない場合は、⑧と同様に弱火にあてて強く混ぜ、クリーミーにします。

Crème d’amande

クレーム・ダマンドゥ

Ingrédients

約350g分：冷蔵庫で1週間保存出来ます。

100g	バター
80g	粉糖
54g	全卵
10g	卵黄
10g	サワークリーム
4g	ミルクパウダー
11滴	バニラエッセンス
120g	アーモンドパウダー

確かフランスでのクレーム・ダマンドゥの配合は次のようであったと記憶しています。

バター：100g、粉糖：100g、全卵：80g、アーモンドパウダー：100g

フランスで口にするクレーム・ダマンドゥは、信じられぬほど豊かな味わいを持ち、力と厚みのあるアーモンドの暖かさが口いっぱいに溢れ出すクレームです。心と体にしっかりと押しよせる暖かさに満ちた美味しさでした。

でも日本で同じ配合で作っても、素材が全く異なるため、あの美味しさは再現出来ません。私も１度目のフランスから帰ってきた時はどうしてよいか分かりませんでした。その後、長い時間をかけ、味わいの記憶をもとにアメリカのアーモンドを前提としてこの配合を作りあげました。

もちろんフランスではサワークリーム、ミルクパウダーなどは加えられません。初めはとにかく何でも加えてみる。そして少しずつ記憶の中の味わいに近づけることが全てでした。当時としては何とか納得のいく味わいが作りあげられました。さらにその後、経験の中で発酵バターが加えられ、より豊かな香りのマダガスカル産のブルボンバニラから抽出したバニラエッセンスが得られ、さらに豊穣無比のイル・プルーが輸入するスペインのアーモンドが可能になりました。

今、この配合は真に多様性と多重性を持った、心と身体に喜びをもたらす美味しさとなっています。このクレームの作り方のポイントはそれぞれの素材同士の味わいを消さないように、卵など少し分離しても構いませんから、全てのクレームの中で、最も浅く混ぜ込むことです。

素材は深く混ぜれば混ぜるほど全体の味わいが平坦になることを最もよく示すクレームです。焼き方も大事です。ごく浅めに、やっと固まったぐらいに焼くことが大事です。

Recette

1 バターは十分艶の出た柔らかめのポマード状（→P256）にする。

2 粉糖を５回に分けて加える。１回加えるごとに10秒に15回の速さで80回木べらで混ぜる［平行楕円］。

＊あまり早く混ぜるとバターは本当に白っぽく泡立ち、出来あがりの味わいは失われますので注意します。

3 ホイッパーでほぐしておいた全卵と卵黄を８回に分けて加える。１回加えるごとに80回同様に混ぜる。

＊パートゥ・シュクレに比べると全卵の量がとても多いので、４～５回目になってくると、だんだん全体が混ざりにくくなってきます。20回ほど混ぜたら、必ずその都度ボウルの内側をゴムべらで払い、さらに50～60回混ぜてから次を加えます。

＊全卵、卵黄が加わるにつれ、徐々に柔らかくなってきます。７～８回目頃になると、卵が少し分離してくる場合がありますが構いません。大体混ざればよく、けっしてきれいに混ぜこむ必要はありません。

4 かなり卵が分離して混ざりが悪い場合には、加熱してバターを溶かすか、アーモンドパウダーを軽く１にぎり加えて水分を吸収させる。

5 サワークリーム、ミルクパウダーを加え、同様に混ぜる。

＊ミルクパウダーは粒のままで溶けませんが構いません。

6 バニラエッセンスを加え混ぜる。ボウルの内側をゴムべらで払い、さらに30回混ぜる。

7 アーモンドパウダーの1/2量を加え、同様に50回混ぜる。

8 残り全部のアーモンドパウダーを加え、途中でボウルの内側をゴムべらで払い、さらに50回混ぜる。

9 冷蔵庫で一晩休ませる。
＊作ったばかりでは、それぞれの素材同士がよく混ざりすぎているため、焼いた時に味、香りが十分に出てきません。一晩休ませると、それぞれの成分が適度に分離してきて、味わいはとても豊かに焼きあがります。

10 使う時は必要量をボウルに取り、室温25℃のところに15分ほど置いて少し柔らかくし、木べらですりつぶすようにして絞りやすい柔らかさにする。

11 ルセットゥに応じて絞り、焼成する。
＊焼き加減はやっと火が通り、バターが滲んでしっとりしたくらいが一番美味しいです。完全に白くなるまで焼いてはいけません。クレーム・ダマンドゥはオーブンに入れられて混ざってくると、一度トロッとした状態になり、さらに加熱が進んでくると、ようやく熱が通ってやっとアパレイユが固まったしっとりとした状態になります。表面はかなり濃いめの焼き色になります。これが一番美味しい焼きあがりです。そのためには200～220℃の高温で短時間で焼きあげなければなりません。一般的といわれている150～170℃で焼いてしまうと、表面の焼き色もつかないうちにパートゥの中身がしっかりと固まってしまい、香ばしい、豊かな味わいは得られません。

Crème pâtissière

クレーム・パティスィエール

Ingrédients

約650g分：作ったその日に必ず使います。

16g	薄力粉
20g	強力粉
400g	牛乳
3/5 本	バニラ棒
120g	卵黄
80g	グラニュ糖
20g	バター

クレーム・パティスィエール（カスタードクリーム）は、粉と卵黄の組み合わせによるごくシンプルな基本のクレームです。

しかしこのクレームの特徴は、技術的にも味わいとしても、特にこの日本ではいまだに十分理解されていないように思えます。クレーム・パティスィエールを練らせれば、私にはパティスィエのフランス菓子に対する理解度が大体分かります。技術的には一口で言えば、いかにグルテンを出さないように練りあげるか、そして水を吸ってぼう潤し糊化した澱粉をいかに傷つけないように練りあげるか、です。ぼう潤した澱粉粒子の膜が破れ、中から水がもれると、水っぽい、糊のような間の抜けた舌触りになります。

日本ではこのクレーム・パティスィエールの味わいに対して「粉っぽいクレーム」という表現がよくなされます。この表現が示す舌触りはグルテンを出しすぎたベットリとした重い粘りを持った舌触りと、澱粉を傷つけて出た水っぽい糊のような舌触りが混ざり合ったものなのです。これらを出さぬように正しく練りあげれば、懐かしさと暖かさに満ちた素晴らしい美味しさを得ることが出来ます。

このような基本的で単純なクレームは技術も大事ですが、素材次第でも美味しさが決まります。私たちが日頃手にする鶏卵は、鰯の粉を飼料として育てられた鶏が産み落としたものがほとんどです。少なからず、不快な味と香りが感じられるものです。そんな卵でも深い明るい香りのバニラ棒を使い、正しい技術で作りさえすれば、かなりの美味しさが得られます。

クレーム・パティスィエールは、最も基本的なクレームです。これだけで使われることはなく、多くの場合、他のクレームなどが加えられ、それによって用途や味、舌触りが、さまざまに変わります。
本書では、この基本のクレーム・パティスィエールにクレーム・オ・ブールを加え、さらにリキュールやエッセンス、ガナッシュなどを加えたクレームと、クレーム・パティスィエールにゼラチンを加え、生クリームやムラング・イタリエンヌを混ぜたクレームを使っています。

Recette

1 薄力粉と強力粉は前もって合わせてふるっておく。

2 銅ボウルに牛乳、縦に裂いたバニラ棒を入れ、弱火で加熱する。

3 ボウルに卵黄、グラニュ糖を入れ、グラニュ糖の粒が見えなくなり、少し白さが出るまでホイッパーでほぐす[直線反復]。

4 ①の粉を加え、ホイッパーで10秒に10回の速さでゆっくり混ぜる[円]。

＊途中ボウルについた粉をこすりながら、ただ丸く垂直にホイッパーを動かします。

5 粉が80%混ざったら、さらに15回混ぜる。

＊けっして必要以上に混ぜすぎないでください。混ぜすぎるとグルテンが形成され、口溶けが悪くなり、卵黄やその他の味が舌にのらなくなります。

6 ②が沸騰したら火を止めて、バニラ棒を取り出す。
⑤に1/3量を2回に分けて加え、グルテンが出ないようにホイッパーでゆっくり混ぜる[すくいあげ]。

＊ここでもゆっくり混ぜます。手早く混ぜるとグルテンが出てしまいます。

＊混ぜ方が足りないと滑らかに仕上がらないので、十分混ぜます。

7 再び②を軽く沸騰させ、火を止めて⑥をホイッパーで軽くゆっくり混ぜながら、流し入れ、さらにゆっくり混ぜる[円]。

＊余熱で部分的に早く煮えてしまって、クレームの塊（ダマ）が出来ても気にしないでください。

8 強めの火で加熱し、ホイッパーで練るように混ぜる。初めは焦げつかない程度に出来るだけゆっくりと、銅ボウルの周りの部分が硬くなり始めたら滑らかになるまで手早く混ぜる。

＊しかしあまり強く混ぜてはいけません。次第に沸騰したようになりますが、ここで練るのをやめず、更に15秒程練ります。

＊滑らかになったら澱粉が傷つかないように再び少しゆっくりめに混ぜます。

9 クレームが硬い状態から急に少し柔らかくなったら混ぜるのを止める。

10 火を止め、バターをちぎって加え、ゆっくり混ぜる[円]。

＊ここでも手早く混ぜると澱粉が傷つくので、冷めるまでゆっくり混ぜます。

11 80%混ざったら同様に30回ゆっくり混ぜる。

12 ⑪を大きめのボウルに移し、氷水にあてながら木べらでゆっくり混ぜ、20℃くらいまで冷やす。表面が乾かないようにラップをしておく。

＊強く混ぜると柔らかすぎる少しべたついた舌触りになってしまいます。

＊ボウルを揺するとクレームがプルンと揺れるほどの硬さが目安。

Meringue italienne

ムラング・イタリエンヌ

Ingrédients

約80g分：作ったその日に必ず使います。

30g	卵白（水様化したもの→ P285）
5g	グラニュ糖 A
3g	乾燥卵白
45g	グラニュ糖 B
15g	水

本書ではムラング・イタリエンヌはハンドミキサーで泡立てています。この場合卵白は最低 30g から作ります。

卵白 60g 以下の場合は手つき中ボウル（直径 14cm×高さ 8cm）を使い、ハンドミキサーにビーター 1 本つけて泡立てます。

卵白 60g 以上の場合は深大ボウル（直径 20cm×高さ 10cm）を使い、ハンドミキサーにビーター 2 本つけて泡立てます。

ハンドミキサーでムラング・イタリエンヌのために泡立てる場合は必ず乾燥卵白を加えます。ビーターは薄く鋭いので、卵白を細かく寸断します。そのため熱いシロを加えると、量は多くてもつぶれやすい泡、いわゆるボカ立ちになってしまいます。乾燥卵白は卵白の粘度を増してボカ立ちを抑えると、卓上ミキサーではなかなか難しい、のびのよい強くてクリーミーなムラングが自動的に出来ます。

ハンドミキサーを使うと、丁度よい気泡量と、強くつぶれにくい腰のある混ざりのよいムラング・イタリエンヌが安定して出来ます。生クリームを使ったババロワズやムースに使う場合は、必ずこのムラング・イタリエンヌを使います。パートゥに加えるムラング・オルディネール（「普通のムラング」という意味。別名ムラング・フランセーズ＝フレンチ・メレンゲ）とは異なります。ムラング・オルディネールは、泡立てた後放っておくとすぐに泡がつぶれ、これがババロワズやムースからもれ、べっとりとした舌触りになり、味わいを損ねます。一方、泡立てる時に 117℃に煮詰めるシロを加えるムラング・イタリエンヌとは次の点で異なります。熱いシロによってムラングの卵白繊維は半煮えになり、少しとろみがつきます。このとろみがゼラチンのような役目をし、一度泡立ったムラングを保つ力が生まれてくるので、ずっと泡がつぶれずに美味しさが長持ちします。シロの熱によって、ムラングは 60℃以上に熱くなり、pasteuriser パストゥリゼ（低温殺菌すること）されて腐敗菌を殺してくれます。

Recette

1 水を入れた容器にスプーンと刷毛、200℃計を準備しておく。

2 手つき中ボウルに水様化した卵白、グラニュ糖A、乾燥卵白を入れ、冷蔵庫で10℃ほどに冷やしておく。

3 小鍋にグラニュ糖B、水を入れ、スプーンでよく混ぜグラニュ糖の粒を十分に溶かしておく。

＊シロを沸騰させ、さらに煮詰めると水分は蒸発して少なくなり、本来溶けていない砂糖が溶け、過飽和溶液状態になります。この時に砂糖の粒やチリなどの不純物が多量に入っていると煮詰めの最中に砂糖が再結晶し、ムラングに入っていかず失敗する原因となります。

＊日本の水道水はそれほど不純物が多くないので、117℃という低い温度の煮詰め具合ではスプーンでシロの表面に浮いてくるアクをすくわなくても砂糖が再結晶化することはありません。しかし同じ117℃の煮詰め具合でも、フランスでは全国的に水道水がかなりの石灰質のためシロの表面に浮いてきたアクをとらないと再結晶化することがあります。

4 刷毛に水をつけて鍋の内側についたグラニュ糖を完全に落とし、火にかけてシロを作る。

5 シロが沸騰し始めたところでもう一度スプーンでよく混ぜ合わせ、刷毛に水をつけて鍋の内側についたグラニュ糖を落とす。

6 ②をハンドミキサー（ビーター1本）の速度2番で1分→速度3番で1分30秒泡立てる（計2分30秒間）。

7 ⑥の泡立てが終わる時間（10秒前後のずれは構わない）に合わせて温度計を鍋の底につけて計り、⑤のシロが119℃になるように火加減を調整して煮詰める。

＊シロそのものは117℃ですが、温度計を底につけずに計れないので、誤差を考慮して119℃まで煮詰めます。

8 ミキサーを手早く回しながら、泡立て終わったムラングに119℃に煮詰めたシロを太いひも状で割合早めに垂らしていく。

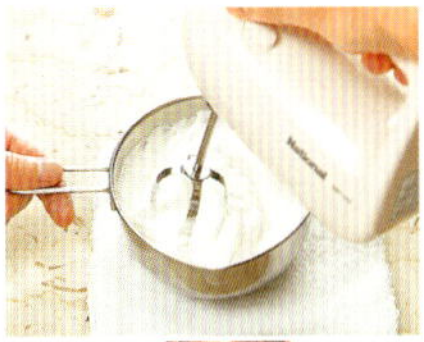

＊細い糸のように、ゆっくり垂らしてしまうと、空気中でシロが冷え、ムラングに十分な熱が加わりません。

＊味に影響はありませんが、この時にビーターの回転でムラングが動いていないところに垂らすと、ムラングが完全に煮えて固まって小さな粒が出来やすくなります。

9 シロを入れ終わったら、さらに速度3番で1分泡立てる。

＊さらに撹拌するとムラングの中にシロが細かく浸透し、泡に強さが出てきます。

10 出来あがったムラング・イタリエンヌは、ババロアズやムースなどに使う場合は、早く冷えるように必要量をバットに移してのばし、温度計を差して0℃まで冷やしておく。

＊冷凍庫で冷やす場合は、ムラングが0℃になったら冷蔵庫に移して冷やします。凍るとムラングは混ぜた時につぶれやすくなります。

＊出来るだけ15分、どんなに遅くとも30分以内に他のものを混ぜます。作ってから時間が経ちすぎるとムラングは硬く、混ざりの悪いつぶれやすいムラングになります。

大量にムラング・イタリエンヌを作る場合

日本の繊維の多い卵白では、20コートのミキサーで大量に強いムラングを作ることは出来ません。卓上ミキサーが限度です。キッチン・エイド、ケンミックスでは、前者の方がよりよいムラング・イタリエンヌが作りやすくなります。

キッチン・エイドで泡立てる

Ingrédients

約170g分

60g	卵白（水様化したもの）
小さじ1	乾燥卵白
10g	グラニュ糖A
90g	グラニュ糖B
30g	水

最低60gの卵白で泡立てます。注意して泡立てれば乾燥卵白は加えなくても、よい状態になります。

1 ミキサーボウルに水様化した卵白を入れて冷蔵庫で10℃ほどに冷やしておく。

2 ①に乾燥卵白とグラニュ糖Aを加え、ホイッパーで軽く混ぜてから、ホイッパーを装着して速度5番で泡立てる。

3 P282「ムラング・イタリエンヌ」③と同様にシロを加熱する。

4 シロの温度が110℃になったら、②を速度10番（最高速）にして少し柔らかめの8分立てまで泡立てる。

5 シロが119℃になったら、④のボウルの内側を伝わらせて加える。

＊直接ムラングに加えると、ホイッパーにシロがあたって飛び散ってしまいます。

6 シロの2/3量を加えたら速度を少しずつ落としていく。シロを入れ終わったら速度6番にし、ホイッパーの中のムラングが周りと同じ高さになるまで泡立てる。

＊シロを入れる前にムラングを硬く泡立て過ぎると、シロを入れてすぐに速度8番、9番でまわりと同じ高さになってそのまま泡立てることになり、混ざりの悪い硬いムラングが出来てしまいます。

7 さらに2分泡立て、ホイッパーの中のムラングがふっくらとして、乾いた艶が出て少し硬い感じになればよい。

ケンミックスで泡立てる

Ingrédients

約300g分

100g	卵白（水様化したもの）
小さじ1	乾燥卵白
小さじ1	グラニュ糖A
150g	グラニュ糖B
50g	水

最低100gの卵白で泡立てます。注意して泡立てれば乾燥卵白は加えなくても、よい状態になります。

1 作り方は「キッチンエイドで泡立てる」と同様。ただし、卵白はNo4で5分ほど時間をかけて硬くふっくらと泡立てる。ミキサーの速度は出来るだけ最高速度に上げずに、No6くらいでシロを少しずつ加えていき、すぐに速度を落とす。シロを入れ終わった状態は柔らかめでよい。さらにNo5で5分かけて泡を硬くふっくらとさせる。

＊早い速度で泡立てると、弱くて混ざりの悪いボカ立ちになります。

le blanc de l'œuf comme de l'eau 水様化卵白

卵白は水様化させてから使います。フランスの卵白は割ってから数日で濃度がゆるみよい泡立ちが得られますが、日本の卵白は冷蔵庫に入れると2週間経ってもドロンとしています。このような卵白で泡立てると繊維が切れず、気泡量の少ないポロポロした混ざりの悪いつぶれやすいムラングにしかなりません。そのために「水様化」させた卵白を使います。水様化すると泡が弱くなるので卵白はボウルごと10℃に冷やして泡立てます。温度を下げると表面張力が働き、気泡量は減りますが混ざりのよいムラングになります。

水様化した状態

スプーンですくえ、かなりサラーッと流れおち、最後は少しトロンと糸をひく程度。

水様化していない状態

卵を割り分けたあとのドロンとした状態。

常温で水様化させる場合

1. 卵白を出来るだけ20℃以下の場所において、1日1回レードルでよく混ぜる。
通常は2週間ほどで（20℃ほどの暖かい時は1週間ほどで）少しずつ水様化する。
*気温が低い冬は少し暖かめのところに置きます。混ぜるのを忘れると水様化は遅くなります。
またあまり暖かいところで急激に水様化させようとすると匂いが出てくることがあります。

2. スプーンですくえ、サラサラと落ちるが良く見ると少しトロンと落ちる部分があるくらいまで水様化させます。

3. ここで冷蔵庫に移し、水様化の進行を抑えます。

裏漉ししたキウイを入れて作る場合

卵白は90％が水分で残りがたんぱく質の繊維です。キウイ、パパイヤ、生のパイナップルにはたんぱく質を分解する酵素が含まれており､これが卵白の繊維を化学的にほぐして水様化させてくれます。ただしこの力は強いので、あまりおくと水様化が進みすぎ、かえって弱い泡立ちになります。キウイの分量は卵白に対して1％と覚えてください。

200g	**卵白**
2g	**裏漉ししたキウイ** ※酸味のはっきりしたもの。くさりかけた酸味の弱いものは分解する酵素の力がかなり弱まっています。

1. フードプロセッサーに卵白と裏漉ししたキウイを入れ、30秒かけます。泡立った部分は捨てます。
フードプロセッサーによっては15秒ほどでかなり泡立つ力の強いものがあります。その場合はそこでやめます。

2. 密閉容器に入れ、10時間ほど常温におきます（気温20℃以下の場合。気温20℃以上の場合は冷蔵庫に入れます）。

3. 冷蔵庫で保存し、3日間で使い切ります。
3日以上経つと水様化が進みすぎ、かえってよい泡立ちが得られない場合があります。

器具

Les ustensiles

少量で作るための器具を選ぶことで、誰もが美味しいお菓子を作れるようになります。

はかる mesurer

デジタル秤

balance électronique

1g 単位で 1kgまで計れ、風袋機能付のものが便利です。凝固剤、塩、香料、酒などの計量には 0.1g 単位で計れる微量計があるとよいでしょう。

ストップウォッチ※

minuteur électronique

曖昧になりがちな泡立て時間や加熱時間を正確に計るのに使用。

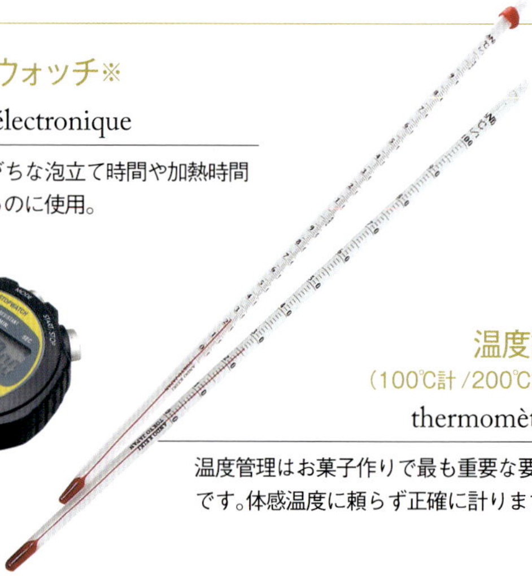

温度計

（100℃計 /200℃計）

thermomètre

温度管理はお菓子作りで最も重要な要素です。体感温度に頼らず正確に計ります。

ボウル bassine

手つき中ボウル

bassine à monter les blancs

比較的少ない量をハンドミキサーで泡立てる時に使います。直径 14cm、高さ 8cm

ボウル

bassine

ステンレス製。直径 12cm ～ 30cmまで、3cmごとにサイズがあります。混ぜ合わせる材料の量がボウルの容積の 80％ぐらいになるよう、少し小さめのボウルを選びます。

深ボウル（大・小）

bassine à monter les blancs

ハンドミキサーでの泡立てに使うボウルは深めでかつ側面が底に対して垂直に近いものを選びます。（大）直径 20cm、高さ 10cm、（小）直径 13cm、高さ 9cm

〔※印以外は弊社にてお買い求めいただけます。お問合わせ・ご注文先→ P300,P302〕

ふるう、こす passer

漉し器（大・小）
tamis

練りあげたクレーム・アングレーズなどを裏漉しするほか、粉をふるう時にも使える直径約 20㎝の大きなものと、少量を裏漉し出来るボウルの縁にかけられる小さいタイプがあると便利です。

茶漉し
passoire

少量の粉を漉したり、仕上げにココアや粉糖などを振りかける時に使います。

混ぜる、泡立てる mélanger, fouetter

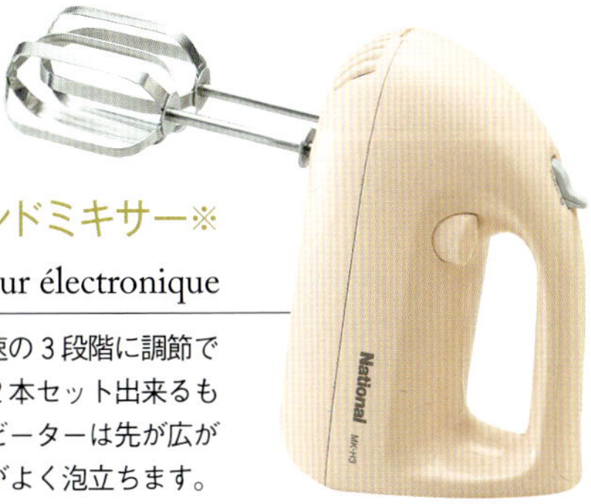

ハンドミキサー※
batteur électronique

低速・中速・高速の 3 段階に調節でき、ビーターが 2 本セット出来るものを使います。ビーターは先が広がっている形の方がよく泡立ちます。

エキュモワール
écumoire

イル・プルーのオリジナル。別立ての生地を混ぜる時に使います。ムラングの泡をつぶさずに混ぜられます。

プラスチックカード
corne

パートゥをまとめたり切り分けたりクレームをすくったりする時に使います。

ゴムべら
maryse

ゴム部分が硬めのもの、柔らかめのもの、大小サイズが揃っていると便利です。パートゥやクレームを無駄なく移したり、混ぜる時に使います。

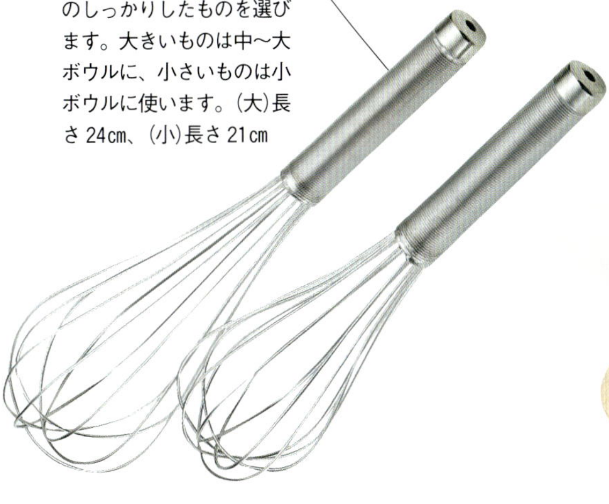

ホイッパー
fouet

柄が握りやすく、ワイヤーのしっかりしたものを選びます。大きいものは中〜大ボウルに、小さいものは小ボウルに使います。(大)長さ 24㎝、(小)長さ 21㎝

木べら
spatule en bois

先が細めのタイプが使いやすいでしょう。(大)長さ 25㎝、(小)長さ 20㎝

加熱する chauffer

耐熱性ガラスボウル

bol en pyrex

クレーム・アングレーズや、パータ・ボンブなどを加熱する時に使用。フランスでは通常比熱が大きくガスの火が優しく伝わる銅製のボウルや鍋を使いますが、日本では鶏卵の飼料に鰯の魚粉を使っていることが多く、化学的に不安定な銅製だと鰯の匂いや味わいが強くなるため、比熱が大きく化学的にも安定した厚手のガラスボウルを使っています。
直径 16.5㎝、高さ 10㎝

手つき鍋

casserole

銅製の手つき鍋。ムラング・イタリエンヌのシロや少量の果汁を煮詰める時に使用。
（中）直径 12㎝、（小）直径 9㎝

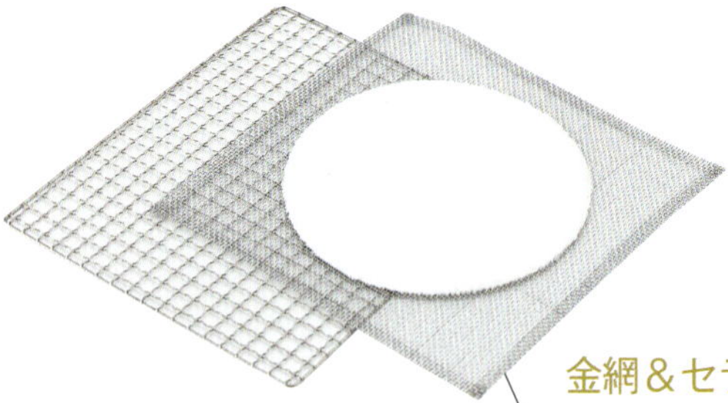

金網＆セラミック網

grille et céramique

金網は小鍋でも加熱できるようにコンロに合わせたサイズを選びます。ガラスボウルを使う時は、火のあたりをやわらげるために、必ず金網とセラミック網を重ねて使います。

銅ボウル

bassine en cuivre

熱の伝わりが柔らかいのが特徴。出来るだけ厚手で底がややとがった丸いものを選びます。
直径 24㎝、高さ 13㎝

型に入れる mouler

プティ・ガトー用の型

キャヌレ・ドゥ・ボルドー型

moule à cannelé

銅製。キャヌレ・ドゥ・ボルドーに使っています。キャヌレは「溝」の意味。12個の溝がついています。
直径 5.5㎝、高さ 5.1㎝

オバール型

moule ovale

フィナンスィエに使います。本来フランスで使われる金ののべ棒を象った長四角形の型だと簡単に熱が入り、かなり硬く焼きあがります。オバール型は、周りは硬いが中は柔らかい仕上がりになり、日本人にも十分美味しく食べてもらえると考えたため、私はフィナンスィエにオバール型を使っています。
7㎝× 4.5㎝、深さ 1.8㎝

アントゥルメ用の型

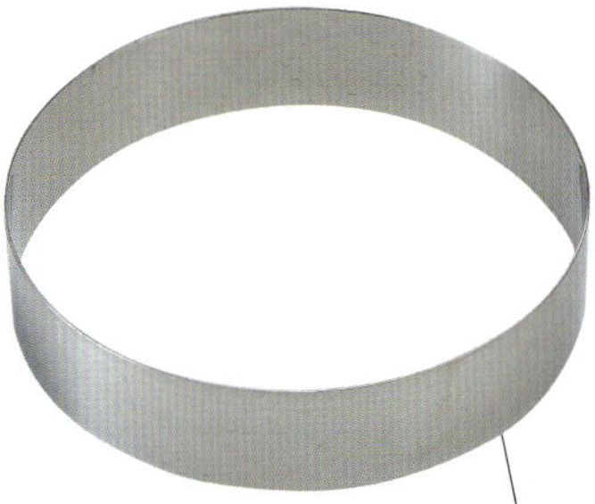

セルクル型

cercle

ビスキュイを焼く時や、ババロアズなどの組み立てに使っています。
直径 18cm、高さ4cm

タルトゥ・リング型

cercle à tarte

底が抜けているタルトゥ型です。本書ではクラフティやシブーストゥに使っています。
直径18cm、高さ2cm

フラン・キャヌレ型

moule à tarte

サイドに溝（キャヌレ）がついているタルトゥ型です。底が取れるタイプが使いやすいでしょう。本書ではタルトゥ・オ・ポンムに使っています。
直径 18cm、深さ 2.2cm

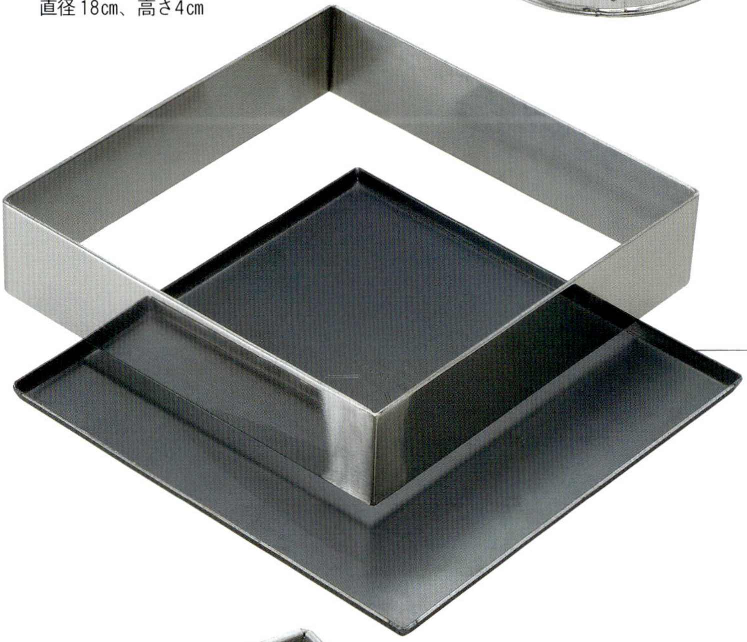

天板＋キャドル

tôle, cadre

天板と、それに併せて使える正方形の金枠です。天板は薄焼きのビスキュイ・ジョコンドゥなどを焼く時に、キャドルは厚焼きのジェノワーズやビスキュイを焼く時に使います。
またキャドルはババロアズなどのお菓子の組み立てにも使います。
本書のお菓子の配合は、天板、キャドルに合わせて作られています。

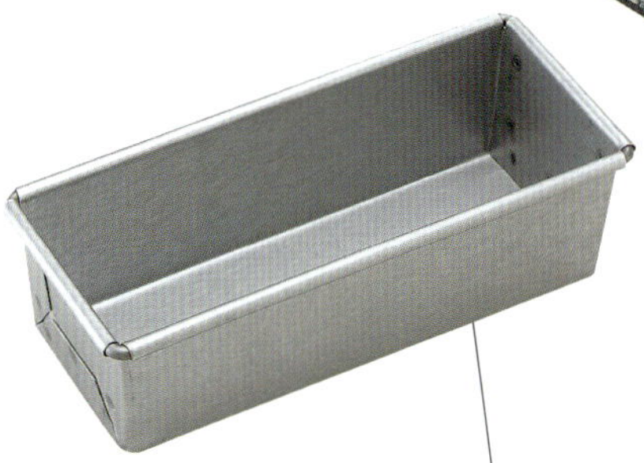

パウンド型

moule à cake

パウンドケーキ用の型。本書ではガトー・ウイークエンドゥ、ル・マルガッシュに使っています。
上口 18cm× 7cm、底 17cm× 6.5cm、高さ5.5cm

ジェノワーズ型

moule à génoise

本書ではガトー・ショコラに使っています。
直径 18cm、深さ 6cm

マンケ型

moule à manqué

やや口広がりの丸型。本書ではザッハトルテに使っています。
口径 18cm、底径 16.5cm、高さ4cm

のす、切る abaisser, couper

プティクトー

petit couteau

型から出た余分なパートゥを切る時や、りんごの芯を取る時などに使います。
刃渡り約 10㎝。

波刃包丁

couteau-scie

ビスキュイなどを切るときに使います。
刃渡り約 30㎝。

木製の板

règle

パートゥをスライスする時やのす時に、両端に置いて正確な厚さにします。本書では 3㎜、1㎝、1.2㎝を使っています。

ピケローラー

pic-vite

パートゥ・フイユテなどを作る時などにパートゥがふくらみすぎるのを抑えたり、焼きあがったパイの層が崩れないようにのしたパートゥを刺して抑えるもの。フォークでも代用出来ます。

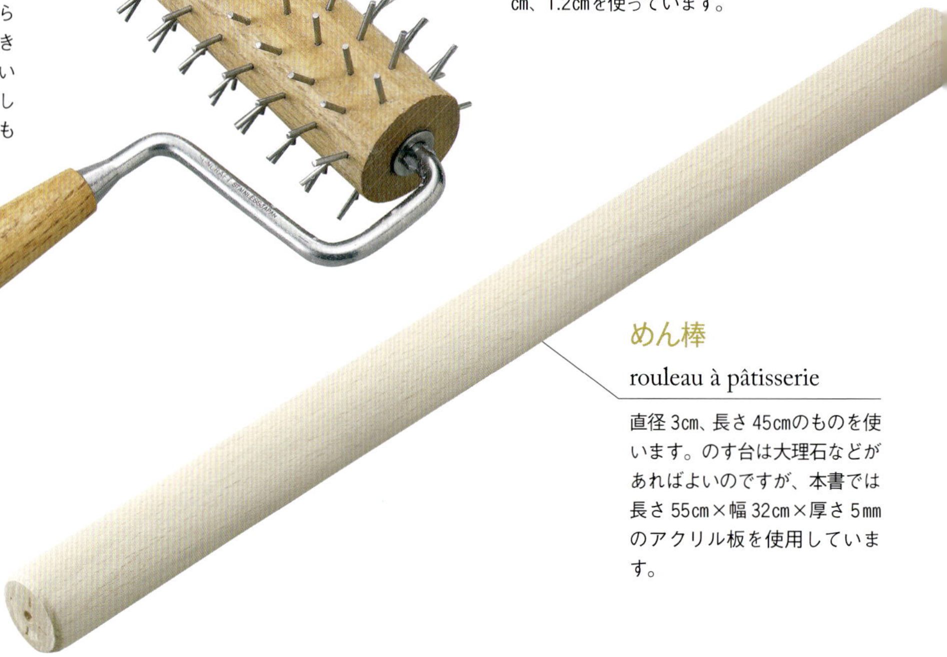

めん棒

rouleau à pâtisserie

直径 3㎝、長さ 45㎝のものを使います。のす台は大理石などがあればよいのですが、本書では長さ 55㎝×幅 32㎝×厚さ 5㎜のアクリル板を使用しています。

パレットナイフ
spatule en fer

パートゥやクレームを平らにならす時に使います。
（大）9寸（全長36cm）、
（小）6寸（全長28cm）

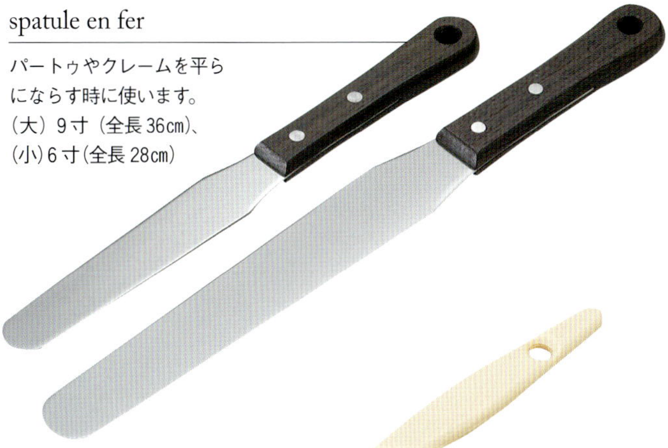

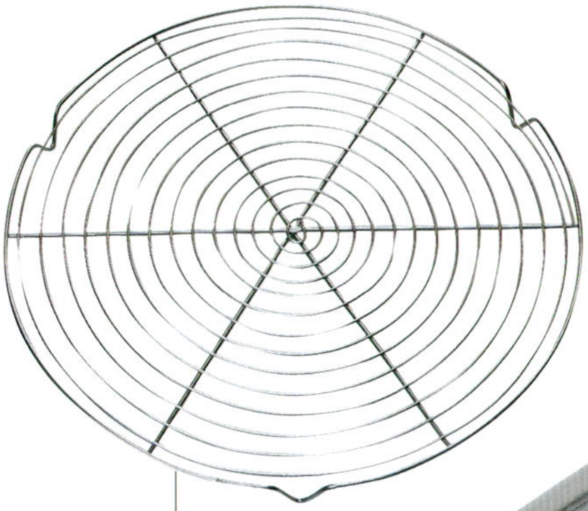

網
grille

焼きあがったパートゥを冷ます時は、網の上にのせます。

刷毛
pinceau

ポンシュを打つ時、塗り卵やコンフィテュールを塗る時に使います。またパートゥ・フイユテやパートゥ・シュクレなどをのす時に、余分な手粉を払うときにも使います。

焼きゴテ
fer rouge

和装用コテを改良して作ったイル・プルーのオリジナル。シブーストゥのキャラメリゼをする時などに使います。
全長36cm。コテの先の長さ11cm。

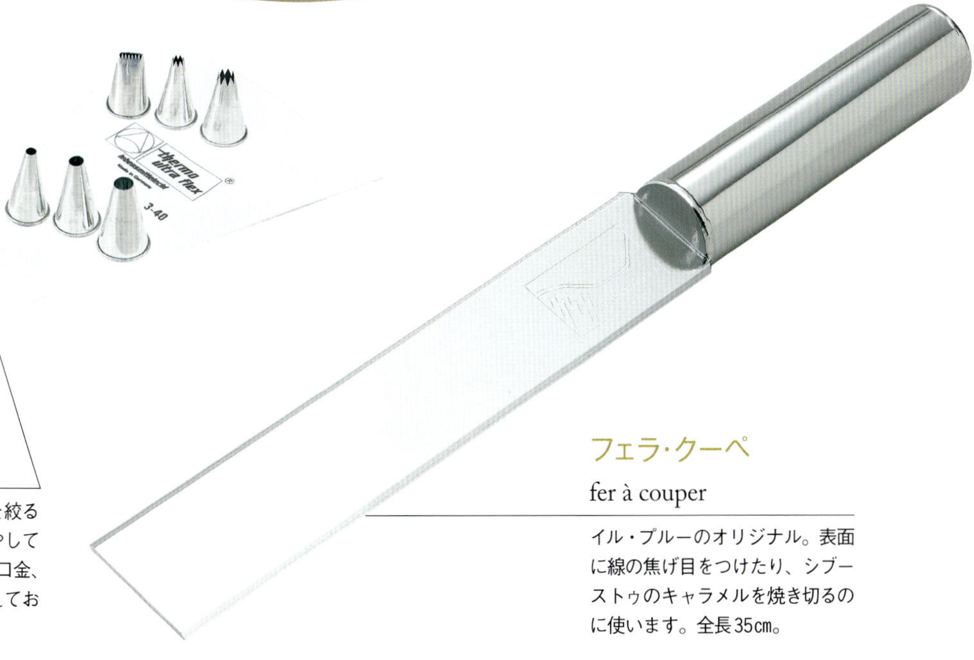

口金と絞り袋
douille et poche

生クリームやムースを絞る時は必ず冷蔵庫で冷やして使います。口金は平口金、丸口金、星口金を揃えておくと便利です。

フェラ・クーペ
fer à couper

イル・プルーのオリジナル。表面に線の焦げ目をつけたり、シブーストゥのキャラメルを焼き切るのに使います。全長35cm。

朗らかなお菓子作りを可能にする秀逸な材料

Les ingrédients

本書で使用し、弊社営業部、インターネット通販、直営店エピスリーで購入できる材料をご紹介します。
弓田亨が自ら現地に赴き、自らの足と舌で選んできた秀逸な材料です。

ナッツ amandes, noisettes

ALICSA

アリクサ社
（スペイン／カタルーニャ）

アーモンドはスペイン産のものが最高の品質とされており、なかでも降水量の少ない内陸部（カタルーニャ地方レリダ）のアーモンドほど優れた味わいをもっています。アリクサのマルコナ種のアーモンドは焼きあがりの際の色づきが豊かで際立った美味しさです。

アーモンドスライス

1kg/100g

ヘーゼルナッツ（皮付き）

1kg/100g

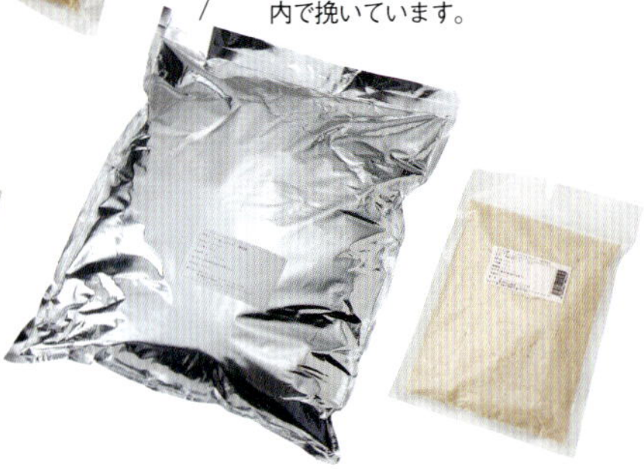

アーモンドパウダー（粗挽き）

2kg/200g

酸化による味わいの損失を防ぐため、国内で挽いています。

冷蔵フルーツピューレ purée naturelle de fruit pasteurisée

APTUNION

アプチュニオン社
（フランス／アネイロン）

力強い味わいの残る冷蔵フルーツピューレです。ババロア、ソルベ、グラス、ジャム、焼き菓子等に幅広く使えます。全種類10%加糖。冷蔵庫で保存し、開封後は3～5日で使い切ってください。

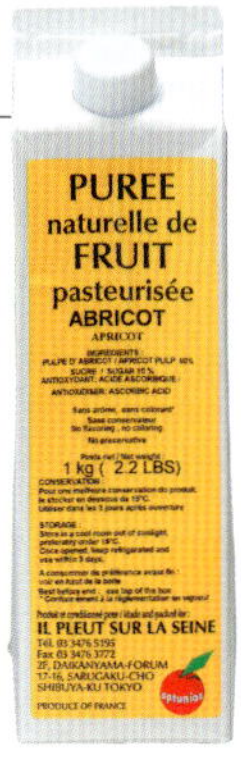

アプリコット

1kg

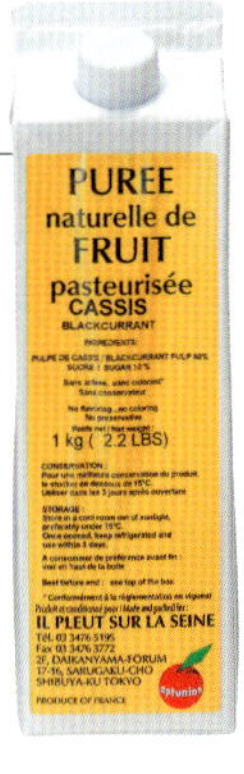

カシス

1kg

パッションフルーツ

1kg

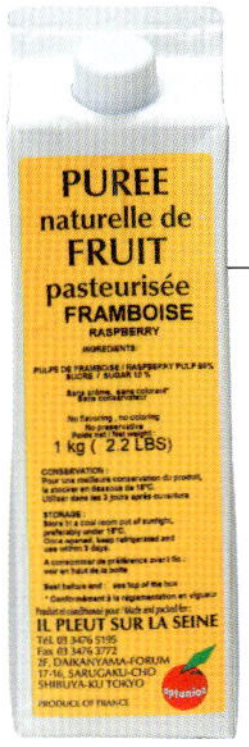

フランボワーズ

1kg

〔お問合わせ・ご注文先→ P300,P302〕

CHOCOLATERIE DU PECQ

ペック社（フランス／ル・ペック）

一ヶ所の産地のカカオのみで作るクーベルチュールの先駆けとなった、先代社長ジャン氏とその子息で現社長のジャン＝リュック・デルシェ氏が、ベネズエラ産をはじめとする各地で最高の香り高く個性的なカカオ豆を厳選して作っているチョコレートです。

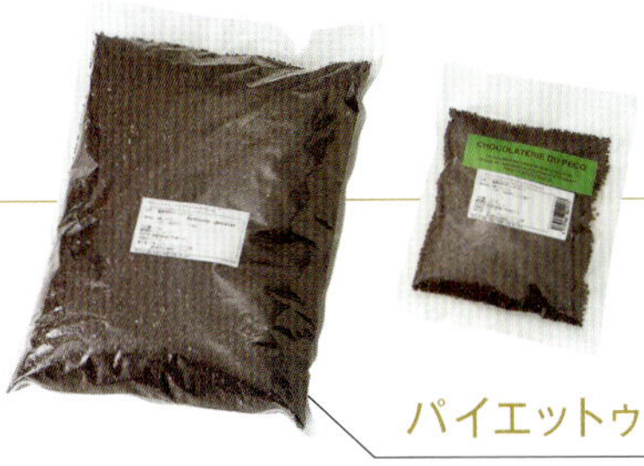

パイエットゥ・ショコラ

1kg/100g

ココア

1kg/200g

セミスイートチョコレート
（クーヴェルチュール・ベネズエラ・カカオ分 70%）

1kg

ガナッシュ用
スイートチョコレート
（ガナッシュ・ゲアキル・カカオ分 54%）

1kg/200g

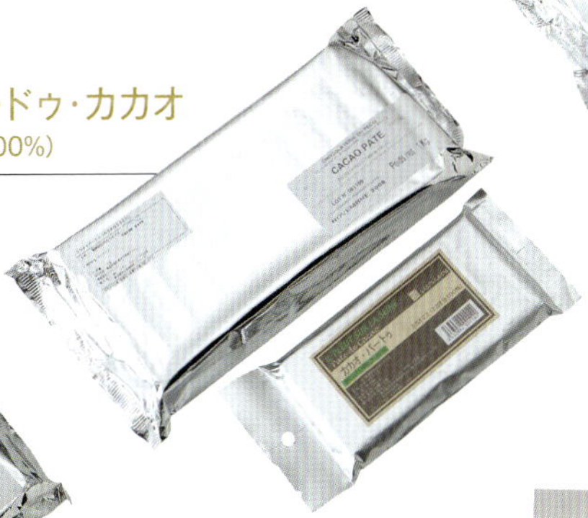

パートゥ・ドゥ・カカオ
（カカオマス 100%）

1kg/180g

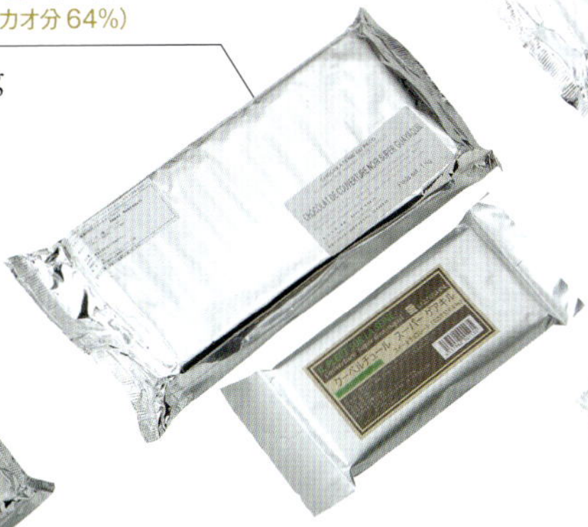

スイートチョコレート
（クーヴェルチュール・スーパーゲアキル・カカオ分 64%）

1kg/200g

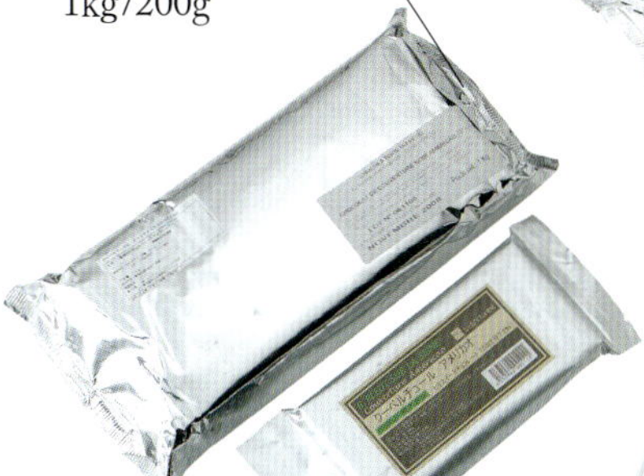

セミスイート
チョコレート
（クーヴェルチュール・アメリカオ・カカオ分 72%）

1kg/200g

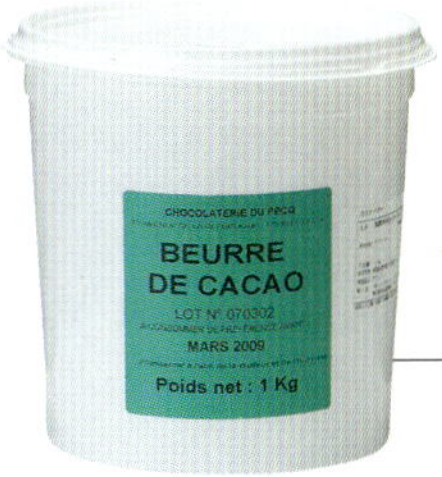

ブール・ドゥ・カカオ
（カカオバター 100%）

1kg/200g

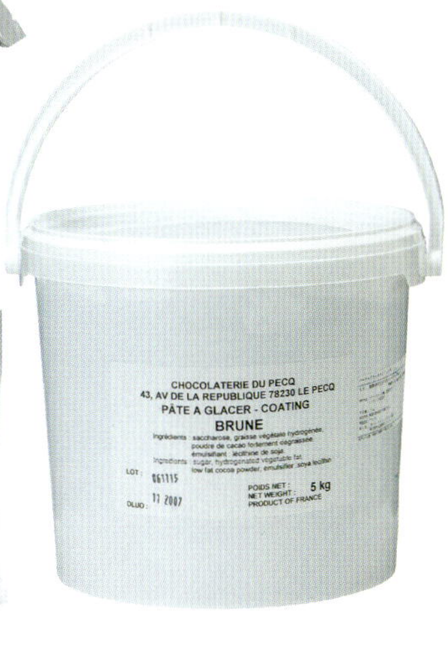

パータ・グラッセ・ブリュンヌ

5kg/200g

プラリネ・
ノワゼットゥ

5kg/200g

Distillerie Artisanale A. LEGOLL

ルゴル社（フランス／アルザス）

アルザス地方ヴィレ渓谷の蒸留専門業者。社名にArtisanaleアルティザナル（職人の）とあるように、「フルーツの宝庫」アルザスで、厳選したフルーツを使い、職人気質による細やかな蒸留技術に定評があります。またフランス、ルレ・デセールの多くの会員も使っています。

オレンジのリキュール
（オランジュ 60°）
700mℓ

オレンジのリキュール
（オランジュ 40°）
700mℓ/30mℓ

フランボワーズ・オ・ドゥ・ヴィ
700mℓ/30mℓ

キルシュ
700mℓ/30mℓ

ラム酒
（ダークラム）
700mℓ/30mℓ

Jean-Baptiste JOANNET

ジョアネ社
（フランス／ブルゴーニュ）

ブルゴーニュ地方コートゥ＝ドール（黄金の丘）の大地で栽培されたフランボワーズや苺、カシスなどを使い、ジョアネ氏が一つ一つ丁寧に作ったリキュールは信じられぬほどに深い味わいです。日本でよく見られる香料とアルコールの味が全面に出ているリキュールとは全く違います。

カシスリキュール
1000mℓ

フランボワーズリキュール
1000mℓ

The Rum Company Ltd.,

ザ・ラム・カンパニー
（ジャマイカ／キングストン）

ホワイトラム（J.B.）
750mℓ

ジャマイカ産のサトウキビを発酵・蒸留したホワイトラムは、南国のラムらしく清々しい香りが特徴です。

DOMAINE THÉVENOT-LE BRUN ET FILS

テブノ社（フランス／ブルゴーニュ）

マール酒（フィーヌ・ドゥ・ブルゴーニュ）
700mℓ

一度搾った白ワインの粕を発酵・蒸留し、熟成させたマール酒です。

エッセンス、香料 essence

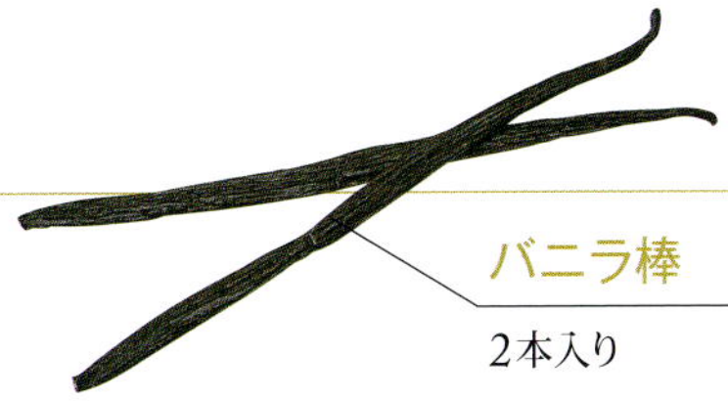

SEVAROME
セバロム社
(フランス／イッサンジョー)

バニラ棒
2本入り
マダガスカル産の豊かで途切れのない素晴らしい香りはお菓子に最適です。単にお菓子にバニラの香りをつけるだけでなく、お菓子全体の味わいを高めるために使います。

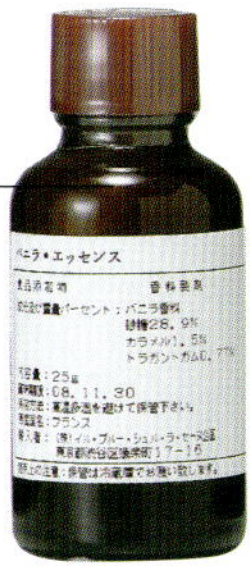

バニラエッセンス
25g
バニラ棒から抽出した一番搾り。途切れのない深く力強い香りは、さまざまなお菓子やクリームに数滴加えるだけで美味しさが膨らみます。

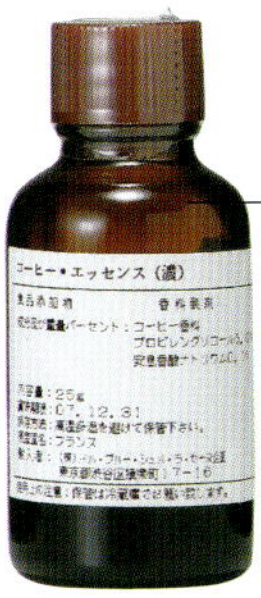

コーヒーエッセンス
1kg/25g
しっかりした厚みのある香りが特徴。日本の乏しい味わいのコーヒーに豊かなおいしさを与えます。

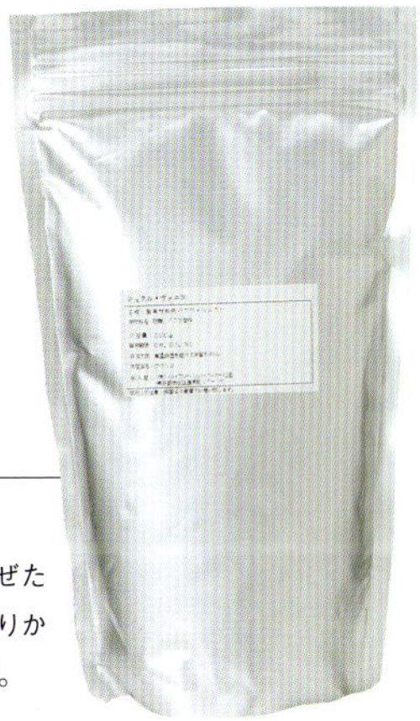

シュクル・ヴァニエ
500g/8g×10袋
グラニュ糖にバニラエッセンスを混ぜたもの。焼き菓子や果物にひとつまみふりかけるだけでぐっと美味しさが増します。

オレンジコンパウンド
1kg/100g
天然の濃縮フルーツをベースに作られたナチュラルな状態のコンパウンドです。

ミルクパウダー lait en poudre

RÉGIRAIT
レジレ社
(フランス／ブルゴーニュ)

ミルクパウダー (乳脂肪分 26%)
1kg
フランス産のコクのある味わいの全脂粉乳。

パートゥ・ダマンドゥ pâte d'amandes

イル・プルー　オリジナル商品 (国内加工)

ローマジパン
100g
マルコナ種、ラリゲータ種、バレンシア種の3種類のアーモンドを独自の配合でブレンドし、国内で加工しました。アーモンド2：砂糖1。

本書で使用している直輸入以外の取り扱い商品

- グラニュ糖 (シュクレーヌ)
- シュクル・クリスタル
- 粉糖 (全粉糖)
- フォンダン
- ピーナッツオイル
- 粉ゼラチン
- ジャムベース
- 強力粉 (スーパーカメリア)
- 薄力粉 (スーパーバイオレット)
- 乾燥卵白

フランス菓子作りでよく登場するフランス語

vocabulaire

フランス菓子をよりよく理解するために、
またこれからフランスへ修業に行かれるパティスィエの方々のために、
本書ではなるべくフランス語表記を併記しましたが、
作業中によく使われる単語の中で本文中で紹介しきれなかったものを含めてここにまとめました。
皆様が自らの中により深い“フランス的な領域”を作るための参考にしてください。

＊単語・[読み方]・単語の属性・意味の順で表記。
＊男性名詞＝[男]、女性名詞＝[女]、形容詞＝[形]、動詞＝[動]を明記。単数形と複数形の違いがある時は、複数形表記を（　）で付記。
＊男性形と女性形で語尾が変化するものは、変化する部分をイタリックで表記。

A

abaisser [アベセ] [動]　（パートゥをめん棒などを使って必要な厚さに）のす。

abricoter [アブリコテ] [動]　仕上げに杏ジャムをタルトの表面などに塗ること。→ napper と同義。

amande [アマンドゥ] [女]　アーモンド。
～ effilée アマンドゥ・エフィレ（アーモンドスライス）。poudre d'～プードゥル・ダマンドゥ。　～ amer アマンドゥ・アメール（ビターアーモンド）。

appareil [アパレイユ] [男]　液状の種。

B

bain-marie [バン・マリー] [男]　湯煎。

bavarois [ババロア] [男] または **bavaroise** [ババロアズ] [女]　冷製アントルメ。

beurre [ブール] [男]　バター。 ～ fondu ブール・フォンデュ（とかしバター）。 ～ noisette ブール・ノワゼットゥ（焦がしバター）。 ～ en pommade ポマード状（クリーム状）バター。

biscuit [ビスキュイ] [男]　別立て生地。

blanchir [ブランシール] [動]　卵黄に砂糖を加え、ホイッパーで泡立てること。

C

cacao [カカオ] [男]　カカオの実。ココア。　pâte de ～　パートゥ・ドゥ・カカオ（100%のブラックチョコレート）。　～ en poudre カカオ・アン・プードゥル（ココアパウダー）。

caraméliser [キャラメリゼ] [動]　①糖液をキャラメル状に煮詰めること。②焼きゴテや高温のオーブンで砂糖をかけたお菓子の表面をキャラメル状に焦がすこと。

chauffer [ショフェー] [動]　温める。

chocolat [ショコラ] [男]　チョコレート。チョコレート製品。チョコレートやココアを水や牛乳で溶いた飲み物。

compote [コンポットゥ] [女]　シロップ煮の果物。

confectionner [コンフェクスィオネ] [動]　（菓子・料理などを）作る。

confit,*e* [コンフィ，コンフィットゥ] [形]　（砂糖、酢、油などに）漬けた。

confiture [コンフィテュール] [女]　ジャム。

congélateur [コンジェラトゥール] [男]　冷凍庫。

conserver [コンセルヴェ] [動]　保存する。

coulis [クリ] [男]　ピュレ。ピュレ状のソース

couverture [クーヴェルテュール] [女]　カカオバターの含有量（31%以上）の多いチョコレート。流動性があり、ボンボン・ショコラや菓子の被覆に使用。

crème [クレーム] [女]　クリーム。

cuire [キュイール] [動]　焼く。～ à blanc キュイール・ア・ブラン（空焼き）。→ cuisson [女]　キュイッソン（焼成）。

D

décor [デコール] [男]　飾り。→ décoration [女]　デコラスィオン（飾りつけ）、décorer [動]　デコレ（仕上げをする。飾りつけをする）。

découpage [デクパージュ] [男]　切り分け。→ découper [動]　デクペ（切り分ける）。

demi-feuilletage [ドゥミ・フイユタージュ] [男]　パイ生地の一番生地の断ち落としをまとめた二番生地。

démouler [デムレ] [動]　型から外す。

dorer [ドレ] [動]　塗り卵（dorure）を塗る。金箔をはる。

E

eau [オ] [女]　水。

eau-de-vie [オ・ドゥ・ヴィ] [女]　蒸留酒。フルーツブランデー。

écumoire [エキュモワール] [女]　穴杓子。→ écumer エキュメ [動]（アクを取る）

entremets [アントルメ] [男]　①食後のデザート。②大型菓子。③料理全般。

essence [エサンス] [女]　香料、エッセンス。～ de vanille エサンス・ドゥ・ヴァニーユ（バニラエッセンス）。　～ de café エサンス・ドゥ・キャフェ（コーヒーエッセンス）。

F

faire [フェール] 動　作る。
farine [ファリーヌ] 女　小麦粉。→ fariner 動　ファリネ（手粉をふる）。
finition [フィニスィオン] 女　仕上げ。
flamber [フランベ] 動　香りをつけるためにアルコールを燃やして香りを深める。
foncer [フォンセ] 動　型にパートゥを敷き詰める。
fouetter [フエテ] 動　泡立てる。
four [フール] 男　オーブン。

G

ganache [ガナッシュ] 女　チョコレートをベースに生クリーム、バターなどを混ぜ合わせたもの。
garniture [ガルニテュール] 女　（タルトゥなどに）詰める具材。
gâteau(x) [ガトー] 男　菓子全般。petit ～プティ・ガトー（一人用菓子。小型菓子）。　gros ～グロ・ガトー（大型菓子）。～ secs ガトー・セック（クッキー等の焼き菓子）
gélatine [ジェラティーヌ] 女　ゼラチン。
gelée [ジュレ] 女　果汁をペクチンなどで固め、お菓子に上がけするもの。
génoise [ジェノワーズ] 女　共立て生地。
glace [グラス] 女　①氷菓の総称。アイスクリーム。②糖衣がけ。
glacière [グラシエール] 女　粉糖入れ。
→ saupoudreuse ソプドルーズ、poudrette プドレットゥとも言う。
glucose [グリュコーズ] 男　水飴。
griller [グリエ] 動　①（ナッツなどを）オーブンで少し色づく程度に乾燥焼きさせること。②オーブンで焼くこと。

I

incorporer [アンコルポレ] 動　（材料などを）入れる。混ぜ合わせる。
ingrédient [アングレディアン] 男　材料。

J

jus [ジュ] 男　果汁。～ de citron ジュ・ドゥ・シトゥロン（レモン汁）。

L

lait [レ] 男　牛乳。　～ en poudre レ・アン・プードゥル（ミルクパウダー）。　～ consentré non sucré レ・コンサントゥレ・ノン・シュクレ（エバミルク）
liqeur [リクール] 女　リキュール。お酒

M

macérer [マセレ] 動　アルコールやリキュールに暫く漬けておく。
maïzena [マイゼナ] 男　コーンスターチ。
mélanger [メランジェ] 動　混ぜる
meringue [ムラング] 女　メレンゲ。～ ordinaire, ～ italienne, ～ suisse の3種類がある。
miette [ミエットゥ] 女　ビスキュイのクラム（屑、かけら）。
montage [モンタージュ] 男　菓子の組み立て。仕上げ。
monter [モンテ] 動　①アパレイユなどを泡立てる。②菓子を組み立てる。
mousse [ムース] 男　ムース。泡。
mousseline [ムースリーヌ] 女　①通常よりバターを多く含むブリオッシュ生地。②バタークリームとカスタードクリームを混ぜ合わせたもの。

N

napper [ナペ] 動　ソース、ジュレなどを菓子全体にかけること。ジャムを塗ること。

O

œuf [ウフ] 男　全卵。　blanc ブラン（卵白）。jaune ジョーヌ（卵黄）。

P

pâte [パートゥ] 女　生地。
pâte à bombe [パータ・ボンブ] 女　非常に軽く滑らかなボンブ種。卵黄、糖液（牛乳）、香りで構成される。
pâtisserie [パティスリー] 女　①生地を基本にしてオーブンで焼きあげたお菓子の総称。②フランス菓子店。
pâton [パトン] 男　折り終えたパイ生地。
pectine [ペクティーヌ] 女　ペクチン。
piquer [ピケ] 動　焼成時に生地が浮いてこないように小孔を開ける。
préparation [プレパラスィオン] 女　準備。
punch [ポンシュ] 男　アルコールの入ったシロップ。
purée [ピュレ] 女　野菜、果物などをつぶし、裏漉したもの。ジュース。

R

recette [ルセットゥ] 女　レシピ。
réfrigérateaur [レフリジェラトゥール] 男　冷蔵庫。
→通常は frigidaire フリジデール、frigo フリゴを用いることが多い。
refroidir [ルフロワディール] 動　…を冷やす。温度を下げる。
reposer [ルポゼ] 動　（パートゥやアパレイユなどを）休ませる。
rouleau(x) [ルロ] 男　①めん棒。②ローラー（転がして使うもの）。③ロール状にしたお菓子。

S

sauce [ソース] 女　ソース。
sauté [ソテ] 形　焼くこと。→ soter 動　ソテ（焼く）。
sirop [シロ] 糖液。シロップ。
sucre [シュクル] 男　砂糖。糖液。飴細工。　～ smoule シュクル・スムール（グラニュ糖）。　～ en poudre シュクル・アン・プードゥル（粉糖）。 ～ cristarisé シュクル・クリスタリゼ（粒の大きなグラニュ糖）。～ vanillé シュクル・ヴァニエ（バニラシュガー）

T

tamiser [タミゼ] 動　（粉を）ふるう。→ tamis 男　タミ（ふるい）
triangle [トゥリアングル] 男　三角形のおこし金。

V

vanille [ヴァニーユ] 女　バニラ。　gousse de ～バニラ棒。
verser [ヴェルセ] 動　流し入れる。注ぐ。

Z

zeste [ゼストゥ] 男　レモンやオレンジの皮。そのすりおろし。

イル・プルー・シュル・ラ・セーヌのご案内

Les informations de IL PLEUT SUR LA SEINE

「セーヌ河に雨が降る」という名前のパティスリーが誕生してから20余年。「日本でフランスと同じ味わいのフランス菓子を作りあげる」という情熱と執念が、4つの大きな柱を生み出しました。
すべてこれらは嘘偽りのない、心と身体のための本当の美味しさをこの日本で実現させるために有機的につながりをもった不可欠の4つの柱です。

La pâtisserie IL PLEUT SUR LA SEINE

ラ・パティスリー
イル・プルー・シュル・ラ・セーヌ

1 作る confectionner

孤高のフランス菓子を
作り続ける
イル・プルーの顔。

1986

12月。代々木上原に念願のパティスリーをオープン。店舗のデザインまで全て弓田亨自らが手がけた、手作りの店だった。

写真提供：鈴木智子

1995

4月。教室と共に代官山に移転。

2005

10月。開店20周年を機に、リニューアル・オープン。

2006

2月。「パティスリー・ミエ」で2年間の研修を終えた川瀬誠士がシェフ・パティスィエに就任。

イル・プルーのテーマカラーであるブルーを基調にした爽やかな店内には、"心にフランス的な領域を作りあげてきた"孤高のフランス菓子がズラリと並ぶ。

un message de chef

イル・プルーのお菓子が変わらず輝き続けること。"続けること"が私のテーマです。激変する時代の中で、守るべき味、語り継ぐべき味を作り続けていきたいと思っています。

1 作る
confectionner

2 教える
enseigner

3 素材の開拓
l'exploitation de matière

4 伝える
communiquer

時代に決して流されない、孤高の味わいのフランス菓子。

1986年12月のオープン以来、パティスリーではフランスとは風土も素材も異なる日本で、「味・香り・食感」が多様性のもとに調和した真のフランス的な味わいを作りあげてきました。

その美味しさを可能にしたのは、独自の技術体系と、弓田亨自らが足と舌で探してきた秀逸なヨーロッパの素材です。どのお菓子も、時代に流されない「孤高の美味しさ」です。

生菓子、焼き菓子、パンにお惣菜。すべてが本場フランスと同じ味わい。

店内は本場フランスのパティスリー同様、季節ごとのオリジナルのアントゥルメや定番のフランス菓子、プティ・ショコラ、クロワッサンやブリオッシュ等のヴィエノワズリー、焼き菓子、フランスのお惣菜（トゥレトゥール）などが並びます。

またアルザス地方のクリスマスの伝統菓子シュトレンやビルヴェッカ、エピファニー（1月6日の公現祭）に食べるギャレットゥ・デ・ロワ、マルディ・グラのベニェなど、日本にまだ馴染みのなかった頃から、フランスの伝統的な行事に欠かせないお菓子も大切に作り続けています。

1：定番人気の生菓子トゥランシュ・シャンプノワーズ（シャンパンのムースのお菓子）やオレンジのショートケーキ　2：クロック・ムッシュやピザ、キッシュなどのフランスのお惣菜　3：バターがたっぷり。リッチな味わいのクロワッサンやパン・オ・ショコラなどのヴィエノワズリー　4：雑誌掲載多数の人気商品「塩味のクッキー」はじめギフト商品も全てパティスリー内で一つ一つ手作り

ここでしか味わえない！店内限定デセールも愉しめるサロン・ド・テ

併設のサロン・ド・テでは、注文をいただいてからクレームを絞って提供するミル・フイユ（→本書P136掲載）や、スペイン産アーモンドを使ったブラン・マンジェ（→本書P232掲載）など、テイクアウト不可の店内限定デセールはじめ、グラスやソルベ、季節ごとに変わるフランスのお惣菜などを、最も美味しい状態で提供しています。

ラ・パティスリー イル・プルー・シュル・ラ・セーヌ

東京都渋谷区猿楽町17-16　代官山フォーラム2F　☎03-3476-5211
FAX：03-3476-5212　㊌11：30～19：30　㊡火曜（祝日の場合は翌日）

焼き菓子やギフトのご注文はホームページからでも承ります。
http://www/ilpleut.co.jp/

L'école de pâtisserie et de cuisine française

嘘と迷信のないフランス菓子・料理教室

上：オーナー・パティスィエ弓田亨と教室主任・椎名眞知子（写真中央）を囲んで。
右：毎年開催しているドゥニ・リュッフェル氏のフランス菓子・料理技術講習会風景。

2 教える enseigner

どこにでもある普通の教室とは思わないでください。

一番の基本は 1、2 台の少量のお菓子作り。
アマチュアであれ、プロであれ、真実の美味しさのための技術を確実に習得できる、この日本で唯一の場所なのです。

パティスリーと同じ菓子の味わいを弓田亨が自ら指導。

皆さんは「お菓子が上手に作れない」と思ったことはありませんか？　アントゥルメ 1 台や 2 台の少量のお菓子作りには、プロが大量で作る時とは違った考え方が必要です。イル・プルーでは「たくさんの人に本当に美味しいフランス菓子を作ってほしい」という思いから、巷の嘘と迷信に満ちた菓子作りに異議を唱えるべく、1988 年に「嘘と迷信のないフランス菓子教室」を開講。以来 20 年余、さまざまな生徒さんとの実践の中で、「少量のための作り方」の理論と技術を築きあげてきました。

自分が作ったお菓子と、イル・プルーのお菓子しか食べられなくなる?!

考え方や技術が正しければ、少量で作るお菓子作りはプロ以上の味を簡単に生み出せます。

教室に通って半年もすると世の中に溢れる偽りの美味しさに気づき、自分が作ったお菓子とイル・プルーのお菓子しか食べられなくなるほどです。さらに少量での作り方の確かな技術に大きな自信をもち、2～3 年後には店を出す生徒さんもいます。

授業は実演（写真右）と実習（写真上）を交互に進めながら、仕上げまでの全工程を学べる。

「ハンドミキサー 2 番で 2 分」「10 秒に 10 回の速さで混ぜる」など、イル・プルー独自の具体的に数値化した技術体系により、初心者の方や不器用な方でも、意欲があれば確実にパティスリーと同じ味が作れる。

フランス菓子本科第 1 クール

パティスリーと同じお菓子を作ります。1 回の授業で直径 18cm の大きなお菓子 2 台を丸ごと 1 人で作ります。

入門速成科

店で売られているものより、もっとずっと美味しいショートケーキやモンブランが誰でも簡単に作れるよう指導します。

フランス料理

ドゥニ・リュッフェル氏の料理をこの日本に根付かせるために出来た教室です。手間を惜しまないこの日本の素材にのっとった、本当に美味しいフランス料理が学べます。

短期講習会

●イル・プルー・シュル・ラ・セーヌの 1 年

弓田亨が毎年新作菓子を発表するデモンストレーション。ここからパティスリーに並ぶ人気商品が誕生します。

●ドゥニ・リュッフェル フランス菓子・料理技術講習会

1986 年より毎年開催。ドゥニ・リュッフェル氏は本講習会のために毎回オリジナルの最新ルセットゥを携えて来日。全国から製菓業界関係者やプロが詰め掛けます。

その他イル・プルーでは季節ごとにプロ向け講習会や初心者でも参加できる単発講習会を開催。
体験レッスンや無料見学などもございます。

嘘と迷信のないフランス菓子・料理教室

東京都渋谷区猿楽町
17-16　代官山フォーラム 2F
☎ 03-3476-5196
FAX : 03-3476-5197

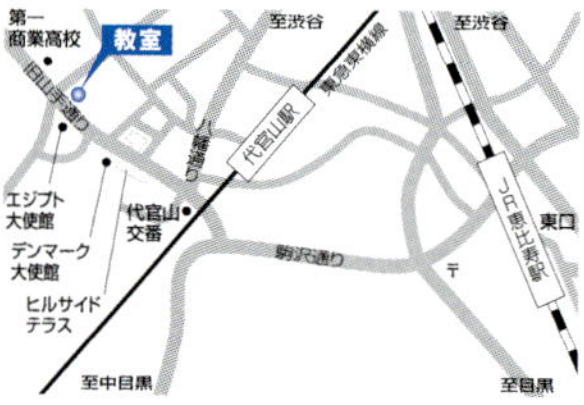

クラスの詳細はホームページからでもご確認頂けます。
http://www.ilpleut.co.jp/

L'ÉPICERIE
IL PLEUT SUR LA SEINE

エピスリー
イル・プルー・シュル・ラ・セーヌ

2 教える enseigner
×
3 素材の開拓 l'exploitation de matière

心と体に本当においしい素材と出会える

孤高の菓子屋が作った材料店で本当の素材の美味しさを知ってほしい――。

エピスリーは、ただの製菓材料店ではありません。本当に美味しいお菓子を作る楽しさを、一人でも多くの人に知ってほしいという弓田亨の思いから生まれた直営店です。

店内は、パティスリーや教室の授業で使っているイル・プルーの直輸入材料（リキュール、チョコレート、蜂蜜など）の他、製菓器具、書籍、季節によって入荷するエピスリー限定のアイテムなどが並びます。

また、2003年に発刊した『ごはんとおかずのルネサンス』以降、フランス菓子に留まらず、食の領域全体について取り組んでいる弓田が力を入れている家庭料理の厳選材料なども取り扱っています。

お菓子作り・料理作りが大好きなスタッフが、皆様をお待ちしております。

「イル・プルーの美味しすぎるお菓子とごはんを作る喜び、食べる幸せをお客様とたくさん共有したいです！お菓子作りのご質問、お気軽にご相談ください。エピスリーにてお待ちしております！」
（エピスリースタッフ：左から山田、店長・坪内、片山）

初心者の方からプロの方まで。1回完結（2時間）少人数制のデモンストレーションが好評！

地下1階では、1日2回、1回完結のデモンストレーション（試食付）を開催中。2時間でポイントをおさえた内容の濃い講習ですので、忙しい方でも気軽にご参加いただけます。

オーナー・パティスィエ弓田亨によるフランス菓子講習会をはじめ、シフォンケーキ、パウンドケーキ、イル・プルーの家庭料理「ごはんとおかずのルネサンス」講習会などなど…。

初心者からプロのお客様まですべてのお菓子・料理好きの方たちのために、さまざまな講習会を開催しています。

フランス菓子講習会
弓田亨オリジナルの生菓子。

パウンドケーキ講習会
イル・プルーオリジナルのパウンドケーキ各種。

シフォンケーキ講習会
本にもなった季節ごとのイル・プルー流シフォン。

シュガークラフト（実習）
季節の行事をテーマにしたシュガークラフト。

「ごはんとおかずのルネサンス」講習会
弓田亨が考案した日本の家庭料理「ごはんとおかずのルネサンス」。砂糖・みりんを使わず、イリコで味を調える独自の調理法を紹介する人気講習会の一つ。

「ごはんとおかずのルネサンス」の共著者である教室主任・椎名による講習会風景

エピスリー イル・プルー・シュル・ラ・セーヌ

東京都渋谷区恵比寿3-3-8　ラピツカキヌマビル1F
☎03-5792-4280
FAX：03-3441-4745
(営)11：00～20：00
㊡火曜（祝日の場合は翌日）

講習会の予約はホームページからでも承ります。
http://www.ilpleut.co.jp/

Le commerce extérieur

製菓材料輸入販売

フランス菓子の味わいを知りつくした 菓子職人が選び抜いた こだわりの素材を、 世界からお届けします。

3 素材の開拓

l'exploitation de matière

菓子屋が、
鋭い菓子屋の視点で
集めた
菓子の素材屋。

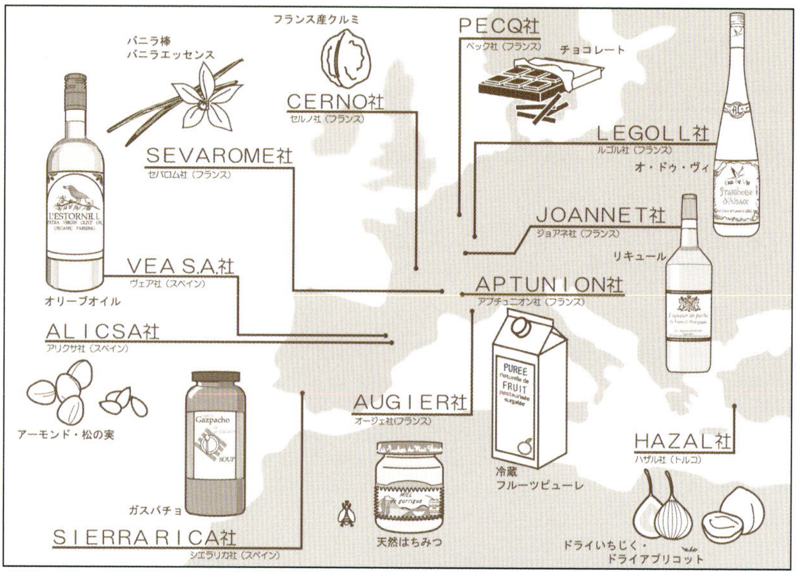

現地の誠実な製造業者との、 家庭的な付き合いを大切に。

私たちがお薦めする素材は、昔ながらの製法で丁寧に一つずつ手作りされたものがほとんどです。時には、弓田が現地に赴き、製造元の試作に立ち会うこともあります。

そして弓田が美味しいと思ったものだけを、輸入・販売しています。大地の恵みをたっぷりと受けた秀逸な素材、その本物だけが持つしっかりした香りと味は、お菓子の味を一段と引き立てることと自負しています。

1：スペイン・アリクサ社ホセ・マリア氏（左）とオリーブの木の前で。 2：アルザス地方。オ・ドゥ・ヴィを自ら1本1本瓶詰めするルゴル氏。 3：コートゥ＝ドール地方アルナスィオン村。ジョアネ家のフランボワーズ畑の前でヴィヴィアンヌさん（右）と。

十数年前、一介のパティスィエが、フランスで手にするものと同じ品質、美味しさを持つ素材を使って、この日本で本当に美味しいフランス菓子を作りたい一心から製菓材料の開拓を始めました。

以来、フランス、スペインを中心に、常に自分なりのフランス的な味わいを執拗に追求し、パティスィエ人生の全ての知識と経験、執念をもって現地で探した素材は、どれも抜きん出た味わいです。一人でも多くのパティスィエの皆様に知っていただき、味わいを追求するための良心の糧として欲しいと考えています。　弓田 亨

イル・プルー・シュル・ラ・セーヌ企画 営業部

製菓材料のご注文・カタログのご請求・お問合せ
東京都渋谷区恵比寿西 1-16-8　彰和ビル 2F
☎ 03-3476-5195　　FAX：03-3476-3772

インターネット通信販売「楽天市場」でも取り扱い中！
http://www.rakuten.co.jp/ilpleut/

La maison d'édition

出版部

4 伝える communiquer

お菓子屋さんが出版社。

本当に美味しいフランス菓子の美味しさを知ってほしい。

イル・プルーでは、「菓子屋の目線で作った、菓子を作る人のための実用書」として、本当に美味しく作れる本格フランス菓子・料理本の企画・編集・出版を手がけ、お菓子作りが好きな多くの人たちに好評を得ています。
書籍は全て全国書店でお買い求めいただけます。

パティスィエのバイブル

弓田亨の imagination シリーズ 好評既刊！

『Pâtisserie française その imagination ─ I. 日本とフランスにおける素材と技術の違い』

フランスから帰国し、日本とフランスにおける素材と技術の違いに着目、独自の菓子理論を構築し、著した弓田亨の菓子作り理論の原点!

1985年　初版刊行　2004年　新版・1刷刊行　B5変形判・224頁　著者:弓田亨
ISBN　978-4-901490-12-2　定価:本体4,700円+税

『Pâtisserie française その imagination ─ II. 私のimaginationの中のrecettesその（1）』

1986年当時、その独自の菓子理論を元に考案したレシピの数々。ムース・フロマージュ・ヴァン・ブラン、タルトゥ・タタン、ダックワーズ他。プロ向けの大量のルセットゥを、文章と図で解説。

1986年　初版刊行　B5変形判・344頁　著者:弓田亨
ISBN　978-4-901490-01-6　定価:本体9,524円+税

imagination から発展した、プロ向け近刊

『五感で創るフランス菓子』

弓田亨が「イル・プルーの1年」で発表してきたオリジナル菓子の中から選りすぐった、"心を味で表現する"17点を、詳細なカラー写真と解説で紹介。

私の技術と考え方をあますところなく実際に即して解説したパティスィエ必携の書です。あなたのフランス菓子への理解が深まるにつれ、さらに深みを増す本です。ぜひ１年に１度は読んで欲しいと思います。　弓田亨

2005年　初版刊行
B5判・カラー184頁　著者:弓田亨
ISBN　978-4-901490-13-9　定価:本体3,200円+税

心燃ゆるキュイズィニエに。"時を超えたイマジナスィオン"

『Les Desserts ─ レストラン、ビストロ、カフェのデザート』

ムース、バヴァロアズ、コンポットゥ、グラス、タルトゥ、スフレ・ショ、クレープなど、心燃ゆるキュイズィニエに贈る、レストラン向け皿盛デザート全83点収録。

かなり高度な内容ですが、本当の美味しさを作り出すためのデセールの本はもうこれ以上のものはけっして出ません！　私が知りえた技術的ポイントは全て出し尽くしています。　弓田亨

2007年　初版刊行
B5判・カラー304頁　著者:弓田亨
ISBN　978-4-901490-19-1　定価:本体7,800円+税

＊その他、初中級者向けのお菓子作りのレシピ本「一人で学べる」シリーズや、健康のための家庭料理の本なども取り揃えています。

＊イル・プルーの書籍は主に少量の作り方によるものですが、その内容はプロにとっても有用なものばかりです。例えば『イル・プルーのパウンドケーキ　おいしさ変幻自在』には、これまでイル・プルーが作り、店で売られて多くの評判を得たパウンドケーキがあますところなく知ることが出来ます。

＊詳しくはホームページ、もしくは出版部にお問合せ下さい。

イル・プルー・シュル・ラ・セーヌ企画 出版部

東京都渋谷区恵比寿西 1-16-8　彰和ビル 2F
☎ 03-3476-5214　FAX : 03-3476-3772
出版部へのお問合わせはこちらから→ edition@ilpleut.co.jp
本のメールオーダーはこちらから→ book-order@ilpleut.co.jp

既刊本の詳細はホームページでご覧いただけます。
http://www/ilpleut.co.jp/

弓田 亨
Toru Yumita

1947年、福島県会津若松市生まれ。1970年、大学卒業後に熊本の菓子屋「反後屋」に入り、東京「ブールミッシュ」工場長を経て1978年に渡仏。パリ7区にある「パティスリー・ミエ」で研修し、日本で作っていたお菓子とのあまりにも違いに打ちのめされるが、そこで大きな示唆を与え続けてくれる生涯の友、ドゥニ・リュッフェル氏(ミエのオーナー・シェフ)と出会う。翌年帰国し、青山「フランセ」、自由が丘「フレンチ・パウンド・ハウス」工場長を務める。1983年再び渡仏。「パティスリー・ミエ」で半年研修。1986年「ラ・パティスリー　イル・プルー・シュル・ラ・セーヌ」を代々木上原に開店。1994年に代官山へ移転。自らの心の中から生まれた感情や記憶をお菓子として表現し続け、現在もフランス菓子教室の運営、全国でのプロ向け技術講習会、海外での素材捜しなどに精力的に取り組み、“imagination”豊かな、孤高の味わいのフランス菓子を追求している。近著に「Les Desserts(レ・デセール)」、「イル・プルーのパウンドケーキ　おいしさ変幻自在」などがある。

Pâtisserie française その imagination final

III. フランス菓子　その孤高の味わいの世界

著者　弓田亨

調理アシスタント　櫻井愛　齋藤望　相羽智加　加藤麻子　長澤若葉

初版発行　2008 年 9 月 12 日

編集　中村方映　工藤和子
撮影　西坂直樹 (スタジオナップス)
撮影アシスタント　山田純子 (スタジオナップス)
アートディレクション・装丁　尾崎由佳 (sankakusha)
デザイン　舟田アヤ　東紀代香　大橋真帆　山際昇太　増井かおる (sankakusha)
イラスト　尾崎由佳 (P22-23)　渡邉奈保子 (P302)
製版ディレクション　稲生智

発行者　弓田亨
発行所　株式会社イル・プルー・シュル・ラ・セーヌ企画
〒150-0033　東京都渋谷区猿楽町 17-16　代官山フォーラム 2F
http://www.ilpleut.co.jp

印刷・製本　タクトシステム株式会社

書籍に関するお問い合わせは出版部まで。
〒150-0021　東京都渋谷区恵比寿西1-16-8　彰和ビル2F　TEL:03-3476-5214／FAX:03-3476-3772

Printed in Japan　ISBN 978-4-901490-22-1